U0895773

中国考古文化

李娟 张泽云 编著

时事出版社

图书在版编目（CIP）数据

中国考古文化 / 李娟，张泽云编著．—北京：时事出版社，2014．1
ISBN 978-7-80232-682-8

Ⅰ．①中… Ⅱ．①李…②张… Ⅲ．①考古—文化—中国 Ⅳ．①K87

中国版本图书馆 CIP 数据核字（2013）第 305795 号

出版发行：时事出版社
地　　址：北京市海淀区巨山村 375 号
邮　　编：100093
发行热线：（010）82546061　82546062
读者服务部：（010）61157595
传　　真：（010）82546050
电子邮箱：shishichubanshe@sina. com
网　　址：www. shishishe. com
印　　刷：北京百善印刷厂

开本：787×1092　1/16　印张：21．25　字数：339 千字
2014 年 1 月第 1 版　2014 年 1 月第 1 次印刷
定价：39．00 元
（如有印装质量问题，请与本社发行部联系调换）

前 言

在我国语汇中，“考古”这个词很早就出现了。1092 年，北宋学者吕大临写成《考古图》一书，第一次将“考”和“古”联系起来，并一直沿用至今。不过，考古学一直隶属于史学，直到 20 世纪 20 年代，考古学才从史学中分离出来，成为一门独立的学科。

作为一门系统的现代科学，现代考古学于 19 世纪中叶在欧洲产生，并在 20 世纪 20 年代传入我国。不过，我国的考古学历史可以追溯到很久以前。早在东汉时期，就有了“古学”的名称。当时有很多学者精通“古学”。据《后汉书》记载，马融“传古学”，贾逵“为古学”，桓谭“好古学”，郑兴“长于古学”。这里面所说的“古学”是专指研究古文经学，也包括古文字学。到了北宋时期，考古再也不仅仅局限于文字，其研究对象扩展到了古代的青铜器与石刻作品。那时的考古学叫作“金石学”，我国著名的女词人李清照和她的丈夫赵明诚都是著名的金石学家。当然，那时候的“考古”仅限于搜集整理传世的青铜器、石刻等，无法跟现代的考古科学相提并论。到了清代，金石学的研究对象不断扩大，不仅有铜器、石刻，还有其他各种古董和古物，因此，“金石学”也被叫做“古器物学”。近代“古器物学”的发展非常迅速，在形式和内容上已经非常接近近代的考古学。不过，这一学科没有经过科学、系统的总结与归纳，最终为现代考古学所取代。

我国的现代考古学是在西方列强的侵略和压迫的背景下建立起来的，其中充满了艰难和痛苦。19 世纪末，帝国主义国家妄图瓜分中国，其军事、经济、文化和宗教势力渗透到我国东部和中部地区。在 20 世纪初，英国的势力还渗透到我国的新疆地区。英国考古学家斯坦因等人对我国的许多文化遗址进行了掠夺式的发掘。他们在敦煌莫高窟等地的考古发现震惊了整个世界。在这样一种背景下，我国的有识之士认为应

该建立起自己的考古学，来研究自己的文化和历史。在一代代学人的努力下，我国的现代考古学终于建立起来了，并不断涌现出令人惊叹的考古发现。

那么，什么是考古学呢？顾名思义，“考古”就是研究古代的科学。准确的说法是：考古是根据古代人类活动遗留下的实物资料，来研究人类古代社会历史的一门学科。考古学在英语中名为：Archaeology，就是“研究古代之学”的意思。只要是古代的遗物，无论是墓葬，还是陶瓷器、青铜器，或是史前时代的瓷器，只要它是从地下发掘出来的，都属于考古学研究的范围。

根据实际情况的不同，各个国家的考古学范围也不一样。一般说来，我国考古学的下限是明代，即从史前时代到1644年。这是因为我国一些史学家认为，我国自从清代开始便进入了近代，只有清代之前才属于古代。当然，这个下限并不是一成不变的，也有一些学者将考古学的兴趣放在清代。从广义说来，只要是过去的，都有或大或小的考古价值。

考古学是一门涵盖内容较广的学科。无论是文学、历史、哲学还是山川地理，或者物理数学，只要在古代遗迹中有所发现，都是考古学的研究对象。因此，一个考古学者掌握的知识越丰富，其可能取得的成就也就越大。我国著名的考古学家李济先生、夏鼐先生和张光直先生都学富五车，博闻强识。

随着中国考古学的不断发展，收藏热的升温，越来越多的考古发现引起了专家和普通百姓的注意和兴趣。鉴于此，笔者认为编写一本通俗易懂、方便普通读者了解中国考古文化的书是很有必要的。

本书共分为上中下三编。上编以时间的纵向分布为序，用通畅的文字向读者介绍了我国从史前时代到明清时期的重要考古发现；中编主要对考古方法进行简单的介绍；下编以瓷器、青铜器、玉器等文物考古为对象，分别介绍了它们的发展历史，说明其在我国文化史上的意义。

笔者才疏学浅，能力有限，书中肯定有不少疏漏之处，欢迎读者朋友批评指正。

编　者

2013年10月25日

目录

上 编

中　编

下　编

附　录

上 编

第一章

史前时期的考古文化

按照考古学研究的年代范围，人们将考古学划分为史前考古学与历史考古学。史前考古学主要研究文字尚未出现之前的人类历史，而历史考古学的研究范围仅限于文献记载以后的人类历史。世界各地文明形成的时间有早有晚，文字出现的时间也不尽相同，因此，各个国家或地区史前考古学的年代下限和历史考古学的年代上限各不相同。

一般来讲，史前考古学没有任何文字依据，它必须依靠对相关遗址的发掘和研究来还原史前时代人类的历史。史前考古学的研究范围又可细分为旧石器时代和新石器时代。因此，史前考古学研究在很大程度上要依赖物理学、化学等自然科学技术。

在本章中，我们将对史前特殊的丧葬制度，旧石器时代、新石器时代，以及史前的古老工艺品进行简明扼要的论述。

第一节 史前时期的墓葬制度

在考古学上，人们通常将“墓”和“葬”合起来，统称为“墓葬”。其实，“墓”和“葬”是既有区别又有联系的两种事物。所谓“墓”，是指放置尸体的固定设施，而“葬”则是指安置尸体的方式。几乎每个民族都有一种“祖先崇拜”情结，因此，自人类文明诞生以来，人们对于丧葬就十分重视。

我们不能从古代的典籍中找到关于史前时代墓葬制度的记载。但是，人类的文明具有延续性，因此，除了通过考古发掘的手段之外，我们还可以借助古代典籍去推测史前时代的墓葬制度。

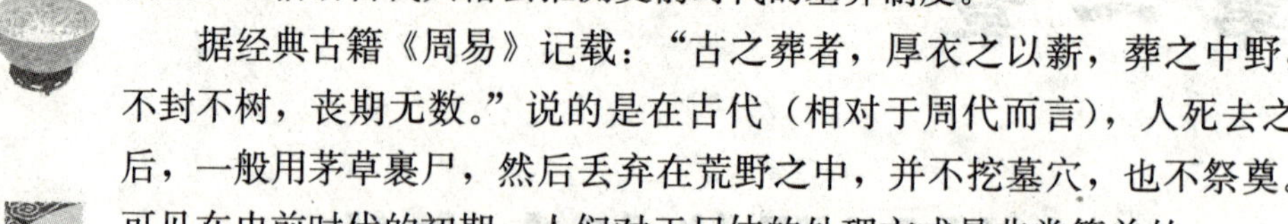

据经典古籍《周易》记载："古之葬者，厚衣之以薪，葬之中野，不封不树，丧期无数。"说的是在古代（相对于周代而言），人死去之后，一般用茅草裹尸，然后丢弃在荒野之中，并不挖墓穴，也不祭奠。可见在史前时代的初期，人们对于尸体的处理方式是非常简单的。

我国著名书法家、文学家王羲之在《兰亭序》中感慨："古人云：死生亦大矣，岂不痛哉！"意思是说，死和生都是人生中的大事，时光的流逝，死亡的到来是多么令人痛苦啊！由此可见，"事死如生"的观念早在晋代之前就已经存在了，其形成甚至可以追溯到新石器时代中晚期。二十世纪以来一系列的考古发掘证明了这一点。

在旧石器时代的中后期，人们可能不忍心看到亲人的尸体被禽兽所食，就开始掩埋尸体，于是，专门放置尸体的墓穴就出现了。此外，在旧石器时代，人们大多生活在洞穴之中，因此，人们也会将天然的洞穴或岩棚作为墓地。据考古学家们研究，山顶洞人的住所和墓地都处于同一洞穴之中。人类的生产力水平得到提高之后，旧石器时代结束，新石器时代开始。在新石器时代，人们的墓葬和埋葬形式日益多样，并逐渐呈现出制度化的特点。

一、史前时期的墓

一般来讲，史前时代的墓主要分为五种形式。

1. 岩洞墓

岩洞墓，是指将天然洞穴作为墓地。岩洞墓直到旧石器时代晚期才出现。在新石器时代初期，我国华南的一些地方也采用天然岩洞作为祖先的墓穴。华南地区天然洞穴较多，因此，这一墓葬形式流传了很长一段时间。我国考古学家在新石器时代早期的江西万年仙人洞内就发现了岩洞墓。

2. 堆土墓

堆土墓的总体特征是：墓穴是在地面上堆土建造而成。因为我国南方地区多河流湖泊，地下水位较浅，人死后埋葬在地下，遗体可能会浸泡在水中，因此，这一形式主要流行于长江中、下游地区。堆土墓还可以按照它的结构特征分成两种形式：无圹堆土墓和有圹堆土墓。无圹堆土墓没有明显的墓圹，是直接将尸体放在地上，之后用土掩埋。据考古发现，我国长江中、下游地区的马家浜文化、薛家岗文化、河姆渡文化中发现的墓葬，大多没有墓圹，可能就属于无圹堆土墓。而有圹堆土墓则是先在地面堆筑成高大的土堆，之后再在上面挖掘墓穴。这一形式主要流行于长江下游太湖地区的良渚文化中。

3. 竖穴土坑墓

竖穴土坑墓是进入新石器时代之后才出现的，同时，它也是新石器时代最为流行、数量最多、分布最广的墓形。这一形式主要分布于黄河流域，以及华北、东北、西北各地，在长江流域和华南的一些地区也有发现。竖穴土坑墓是从地面上垂直下挖形成的，其形状多样，一般有长方形、方形、圆形、椭圆形、三角形、不规则形等。其中，长方形的墓穴最为常见。在新石器时代早期，长方形的竖穴土坑墓大多比较浅，仅仅能够容纳尸体，一般长 2 米左右，宽 1 米左右，深度则大多在 2 米以内。在新石器时代中晚期，较大规模的竖穴土坑墓开始出现。

4. 土洞墓

土洞墓最早出现并流行于西北的黄土高原地区。在死者去世将要下葬的时候，人们首先挖一竖穴式的土坑，之后再在坑底部的一侧挖一个横着的墓穴，这便是土洞墓。这一墓穴形式可能出现于新石器时代晚期。在青海马家窑文化，马厂类型的墓葬中，考古学家们发现 387 座带有墓道的“凸”字形墓。在这种墓的墓道和墓室之间，通常会有成排的木棍或木板，起到封闭的作用。考古学家认为，这一墓穴形式可能是人们仿照窑洞式住房为死者营造的阴宅。因此，伴随着这一墓穴形式的出现，我国“事死如生”的葬俗特征也基本形成。

5. 积石墓

所谓积石墓，是指一种用天然风裂石块，采用一定封顶方法在地面上砌壁建筑而成的墓室。这一墓穴形式主要分布在我国的东北地区。一般来讲，这类墓大多分布在山梁上，或者是高坡上，墓穴内埋葬的人数在几个人到几十个人之间。积石墓的流传时间非常漫长，从史前时期到魏晋南北朝时期，我国东北地区大多采用这种具有显著的地域特征的墓穴埋葬亲人。

二、史前时期的埋葬方式

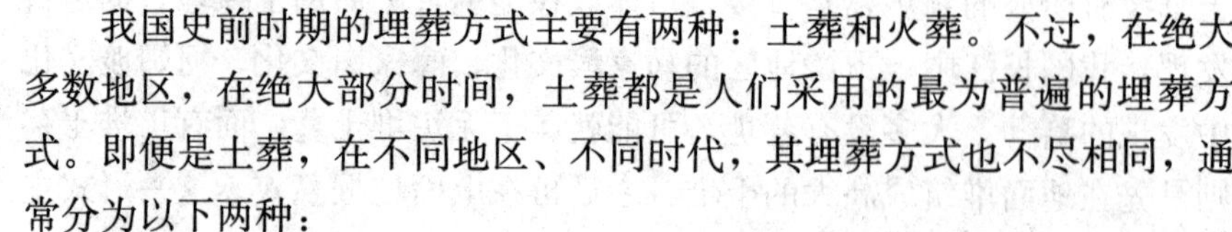

我国史前时期的埋葬方式主要有两种：土葬和火葬。不过，在绝大多数地区，在绝大部分时间，土葬都是人们采用的最为普遍的埋葬方式。即便是土葬，在不同地区、不同时代，其埋葬方式也不尽相同，通常分为以下两种：

1. 按照埋葬人数分类

考古学家按照墓穴中埋葬人数的多少，将埋葬方式分为单人葬和合葬两大类。所谓单人葬，指一座墓穴中仅仅埋葬一个人。在史前时代，绝大多数时间和地域之内，单人葬通常是最主要的埋葬方式。而合葬则是指同一墓穴中埋葬的人数在 2 人或者 2 人以上。这一时期，合葬墓埋葬的人数少则 2 到 3 人，多则可达数十人。

2. 按照埋葬次数分类

按照人们对尸骨的埋葬次数，埋葬方式又可以分为一次葬和二次葬两种方式。一次葬是对死者遗体进行一次性处理的埋葬方式。它是我国史前时期最主要的埋葬方式，在全国各地都有较为广泛的分布。二次葬是对死者的尸体或遗骨进行 2 次或 2 次以上处理的埋葬方式。二次葬主要分布在黄河流域。二次葬可能反映了下面三种葬俗：迁葬、洗骨葬和再次葬。

迁葬：在史前时期，当一个氏族离开原来的居住地，迁往另一个地方的时候，为了让自己已经死去并下葬的亲人能团聚而进行异地迁葬。在陕西南郑龙岗寺的墓地中，考古发现了 423 座仰韶文化半坡类型的墓葬。其中，有 23 座是单人二次葬墓，有 8 座是多人二次合葬墓。

洗骨葬：据《梁书·顾宪之传》记载，衡阳地区有这样一种风俗：“山民有病，辄云先亡为祸，皆开冢剖棺，水洗枯骨，名为除祟。”当地的山民生病之后，大家认为这是已经死去的人的鬼魂在作怪，想要治病，就要挖开墓穴，去除棺木，将已经干枯的遗骨取出来，用水清洗，这样就能使活人免遭死者鬼魂的缠绕，从而逢凶化吉。将埋葬多年的尸骨取出来，用清水洗干净之后再次下葬，这便是洗骨葬。

再次葬：据《墨子·节葬》记载：“楚之南有炎人国，其亲戚死，朽其肉而弃之，然后埋其骨，乃成孝子。”楚地的南边，有一个国家叫做炎人国，那里的人们在亲人死去之后，都会将遗体停放，等到肉体腐

烂之后，再将尸骨下葬。这样做的人便会得到孝顺的好名声。采用这种埋葬方式的人们大多有这样一种观念：人的血和肉是属于尘世的，死去后，一定要等到肉体腐烂才可以下葬，否则死者不能进入鬼魂世界。人死后，等待肉体腐烂再埋葬尸骨的做法便是再次葬。

三、史前时期的尸体放置方式

按照尸体在墓葬中的放置方式，考古学家们将尸体放置方式分为四类：

1. 仰身直肢葬

亲人死去，人们在装殓的时候，使其面部向上、身体仰卧，双腿伸直，双手垂直平放于身体两侧。这种葬式便是仰身直肢葬。它是人类各个历史时期葬俗中放置尸体的主要形式。

2. 侧身直肢葬

侧身直肢葬是将尸体侧卧，令四肢伸直放置的葬式。在史前时代，这种葬式比较少见。在青海柳湾半山类型墓地中，共发掘墓葬 257 座，其中侧身直肢葬墓仅有 2 座。所以，这是一种非常特殊、又很少见的葬式。

3. 俯身葬

在这种葬式中，死者的面部向下，或者朝向两侧，身体则呈俯卧伸直之状。这种葬式主要分布在长江下游的马家浜文化中，在黄河流域地区则很少见。至于人们为什么采取这一尸体放置方式，还不得而知。可能有某种特殊含义，如死者可能非正常死亡等。

4. 屈肢葬

亲人去世后，人们将其尸体下肢向上卷曲放置。按照其尸体放置的姿态，又可以细分为仰身曲肢、侧身曲肢、蹲踞葬等形式。在史前时代，这一葬式集中分布于青海地区的马家窑文化、长江中游的大溪中，华南地区也有分布，在黄河流域则非常罕见。不过，到了春秋战国时期，这一葬式在秦人中非常盛行。屈肢葬是一种按照人们休息或睡眠时的自然状态来放置尸体的形式，可能包含着对死者长睡不醒的美好祝福。也有学者认为，在屈肢葬中，死者的形状就好像胎儿在母亲身体中的姿势，这一葬式，可能寄托着死者“重新投胎做人”的期望。

四、史前时期的葬具

所谓葬具，是指用来装殓尸骨的器具，一般包括“棺”和“椁”两类。“棺”俗称棺材，是直接用来装殓尸体的器具，而“椁”则是套在棺外的设施，也被称为外棺。在史前时代的初期，人死去之后，一般都用茅草包裹，抛弃荒野了事。后来，随着生产力的进步，真正的葬具出现了。根据最新的考古发现，最早的葬具出现于距今约7000年左右的新石器时代中晚期。

人们将史前时代的葬具分为陶棺、木棺、石棺等几种类型。

1. 陶棺

陶棺即陶质葬具，出现于史前时期，流行于黄河中游的仰韶文化时期。史前时期的陶棺，一般用实用的生活器皿来充当。有意思的是，在考古发掘的陶棺上，人们发现有一些小孔。史前时代的人对灵魂深信不疑，他们认为，人即便死去了，灵魂依然存在。所以，在下葬死者时，要凿出一些小孔，让其灵魂得以自由出入。

2. 石棺

石棺是一种利用石块垒砌而成的葬具。在新石器时代，我国西北、东北地区都采用这一葬具。在青铜器时代甚至之后，我国西南地区、西藏地区都有石棺分布。根据考古发现，早在仰韶文化时期，石棺这一葬具就已经出现了。

3. 木棺椁

木棺是指用木材制作的葬具。木质葬具是我国古代最主要的葬具类型，在各个地区都有广泛的分布，在各个时代都很流行，其源头则可以追溯到新石器时代。在史前时代，主要是黄河流域采用木棺椁下葬亲人，这在良渚文化中有少量发现。根据最新的考古发现，最早的木棺出现于仰韶文化时期半坡遗址的墓葬中。在山东龙山文化中，木棺椁的分布非常广泛。不过，就目前的发现而言，木棺椁数量最多的是黄河上游甘青地区的马家窑文化和齐家文化，其中青海柳湾墓地最具代表性。柳湾墓地清理了半山类型墓葬共257座，大多采用了木质葬具。

第二节 史前时期的葬俗

在史前时代，人们认为，人的灵魂不死，所以在亲人去世后，会按照“事死如事生”的原则来安葬死者。同时，在为死者修建墓穴的基础上，人们还会随葬一些生产和生活用品，以便死者在“鬼魂世界”里享用。由此，就形成了种种埋葬习俗。统而言之，我国史前时代的埋葬习俗有如下几种：

一、随葬习俗

随葬习俗是我国古代最为普遍的埋葬习俗，其源头可以追溯到旧石器时代晚期。旧石器时代晚期，墓葬产生了，随葬习俗也随之形成。一般来讲，随葬品的多少和丰厚程度，在很大程度上受当时社会生产力水平的影响。在新石器时代晚期，墓地开始有了大小之分，而随葬品也有了多寡之别。这在一定程度上反映了当时社会组织结构方面的变化。一般说来，史前时代的随葬品主要有以下几类：

1. 生活用品

随葬的生活用品通常是日常生活中常用的陶、石、骨、木等器具。其中，以陶器最为常见。

2. 装饰品

用装饰品随葬的例子，最早能够追溯到旧石器时代晚期的山顶洞人墓葬。到了新石器时代，这种随葬习俗则非常盛行。一般来讲，装饰品大多出现于女性墓葬中。因此，装饰品可在一定程度上反映出男女性别的差异。

3. 生产工具

古人将生产工具当做随葬品是和古人“事死如生”的观念有关。既然灵魂不死，那么亲人去世之后，也还要在灵魂世界里生活，所以，劳动必不可少，而生产工具则尤为必要。从考古发现来看，随葬生产工具的制作材料有石、骨、角、蚌、陶器等，其中以石器居多。有意思的是，我们有时还能通过随葬工具的差异来判断死者生前所从事的主要工作。如在临潼姜寨的一处墓葬遗址中出土了石砚、石磨棒、水杯及赤铁

矿颜料块等生产工具。考古学者认为，这些生产工具都是用于绘画的，因此，死者生前可能是一个从事彩陶制作的工艺者。此外，随葬生产工具在男性的墓穴中发现较多。这从一个侧面说明男性是当时生产劳动的主要承担者。

4. 礼仪性用品

所谓礼仪性用品，是指用来表示身份、等级和地位的用品，如象征权力和地位的琮、璧、钺等。在新石器时代早期，各个地区的墓葬并无太大的区别，到了中晚期，一些规模较大、随葬品比较丰富的墓地开始出现，特别是象征着身份和地位的礼仪性用品，如玉钺、玉琮、玉璧等也出现了。这说明当时的社会结构发生了变化，出现了贫富贵贱的分化。

5. 其他随葬品

除了上述随葬品外，在新石器时代中晚期的墓葬中，考古学家还发现了猪、羊、狗等家畜随葬的现象。这可能是因为家畜可以食用和交换，是最早的私有财产之一。因此墓葬中出现家畜随葬，应该是财产私有化的重要表现。

二、史前时期饰终习俗

所谓饰终，是指对死者遗体的妆扮，在西周之后，一般称为装殓。这一习俗一直流传到现在。不过，史前时代的饰终习俗并没有现在这么复杂。

在对黄河流域新石器时代的考古发掘中，考古学家们发现，一些尸体的遗骨上有红色的颜料附着，这在考古学上被称为“色葬”或“染骨葬”。在渭南史家墓地，人们发现了涂有黑色颜料的遗骨。那么，古人为什么要在亲人的骨头上涂染颜料呢？据说，这是因为古人认为红色象征着人的血液和灵魂，所以，人一旦死去之后，血液干枯，人的灵魂也就不复存在了。在死者的遗骨上涂染红色颜料，很可能寄托着生者希望死者灵魂长存的美好愿望。

三、史前时期割体习俗

在史前墓葬中，人们还会经常发现一些人骨部分缺失的现象。对于这种肢体残缺的现象，考古学家们大多认为是一种埋葬习俗，并称之为“割体葬仪”。但是，对“割体葬仪”这一葬俗，考古学家很难达成共识，可谓众说纷纭。在这众多的说法中，比较常见的有下面两种：

1. 献祭牺牲说

生活在史前时代的人们信仰超自然的力量以及灵魂不灭。人们可以通过献祭的方式来和神灵沟通，同时，献祭在沟通生者与死者之间的关系上也起着至关重要的作用。人们在献祭的时候，采用的祭品除了牲畜外，还有人。他们认为，人是最受神灵欢迎的祭品。因此，为了表达自己对神灵的敬仰和虔诚，人们往往会主动砍掉自己的手指、脚趾，或者身体上的其他部位。同时，在亲人死去的时候，为了能够继续和亲人沟通，以及表示哀悼，人们也会切断自己的一节手指。因此，到了自己去世的时候，便出现了身体部分缺失的现象。

2. 厌胜巫术说

这种说法认为，死者去世后，其亲属有意识地对其尸体进行切割，并选择不同的地方下葬。史前时代的人认为，人死去之后就会变成“鬼”，特别是那些非正常死亡的人，他们去世后很容易变成“怪”或“煞”，对家庭成员或氏族成员造成危害，所以要加以回避和镇压。回避和镇压的方法就是割下死者的手足等，这样他们死后就不能到处乱跑，造成危害。所以，割体是“厌胜巫术”这一活动的反映。

四、史前时期墓祭习俗

墓祭，就是在墓地上举行的祭祀祖先或死者的活动。祭祀习俗最早出现于新石器时代。在东北地区的辽宁牛河梁红山文化遗存中，考古发现了祭祀遗迹。这一遗迹的布局特定：“女神庙”位于正中心最为显著的地方，四周有积石冢环绕，从而形成冢、庙相互联系的有机统一体。祭祀的出现，反映了古代浓厚的宗教色彩。

很明显，这些葬俗肯定不是一蹴而就的，那么它是如何一步步形成的呢？

我们知道，在人类历史的最初阶段，生产力落后，人死去之后，都是用茅草覆盖的。随着时代的进步，人开始进化，头脑变得聪明，心性也日益敏感。因此，和自己朝夕相处的亲人去世之后，对于他们的遗体，便再也不是抛尸荒野，而是建造了专门的墓地埋葬。

当人类不必时时刻刻为了食物和生存而奔波，有一定闲暇的时候，他们就会开始思考自身。比如说，人为什么会生病，为什么会死去？这其中是有一种什么力量在主宰吗？经过长时间的思考之后，他们认为，人是由灵魂和肉体组成的。当人在睡觉的时候，灵魂在肉体的周围游走；当人生病的时候，灵魂暂时离开了肉体；当人死去的时候，灵魂则彻底离开了肉体。因此，为了避免死亡的痛苦，为了能够更多地享受生活，当时的人们认为，至关重要的是要留住灵魂。

“灵魂”观念产生之后，“鬼魂”观念也就相应而生了。人死亡之后，人的灵魂并没有死亡，而是去了另一个世界，即“鬼魂世界”。因此，人们认为自己的亲人并没有死去，而是在另外一个世界里生活。同时，他们又认为，肯定有一种力量在左右着这个世界。而只要获得这种力量，就能够和自己死去的亲人相会。在这种观念的影响下，祭祀死者的习俗就出现了。通过埋葬和祭祀，生者表达了对死者的哀思，也表达了自己对于一种无形力量的崇拜。

第三节　旧石器时代考古遗址

古人类是人类的童年，思维不够发达，使用的生产工具也非常简单，大多是经过打造加工的石器，因此，考古学上将这一时代称之为旧石器时代。

旧石器时代文化在我国各个地区都有广泛的分布，其中以华北地区的遗存最为丰富。旧石器时代是人类历史上最为漫长的时代，长达一百多万年。根据其发展阶段，考古学上将这一时代分为早期、中期和晚期。

一、旧石器时代早期文化

旧石器时代早期文化在我国各个地区都有发现，其中以华北地区的发现最多，年代也最早。这一时期的文化相对重要的遗存有华北地区的蓝田人文化、北京人文化、西南地区的元谋人文化，东北地区的金牛山文化。

1. 蓝田人文化

蓝田人文化发现于陕西蓝田县公王岭。据考古测定，蓝田人生活在距今 110 万年前到 115 万年前。

1964 年，考古学家在距离蓝田县东 16 公里处的公王岭发现了一个头盖骨化石。经过鉴定，确定为女性猿人，命名为蓝田人。在公王岭，人们还发掘出土了以三棱大尖状器为特色的石器，并发现了用火遗迹。蓝田人的石器加工方法简单，有很多石器只经过一次加工就直接使用。因此，其形状大多不够规整，原始性较强。不过，这一时期的石器已经有一定程度的类型分化，显示出一定的进步性。

2. 北京人文化

北京人文化发现于北京人化石产地，遗存主要有石器，以及一部分骨角器。此外，人们还在北京人文化的遗存中发现了用火的遗迹。

在北京人文化遗存中，发现的石器数量相对较多，有几千件。其中，大多是小型的石片或石器，石核较少。北京人石器的制作方法也是通过直接打击。不过，因为原材料性质的不同，制作方法也有差别，一般有碰砧法和砸击法。其中，用砸击法打造的两极石片和两极石核占有相当大的比例，也是北京人文化最为重要的特色之一。

在北京人文化中，石器的种类已经较多，有砍斫石器、刮削石器、尖状石器、雕刻石器，以及石锤和石砧等多种。其中，砍斫石器形体较大，大多是从一面打刃口的。刮削石器有直刃、凹刃、凸刃等几种刃缘，数量很多，加工也非常精细。石锤和石砧则是打造石器的具体工具，数量不多。

这一文化时期的石器已经有一定的类型，但其形状并不固定，在用途上的界限也不严格，具有一物多用的特性。不过，有学者认为，随着时间的步伐，北京人石器在早晚期有着明显的变化。在北京人文化的晚期，尖状石器和雕刻石器的数量都有所增加，并且出现了石雕，这说明了北京人石器加工技艺的进步。

在北京人文化遗存中，发现的骨器和角器并不多。一些被砸的碎骨上有明显的使用痕迹。有人认为，那时候人们将动物的头盖骨当做舀水用的器具，而尖角则用于挖掘。但也有的人不认可这种观点。

人们还发现了许多被火烧过的石头，以及成堆的灰烬，这说明我国人民在很久以前就已经懂得用火，并知道保存火种的方法。

就目前的考古发现而言，北京人文化是华北地区旧石器时代早期文化中最丰富的遗存，对研究旧石器时代早期文化具有非同寻常的意义。

3. 元谋人文化

1965 年 5 月，中国地质科学院在云南省元谋县发现了元谋猿人的化石。根据古地磁断代，元谋人大约生活在距今 170 万年前。这一发现说明元谋县是世界上最早有人类生活的地区之一。

在元谋猿人生活的时代，生产力水平十分低下，因此，其使用的石器大多简单原始。迄今为止，考古工作者共发掘出土了 7 件石器，上面有明显的人工痕迹。

4. 金牛山文化

金牛山文化发现于辽宁省营口县田屯村附近的金牛山。1974 年、1976 年、1978 年，考古工作者对该遗址的不同部位进行了发掘。1984 年 9 月，考古工作者再次进行挖掘，终于发现了一批人类化石以及用火痕迹。在金牛山文化遗存中，发现了一具较为完整的骨骼化石，属于一个刚成年的男性个体。

发掘出来的石器可分为石核和石片两种，相对而言，石核较少，大多是两极石核，和北京人的两极石核非常相似。由此，考古学家推测，北京人文化和金牛山文化可能存在一定的联系。当然，这需要更多的考古发现才能证实。

二、旧石器时代中期文化

相对而言，旧石器时代中期文化发现的地点和文化遗存都较少，远远不如早期和晚期丰富。除了在华北地区有较多的发现之外，其他地区只有零星的发现。在这些文化遗存中，比较重要的有大荔人文化和丁村人文化。

1. 大荔人文化

1978 年，考古工作者在陕西省大荔县解放村挖掘出了人骨化石和大量石器，此外还有零星的动物化石。

这次考古出土中石制品比较多，其中有 30% 是石器。石器仍然是用原始的捶打法来制作的，可见其技术仍然比较落后。在石器中，石片石器占了绝大多数，种类有刮削石器、尖状石器等，其中以刮削石器最多。大荔石器的加工方法和外形跟北京人石器有许多相似之处，这说明了两者之间密切的关系。

大荔人文化距今约10余万年，在旧石器时代中期文化中年代较早，遗存也较为丰富。大荔人文化对于考古学者研究旧时代早期文化到中期文化的变化有很重要的作用。

2. 丁村人文化

丁村人文化遗址位于山西省襄汾县丁村。在一系列考古发掘中，共出土3枚牙齿化石，各种哺乳动物化石28种，石制品2000多件，幼儿顶骨化石1件。

在出土的3枚门牙化石中，其中1枚是上内侧门牙齿，1枚是上外侧门齿，另外1枚是下第二臼齿。臼齿的齿冠和齿根都比北京人细小，而齿冠的相对高度则比北京人大，这说明丁村人的臼齿相较于北京人臼齿更进化。

在考古发现的2000多件石制品中，石片和石核居多。其中，有加工痕迹的石器只有6.6%。石器分为石片石器和石核石器两种，其中前者居多。在丁村人文化遗存中，最富有特色的器物是三棱大尖状器，因为最先在丁村发现，因此又被称为“丁村尖状器”。尖状器用比较薄的石片制作而成，个别刃缘相当平整，显示出丁村人较高的石器制作水平。

三、旧石器时代晚期文化。

旧石器时代晚期文化的遗存比较丰富，在全国各地都有发现，不过还是以华北地区的考古发现最多，发掘的资料也最为丰富。其中，比较重要的文化遗存有山顶洞人文化和河套人文化。

1. 山顶洞人文化

山顶洞人文化发现于北京市周口店龙骨山，其遗存有石器、骨器和一些简单的装饰品。

在迄今为止的考古发掘中，出土的石器并不多，只有25件，类型有砍斫石器、刮削石器和尖状石器。其中，一件凹刃刮削石器制作精细，具有典型性。

出土的骨器中，最为精美的是骨针，除了针孔残缺外，其他部位保存完整，刮磨得非常光滑。这是我国目前发现最早的缝纫工具。骨针标志着人类在工具的制作上又开始了创新。

出土的装饰品则非常丰富，共计125种，其中有穿孔的兽牙、小石珠、小石坠等，以穿孔兽牙居多。穿孔兽牙用各种动物的牙齿制作而成，可能是戴在脖子上的饰物。这说明山顶洞人已经开始学会审美，其社会生活也较原来丰富多了。

2. 河套人文化

1922年到1923年，法国古生物学家桑志华和德日主持挖掘了萨拉乌苏遗址，发现“河套人”化石23件，石制品500多件。加拿大解剖学家步达生对一颗幼童牙齿化石研究后，将其命名为“鄂尔多斯牙齿”。20世纪40年代，我国著名考古学家裴文中先生将其译为“河套人”。河套人生活在距今5万年到3.5万年之间。

在体质上，河套人和现代人已经非常接近。不过，他们的头骨骨壁很厚，下颌粗壮，和现代的蒙古人种更为接近。

在出土的500多件石制品中，石器占了很大的比例，其特征为细小，没有两极石片和两极石核。石器的制作方法是捶打法。在众多的石器中，以刮削石器的数量最多，种类也最为复杂。

第四节 新石器时代考古遗址

一般认为，磨制石器、制陶业、农业和家畜饲养业是新石器时代文化的四个基本要素。陶器在新石器时代开始出现，这是人类的一大进步。不过，陶器有一个漫长的形成过程。而且，陶器并不是新石器时代文化一开始就出现了。因此，考古学上又根据石器、陶器等文化遗存的发展变化，将新石器时代分为早期、中期和晚期三个发展阶段。

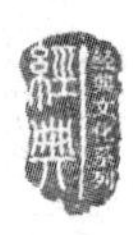

新石器时代早期阶段大约距今11000年到7500年左右，可以分为前后两期，前期为无陶新石器时代，后期为有陶新石器时代。中期阶段大约距今7500年到5000年左右，因为制陶技术的先进程度，也分为前后两期。晚期阶段距今大约5000年到4000年，也分为前后两期。

不过，我国新石器文化发展的进程不一样，文化面貌也不尽相同，同一生产力水平下的文化，在不同地区出现的时间有早有晚。所以，考古学上一般将我国新石器时代文化的发展状况按照地区来划分，即黄河流域的新石器文化，长江流域的新石器文化，东北地区的新石器文化，华南地区的新石器文化。

一、黄河流域的新石器文化

黄河流域是我国新石器文化最为发达的地区。在考古发掘中，以黄河流域发现的新石器文化遗存最为丰富，具有典型性。其中，比较重要的遗存有仰韶文化、龙山文化、大汶口文化等。

1. 仰韶文化

仰韶文化因发现于河南省渑池县仰韶村而得名。仰韶文化主要分布在今天的山西、陕西、河南和河北境内。仰韶文化的遗址分布相对集中。目前考古发现的遗址达一两千处之多。仰韶文化中比较重要的遗址有陕西西安半坡村、渭南史家村等。

仰韶文化包含的文化内容极为丰富，文化堆积层也很厚。迄今为止，发现的遗址有房屋、窖穴、灰坑、陶窑等。在仰韶文化时期，大规模的墓地开始出现，有的墓地竟拥有几百座墓。这些考古发现，证明仰韶文化已经是非常发达的新石器文化了。

在仰韶文化中，石器以磨制为主，加工得非常精细，常常通体磨光。与此同时，斧头、锄头、铲子、磨盘等农业生产工具开始出现。这标志着人类已经开始向农业社会过渡。

在这一时期，人们已经学会了烧制陶器。这时的陶器以红陶为主，也有少量灰陶。在早期，陶器的制作方法通常是借助手工，到了晚期，人们开始借助慢轮对口沿进行加工和修整。这个时期的陶器已经比较规整，质地精美，表面上还有彩绘的花纹，显示高超的技巧。陶器种类也比较多，有炊具、煮具，以及储物器。其中，比较典型的是圆底钵、平底碗、小口尖瓶、细颈壶等。彩陶的颜色有黑色和红色两种，其纹饰也多种多样，有人面纹、动物纹、植物花纹和几何形花纹等。

2. 龙山文化

龙山文化因最早发现于山东省历城县龙山镇而得名。在对龙山镇的考古发掘中，人们发现其中有轮制的磨光黑陶和薄胎的“蛋壳黑陶”，在制作方法上和仰韶文化的彩陶有很大的区别，因此考古学家认定这是一种新的文化，即龙山文化。

龙山文化的遗存主要分布在黄河下游地区，其中包括今山东全境，江苏、安徽两省淮河以北的地区。龙山文化还影响到周边的一些地区，如河南和东北的辽东半岛。龙山文化的主要遗址有山东省章丘县城子崖、诸城县呈子、胶县三里河、江苏省徐州市高皇庙等。据推测，龙山文化的年代大约距今4100年到3880年。

这一时期的石器大多数采用磨制的方法制成，打制的比较少。石器造型多样，有长方形、半月形、柳叶形等。值得注意的是，龙山文化时期出现了冶铜业，在三里河遗址发掘出土了两件铜锥，经鉴定为黄铜。冶铜业的出现，标志着一个新的时代即将来临。

龙山文化最为突出的地方还是它的制陶业。龙山文化的制陶业是史前时代制陶业的巅峰。在这个时期，轮制已经非常发达，因此陶器形状浑圆，厚薄均匀，各个部分的比例都恰到好处，造型非常优美。陶器颜色纯正，表里透黑，说明其烧制温度很高。这个时期的陶器大多是素色的，表面上也有纹饰。器身上常常加盖，而且有了耳、鼻、把手等附件。其中，最具有代表性的是蛋壳陶的高柄杯。

3. 大汶口文化

大汶口文化主要分布在山东中部、南部和江苏北部的淮北地区。在迄今为止的考古发现中，大汶口文化中晚期的遗存发现较多，分布也要广泛得多。根据放射性碳素断代，大汶口文化的年代大约在公元前4300年到公元前2200年之间。

在大汶口文化时期，陶器的色彩多样，有红色、灰色、黑色和白色等，其中以红色为主。在大汶口文化中期，薄胎质的细腻灰白陶开始出现，陶器的种类也逐渐增多，形状上则富于变化、创新。此外，在另外一些遗址中，还发掘出土了大量的象牙器、玉器和白陶器。这些发现以及轮制陶器技术的出现，说明手工业已经从农业生产中逐步分离出来，并成为一门独立的经济部门。

二、长江流域的新石器文化

迄今为止，在长江流域发现的新石器文化遗址很多，种类也比较丰富，这说明长江流域也是我国新石器文化比较发达的地区之一。长江流域的新石器文化，主要分为中游和下游两个文化区。其比较重要的文化遗存有河姆渡文化、马家浜文化和良渚文化。这三种文化代表了长江流域新石器文化的三个发展阶段。

1. 河姆渡文化

河姆渡文化因 20 世纪 70 年代发现于浙江余姚河姆渡而得名。河姆渡文化遗址的文化堆积可以分为四层，因此，又可以分为四期，及早晚两个阶段。一般认为，河姆渡文化早期约为公元前 5000 年到公元前 4000 年，晚期约为公元前 4000 年到公元前 3000 年。河姆渡文化主要分布在宁绍平原东部地区。

从河姆渡文化遗址发掘出来的内容十分丰富，其中有木结构的房屋，大量的石器、骨器、木器和陶器，此外还有稻谷遗存，家畜和野生动物的遗骨。在出土的众多物品中，最引人注目的是骨耜，它采用大型哺乳动物的肩胛骨加工制作而成。这是非常有特色的一种农具。稻谷遗存和骨耜的发现，说明在河姆渡文化时期，农业已经非常发达。

相对于其他新石器文化来讲，河姆渡文化时期的制陶业显得比较落后、原始。河姆渡文化的陶器大多是泥质夹炭黑陶，陶胎里面含有大量的炭晶粒，是用谷壳等有机物作为原料而产生的。这些陶器火候低，胎质粗松，烧成的温度大约在 800℃到 850℃之间，硬度较低。主要的陶器有斧、罐、钵、盘和支座等。到了河姆渡文化晚期，陶器的种类有所增加，并且出现了施红陶衣。

在河姆渡文化时期，房屋的建筑，农业的发展，以及雕刻艺术都达到了较高的水平。在出土遗物中，精美的象牙雕刻显示了那个时代高超的工艺水平。

2. 马家浜文化

马家浜文化因发现于浙江省嘉兴县马家浜遗址而得名。1957 年，考古工作者在浙江邱城遗址下层发现了以红陶为主的文化遗存，1959 年，他们又在马家浜遗址发现了同样的文化遗存，而且内涵丰富，因此将这一文化命名为“马家浜文化”。

马家浜文化主要分布在太湖地区，向南到达钱塘江，向西北到达江苏常州一带。考古学上将这种文化分为马家浜和崧泽两种类型。在马家浜类型中，陶器以红陶为主，质地比较粗糙。多数陶器表面上是红色，而内部是黑色，主要种类有斧、扁锥足斧形鼎、牛鼻式双耳罐等，硬度较低。崧泽类型的陶器有鼎、斧、罐、盆壶等，其中最有特色的是鼎。鼎足类型多样，有弓背宽铲形、扁平三角形和三棱形等。

这两种类型也代表了马家浜文化发展的两个阶段，崧泽类型是由马

家浜类型发展而来的。

3. 良渚文化

良渚文化因1936年发现于浙江余杭县良渚镇而得名。良渚文化以黑陶为主要特征，因此一度将其归为龙山文化的一种。随着考古工作的进行，越来越多的遗存被发现，良渚文化才被正式确定为一个独立的考古学文化。一般认为，良渚文化的年代约为公元前3300年到公元前2200年。

良渚文化主要分布在太湖地区，此外，在长江北岸的海安县也有所发现。良渚文化内容十分丰富，现在已经出土的有石器、陶器和玉器，还有一些丝麻织品和众多的竹木器。良渚文化的陶器以黑陶为主，有夹砂灰黑陶和泥质黑皮陶两种。

在良渚玉器中，最具代表性的是玉琮。玉琮内圆外方，筒形，是我国古代重要的礼器之一。在良渚文化时期，玉琮最为发达，现在出土的数量也很多。一般认为，玉琮的制作材料是江浙一带的透闪石质玉石，质地不纯，大多为青色，少部分是黄色，埋在土中会呈雾状乳白色。良渚玉琮其形体的大小和高低都不一样，早期比较矮，晚期比较高。值得注意的是，玉琮的纹饰非常特别，大多为兽面纹。纹饰以四角线为中心，分为四组，根据琮的高低，用不同的比例分组饰于琮上。在反山遗址中考古出土的神兽纹玉琮是现在能见到的最大的玉琮，被称为琮王，它高8.8厘米，重达6.5公斤，分为四节，非常罕见。

三、北方地区的新石器文化

在新石器时代中，北方地区包括今辽宁、吉林、黑龙江和内蒙古。20世纪20年代，考古学家在这里发现了以细石器和篦纹陶为代表的文化遗存。北方地区的新石器文化，最具有代表性的是红山文化。

红山文化，因1935年发现于辽宁赤峰红山而得名。在这个遗址中，考古工作者同时发现了细石器和彩陶。红山文化的分布地区比较广，内容也比较丰富，有房基、墓葬和陶窑等遗址，还有大量的石器、陶器和骨器，此外还有不少精美的玉器。

细石器与彩陶共存，这是红山文化的主要特征。在石器中，除了细石器之外，还有磨制石器。这个时期的陶器大多为褐色，主要器物有大口深腹罐、斜口罐和盆、钵等，其中，大口深腹罐最具代表性。红山文化时期的陶器和仰韶文化时期的陶器有一定的共性，因此有考古学家推断，红山文化可能是仰韶文化的地方性变体，其年代也和仰韶文化相当，大约是公元前 3500 年左右。当然，这需要更多的考古发现来证实。

四、南方地区的新石器文化

相对于黄河流域和长江流域丰富的新石器文化遗址，南方地区的发现非常少。早在 20 世纪 20 年代，考古学家就对广东、广西和江西等地进行考古发掘。但是，到现在为止，发现的新石器文化遗址都还比较少，内容也不丰富。就目前的考古发现而言，南方地区重要的新石器文化遗存有仙人洞遗址和昙石山文化等。

第五节　史前时期的艺术

在考古学上，说到史前时代的艺术，一般是指新石器时代的艺术。在旧石器时代，生产力水平还非常低下，人们绝大部分时间都忙于生存，因此生产的大多是具有实用价值的工具。到了新石器时代，农业、畜牧业、制陶业和手工业都开始出现，人类的智力水平也有了很大的提升。在新石器时代，人们不必将所有的时间都用在谋生上，闲暇中的时光让人们可以去思考一些口腹之欲外的事物。在这样的时代背景之下，艺术诞生了。

新石器时代的文化艺术多姿多彩，其中以雕刻、彩绘和乐舞三方面最具有代表性。

一、雕刻

在对新石器文化的考古发掘中，出土的原始雕刻艺术品很丰富，其中有木雕、陶雕、象牙雕、骨雕、玉雕和石雕等几种。在技术上，这些雕刻采用了浮雕、立体雕和透雕等方法。

1. 木雕

就现在的考古发现而言，木雕并不多。沈阳新乐遗址出土了一件木雕。这件木雕是一只鸟的雕塑，材料是一根细木棒，鸟的嘴比较尖，有翅膀爪子，身上还有菱形纹饰，栩栩如生。这件木雕做工极为精细，是迄今为止考古发现的木雕工艺品中最早的一件。

2. 陶雕

据考古发现，最早的陶雕出现于新石器文化早期。相对于木雕而言，发掘出土的陶雕数量比较多，主要是一些动物和人物的雕塑。

在新石器文化早期，人们还不知道如何在陶器上雕塑。不过，那时的人们已经学会将陶土捏成的形象略加雕饰之后，用火烧制而成。因此，这时的陶雕其实只能算陶塑。陶塑虽然基本形象真实，但是做工粗糙，原始特征明显，艺术水平不高。

当然也有一些艺术高超的陶塑。河姆渡文化遗址就出土不少做工精细、形象真实生动的陶塑作品。河姆渡遗址出土的陶塑，主要是动物型的。这些雕塑都是捏塑出动物的全型，如陶猪身躯肥大，头向下伸，肚子垂地，行动迟缓；陶鱼的眼睛和嘴巴比较大，两个鳍外张，如鸟儿的一对翅膀要飞起来一般。猪是一种行动迟缓、笨拙的动物，而鱼的两鳍则是为了表现其跳跃之势。应该说，这些陶塑都很好地抓住了动物的本质特征，其艺术水平自然是比较高的。

马家窑文化遗址也出土了有陶塑雕的动物和人像。青海乐都柳湾墓出土了一件陶壶，其腹部表面上浮雕了一裸体人像，呈坐姿，两手放于腹部，腹部下面的性器官明显，是一男性浮雕。这是新石器文化目前发现的最为完整的陶浮雕人像。

3. 象牙雕

最早的象牙雕刻艺术品发现于河姆渡文化遗址。在河姆渡文化遗址中，一共发现了20多件象牙雕刻品。其中，有一件象牙雕是匕首形状的。这件雕塑被雕成鸟的形状，匕柄是鸟的身躯，而匕身则是鸟的尾巴，两侧和背部还刻有细密的短线，表示鸟的羽毛。在那个时候，能够雕刻出如此精细的作品，是非常了不起的。

此外，在大汶口文化的遗址中，也发现了不少象牙雕刻。

4. 骨雕

出土的骨雕相对较多。在河姆渡文化遗址出土的一些遗骨上，能够看到雕刻精细的花纹。其中，有一件骨匕中部刻有两组鸟纹图案，在每组图案的中心都有一线条圆圈，左右分别刻对称的鸟头，两端则刻上由斜线条组成的图案，刻工精细，技艺精湛。

在对仰韶文化何家湾遗址的考古发掘中，考古学家发现了一件完整的骨雕人头像，材料是一哺乳动物的遗骨，采用的方法是浮雕。这个人像浮雕粗眉大眼，眼球突出，鼻梁较高，嘴巴小，神态庄重。这是我国新石器考古发现的唯一一件原始骨雕人像。

5. 玉雕

在新石器文化中，玉雕占有重要地位。玉雕在大汶口文化、红山文化和良渚文化中均有发现，其中，以红山文化和良渚文化遗址中发现的玉雕最多，也最有代表性。在良渚文化遗址出土的文物中，有一件玉琮，上面刻有八组饕餮纹，线条精细如发，构图复杂，雕刻精细，工艺水平高超。

二、彩绘

在新石器时代的各个文化中，都发现有彩绘花纹图案的陶器。其中，以仰韶文化时期的彩绘最具代表性。

新石器时代，陶器上的彩绘颜色多样，有黑色、红色、白色、黄色、紫色、棕色等。在不同时代、不同文化中，使用的色彩不尽相同。其中，仰韶文化彩陶所运用的色彩主要是黑色和红色两种。

从考古出土的陶器来看，彩绘主要在器物的表面、视线能够看到的地方。由此可见，人们运用彩绘主要是为了达到装饰和美观的效果。

这一时期的彩绘，花纹图案内容广泛，有人面纹、动物纹、鱼纹、植物花卉纹、太阳纹等。因为生产力水平的限制，新石器时代早期的彩绘构图较为简单，晚期则日趋复杂。

仰韶文化的彩绘，图案内容丰富，前后变化比较大。仰韶文化初期，以半坡类型的彩绘为代表，图案有人面花纹、几何图形纹、鱼纹、鸟纹等，比较简洁，线条也较细。仰韶文化晚期，比较有代表性的是庙底沟类型文化彩陶花纹。这一时期的彩绘，图案内容比较丰富，线条较粗。在临汝阎村出土的一件陶器上，画有一只水鸟，其口中衔着一条小鱼，形象逼真，神态自然，艺术性较高。

考古发现，彩陶数量最多的是马家窑文化。马家窑文化的彩陶，彩绘的部位比较宽泛，陶器的外部、口、沿都绘满了花纹。这时的很多彩陶的图案非常繁缛，并且富于变化，大多用粗线条勾勒而成，对称均匀，浑然一体，是史前时期非常难得的杰作。

新石器时代的彩绘，因为地区和文化发展的差异，风格各异。用色上，有单色，也有复彩，线条有粗有细，图案有简有繁。因此，其艺术水平自然也有高低之别。不过，整个新石器时代的彩绘总体上给人一种严谨、整齐和自然的印象，有着一定的艺术感染力。

三、舞乐

在河姆渡遗址中，出土了不少木筒和骨哨。木筒比较长，表面还有用漆加工的痕迹，人们认为这是一种打击乐器。骨哨则用单根穿骨管和两套重管做成，一般认为是一种用来吹的乐器。这些考古发现说明，早在新石器时代，我国原始的音乐艺术就已经产生了。

不过，关于舞乐方面的文物，出土的还比较少，其他的，人们只能根据彩陶花纹的图案来窥见那个时代的舞乐文化。在青海马家窑文化的墓地遗址中，出土了一件彩陶盆。彩陶盆的口沿内壁上画有三组舞蹈图案花纹，每组 5 人，共 15 人；每个人的身材都很匀称，而且看上去步调一致，她们的眼睛都看向同一个方向。可以看出，这是一群年轻的女子迈着轻快的步伐翩翩起舞。这一组舞蹈图案是关于我国原始舞蹈的最早记录，是一件不可多得的文化遗产。

第二章

夏商周时期的考古文化

夏、商、周在我国历史上统称为“三代”，其时间跨度为公元前2100年到公元前5世纪上半叶。其中，夏朝建立了我国第一个国家政权，是奴隶社会的开端。从这个时代开始，社会组织形式由氏族社会转变为国家社会。不过，历史上关于夏朝的记载比较零星，考古发现也比较少，因此，这一时段的考古主要集中在商和周这两个朝代。

“三代”时期的考古，和史前时期的考古有很大区别。到了这三代，已经有文字可考，尤其是甲骨文和金文的发现，使神秘的商代渐渐浮出水面。文字的出现结束了漫长的史前时期，人类步入了文明时代。

在本章中，我们将从考古学的角度来见证这三个王朝的兴衰。

第一节　夏商周三代都城遗址考古

随着私有制的发展，社会贫富差距逐渐扩大，社会等级也随之出现。“三代”时期是我国历史上的奴隶制时代。为了维护自身的统治，奴隶主阶级建立了国家政权，并且营造了大型的都城作为其统治的基底。都城是“三代”时期的政治中心和文化中心。都城遗址的发掘，对于我们了解当时的社会面貌具有重要意义。因此，都城遗址的调查和发掘是“三代”考古的重要内容。

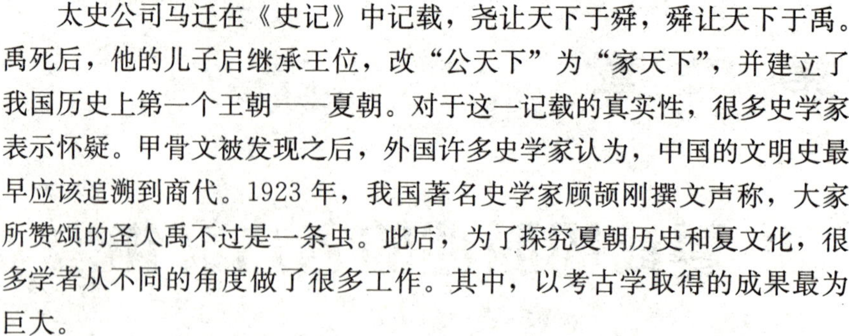

一、偃师二里头遗址

太史公司马迁在《史记》中记载，尧让天下于舜，舜让天下于禹。禹死后，他的儿子启继承王位，改“公天下”为“家天下”，并建立了我国历史上第一个王朝——夏朝。对于这一记载的真实性，很多史学家表示怀疑。甲骨文被发现之后，外国许多史学家认为，中国的文明史最早应该追溯到商代。1923 年，我国著名史学家顾颉刚撰文声称，大家所赞颂的圣人禹不过是一条虫。此后，为了探究夏朝历史和夏文化，很多学者从不同的角度做了很多工作。其中，以考古学取得的成果最为巨大。

20 世纪 50 年代，著名考古学家徐旭生全面整理了古代文献中有关夏代的记载。他发现，在先秦文献中记载了夏代，但包含地名的史料还不到七十条。虽然可以参考的材料不多，但是经过缜密的思考之后，他认定夏朝人的活动范围不大，集中在河南西部和山西南部这两个地方。因此，在考古发掘的时候，应该缩小范围，将精力都集中在这两个地区。

1959 年，徐旭生先生在助手的陪同下再次来到河南登封。在广袤的平原上，他苦苦寻觅。考察了很长一段时间之后，还是一无所获。一天，一个农民见到他在路上走来走去，好像在寻找什么，就问他是不是掉了什么东西。徐先生幽默地说，掉了一座城。农民听后，将他领到一个水塘边。徐先生看到水塘壁上的陶器碎片后，觉得在此肯定会有所收获，就组织人进行考古发掘。这便是现在世界闻名的二里头遗址。

二里头遗址四面环山，中间是一个狭长的盆地，地势平坦。经过发掘调查，徐旭生先生发现这片遗址上密布着宫墙、居住遗址、铸铜遗址、陶窑墓葬等重要遗迹，甚至还发现了一些玉器和青铜器。所有这些发现都在告诉他，二里头遗址是一处曾经有过辉煌历史的都城废墟。

二里头遗址总面积约为 3.7 万平方公里，包括今天的二里头、圪垱头、四角楼、寨后村和辛庄等几个自然村。对二里头遗址的调查发掘到现在都还在进行之中。截至目前为止，已经进行了很多次考古发掘。经过调查研究，考古学家们认定，二里头文化是一种介于河南龙山文化和郑州二里岗期商文化之间的一种古文化。

在二里头遗址的中心地区，分布着宫殿基址群、铸铜作坊遗址和中型墓葬等重要遗存。考古发现的宫殿殿堂坐北朝南，是整个建筑的中心，它和南大门之间有着较为广阔的庭院。在庭院内，广泛分布着走廊，庭院外则是围墙。此后我国宫殿建筑的样式基本上都是这样的。这样的建筑显得空阔，不适合生活，但适合集会、祭祀、行礼以及发布政令等大规模的集体活动。

截至目前为止，共发现二里头文化宫殿遗址两处。一号宫殿遗址发现于1974年，是一座大型的夯土台基。这座台基整体上呈正方形，东西长约108米，南北宽约100米，总面积约1万平方米。殿堂位于台基的中央部位，偏北，其基座比周围的台基面略高，下面铺有三层鹅卵石，似是用来加固基址的。在殿堂正南部位的是大门，殿堂和正门之间有着平整宽阔的空地，应该是一片庭院，殿堂与庭院被一组完整的廊庑建筑所包围。二号宫殿发现于1977年，主要由中心殿堂、庭院、大门以及廊庑组成。不同的是，在殿堂与背面的墙壁之间，还建有一座大型的墓地。二号宫殿基址的面积要小于一号宫殿基址，其东西宽约58米，南北长约72米。二号宫殿的建筑格局与样式，和一号宫殿基本相同。

从考古发掘来看，这两座宫殿并非孤立存在。一号宫殿东北方向的廊庑建筑中设有后门，正对二号宫殿基址。因此，它们很可能共同构成了一组宫殿建筑群。庞大的宫殿群遗址表明二里头文化遗址应该是夏王朝某一时期的首都所在地。

二、商代都城遗址

据史籍记载，夏桀残暴，汤起兵灭夏，建立了商王朝。商王朝建立之后，统治并不稳定，因此先后五次迁都。到商朝中叶，盘庚迁殷，商王朝的统治才正式稳定下来。

自20世纪20年代以来，考古学家们就开始在河南安阳一带进行考古发掘，试图揭开商王朝的神秘面纱。截至目前为止，已经确认的商代城址有三处，即郑州商城、偃师尸乡沟商城、安阳殷墟。

1. 郑州商城

郑州是河南的中心城市，城内商文化分布广泛，东起凤凰台，西到西沙口，北到花园路，南到二里岗，面积约为25平方公里。

1951年，中科院考古所在郑州调查时发现一处遗址，经过分析，他们认为，这里很可能是商代的一座都城遗址，其时间还要早于已经发现的殷墟。此后，考古所先后组织进行了多次挖掘，终于使郑州商城的原貌渐渐呈现在世人的眼前。

郑州商城坐北朝南，呈长方形，北城墙长约1690米，东城墙和南城墙长约1700米，西城墙长约1870米，总周长将近7公里。保存在地面上的断壁残垣最高处有6米左右，最低处为1～2米，宽20米左右。利用相关资料进行复原构想后，考古学家认定郑州商城高约10米，顶部宽度约为5米。在西面的城垣上，发现了11个缺口，考古学家认为这很可能是城门。

郑州商城的城墙是用板筑法夯筑而成的。在每层夯土的表面上，人们都能看到密集的圆形夯窝，考古学家推测，这很可能是用成捆圆木棍作为夯具夯打的结果。城墙总体上呈梯形，中间的主墙由层层平夯筑成，两侧则由斜夯筑成。

宫殿区位于城址的东北部，总面积约为37万平方米。在这一范围内，考古学家先后发现的商代夯土建筑基址多达20多处。其中，比较具有典型性的是10号房基，其南北长34米，东西宽10.6米，由10层以上的夯筑硬土堆砌而成。在房基内，考古出土了铜簪、玉簪等饰品。在对郑州商城之外的发掘中，这样的饰品几乎没有。这说明，在这里居住的一定是大贵族。在商城之内，人们还发现一些形制比较小的房基，可能是一些平民曾经居住过的地方。

除了宫殿基址之外，考古学家还在城址的周围发现了铸铜和制陶的遗址，以及祭祀坑、窖藏坑、墓葬等重要遗址。此外，还出土了铜器、玉器、石器、陶器、原始瓷器以及刻字甲骨等重要遗物。

在宫殿遗址区内，发现一条壕沟中埋有人的头骨100多个，头骨上面有明显的锯痕。据此，人们推测，这些人很可能是一些被当做祭祀品而被杀掉的受害者。另外，人们还在遗址内发现了八个狗坑，里面埋了大约100多只狗，很可能也是祭祀品。

商城遗址外面分布有很多墓葬。郑州城北的白家庄，东南的场庄，城南的郑州烟厂，城西的人民公园等地方都发现了墓葬。在已经发掘的墓葬中有奴隶主贵族墓，有平民墓，有奴隶墓。在奴隶主贵族的坟墓中，人们可以发现青铜器、玉器等随葬品；在平民的坟墓中，随葬物品一般是陶器和石器，而奴隶的墓中则没有随葬品。这从一个侧面说明，当时的贫富差距已经很大了。

用土夯筑而成的城墙，庞大的宫殿建筑群，都象征着奴隶主贵族至高无上的统治地位。宫殿、墓葬、居住区、手工业作坊等遗址的发现都证明郑州商城是商代的五个都城之一。

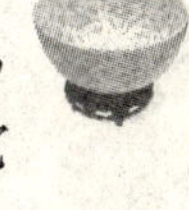

2. 偃师尸乡沟商城

偃师尸乡沟商城距离洛阳 30 多公里，和偃师县城毗邻。1983 年，考古学家在这里发现了很多商代文化的遗存，并通过考古发掘证明了它是商代某一时期的都城。

尸乡沟商城总体上呈长方形，南北长为 1700 米，东西宽约 740～1215 米，总体面积约为 190 万平方米。东、西、北三面城墙的长度分别为 1640 米、1710 米、1240 米，南部城墙荡然无存，可能是毁于洪水。城墙的宽度在 20 米左右，大部分都埋在地下，露出地面的部分有 1～3 米。

在 3 面城墙上，考古发现了 7 座城门，其中，东西城墙各 3 座，北墙只有 1 座。城门的宽窄不一，在 2～9 米之间。城内有纵横交错的道路，目前一共发现 11 条，南北走向的 6 条，东西走向的 5 条。路面的宽窄也不一样，一般在 6～10 米之间。在城址靠南的部位，发现小城遗址三座。宫城位于正中央，呈正方形，边长 200 米左右，总面积约为 4.5 万平方米。宫城内部有一座大型的宫殿基址，附近分布着若干建筑基址。这些建筑有的自成一体，有的东西对称，遥相呼应，共同构成了一个庞大的宫殿建筑群。正殿位于宫城的北部，长 36.5 米，宽 11.8 米，高出地面约为半米左右。

在尸乡沟商城遗址的东部，还发现了地下排水沟。这条排水沟长约 8000 米，宽 1.2 米，深 1.3 米，和西部的宫城沟通。这说明当时的人们已经具备解决城市排水问题的能力。

尸乡沟商城遗址里发现的很多文化遗存，在年代上和二里岗期相当，因此考古断定这座城址的建设年代应该是商代早期。

(3) 安阳殷墟

殷墟是中国第一个有文献记载，并由甲骨文和考古发掘证实的商代都城遗址，被誉为“中华第一都”。其实，建立殷墟的时候，商代已经步入中晚期了。

安阳殷墟是 20 世纪我国乃至世界上最为重要的考古发现之一。考古学家们先后在此进行了多次调查发掘，并出土了大批甲骨，还有众多

的青铜器、玉器，以及著名的司母戊鼎。这一重大发现证明了传说中的商王朝的真实存在，也将我国为世界所承认的文明史向前推进了近一千年。

公元前14世纪，商朝的第20位国王盘庚，将商代的都城从“奄”，即今山东曲阜，迁到了风景秀丽、土地肥沃的“殷”地，即今安阳小屯村一带。这便是史书上记载的盘庚迁都。盘庚迁殷之后，商王朝的统治稳定下来。“殷”作为商代的最后一个首都，一直延续到其灭亡，历时8代12王，273年。

殷墟东西延伸约6公里，南北宽约5公里，面积约为30平方公里左右。从目前的考古发掘来看，殷墟沿洹河而建，布局合理。殷墟遗址的中心区域是宫殿区和王陵区。在宫殿区和王陵区的周围，则分布着居民区和手工业作坊区。最外围则是墓葬区。

殷墟内的宫城南北长1000多米，东西宽600多米。在宗庙宫殿区遗址内，考古发现并出土了53座王宫建筑基址，从北向南分为甲、乙、丙三组。甲组是奴隶主居住区和宫殿建筑，建成的时间最早；乙组是宗庙性建筑，建成时间稍晚；丙组是专门用于祭祀的祭祀台，建成时间最晚。在宗庙宫殿区遗址附近，考古发现了一处面积约5000平方米的大型宫殿基址，呈工字型，规模宏大，气势恢弘。

在王陵区遗址内，每个陵的占地面积都很大，最大的达1000多平方米。在王陵区的坟墓中出土了大量文物，司母戊鼎就出土于此。在每座坟墓的周围，都有排列密集的人祭坑，目前发现的达1400余个。人祭坑是专门祭祀祖先用的。在武官村大墓中，发现人殉多达200余人。在这些人中，有墓主的亲属、侍从、驭手、领班、奴隶等，按照亲疏、身份和等级排列在墓主的四周。这说明，当时的社会等级森严。

在王陵区的东部，有大型的祭祀场。商人经常会祭祀祖先。在他们看来，最好的祭祀品不是牲畜，而是人。因此，他们常常会在祭祀祖先的时候杀死大批奴隶。考古发现的祭祀坑共有250座，截至目前为止，共对其中的191个坑进行了清理，发现因为殉葬和祭祀被杀害的奴隶有1178人。其中，有的奴隶身上还戴着刑具。殉葬的奴隶大多是小孩，有的被砍去头颅，有的被剁去手和脚，非常残忍。

在洹河南部，发现了大面积的居民区和手工业作坊遗址。其中，最为著名的是位于铁路苗圃北地的铸铜作坊，规模较大。

三、西周都城遗址

西周是我国历史上的第三个奴隶制王朝。史籍记载，纣王无道，周武王起兵，灭商，并建立了周王朝。在灭商之前，周已经在岐山下面建立了城池作为部落的都城。建立周王朝之后，周武王迁都于丰，建立镐京。周王朝建立之后，统治者制定了一系列的礼仪，使动荡中的社会迅速安定下来。因此，相对于夏朝和商朝而言，西周的统治比较稳定。直到西周灭亡之前，其都城都是镐京。所以，对于西周城址的考古，主要集中在其灭商之前和灭商之后。

1. 周原遗址

周原位于陕西关中盆地西部，是周人的发祥地。在这里，考古发现了大量大型宫殿、宗庙遗址以及众多王室贵胄的墓穴遗址。

经考古调查，人们发现周原遗址的建筑群分区非常明显。现今岐山县贺家村、礼村是西周的墓葬区，比较密集，而西周宫殿建筑群遗址则分布在凤雏村周围；制铜作坊区位于今齐镇东。

在凤雏村发现的宫殿基址看上去是一座四合院式的建筑，坐落在夯土台基上。建筑年代在武王伐纣之前，在西周晚期废弃，距离现在三千多年。这一建筑布局整齐，对称美观。其南北长 45.2 米，东西宽约 32.5 米，建筑面积约为 1469 平方米，总体上呈南北走向。影壁、前院、门厅、中院、前堂、东、西小院和后室、过廊、东西厢房、排水设施等组成了一个规模不小的建筑群。

建筑群分为前堂、中院和后院。前堂部分是大殿，是整个建筑群的主体。后院由西小院、过廊和东小院组成。东西小院面积相当，各为 63 平方米，都有台阶通往后室前的回廊。后室共五间，东西排列，坐北朝南，对称分布。

建筑群共有两个排水设施：一条位于东门房下部，呈南北走向，是陶管水道，方便中院的水顺水道向前；一条位于后院的东西小院之间的走廊之下，用石块叠砌而成。

这一建筑基址说明当时周人高超的建筑水平。房屋的墙壁大多是夯筑而成，厚度不一，隔墙较厚，而单面的墙则相对较薄。这说明周人是按照实际用途来选择墙体的。墙面和室内的地面都用黄土、细砂、白灰搅拌的“三合土”涂抹，使其变得光滑坚硬。这在我国古代建筑中是最早的范例之一。此外，在遗址中还发现了为数不少的瓦片，这说明早在那个时候，人们已经开始用瓦来覆盖屋顶。

扶风召陈建筑群址，布局规整，前后左右对称，规模比凤雏建筑群要大，构架也可能更为复杂。其中，一个房基长 22 米，宽 13.4 米，东西两侧中间略凹，呈工字型。这一建筑很可能建立于西周中晚期之后，是一座大型王宫。

这两组建筑群在构造上已经相当成熟，说明我国群体建筑始于西周，而不是秦汉。在建筑中大量用瓦的事实，也将我国建筑用瓦的年代提前到遥远的西周时代。

2. 丰镐遗址

丰和镐是两个不同的地方，不过它们相距较近，就像一个城市的两个地区，因此常常合起来称为丰镐。丰镐是我国历史上第一座规模宏大、布局整齐的城市。

关于丰镐都城，史籍上有非常详细的记载。据说，当时的丰镐建有宗庙、宫殿以及大池等一系列建筑。周天子常常会带领他分封的奴隶主贵族们在这里举行祭祀、庆功和出征等重大活动。据《周礼·考工记》记载，丰镐方圆九里，每边有城门三道，城内东西南北方向的街道各九条，王宫位于正中部位，其左侧为祖庙，右侧是社稷坛，前侧是朝堂，后方是街市。可见，当时人们对于城市布局已经有了一定的规划思想。

从史籍中可见，丰镐规模宏大、布局整齐，开创了我国城市平面布局的先河，是后来所有都城建设的楷模。遗憾的是，一直到现在为止，考古工作者依然没有发现这一宏伟都城的遗址。

第二节　夏商周时期产生最早的文化考古

文字是人类文明最重要的标志之一。在考古过程中人们发现了不少这一时期的文字，主要有甲骨文、金文和盟书三种。

一、甲骨文

1899 年，中国著名文字学家王懿荣奉命回乡督办团练。当时，义和团运动正处于高潮，中外民族矛盾尖锐，国家处于风雨飘摇之中。王懿荣回家后没几天就病倒了。

在服药的过程中，王懿荣在一味名叫“龙骨”的药材上发现了刻痕。这令他不解，为什么在年代久远的骨头上会有刻划的符号呢？对这些“龙骨”仔细端详之后，王懿荣觉得上面的刻痕很像古代文字，但不是大篆也不是小篆。王懿荣虽然不能确定龙骨上刻的究竟是什么文字，但出于一个金石学家对于古文字的敏感，他觉得在这些“龙骨”上肯定会有所发现。于是，为了更好地研究“龙骨”上的刻字，他让下人将城里能够看到的、相似的“龙骨”全部买下。

对这批龙骨进行仔细研究之后，王懿荣得出一个结论，那就是：这根本不是什么“龙骨”，而是几千年前的龟甲和兽骨。龟甲和兽骨上面的刻痕也逐渐被他辨识出“雨”、“日”、“月”、“山”、“水”等字样。不久之后，他又在上面找到了几位商代国王的名字。因此，他断定这是刻划在兽骨上的古代文字。

1908 年，著名学者罗振玉经多方探查得知，这些甲骨的出土地点位于河南省安阳县小屯村一带。当时正是多事之秋，政府无暇顾及，因此小屯村遗址遭受到大规模的破坏和盗掘，对甲骨等文物造成了难以估量的损失。1928 年，国民政府成立了中央研究院历史语言研究所，下面专设考古所。考古所成立之初，就将工作的重点放在了安阳殷墟遗址上。考古所成员、著名考古学家董作宾来到小屯村之后，认定那里依然有巨大的发掘价值。中央研究院接到董作宾的报告之后，决定对殷墟进行全面的调查和发掘。

在第一次考古发掘中，出土了石器、蚌器、龟壳、骨器、贝、玉器、铜器、陶器等珍贵文物近 3000 件，甲骨 854 片。中国考古学之父李济先生回国之后接替董作宾的职位对殷墟遗址进行考古发掘。直到现在，对殷墟遗址的考古发掘仍在进行之中。截至目前为止，从殷墟发现的甲骨 15 万片以上，发现单字 5000 多个，已经辨识的有 1000 多个。发掘的 15 万片甲骨，有近 5 万片流散到国外，其余绝大多数都珍藏在国家图书馆古籍馆之中。

甲骨文的发现具有非凡的历史意义，它不但证明了商王朝的真实存在，还极大丰富了那个时期的历史。

考古学上将从殷墟出土的甲骨分为五期：第一期从盘庚时代到武丁

时代；第二期从武丁时代到祖甲时代；第三期约为廪辛和康丁时代；第四期约为武乙、文丁时代；第五期约为帝乙、帝辛时代。这五期和殷墟文化五个分期的时间大抵相当。

甲骨文上面的文字主要是象形字。从广义上来讲，又可以分为两类：一类是像具体的事物，如日、月、土、田；另一类是抽象的事物，也就是后来所说的会意字，大多是按照动作意思画出来的。甲骨文所使用的造字方法，除了象形、会意两种外，还有形声和假借。在这四种造字方法的基础上，人们又创造了转注和指事两种造字方法。

记载在甲骨文上的文字，所叙大多是商王朝的重大事情，如祭祀、狩猎、农事、征战等。想要研究商代的历史，这些甲骨无疑是非常珍贵的原始资料。

此外，在西周的遗址中，人们也发现了甲骨。西周的甲骨文和商代的甲骨文一脉相承，但是又有所变化。在西周的甲骨上，记载的卜辞比较少，而对祭祀等重大活动的记载比较多。这说明，到了西周，人们已经不再像商代那样迷信，事事都需要占卜了。

二、金文

金文是铸在青铜器上面的文字，又被称为铭文。在青铜时代，人们一般是先将文字刻在陶范上，然后再印铸在青铜器上。当然，有时直接在青铜器上刻字，这叫做刻铭，在战国时期比较常见。

金文最早出现于商代。在安阳殷墟出土的铜器中，有一些上面铸有铭文，但是字数不多，一般只有几个字，而且大多是人名，如殷墟 5 号墓出土的一件铜器上面铸有“妇好”，便是人名。最迟到商代晚期，较长的铭文开始出现。其中，最长的有三四十字，内容大多是其得到赏赐之后为其父辈制作铜器纪念。一件青铜器上的铭文长达 37 字，记载了帝辛二十七年，祭祀先王武乙的妃子获得赏赐，从而为其父铸造青铜器纪念。不过，这样较长篇幅的铭文在商代并不多见。

到了西周时期，大多数青铜器上面都铸有铭文，而且篇幅都很长。在西周中期，最长的铭文铸在小盂鼎上，有 390 多个字。中期铸有铭文最长的是毛公鼎，共 32 行，497 字，现存于台湾故宫博物院。

金文的书法风格与甲骨文比较相似，但笔法变得雄健有力，结构严谨，有一定的欣赏价值。

西周铭文记载的内容比较丰富，有非常重要的历史价值，是研究西周历史必不可少的珍贵资料。

三、盟书

所谓盟书，是指周天子和诸侯、诸侯和诸侯、或诸侯国的卿大夫与卿大夫之间举行盟誓的文书。

盟书的内容主要分为五种：(1) 宗盟，即效忠盟主的誓言，多见于春秋时期；(2) 委质盟，这是小国送上本国的太子，以示效忠的盟书；(3) 纳室盟，即约定不再纳妾的盟书；(4) 诅咒盟，即对某一事物的共同诅咒；(5) 卜辞。

盟书对于研究春秋战国的历史有一定的参考意义。

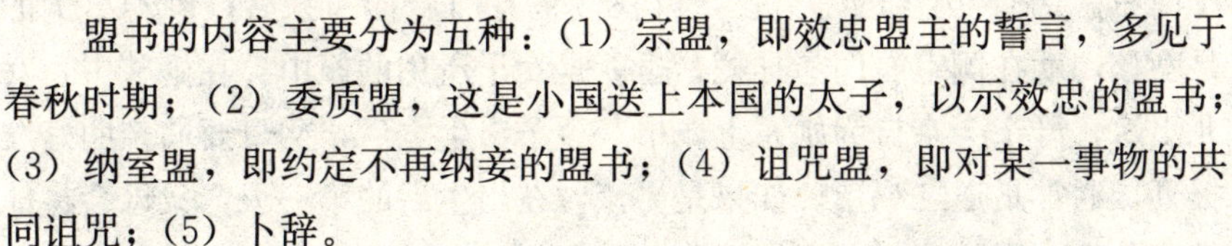

第三节　夏商周时期成型的礼乐和丧葬制度

孔子说："周监于二代，郁郁乎文哉！吾从周。"意思是说，周礼借鉴了夏礼和殷礼，并在此基础上演变发展起来，多么丰富完备，真是文质彬彬，如让其选择的话，一定会选择周礼。

确实，到了周代，礼乐制度已经非常完备了。随着时间的流逝，一些繁琐的、并不实用的礼仪被淘汰了，但还是有很大一部分保存下来，并一直流传到现在。

夏朝和商朝的礼乐制度，现在还无法考证。因此，说到"三代"的礼乐制度，通常专指周朝。

一、周代的礼乐制度

周代的礼乐制度是非常丰富的，限于篇幅，仅选取几个比较重要的来论述。

1. 出生礼

《诗经》里面说："乃生男子，载寝之床。载衣之裳，载弄之璋。"如果生了男孩，就让他睡在床上，并为他穿上华美的衣服，给他白玉璋玩；“乃生女子，载寝之地。载衣之裼，载弄之瓦。”倘若出生的是女孩，就让她睡在地上，将她包在褓褓里，给她陶制的纺锤玩。从《周礼》来看，这一记载是形象而又生动的。可见，从那个时候开始，男尊女卑的意识就十分明显了。

孩子出生之后，父母会在其出生的地方放一些标志性的东西，包含着对其将来的希望。《礼记》记载：“子生。男子设弧于门左，女子设帨于门右。”倘若出生的是男孩，就在侧室左门悬挂一张弓；倘若出生的是女孩，就在侧室右门悬挂帨，也就是女子所用的佩巾。在婚礼中，女儿出嫁，母亲会亲自为她系上佩巾。孩子出生之后，父母要向亲朋好友报喜，通常是送红鸡蛋。如果是男孩，在出生后的第三天，父母会将他带来外面，用弓箭射向天地四方，希望他长大后志存高远。

在出生礼中，最为重要、也最为流行的，莫过于满月了。到了满月这一天，亲朋好友们都前来道贺，母亲则会抱着自己的儿子或女儿前来接受祝贺。并且，从这天开始，母亲可以抱着孩子随意走动了。孩子满月的时候，照例要摆酒设宴，大家在一起欢庆。到了后来，人们还会在这一天给婴儿剃头。

2. 成年礼

一般说来，男孩子长到二十岁，女孩子到了十五岁，都要行成年礼。对于天子和诸侯的子女来讲，行成年礼的时间又要稍早一些。但是，由周代开始，行成年礼都必须在当事人生理成熟之后。

周代的成年礼非常复杂。男子长到一定年龄，父亲便会请人来为其加冠。因此，成年礼也叫加冠礼。在加冠之前，当事人需要射箭，还要回答一些礼仪上的问题，只有这些都通过之后，才能行礼。周代的士人在加冠之后，要依次拜见国君和卿大夫。受拜的人通常会有一番善意的劝导。当这些礼仪都结束之后，就意味着当事人已经作为“成人”被社会认可了。

在文化传承的过程中，成年礼出现了断裂。现在，基本上没有人会为自己的子女举行成年礼了。

3. 婚礼

婚礼是人生中的大事，在周代也不例外。在现代，婚礼是非常热闹的，有音乐，有美酒。在周代是不是也是这样呢？《诗经》里面有“琴瑟友之”、“钟鼓乐之”这样的诗句，可见，男欢女爱在周人看来是非常值得高兴的一件事情。

不过，在真实的历史上，周人的婚礼在黄昏时候进行，没有音乐，非常安静。娶亲的时候，新郎要把迎亲的车涂成黑色。按照周礼，只有大夫才能才坐黑色的车，但在结婚的时候可以僭越。人们在结婚的时候，用漆成黑色的婚车来迎接新娘，显得隆重，有面子。又因为婚礼在黄昏的时候进行，所以迎亲的队伍还必须带上火把。《诗经》里面有的诗句中将“薪”比喻为婚姻，就是这个道理。

那为什么要静悄悄地举行，为什么不能演奏音乐呢？孔子说：“嫁女之家，三夜不息烛，思相离也；取妇之家，三日不举乐，思嗣亲也。”出嫁女儿的人家，三天晚上都不熄灭火烛，以此来表达思念之情；新郎家三天之内都不能演奏音乐，因为新娘子刚刚离开家，想念自己的家人，心中悲痛。

关于这一点，《礼记》里的说法和孔子的观点不大相同。这种观点认为，结婚属阴，音乐属阳，因此不能用阳来破坏阴，甚至结婚的时候也不需要别人的祝贺。结婚，意味着传宗接代，但也意味着新陈代谢，作为儿子女儿的，心中怎么能不因为父母的衰老而感伤呢？所以，没有心情接受别人的祝贺。

应该说，周礼中关于婚姻的规定还是比较有道理的。

4. 丧礼

在周代众多的礼仪中，丧礼是比较特别的一种。亲人去世后，人们非常悲痛，但仍然希望他能活过来，因此有“招魂”的仪式。“招魂”仪式结束后，倘若亲人没有活过来，那就只能去报丧。一般来讲，是由一个年长的人带着死者的亲属去亲友家报丧。死者的亲属会在每个亲友家门前磕头，报告死讯。亲友们则会诚心劝慰他，让他不要太悲伤。报丧之后，就要装殓尸体。装殓的时候，切忌悲泣，因为那样可能让自己的眼泪滴到棺木里面，死者感受到后灵魂会非常不安。

在整个丧礼中，哭泣是最为必要的。男的要无声啜泣，这样，既不丧失一个男人应有的坚强，也表达了自己的哀思；女的则必须嚎啕大哭，越悲痛越好。

同样，在丧礼中，服饰也是极为重要的。一般来讲，服丧的亲人必须穿上用麻做的衣服，越破旧越好。还有，丧礼期间不能梳洗打扮。

按照周礼，父母去世后，其子必须守孝三年。对此，孔子的解释是，一个人出生之后，要三年才能彻底脱离父母的怀抱。父母为了把我们养大，非常不易。现在，他们去世了，为了报答他们的恩德，我们应该守孝三年。在守孝期间，不能吃肉，不能饮酒，更不能纳妾。

周代丧礼中的很多制度都流传下来沿用到今天，但守孝三年和“五服”这样的制度几乎没有人去履行了。

二、“三代”时期的墓葬制度

“三代”时期的墓葬，考古发掘了很多，但各个时期的发掘数量并不一致。一般说来，商代前期及以前的比较少，商代后期及以后的则比较多。“三代”时期的墓葬制度和新石器时代的墓葬制度已经有了明显的不同。

夏朝时期的墓现在发现的还比较少。不过，人们已经找到青铜器和玉器等随葬品了。

商代前期的墓葬都比较简单，随葬的奴隶、青铜器和玉器都不多，坟墓结构也比较简单。到了商代后期，大型的坟墓开始出现，里面的随葬品也格外丰富，大量的奴隶和牲畜，还有青铜器、玉器、鼎、甲骨等礼器，而奴隶墓和平民墓里面则几乎没有随葬品。从这一点上可以看出，随着社会的发展，高低等级之间的差距越来越大。

西周的墓葬，可以分为三个时期。在武王伐纣之前，西周实行聚族而葬的制度。人死去之后，一般按照身份的高低、与统治者关系的亲疏下葬。和统治者比较亲近的，就葬在其墓地附近，较远的就距离稍远，以此类推。周王朝建立之后，其墓葬制度承袭于商代，但在中期之后发生变化。

西周的墓葬，最有特色的地方便是它的随葬品。在西周的墓葬遗址中，考古学家们发现了鼎。鼎是身份和权力的象征。地位比较低的，如士，在死后可以随葬一鼎；地位比较高的，如天子，死后可以随葬九鼎。从这点来看，周礼想要维护的是一个上下有别、尊卑等级的社会，即便是在人死后也不例外。

第四节 夏商周时期愈演愈烈的盗墓行为

春秋时期，我国出现了坟丘形式的墓葬。到了战国，土堆成的坟丘逐渐高大起来，即古籍中所说的“丘垄必巨”。这本来是为了方便拜奠和祭祀，但客观上为盗墓者提供了便利。上层阶级为了炫耀自己的身份和荣耀，都不惜耗费巨大的人力、物力和财力来营造陵寝。丰富的随葬品让本来已经存在的盗墓现象愈演愈烈。

《吕氏春秋》记载，当时的各个国家都制定了严酷的法律来惩罚那些盗墓者，但是依然不能禁止。据此，可以推测，当时的民间盗墓行为已经非常普遍。

那么，当时人们为什么要盗墓呢？当然大部分都是冲着丰厚的随葬品去的。但也有的人盗墓不是为了获得墓中的财富，而是想取得墓中的建筑材料。班固在《后汉书》中同样也记载了一个故事：孙权大破长沙之后，派人挖掘了吴芮的坟墓，用吴芮的棺木来给他的父亲孙坚建庙。可见，采用墓中建筑材料的情况确实存在，但并不常见。同时，还有的人盗墓是为了复仇，历史上最著名的莫过于伍子胥了。伍子胥本是楚国人，他的父亲伍奢是楚国的太子太傅。当时，太子建还有一个老师叫做费无忌，此人是无耻小人。他奉楚平王的命令去秦国给太子娶亲。到了秦国之后，却把漂亮的秦国公主送给了楚平王。费无忌担心太子以后忌恨自己，接替王位后会对自己不利，于是，他总是在楚平王面前进谗言。久而久之，楚平王决定废黜并诛杀太子建。太子建事先得知后，便化妆逃往宋国。同时费无忌还建议楚平王处死太子建的党羽，包括伍子胥的父亲伍奢和他两个聪明干练的儿子。结果，伍奢和伍子胥的哥哥伍尚被杀，而伍子胥一路狂奔，逃出了楚国。后来，伍子胥在吴国建功立业，并掌握了军事指挥权。他带领雄壮的吴兵，轻而易举地灭掉了楚国。不过，楚平王已死，伍子胥便决定挖开他的坟墓鞭尸。

这些盗墓活动在当时的影响都比较大，因此在史书上有明确的记载。民间还有很多盗墓活动是在悄无声息中进行的。

第五节　夏商周时期其他文明遗址考古

“三代”时期的考古，除了在中原地区发现众多的文明遗址之外，还在西南地区也发现了两个很重要的文明遗址，它们分别是三星堆遗址和金沙遗址。

一、三星堆遗址

从对三星堆遗址的考古研究来看，三星堆文明的时间段大体在新石器时代晚期到商周之际。其主体文明则处于商朝时期，因此也有人将其归入商代文明之中。

三星堆文明距今 4800～2800 年，前后延续了 2000 年左右，遗址位于四川省广汉市。截至目前为止，考古出土了大量青铜器，和中原地区的青铜器有所不同，比较有特色。

考古学家按照时间的不同，将三星堆遗址遗存分为早期遗存和晚期遗存。其中，早期遗存出土的大多是陶器，有泥质灰陶和夹砂褐陶两种。泥质灰陶中，以青灰陶和灰白陶的数量最多。人们还在遗址上发现少量橙黄陶，形状大多是平底器和圈足器，主要有锯齿形口沿罐、花边形口沿罐、喇叭口大翻领罐、敞口镂孔圈足豆等。这些陶器制作比较简单，应当是完全依靠双手制作的。不过，那时也出现了一定比例的轮制陶器。和其他遗址中发现的陶器一样，这些陶器上也都有装饰性的花纹，如绳纹、重叠绳纹、网格纹、镂孔、细弦纹和齿纹等。

在早期遗存中，还考古出土了一些玉石器。玉器体形多样，大小不等。大的玉璋长达 150 厘米以上，而小的长度仅有 3 厘米。

晚期遗存中也出土了许多陶器，按照时代和制作方法的差异，可以分为三期：早期陶器主要是夹砂褐陶，还有一定数量的泥质灰陶和泥质橙黄陶；中期陶器主要是夹砂陶，颜色有灰褐和黑灰两种，此外还发现了少量的泥质灰陶和泥质红褐陶；晚期陶器主要是夹砂褐陶，泥质灰陶的比例大为增加，器形的变化也比较大，小平底罐大多都变成了小平底钵。

晚期遗存发现的玉石器，在制作工艺上比起早期已经有了非常明显的进步。比如，玉璋和玉戈的硬度非常高，但当时的人们已经能够将两侧边刃制作得非常薄，刃线准确。人们还在一些出土的玉石器上面发现了雕刻精美的图案。晚期遗存中发现的玉石器数量众多，而且大多都是礼仪性的工具，即便是做成斧、锛、凿、斤等工具形状的玉石器，通常也不被当作工具使用。可见工具礼仪化是三星堆晚期遗存的重要特征。

晚期三星堆遗存还出土了数量众多的青铜器，造型多样，制作精美。青铜器器形有人头像、人面像、人面具、跪坐人像、龙柱形器、虎形器、戈、戚形方孔璧、龙虎尊、羊尊、器盖、盘等。

相对于中原地区的青铜器，三星堆遗址出土的青铜器具有丰富的寓意。如青铜人头像和人面像都代表了古代蜀人祭祀的祖先神灵；而立像和跪坐像则代表着祭祀者，表示自己的虔诚。从三星堆遗址出土的青铜器，器形大多高大，结构复杂，造型生动。其中，二号祭祀坑里面出土过一件立人像，高 2.62 米，重 180 多千克。如此高大的青铜铸像，在商朝遗址中非常罕见。人像面部庄重，栩栩如生，是青铜艺术中的极品。

此外，人们还在三星堆遗址里面发现了为数众多的黄金器。黄金器种类丰富，为商代之最，器形有金面罩、金杖、金箔虎形饰、金箔鱼形饰、金箔带饰和金料块等。多数黄金器的体型都较大。有一件金杖用纯金皮捶打而成，长 142 厘米，重 400 多克，上面绘有神人头像、鱼、鸟和箭等图案。考古学家推测，这件金杖可能是权力的象征，也可能是巫师使用的法器。

在三星堆遗址中，人们还出土了一些房屋的遗址。经过分析研究，考古学家认为，古代蜀人在那个时候已经学会建造房屋。

二、金沙遗址

金沙遗址位于四川成都市西郊苏坡乡金沙村，总面积在 300 万平方米左右。据考古发现，金沙文明距今 3000 年左右。那时的人们过着以农耕为主，狩猎、采集为辅的生活。在闲暇的时候，他们还会制造玉器、金器、石器等器物。

从金沙遗址中出土了很多文物，其中以金器、玉器、青铜器、石器和象牙器最为多见。在这些文物中，又以金器最具特色。金器的主要器形有金面具、金带、圆形金饰、喇叭形金饰等。其中，金面具的造型风格和三星堆的青铜面具非常相似，这说明三星堆遗址与金沙遗址之间，有着较为紧密的联系。

出土的金器中，最为著名的是“太阳神鸟”金饰。它是一件圆环形金箔，重20克，运用镂空的表现技术制作而成，看上去非常像一张技艺精的剪纸艺术品。金箔上面绘有图案，可分为内外两层。其中，内层图案是12条按顺时针方向旋转的弧形齿状芒饰，让金饰的中心图案很像一个喷射出12道光芒的太阳。外层图案则由4只按逆时针方向旋转的首尾相接的飞鸟构成。根据金器图案的形状，考古学家将其命名为“太阳神鸟”，它可能反映了当时的人们对于太阳的崇拜。

截至目前为止，金沙遗址共出土象牙1000余根，这在世界上都是非常罕见的。奇怪的是，金沙遗址出土的象牙尺寸都非常大，与我国现代，甚至是亚洲境内象牙的尺寸不符。据此，考古学家推测，当时的四川可能到处都是茂密的森林，气候炎热。在森林中，生活着一些非常凶猛的动物，如老虎和大象等。其中，大象是人们狩猎的对象。

不过，狩猎在那个时候已不再是最为重要的社会活动。2002年，考古学家在金沙遗址发现了一件形状像铲子的木制工具。在古代，这种工具被叫做耜，主要用于翻土。这说明，早在三千多年前，四川地区的人民就已经懂得如何生产粮食。

金沙遗址还出土了400多件青铜器，大多较小，造型有铜立人像、铜瑗、铜戈、铜铃等。在艺术风格上，铜立人像和三星堆遗址出土的青铜立人像基本一致。考古学家认为，金沙文明很可能在三星堆文明之后，因此，青铜器的数量应该更多才对，相信在今后的考古中会有更大的发现。

金沙遗址还出土了种类繁多的玉器，样式精美，达400余件。这些玉器大多用来祭祀。《周礼》记载的六种祭祀玉器中，金沙遗址就出土了五种。玉器器形有玉琮、玉璧、玉璋、玉戈、玉矛、玉斧、玉凿、玉镯、玉环、玉挂饰、玉珠及玉料等。这些玉器的制作材料并不是最好的，但雕刻制作水平却极其高超。其中，玉戈和玉钺等礼器和中原文明遗址出土的文物非常相似，说明金沙文明与中原地区的文明有着比较密切的内在联系。在已经出土的玉器中，最著名的是一件高约22厘米的玉琮，它也是金沙遗址出土玉器中最大的一件。这件玉琮颜色呈翡翠

绿，雕刻非常精细，表面的花纹和一个人形的图案都采用了微刻的方法，由细若发丝的线条构成。

金沙遗址还出土了一具彩色木雕人头像。迄今为止的考古发现中，它的历史最为悠久。彩色木雕长80多厘米，头部扁、宽，在上色的时候采用了金粉和朱砂。雕刻在这张木雕上面的五官非常夸张，凹凸有致，头上还有冠饰，发辫也清晰可见。考古专家推测，它很可能是一件装饰品。

从考古出土的陶器来看，当时的陶器制造业已经非常发达。当时，制作陶器的工匠只负责制作陶器的一部分，陶器制作不断分工，开始细化。一件陶器要经过很多人的努力和很多道工序才能制作出来。为了烧制精美的陶器，那时候的人们还专门建造了陶窑。这里出土的陶器有很大一部分是酒具或酒器，说明那个时候的人们已经学会了酿酒。

从发现的建筑遗迹来看，金沙古城内有大面积的居住区、墓地、宗教仪式活动区和大型的祭祀场所，还有大量的手工作坊和烧制陶器的窑址。这充分说明，当时的金沙古城建筑规模非常宏大。

第六节　手工业迅速发展的时期

在夏商周时期，手工业是非常重要的经济生产部门。农业的发展和奴隶制度的成熟，都使人们对手工业产品的需求扩大。在社会的重视之下，手工业得到进一步发展。

“三代”时期的手工业，其基础建立于原始手工业之上。这一时期，手工业生产的范围和规模都不断扩大，种类逐步增加，技术水平也有了明显的提高。其中，比较重要的生产行业有青铜冶铸、陶瓷、制骨、玉石加工、木漆器制造、纺织、造车等。

一、铸铜业

青铜冶铸是“三代”时期最为重要的手工业生产技艺。因为数量众多，人们将这一时期称为青铜时代。早在新石器时代晚期，铜器就开始出现了。但青铜铸造业形成一定的规模则开始于这一时期。这一时期，青铜器铸造技术得到完善，青铜器的应用也变得广泛起来。

早期，青铜器铸造技术大多比较简单和粗糙，随着生产实践经验的积累，技术得到改进，到青铜文化发达的时期，其铸造工艺的水平已经相当高了。这“三代”，尤其是商代的铸铜业达到了很高的水平。随着生产的发展，人们建立了生产作坊，作坊内部也出现了分工。考古发现了不少商代铸铜作坊遗址，其规模都比较大。

在铸铜作坊遗址中，还出土了大量的陶范。因为各个铸铜遗址出土的陶范不尽相同，有人推测，到了商代晚期，铸铜业又有了进一步的分工，有的专门铸造青铜容器，有的则以铸造兵器和工具之类的青铜器为主。

在陕西洋镐和东都洛阳，考古发现了西周的铸铜作坊遗址。遗址内出了一批陶范，有铜容器殷范，还有带花纹的其他容器范。洛阳老城北的北窑村被确定为西周早期最重要的铸铜遗址之一，从中共出土各类陶范 20000 余块，有的陶范上还绘有花纹。

春秋时期的铜器铸造技术广泛采用了分铸法和焊接法。在山西侯马发现的晋国铸铜遗址中，出土了不少鼎耳、鼎足、鼎身的附件以及器身母范。其中，有的母范还是模制的，这说明在春秋时期，分铸法已经得到广泛运用。在河南新郑出土的郑国青铜器中，鼎的器耳是焊接的，甚至有的鼎足也是焊接的。

从生产作坊遗址的规模和其中出土的青铜器、陶范来看，“三代”时期的铸铜业发展迅速。

二、陶瓷业

在“三代”时期，陶瓷业也是非常重要的生产部门，其生产的主要是日常生活用品。

“三代”时期的制陶，也是在新石器时代的基础上发展起来的，技术有所提高。因为不同地区生产的陶器不同，这时的制陶业可以分为两大系：一是中原和北方地区的夹砂和泥质陶系；二是南方地区的硬陶系。在南方地区，因为社会需求量的增大，制陶业不断发展，其规模也逐渐扩大，技术上有所提高，其内部还出现了分工。在此基础上，一种新产品被发明，即瓷器。不过，这个时期的瓷器在技术上还很不成熟，因此又被称为原始瓷器。

在“三代”文化遗址中，很多地方都有大量的陶器出土。在一些地

方还发现了陶窑。陶窑的结构大多是圆形，有少部分是椭圆形；其上部是窑室，下部则是火膛和火门。

在房基和陶窑周围，还出土了不少陶拍和印模等制陶工具，还有大量尚未烧制的陶坯和废弃的碎陶片。从这些陶坯中可以看出，当时制作陶器的方法主要有模制、轮制和轮模合制三种。

“三代”时期的陶器可以分为泥质和夹砂陶、白陶、硬陶，其中泥质夹砂陶和硬陶是两大主要陶系。

泥质和夹砂陶用陶土为原料烧制，烧成温度一般在800℃左右，陶色有灰、红、黑三种。相对而言，制作工艺和陶质都很粗糙。

白陶是以瓷土或高岭土为原料，其烧成温度在1000℃以上。白陶的表面和胎质都呈白色，质地坚硬，制作工艺精细，表面一般都有细密的花纹，因此又被称为刻纹白陶。白陶主要用作饮食器皿。就目前的考古发掘而言，还比较少。

原始瓷器和硬陶基本上相同，但其含铁量相对较低。原始瓷器的表面上施有一层石灰釉，呈青色或青绿色，烧成温度在1200℃左右。原始瓷器的吸水性很弱，敲打的时候会发出金石之声。在安阳殷墟遗址和西周的文化遗址中，出土的原始瓷器数量都比较多。

三、玉器加工

从“三代”文化遗址中出土的玉器数量很多，而且种类多样，有大型的玉雕，也有细小的玉珠，还有作为礼器使用的瑞玉，也有的是用作装饰品的工艺品。“三代”时期的玉器具有相当高的工艺水平和艺术价值，它们大多磨制精细，雕刻精美，是难得的艺术珍品。

“三代”时期的玉器，主要发现于都邑遗址和奴隶主贵族的坟墓之内。这从侧面说明当时玉器是身份和地位的象征，为奴隶主统治阶级所专有。

主要的玉器有青玉、白玉、青白玉、墨玉、黄玉等多种，还有部分玛瑙，其中以青玉为主。玉器的种类也比较多，有礼器、仪仗、食用器、装饰品等。其中，礼器有圭、琼、津、璧、联、琥，这些礼器也被称为瑞玉。

这个时期，玉器的雕刻方法取得了明显的进步，主要有平面雕、浅雕、浮雕、镂空、立体雕等。一些玉器上面还出现了纹饰，其图案复杂多样，线条流畅自然，雕工精细。

为了雕刻玉器，商代还建立了专门的作坊。在小屯村就发现过一处制玉作坊遗址。

四、木漆器制作

我国木漆器制作的历史非常悠久。根据文献记载，早在尧舜时期，人们就已经开始使用木漆器。迄今为止，考古发掘的木漆器，最早的距今 7000 年，发现于浙江余姚河姆渡新石器时代遗址。

“三代”时期，木漆器进一步发展。在二里头文化遗址中，考古学家们发现了很多漆器。在奴隶主贵族的坟墓中，红漆皮随处可见，据推测，这很可能是木棺上的傈漆。

在商代早期的文化遗址中，发现的木漆器较少。而晚期发现的则比较多。商代时期的木漆器上面还出现了花纹。到了西周，纹饰图案就更加丰富了。

就目前的考古发现而言，出土的木漆器并不多，但也反映出当时高超的技艺水平。在色调上，一般采用红色和黑色。而且，为了达到美观的效果，还经常交替使用。

第三章

秦汉时期的考古文化

秦朝是我国历史上第一个实现大一统的朝代。秦孝公任用商鞅进行变法之后，秦国迅速强大起来。依靠雄厚的国力，秦王嬴政先后灭掉了东方六国，并建立了皇帝制度。秦朝建立之后，秦始皇在政治、经济和文化层面都进行了一系列改革，这便是我国封建皇帝制度的雏形。

秦朝利用法家的统治思想来治国，刑罚严酷，徭役繁重。下层人民在忍无可忍的情况下揭竿而起，推翻了秦王朝的暴政。后在张良和韩信等人的帮助下，刘邦打败了项羽，建立了汉朝。在政治制度上，汉朝沿袭秦朝，并就不合理的地方进行了修改和完善。因此，史学家们通常将两个朝代合起来，统称“秦汉”。

秦汉时期，我国的文明得到进一步发展。秦始皇下令统一全国文字，这在一定程度上促成了国内文化的交流和发展。在思想上，儒家思想逐渐脱颖而出，占据统治地位。各个时段、各个地区都出现了不同程度的民族融合。东汉时期，佛教从西域经丝绸之路传入我国，并对我国的思想产生了深远的影响。

这一时期的考古，主要侧重于都城遗址、帝王坟墓和丝绸之路三个方面。

第一节　秦朝的城市与建筑

一、秦都咸阳

秦都咸阳位于今陕西省咸阳市东15公里的咸阳源上。秦用咸阳作为都城，始于商鞅变法时期，终于秦朝灭亡。

考古学家对咸阳旧城的勘察工作从未停止过，截至目前为止，共发现大型建筑基址十余处。其中，1号宫殿和3号宫殿都在发掘之中。

根据考古发现来看，咸阳古城的南半部已经被渭河冲毁。在渭河北岸，东西约6公里、南北宽约2公里的范围内，是主要的宫殿分布区。结合历史文献来看，这便是“咸阳宫”的所在地。在宫殿区附近，考古学家还发现了铸铜、冶铁、制陶等手工业作坊遗址，可能是专门为宫廷服务的。在宫殿区的西面，分布着大大小小的墓葬数百座，可能是墓葬区。

迄今为止，人们依然没有发现咸阳古城的城墙。

二、碣石宫遗址

魏晋时代著名政治家、文学家曹操写过一首非常出名的诗歌，叫做《观沧海》，其首句云：“东临碣石，以观沧海。”诗里面所说的碣石，便是秦碣石行宫的所在地。

据传，碣石宫是秦始皇当年东临碣石时的休息住所。碣石宫遗址位于今辽宁省葫芦岛市，在渤海海滨。碣石宫建在高大的夯土台基上，是整个遗址群的主体建筑。它的总体布局呈长方形，东西宽300米，南北长500米，占地面积15万平方米。碣石宫遗址的立体建筑靠近海岸线，现在保留下来的夯土台高达8米，地基边长达40米，有一半左右沉入地下。在碣石宫立体建筑的两翼背后，分布有大批的建筑群。这样造型巨大而且布局有序的宫殿建筑，除了秦都咸阳和汉都长安之外，非常少见。可见，碣石宫在当时是一座规模宏伟、气势恢宏的大型建筑。

三、秦朝直道

公元前212年，为了抵御匈奴，秦始皇命令大将军蒙恬监修“直道”，南起京都咸阳军事要地云阳林光宫（今淳化县梁武帝村），北至九原郡（今内蒙古包头市西北），穿越14个县，长达700多公里。这便是历史上有名的秦直道。路面最宽的地方有60米，最窄的也有20米，在历史上占据非常重要的地位。

据《史记·蒙恬列传》记载，“直道”还没有竣工，秦始皇崩逝沙丘，蒙恬则含冤而死。可见，秦朝的直道实际上跟阿房宫一样，一直到了秦二世时期才修筑完工。

关于“秦直道”，很多历史文献都有记载，但大多笼统，不着边际，所以秦直道的具体走向、地点，仅仅依靠古代文献的记载是不能断定的。考古学家在甘肃省华池县东南30多公里处的葫芦河西岸发现了秦直道的遗迹，它位于子午岭西侧。据此，有人推断，秦直道应该是位于子午岭上的直道。不过，就目前的考古发现而言，还没有足够的证据说明这一点。

对于秦直道的探寻，仍然在进行之中。

四、秦长城

长城是中华文化的象征之一，它好像一条蜿蜒的巨龙，代表了华夏人民的精神图腾。早在秦朝建立之前，长城就已经存在了。当时的北方诸侯国为了抵御北方少数民族的进攻，就在各自的领地范围之内修建长城，用于防御。长城每隔一千米左右就有一个烽火台。当敌人来进攻的时候，守在烽火台上的士兵就会燃起狼烟。狼烟能够让决策者快速地知道自己面临的危险，并作出果断的决定。应该说，长城在军事上的意义非同寻常。

秦始皇统一全中国之后，命令大将蒙恬将匈奴驱逐到北方，并将诸侯国内的长城都连接起来，西起临洮（今甘肃岷县）、东至辽东，长1万余里，以抵御匈奴南进，这就是历史上著名的秦长城。秦长城雄伟壮观，气势非凡，是世界八大人工奇迹之一。现在，我们所看到的长城是明长城。秦长城大多废弃，只有少部分被保留下来。

考古学家在包头有重大的发现。通过考古研究之后，考古学者认为，在包头一共有两段长城遗迹，一段是战国时期赵武灵王修筑的赵长城，另外一段就是比较完整的秦长城。包头市境内的秦长城约为120公里左右，大多建在山峦北坡，依山就险、因坡取势，一般石砌长城遗迹保存都比较完好。现存的秦长城遗迹，外壁高度在4米以上，基底很宽，达4米，顶部的宽度则有2米左右。站在遗迹的高处，还能依稀见到古代烽火台和障城的遗迹。在秦长城遗迹附近，还发现了几处古城遗址，人们常常能从其中找到秦国至西汉初年的陶片。

第二节　秦始皇陵与兵马俑

秦始皇陵是世界上最大的地下陵墓。同时，它还是世界上规模最大、结构最奇特、内涵最丰富的帝王陵墓之一。它位于晏寨乡，距离陕西临潼5公里，南靠骊山，北临渭水，看上去非常像一座小山。相传，秦始皇13岁即位之后就开始修建，工程由丞相李斯主持规划，大将军章邯监工，修筑的时间长达38年。论工程之浩大，气魄之宏伟，在中国悠久的文明史上，都是绝无仅有的。

古人对灵魂不死的说法深信不疑，秦始皇更是如此。他认为，即便自己死去了，也应该像活在世上一样享受荣华富贵。因此，秦始皇陵是按照都城咸阳的布局结构来建造的，总体呈回字形。陵冢是秦始皇陵建筑群的中心，位于内城的西南方向，坐西朝东，是放置棺椁和陪葬器物的地方。因为技术还不够成熟，因此，到目前为止还没有进行发掘。

据考古发现，秦始皇陵陵园有内外两重城垣，形成一个东西宽、南北长的“回”字形。这说明历史文献记载属实无误。经过精确计算，外城周长为6321.59米，面积为212.94826万平方米；内城周长3870米，面积78.59万平方米。据考古探测，外城城墙基底厚14米，内城城墙基底厚8.3米。内城和外城的城墙都有城门。外城各面都有一个门，内城除了北面有两个门之外，其他三面各有一门。现在，陵区内探明的大型地面建筑有寝殿、便殿、园寺吏舍等。据史籍记载，秦始皇陵陵区共分为两个部分：陵园区和从葬区。陵园占地面积将近8平方公里，有内外两城，封土呈四方锥形。从现在的遗址来看，秦始皇陵封土的底面积

约为12万平方米，高度为87米。有学者认为，秦始皇陵在刚建成的时候，其封土的面积和高度都要大于现在。因为两千多年风雨的腐蚀，陵墓受到一定程度破坏的缘故。

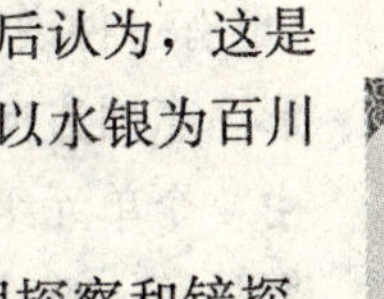

秦始皇陵真正吸引人的是它的地宫。关于地宫，著名史学家司马迁在《史记·秦始皇本纪》中有较为详细的记载。但是，从来没有人见到过，因此，它的真实性一直受到质疑。当代，一些考古工作者在秦始皇陵的封土中探测出有汞异常现象。他们经过分析和研究之后认为，这是因为地宫中水银挥发的缘故。这一结论也证明了司马迁“以水银为百川江河大海”的记载是真实的。

近几年来，考古工作者在秦始皇陵陵区内进行了物理探察和铲探，渐渐对地宫的形制有所了解。地宫距地面35米深，东西长170米，南北宽145米，主体和墓室呈矩形。秦始皇的墓室就位于地宫的正中央，高达15米。在墓室的四周砌有宫墙，都是用细土夯筑而成。

人们还在地宫里面发现了规模巨大的排水系统。这说明，早在秦代，人们修筑陵墓的时候就考虑了排水的问题。在封土的东边，发现了5条墓道，在西边和北边也分别找到一条。据推测，这些墓道除了东西各一条墓道之外，其他的可能都是陪葬坑。

就目前的考古发现而言，兵马俑无疑是秦始皇陵中最大的亮点。兵马俑坑是秦始皇陵的陪葬坑，位于陵园东侧1225米处（也有一种说法认为是1500米）。1974年春，一个当地的农民在打井的时候发现了一个陶俑头像。从此之后，人类史上最伟大的杰作之一得以面世，并被赞誉为“世界第八奇迹”。秦始皇陵兵马俑为研究秦朝时期的军事、政治、经济、文化，甚至科学技术都提供了十分原始和珍贵的实物资料。迄今为止，已经发掘的兵马俑坑有3座。从这三座兵马俑坑内，共出土了陶俑、陶马8000多件，此外还有为数众多的青铜兵器，达4万多件。

一般认为，坑内的陶塑艺术作品的原型是秦朝的宿卫军。考古学家将已经发现的3个坑进行编号，分别为1号、2号和3号。其中，1974年发现的1号坑最大，它的平面呈长方形，位置靠南，东边有5个斜坡门道。它东西长230米（也有一种说法认为只有210米），南北宽62米，面积14260平方米。它深5米左右，长廊和11条过洞组成了整个坑，排成方阵的6000多个武士俑体型大小和真人相同，以及拖着战车的陶马被放置在坑中。俑坑四周是回廊式结构，中间有10道隔墙。在

10道隔墙之间，有长210米、宽约3.25米的9条过洞。过洞和四周的走廊上面都放置着兵马俑。每个过洞内，都有四列手持兵器的步兵俑面向东方，呈纵向排列。9个过洞、36列纵队，再加上周围的兵俑，构成了前锋、后卫、侧翼，并且以步兵和战车混合编组的大型军阵。

在1号坑的东北约20米的地方是2号坑，它发现于1976年，是另一个壮观的兵阵。它东西长124米，南北宽98米，面积12152平方米（也有一种说法认为南北宽84米，东西长96米）。2号俑坑平面呈曲尺形，东西方向都有4条斜坡道，北边有2条，南边则尚未发现。2号坑由4个单元组成，里面有许多兵种联合阵容，包括步兵、车兵、骑兵和弩兵等。整个2号坑有弩、车、步、骑俑939件，陶马472匹，战车89乘。陶俑与陶马也面向东方，这很可能暗含了秦军虎视东方的用意。

在2号坑西边，发现了3号坑，它南北宽24.5米，东西长28.8米，总面积约500多平方米。据相关研究者推测，3号坑里面的陶俑可能是用来统帅1、2号坑的军幕。在3号坑内，共考古出土了一架战车，68个卫士俑，还有不少武器。

这三座俑坑都是地下土木结构建筑。它的建筑方法是：在开挖大坑之时，就预先留下一道道隔墙，并在隔墙之间建筑过洞；之后，再在过洞底部铺上青砖；大坑的两边都立有木柱，柱子上放置横梁，并在横梁上排着密集棚木；最后在棚木上铺上苇席，并用泥土覆盖。这说明，早在秦代，我国的木结构建筑就已经非常发达了。

兵马俑坑已经于1979年建成兵马俑博物馆，并对外开放（其中，因为技术等方面的原因，3号坑直到1989年10月1日才对外开放）。

第三节　气势恢宏的汉朝陵墓

受秦始皇陵的影响，汉朝时期，厚葬之风非常盛行。其墓葬种类、形制、风格相较于前代而言都有很大的变化。汉朝陵墓就总体规模而言，可谓空前绝后。

在埋葬制度上，两汉大体沿袭了战国和秦代的内容，墓葬结构大多是竖穴土坑木椁墓。著名的长沙马王堆汉墓就是这一时期大型的土坑木椁墓。最迟到西汉末年，石室墓就开始出现了。石室墓一般用方石建造而成，石块上雕着各种画像。这种墓被称为画像石墓，在东汉时期非常流行。

在西汉前期，葬具一般都是棺椁并用。到了中期，横穴墓室出现，其本身便相当于椁，所以，西汉中后期的墓室，一般都是有棺无椁。

从已经发掘的墓地来看，两汉时期的随葬品非常丰富，大型的墓葬中出土的随葬品竟多达两三千件。随葬品的种类繁多，有陶器、瓷器、井、磨、猪圈、楼阁、田地模型，以及猪、狗、羊、鸡、鸭家畜家禽的陶俑。距离现在越近，种类和数量就越繁多。值得注意的是，汉朝时期，已经没有人殉现象。人们一般用陶俑人像来取代。这说明，随着时代的进步，人们开始重视人的生命和价值。

东汉时期，最为盛行的墓葬形式是砖室墓。这种形式在西汉时期就已经出现。东汉时期，随葬品的种类和数量都要多于西汉。此外，值得一提的是，人们还喜欢对墓地进行装饰，会在墓壁上画画，比如有名的“二桃杀三士”的历史故事就出现在墓葬中的壁画上。

两汉著名的墓地很多，现在，已经考古发掘，或者正在考古发掘中的有长沙马王堆汉墓、中山靖王刘胜墓和汉武帝的茂陵。

一、长沙马王堆汉墓

马王堆位于长沙市东郊，距离市中心约 4 公里，隶属长沙市芙蓉区马王堆乡。在考古发现之前，这里是在河湾平地中隆起的一个大土堆。建国后，考古学家在马王堆 2 号墓中发现了“长沙丞相”、“轪侯之印”和“利仓”3 枚印章。根据相关史籍的记载，考古学家认定这是第一代轪侯利仓的墓地。利仓早年跟随刘邦打天下，战功赫赫，被封为长沙国丞相、轪侯。

从马王堆汉墓中出土的珍贵文物达 3000 多件，其中绝大部分都保存完好。出土的 500 多件漆器，都制作精美，纹饰华丽，光泽如新。马王堆一号墓出土了大量丝织品，品种众多，有绢、绮、罗、纱、锦等，都保存得非常完好。其中有一件素纱禅衣举世闻名，它长 1.28 米，且有长袖，重量仅 49 克，真是轻若烟雾，薄如蝉翼，织造技巧之高超，可谓巧夺天工。

目前，考古工作者一共从马王堆汉墓里发现了三处墓葬。一号墓是利仓的妻子辛追夫人的墓地；二号墓和三号墓的墓主分别是利仓和他的

儿子。其中，一号墓的保存最为完整。一号墓的椁室建在墓坑的底部，由三椁（外椁、中椁、内椁）和三棺（外棺、中棺、内棺），以及垫木共同构成。在木棺四周及其上部，都填满了木炭，厚度在30厘米到40厘米之间。在木炭的外面，还用厚度在60厘米到130厘米之间的白膏泥填塞封固。因为这些很好的防护措施，一号墓保存得非常完好。考古工作者在发掘的过程中发现了一锅藕片，颜色新鲜，看上去好像刚煮熟一样。当时因为技术的原因，这锅藕片很快就化成水了。由此可见当时的防腐技术之高。

一号墓内有很多震惊世界的发现。其中，最为出名的便是辛追夫人的遗体。在一号墓的棺木之内，考古工作者发现了一具保存非常完整的女尸，长154厘米，全身润泽柔软，部分地方还有毛发，一些关节甚至还能够弯动，而体内的很多软组织都比较丰满，柔润，富有弹性。经过仔细研究之后，考古工作者认定这是辛追夫人的遗体，距今已经2100多年。迄今为止，这是世界上保存时间最长的一具湿尸。

在一号墓中，辛追夫人的棺木上，人们发现了一幅精美的T型帛画。据考古学者推断，帛画的上中下三个部分分别表现了天上、人间和地下的场景。这幅帛画的用意可能是接引死者走向天国。但也有学者认为，天国的观念在当时还不盛行，这幅帛画很可能是用来招魂的，希望死者的灵魂永不消散。

一号墓因为用白膏泥密封，所以辛追夫人的尸体即便经历了两千多年，到现在也还保存完好。而二号墓的防护措施则相对较差，被破坏得很严重。三号墓的防护措施要强于二号墓，所以到了现在，人们都还能看到很多珍贵的文物。三号墓出土了大量帛书文献，为研究西汉初期的历史供了翔实而又生动的资料。这些帛书包括《易经》、《老子》、《战国纵横家书》、《养生方》等汉初文献。其中，《易经》和《老子》中的文字，和现在流行的版本有很大的区别。考古学家认为，这是这些书正式定本前流行的传抄版本之一。值得一提的是，帛书的字体接近于汉隶，但又别具一格，有很高的艺术价值。

二、中山靖王刘胜墓

在河北省满城县西南方有一座山叫做陵山，山下有一个小村庄叫做守陵村。在那里生活的人们都不知道这个村名的来历，也从来没想到将它跟帝王的陵墓结合起来。直到考古学家在那里发现规模巨大的汉墓，人们才恍然大悟。

考古学家在陵山中坟墓里面发现了许多战车，还有马匹的骨骼，在骨骼上，他们还发现了金光闪闪的金马具。从这些文物的特征上看，这座坟墓的修建年代应该在汉朝。不久之后，考古学家又相继发现了北耳室、大厅、后室和前堂等，还有大量的青铜器。结合汉朝时的方志和史书，考古工作者认定这座坟墓的墓主是中山靖王刘胜。

刘胜是汉景帝的第九个儿子，汉武帝的异母兄弟。他在公元前 170 年出生，前 154 年被汉景帝封为中山王，封地就在今天的河北满城附近。刘胜不喜欢政治，到了自己的封地之后整天过着花天酒地的生活。他没有出色的政治才能，但诗文和书法都很好，在众多的王子中独占鳌头。汉景帝对这位风流的儿子非常宠爱，赏赐了他很多稀世珍宝。刘胜风流成性，他有 120 多个儿子，80 多个女儿，是汉代所有藩王中子女最多的一位。他的后代中，最为有名的是三国时期的蜀国皇帝刘备。

刘胜的墓地建在山体岩石之中，由人工开凿而成。地宫看上去很像一座豪华的宫殿，面积很大，相当于现在的四个篮球场，高度则有 10 米左右。在刘胜地宫不远的地方，考古工作者还发现了另外一处地宫，面积要比刘胜的地宫大，应该是刘胜妻子窦绾的地宫。这两座地宫的形制和结构都基本相同，方向坐西朝东，应该是仿照刘胜与窦绾生前的住所建造的。

地宫墓道长达 20 多米，其中填满了大小不一的石块，墓道的外口还修筑了两道土坯墙，墙中间都浇注了铁水。如此严密的防护措施是刘胜墓一直没有被盗的原因。

地宫前堂修得富丽堂皇，属于瓦顶木结构建筑，顶上铺着的板瓦和筒瓦都极为考究。在地宫的后部，是一座用汉白玉做成的大石门，装饰精美。整个建筑群美轮美奂，令人叹为观止。

地宫的后室是刘胜死后的卧室，分为大小两个厅。大厅是长方形的卧室，里面有一张矮炕，炕上还放着一张矮几，矮几上有一盏铜灯，旁边则放着刘胜的佩剑。根据古人“事死如生”的观点，刘胜生前卧室的设置应该也是这个样子。卧室的另一端放着一张汉白玉棺床，停放在这里的棺椁上镶嵌着玉璧，人们在玉棺中发现了举世闻名的金缕玉衣。棺椁里放着一把精致的匕首，鉴定后确认已经达到钢的级别。这说明，早在汉代初期，我国的钢铁冶炼技术就已经非常高超了。

因为地宫建在山体之中，自然会受到水的威胁。刘胜自然考虑到了这一点。他在地宫中建造了非常完备的排水设施。地宫里面的车马房还有前堂都设有排水沟，后室还建有一道两米高的回廊，两端和前堂的排水沟相通。墓道和前堂相接的地方有一口两米多深的井，地宫中的水就从这口井中排出。因为如此精密和发达的排水系统，刘胜墓地地宫在两千多年的时间内都没有出现大规模的坍塌。

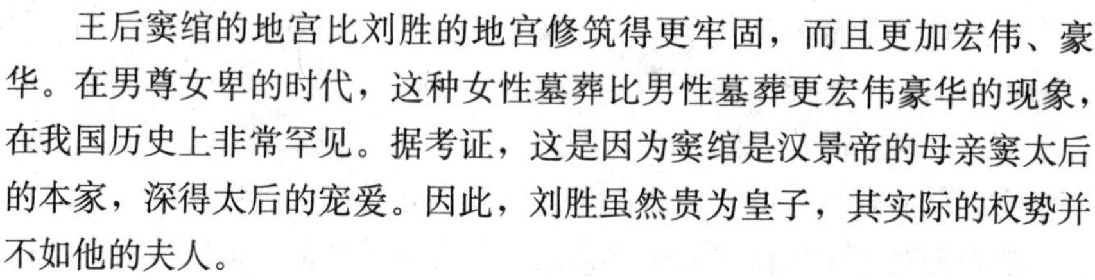

王后窦绾的地宫比刘胜的地宫修筑得更牢固，而且更加宏伟、豪华。在男尊女卑的时代，这种女性墓葬比男性墓葬更宏伟豪华的现象，在我国历史上非常罕见。据考证，这是因为窦绾是汉景帝的母亲窦太后的本家，深得太后的宠爱。因此，刘胜虽然贵为皇子，其实际的权势并不如他的夫人。

考古工作者从刘胜墓中发掘出很多珍贵的文物，其中，最为著名的便是金缕玉衣和长信宫灯。迄今为止，我国考古出土过金缕玉衣的墓葬只有 8 座，其中，以刘胜地宫中出土的最具代表性。从刘胜和窦绾地宫中，考古工作者第一次发掘出土了两件金缕玉衣，这在当时引起了巨大的反响。

金缕玉衣，就是用金和玉做成的衣服。古人认为，玉是至寒之物，死去的人倘若能够穿上用美玉做的衣服，就可以让尸体永远不朽。在汉代，玉衣是规格最高的丧葬殓服，最早出现于文景时期。很多皇帝和诸侯王都将玉衣看成死后必须穿上的衣服。但是，众所周知，玉的质地坚硬，不可能裁剪，用整块玉做成一件衣服穿在人身上也不大可能。于是，人们将玉进行切割，后磨成一个个小片，并在上面钻洞，之后再用金丝编织起来。这样，一件精美绝伦的玉衣就做出来了。

刘胜身上穿着的金缕玉衣非常华美，它一共由 2498 片玉片组合而成，连接玉片的金丝重达 1100 克。窦绾的玉衣也毫不逊色，只是因为身材不及刘胜高大，其玉衣就稍小，所用的玉片和金线都要少一些。这两套玉衣做工精细，玉片整齐地排列在一起，对缝严密，表面平整，颜色协调，玉片上的孔用管状钻头钻成，直径竟只有 1 毫米左右，令人赞叹，是金缕玉衣中非常难得的极品。制作玉衣采用的金线也非常考究，它由 12 条极细的金丝拧在一起，构成一股金线，非常柔软，又有很大的强度，是编织玉衣的绝佳材料。

制作这样精美的一件金缕玉衣，一名技艺精湛的工匠需要花费十几年的时间，而其所耗费的钱财则相当于当时一百户中等人家的资产总和。因此，只有皇帝或者是地位显赫的皇族才有资格穿金缕玉衣。而刘胜只是一个被分封的诸侯王，自然没有资格。按照汉朝的礼制，他下葬时只能穿上银缕玉衣。刘胜之所以能在死后穿上金缕玉衣，可能是因为那个时候还没有形成完备和严格的玉衣葬制。

长信宫灯在我国有“中华第一灯”的美誉。长信宫灯是一件青铜器，但它并不像以往的青铜器那样神秘厚重，既实用、又美观，是青铜灯具中并不多见的珍品。长信宫灯在形制上相当于现在的台灯。它的制作方法非常先进。各个部位先行铸造，之后再合成一个整体。宫灯灯体是一尊镀金宫女。她神态安静闲适，身上穿着汉代最为流行的曲裾深衣，跪坐着，双手端着灯，整体给人一种赏心悦目的美感。宫灯高 48 厘米，中空，由宫女的头部、身躯、右臂以及灯座、灯盘和灯罩六部分组成，每个部分都可以拆卸。

长信宫灯造型美观，设计也非常巧妙。宫灯上，宫女的一只手臂举在空中，看上去好像是要挡风一样。其实，这只手臂是一条虹管，用来吸收油灯发出的油烟。这样，烟道就被巧妙地隐藏了起来。如此设计，不但能够防止污染，还增加了宫灯整体的美感。

长信宫是汉景帝的母亲窦太后的寝宫，因此，考古学家推测，长信宫灯很可能是窦太后赏赐给孙子刘胜的物品。

三、茂陵

茂陵是汉武帝的坟墓所在地，位于陕西西安市兴平县城茂陵村，北靠九峻山，南临终南山。

公元前 140 年，汉武帝继位。第二年，他遵从汉朝的陵寝制度，开始动用大量的人力、物力和财力修建茂陵。因此，他的陵墓修建得非常雄伟、豪华。这项工程非常巨大，从公元前 139 年开始，一直到汉武帝死去那一年，即公元前 87 年，历时 53 年才全部竣工。

茂陵地宫是两汉皇陵地宫中规模最大、最豪华的一座，被誉为“汉陵之冠”。这座陵墓的规模和豪华程度都是其他王陵无法比拟的。据史学家潘岳《关中记》记载，整个地宫呈方形，上小下大，状如翻过来的漏斗，占地面积 1 万平方米。

茂陵地宫的墓道非常宽广，可以同时容纳 6 驾马车通过。在已经发现的地宫中，这样宽广的墓道绝无仅有。位于墓道处的门叫羡门，是地宫的第一层保护屏障。相传，建造者在这里设置很多机关，一旦有人进入，就会被立刻杀死。通往墓室的地方，还设置有沉重的石门。据说合百人之力，也无法打开。

地宫位于墓道门的后面，里面停放着汉武帝刘彻的棺椁。在我国古代，皇帝的身份最为尊贵。自然，皇帝的棺椁要比普通人的棺椁豪华得多，而且其制作的材料也不相同。皇帝们都希望死而不朽，好让自己的遗体能够永远保存下去。这样，一个能经受住长时间腐蚀的棺椁就至关重要。当时，皇帝们棺椁是用一种特殊的木材——梓木来制作的。梓木非常坚硬，而且不容易被腐蚀。用梓木做成的棺椁，就被称为“梓宫”。汉武帝的棺材就是梓棺，用料更加讲究，使用的木材不但质地细腻，而且耐潮湿、耐腐蚀。汉武帝的棺椁非常庞大，由五棺二椁组成。

汉武帝的一生穷奢极欲，好大喜功，死后的陪葬品自然数量惊人。据史籍记载，茂陵里面埋藏的都是稀世珍宝，而且不计其数。在汉代帝王陵墓中，茂陵地宫是随葬品最为丰富的一座，被誉为“中国的金字塔”。

在众多陪葬品中，为数不少的石刻最具代表性。其中一件人与熊搏斗的石刻代表了当时石刻的艺术特点。这件石刻采用了大胆夸张的手法，熊较小，而人则非常巨大，头部硕大，身躯和四肢都粗壮有力。石人用强有力的大手紧紧地握住了张牙舞爪的熊。熊奋起抵抗，紧紧地咬住石人的下嘴唇。石人的面部表情非常夸张，张大嘴巴。整个石刻生动形象。据说，巨人的原型便是汉武帝本人。根据史籍记载，汉武帝确实与熊发生过争斗。

因为茂陵地宫里面埋藏了数量惊人的稀世珍宝，所以，它在历代都引起盗墓者的极大兴趣。到现在，人们已经很难再在茂陵中发现什么稀世珍宝了。

第四节　秦汉时期肆无忌惮的盗墓活动

秦汉时期，厚葬之风盛行。上至皇帝、王公贵族，下至贩夫走卒，都想将自己得到的一切放在坟墓中。这自然引来了盗墓者的垂涎。许多王公贵族，甚至皇帝的坟墓都遭到盗掘。春秋战国时一些诸侯王的陵墓、秦始皇陵，还有汉武帝的茂陵都被人盗掘。

一、项羽盗掘秦始皇陵

在历史上，秦始皇陵遭到很多次大规模的破坏，但项羽盗墓无疑是最早的，也是最大的一次。

秦朝末年，天下大乱，群雄争霸，项羽进兵关中，诛杀了已经向刘邦投降的秦王子婴，其他一些皇室贵族也惨遭屠戮。之后，项羽派兵将咸阳城掳掠一空，接着又一把火烧了咸阳城。火烧咸阳之后，项羽又率领军队来到了秦始皇陵。对于这位昔日不可一世的君王的陵墓，项羽毫不客气，让士兵们动手挖掘，并将能看到的、拿得动的东西都统统运走。相传，当时负责运送的人多达 30 万。这些人运送了一个月，都没有将能看到的珍宝运完。由此可见，秦始皇陵中随葬的珍宝之巨。对于那些带不走的东西，项羽的处置方法很简单，一把火烧了了事。

项羽带领军队向东方撤走之后，关东的盗贼们纷纷涌入秦始皇陵，并捣毁了用青铜做的铜椁。之后，一个牧童在秦始皇陵附近放羊。羊走进了被乱军挖开的地下穴道，走丢了。牧童就拿上火把进入墓穴中寻找。结果，在寻找的途中不小心失火，大火一共烧了 90 多天。这一说法在《史记》和《汉书》中都有记载。据说，这次大火让方圆数十里的陵区地面都沉降了好几米。此后，秦始皇陵的地面建筑便荡然无存。

当下的考古发现证明了这些记载的真实性。考古工作者在秦始皇陵发现的陪葬坑和陪葬墓几乎都有被盗和火焚的痕迹。不过，项羽虽然组织军队盗掘了秦始皇陵，但只是损坏了部分地方。在墓道中出土的两辆铜马车至今完好无损，没有被火烧和破坏的迹象。这说明，秦始皇陵的地宫部分并没有被盗掘。现代考古证实，秦始皇陵只是部分被盗，地宫尚未被盗掘。考古学家还指出，在秦始皇陵的地宫中，目前还有大量的水银存在。倘若地宫已经被盗掘，那么水银就会瞬间挥发。这更加有力地证明了秦始皇陵的地宫依然保存完好，没有被盗掘。当人们掌握足够的科技，能够发掘地宫的时候，地宫里究竟有什么秘密和宝物自然会大白于天下。

二、刘去盗墓

刘去的祖父叫刘越，是汉景帝的第十一个儿子。公元前155年，汉景帝封刘越为广川王，封地在今天的河北冀县附近。刘越死后，他的儿子刘齐继位，做了第二代广川王。刘齐个人生活奢侈腐化，生前曾和亲姐妹发生乱伦关系。朝廷知道他的恶行后，决定予以惩处。但他还没接受惩罚就死去了。汉武帝废黜了他的王位，并废除了广川国。

不久之后，汉武帝顾及宗族亲情，又恢复了广川国，并封刘去为第三代广川王。史载，刘去非常聪明，很小就能朗诵《周易》《尚书》《论语》《孝经》等经典。同时他长相漂亮，还能写一手漂亮的文章。但他生性残暴，专门以挖掘别人的坟墓为乐。

刘去可能是我国历史上第一个考古爱好者。作为广川王，他虽然不能富甲天下，但足够过上奢华的生活了。因此，刘去盗墓并不是想要获得坟墓中随葬的珍宝，而是对盗墓的过程深感兴趣。刘去熟读当时流传的各种经典，对于里面记载墓葬的文字最感兴趣。其渊博的学识，惊人的分析能力，让他屡屡得手。他甚至将自己盗墓的经验写下来，这便是著名的《方土集书》。

刘去盗掘的墓大都在他的封地之内，距离他生活的时代很久远。因此，很多墓葬已经无人知晓。刘去熟悉各种经典，并且能够对其记载的真实性进行判断，所以，他总是能够准确地找到墓葬的位置和形制，并且所得结果都十分准确。

为了盗墓，刘去还专门组建了一支专业团队。这支团队用起来得心应手，令他的盗墓成果非常显著。越来越多的成功和惊喜让刘去将这一爱好当成了自己的职业。

在刘去封地内的坟墓大多都是春秋战国时期修建的。相传，封地内的所有古墓都被他挖掘过，无一例外。刘去曾经不无炫耀地向刘向讲述过他盗墓的辉煌业绩。

根据刘向的记载，在刘去盗窃的古墓中，魏襄王墓的规模比较大。据《太平广记》的记载，魏襄王的椁用精致的大理石做成，高八尺，里面能够容纳 30 人。出于防盗，魏襄王墓上面用铁水灌注，刘去领着他的专业团队花了整整三天时间才打开。打开之后，墓穴里冒出一股又苦又辣的黄色气体，非常浓密，令人无法进入。刘去并不罢手，而是非常耐心地在周围等待。等到墓穴中的黄色气体都散尽之后，他率先进入墓穴中。不过，棺木和随葬品都已经不见了。刘去得到的只是两把铜剑。虽然得到的东西非常少，但他还是非常开心。

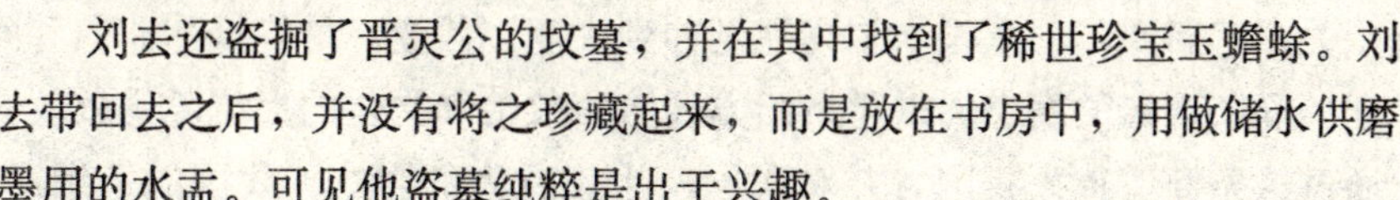

刘去还盗掘了晋灵公的坟墓，并在其中找到了稀世珍宝玉蟾蜍。刘去带回去之后，并没有将之珍藏起来，而是放在书房中，用做储水供磨墨用的水盂。可见他盗墓纯粹是出于兴趣。

三、茂陵被盗

茂陵历时五十多年才完工，陪葬的财宝不计其数，这自然引起了盗墓者们浓厚的兴趣。茂陵被盗过很多次，可能是历代皇陵中被盗次数最多的。

西汉末年，王莽改制失败，国内矛盾空前激化。琅琊人樊崇率百余人进入泰山，揭竿起义。樊崇手下的士兵们都用赤色涂染眉毛，史称“赤眉军”。赤眉军的战斗力很强，多次打败王莽的军队，并在起义三年后攻占了长安城。进入长安城之后，他们到处奸淫掳掠，无恶不作。将长安城搜刮一空之后，他们将目光瞄向了王公贵族们的墓地。汉武帝的茂陵最为宏伟，陪葬品最为丰富，他们自然不会轻易放过。

据《后汉书》记载，赤眉军挖开茂陵后，成千上万的士兵争先恐后地进入其中搬取宝物。他们搬了一个多月，连陵中宝物的一半都还没有搬完。此后，每逢乱世，茂陵都会受到不同程度的破坏和挖掘。考古学家认为，即便如此，茂陵的地宫部分还没有遭到破坏。茂陵修了半个多世纪，工程浩大，里面机关重重，一般人很难进去。因此，里面的陪葬品很难被盗尽。所以，茂陵仍然有很大的发掘价值。

第五节 秦汉时期的丝绸之路及其发端考古

汉朝时期，有一条著名的商道，它起始于当时的政治、经济和文化中心长安（即今天的西安），连接了亚洲、非洲和欧洲的古代陆上商业贸易，并促成了各种文化之间的交流。它横穿河西走廊，通过玉门关和阳关抵达新疆，并从帕米尔高原延伸到中亚、西亚，最终抵达非洲和欧洲。这条著名的商道促进了东西方经济、政治和文化的交流。佛教便是通过这条商道传入我国，并对我国产生了巨大的影响。我国的造纸术、印刷术、指南针和火药也是通过这条道路传到西方，深刻地改变了西方文明的进程。不过，这条商道最初的用途是运输我国古代生产的丝绸。19 世纪 70 年代，德国著名的地理学家李希霍芬将这条道路命名为“丝绸之路”，并得到广泛的认可和接受。

一、丝绸之路的开通

丝绸之路的开通和我国汉朝时期的两个著名人物有关。

西汉初期，匈奴的势力非常强大，对中原王朝的统治形成了威胁。从汉高祖刘邦开始，到汉景帝时期，中央政府对匈奴奉行的都是和亲政策。权势炙手可热的吕后曾经收到过匈奴单于的一封信。单于说，寡人老了，妻子已经死去，深夜常常感到寂寞；而太后你呢，你也老了，丈夫也去世了，想必夜深人静时也会和我一样感到寂寞吧！我看，你搬到我这边来，咱们俩在一起，就都不寂寞了。吕后看信之后，非常生气，但摄于匈奴强大的军队，只好卑躬屈膝地回复说，单于你正值壮年，我呢，年老色衰了，手脚笨，怕服侍不好。这样吧，我给你挑选几个年轻貌美的公主，让她们代替我来服侍你吧！汉武帝继位，看到这样的信件后非常愤怒，认为是人生中的奇耻大辱。他当时就暗下决心，一定要消灭匈奴。

当时，匈奴不仅是汉朝的敌人，还和安息、大月氏等国有仇。汉武帝决定联合这些国家一起对付匈奴。如何将自己的意思传达给这些国家的君王呢？他将这一重任交给了张骞。张骞带着一百多名士兵出发了，一路上风尘仆仆，经过康居到达了今天的中亚地区。张骞向大月氏的国王传达了汉武帝的旨意，但大月氏不想再与匈奴为敌，就婉言谢绝了。张骞只好怏怏而回，不料在回国的途中被匈奴人俘虏。他在匈奴做了十年的奴隶，一直不肯屈服。公元前 126 年，匈奴内部发生叛乱，张骞趁乱逃走。他回到长安之后，受到汉武帝隆重的接待。那时，汉朝的国力和兵力都很强盛，不需要外界的帮助就能对抗匈奴。但为了促进中西方的商业交流，让国家更加富强，汉武帝再次派遣张骞出使西域。太史公司马迁将张骞的这两次壮举称为“凿空”，意思是指对未知领域的探险。

这样通往西域的道路就被打通了，汉朝的丝绸和瓷器源源不断地运往西方，最远到达了欧洲东部。中亚地区的国家对汉朝的文明由衷地折服，纷纷表示愿意归降。经过几次战争之后，汉朝逐渐控制了今天的新疆地区，并在那里设置了西域都护进行管辖。从此之后，新疆地区便成为我国领土不可分割的一个部分。同时，丝绸之路促进了不同地区不同文明的交流与融合。因此，人们又将丝绸之路称为亚欧大陆的交通动脉。

二、丝绸之路的具体路线

丝绸之路全长 7000 多公里，共分为分东、中、西三段。其中，东段从长安到达敦煌，比较稳定。丝绸之路在洛阳和长安以西又分为三线：

（1）北线：从长安（东汉时从洛阳）出发，沿渭河至虢县（今宝鸡），过汧县（今陇县），越过今宁夏六盘山地区的固原和海原，在靖远渡过黄河之后到达姑臧（今武威）。这条线路路程比较短，沿途的供给条件并不好，应该是西汉早期的路线。到了东汉，这条线就不常用了。

（2）南线：从长安（东汉时从洛阳）出发，沿渭河西行，过陇关、上邽（今甘肃天水）、狄道（今临洮）、枹罕（今河州），从永靖渡过黄河，穿过西宁，越过大斗拔谷（今偏都口）到达张掖。南线沿途补给充足，但绕道较远。

（3）中线：起始线路和南线相通，到了上邽（今甘肃天水）才分道，过陇山，到达今天的兰州，渡过黄河后到达姑臧（今武威）。中线比较便捷，后来成为主干道。

这三条线会合后，经过张掖到达今天的酒泉和敦煌，并从敦煌西

行。到了新疆地区，因为经常会发生战乱，线路也随之变动，比较复杂，大体上可以分为南、中、北三线：

(1) 北线：北线分为两条，一条经过钹汗（今费尔干纳）、康（今撒马尔罕）、安（今布哈拉）到达木鹿，并和中线会合，继续西行；另一条经过怛罗斯，沿锡尔河西北行，绕过咸海、里海北岸，最终到达君士坦丁堡（今伊斯坦布尔）。

(2) 中线：中线也分为两条，一条经过葱岭，经过巴格达和大马士革，从地中海东岸转到罗马；另一条从白沙瓦南下，一直到达今天的印度地区。

(3) 南线：南线从葱岭西行，越过兴都库什山脉，到达阿富汗的喀布尔，并在那里分为两条，一条到巴格达和大马士革之后和中线会合，最终抵达罗马；另一条则到达南亚。

在终南山的北麓有一条古道，宽度在10厘米到2米之间，东西绵延2000多里。据考古发现，这是古代丝绸之路的遗迹。这条路上有很多的历史遗迹，据说，当年玄奘西行，走的就是这条路。

三、丝绸之路的发端

从前面介绍丝绸之路路线的文字来看，它的发端应该是长安或者洛阳，看上去没有什么可以质疑的地方。但有的西方学者认为，丝绸之路的发端并不在长安和洛阳，甚至不在中国。

我国的考古学家经过大量的考古发掘和实际的地理探测之后，将丝绸之路分为三段：即东段，始自长安，终止于敦煌；中段，大体位于今天的新疆地区；西段，从新疆以西到达中亚和欧洲。在新疆地区考古发现的“居延汉简”无疑是强有力的证据。其中，一个竹简上记载了从长安到居延之间，几千公里沿线所设的每一处驿站名称，及其间的相隔里程。迄今为止，这是研究丝绸之路和沿途驿站设置情况最有价值的一批原始资料。而且，西域都护等军事设施确实是西汉王朝设立的，而它们正是保障丝绸之路畅通的有力写照。

此外，丝绸之路能够开辟，并且长期通行不衰，这与我国长时期的经济繁荣是分不开的。长沙马王堆汉墓出土的那件薄如蝉翼的单衣，足以证明我国丝绸业的发达。当时的长安和洛阳是世界的经济中心，很多商人都纷纷来华。跟随他们一起到来的，还有世界各地的奇珍异宝。这些，在我国史籍里都有明确的记载。

第六节　秦汉时期的文化考古

气势恢宏的汉大赋，彪炳千古的史家绝唱，造纸术的发明，生动的说唱俑和杂技俑，沉默无声的书简和帛画，无一不在彰显着秦汉独特的文化魅力。

在考古调查中，考古工作者发现了不少的秦简、汉简和画像砖等文物。它们为我们研究秦汉历史提供了翔实而又生动的原始资料。

一、秦简

迄今为止，秦简主要集中发现于湖北省云梦县睡虎地 11 号墓内。在 11 号墓中，考古出土的竹简达 1100 枚，长度在 23.1 厘米到 27.8 厘米之间，宽度在 0.5～0.8 厘米之间。据考证，上面的文字为秦朝隶书，有一定小篆的遗迹。大多数竹简上都只有一面上有文字，少数两面都有。这些竹简最初应该是用细绳连编成册的。考古出土的时候，绳子已经腐烂，因此，其大部分秩序都已经混乱。在一些竹简上，考古工作者发现写作者多处回避秦始皇的名讳，可见，它应该写成于秦始皇时期。此外，据考证，还有一部分应该创作于战国时代。

经过考古工作者的整理和研究之后，这些秦简大体上包含了以下几个方面的内容：

《编年纪》52 篇，记载了从秦昭王元年（公元前 306 年）到秦始皇三十年（公元前 216 年）之间的历史。它和《竹书纪年》一样，是一部战国编年史。

《语书》14 篇。其中，前 8 篇是秦始皇二十年，南郡守腾颁发给所属县、道的文书；后 6 篇则是南郡命所属各县书曹对吏实行考绩的文告。

出土的秦简中，还有很多是关于秦朝律法和案例的记载，比较重要的有《秦律十八种》、《效律》、《秦律杂抄》、《法律答问》、《封诊式》等。根据这些记载，考古学家断定，秦朝时期，法律条文已经比较完善，包括了刑法、诉讼法、民法、军法、行政法、经济立法等方面的内

容。其中，又以刑法最为成熟。

考古工作者能够从秦简中获得很多历史价值。这些秦简反映了从战国晚期到秦始皇时期的政治、经济、文化、法律和军事等诸方面的情况，为史学家研究秦朝统一这段历史提供了宝贵的原始材料。其中，关于秦律的记载，在研究中国法制史方面占有重要地位。

二、汉简

一个多世纪以来，中外考古学家考古出土的汉简数量惊人，远远超过了秦简。汉简在我国各地都有发现，但大多数集中分布在西北地区，尤其是敦煌、酒泉、张掖、武威、居延等地。

（1）敦煌汉简。1906 年到 1907 年，英国考古学家斯坦因在甘肃敦煌附近发现了第一批汉简，多达 705 枚。时隔五六年之后，斯坦因再次在敦煌发现了一批汉简，共计 84 枚。这些汉简被法国人马伯乐用简影的形式编成了《中国古文书》。

新中国成立之后，中央政府非常重视敦煌的发掘和研究。1979 年，甘肃省博物馆文物队和敦煌文化馆联合考古，出土了 1217 枚汉简。在历次的考古中，这次出土汉简的数量是最多的，收获也最为丰富。

（2）酒泉汉简。和第二次在敦煌发现汉简的时间相当，斯坦因在酒泉也发现了汉简，共 105 枚，简影收入马伯乐的《中国古文书》。解放后，考古工作者也在酒泉考古出土了一批汉简，但数量不多。

（3）张掖汉简。张掖汉简也被称为居延汉简。从 1930 年到 1931 年，西北科学考察团在今甘肃与内蒙古境内的汉代烽隧遗址中，考古出土了一万多枚汉简。从所属地区来讲，这批汉简大多数属于汉代张掖地区的居延都尉，因此，也叫做“居延汉简”。

在 20 世纪 70 年代初期，考古工作者再次对张掖地区进行考古。这次考古出土的汉简数量非常惊人，多达两万多枚。不过，到了现在，这批汉简的释文都还没有公布。

（4）武威汉简。武威汉简也被称为姑藏汉简。建国后，考古工作者在甘肃武威县的古墓中发现了一批汉简。这批汉简共计 600 余枚。

（5）天水汉简。天水汉简也被称为甘谷汉简。1971 年，考古工作者在甘肃天水的一座古墓中发现了一批汉简，共有 23 枚。因为它出土于甘谷县，因此被称为甘谷汉简。

（6）长沙马王堆汉简。70 年代初期，在长沙马王堆汉墓之内，考古学家先后发现出土的汉简近一千枚，上面主要记载了随葬物品的名称和数量。有的竹简上记载了一些当时的医学知识。

此外，考古工作者还在山东临沂、湖北江陵、安徽阜阳等地发现了数量不等的汉简，其上面记载的内容多样，有医学知识，也有诗文歌赋。总之，这些汉简为我们研究汉代历史提供了丰富翔实的原始资料，具有很高的历史价值。

三、画像石、画像砖

在汉代丧礼性建筑，如地下墓室和墓地祠堂的石壁上面，人们发现了一些雕刻和画像。考古工作者将那些上面有雕刻和画像的石头称为画像石。画像石在考古学和美术史上有着非凡的意义。我国著名文学家鲁迅先生喜欢研究石刻。他认为，汉代的画像石是汉代以前我国美术发展的巅峰，对汉代以后的美术发展也有较为深刻的影响。总之，要研究中国美术史，画像石是绕不过去的。

近一个世纪以来，考古学家在许多汉代的古墓中都发现了数量不等的画像石。根据考证，在石壁上绘画或者雕刻应该始于西汉昭帝和宣帝时期。早期，雕刻的方法为凹面阴线刻，所标点的题材也比较简单。在王莽统治时期，无论是在数量上，还是在艺术技巧上，画像石都有所发展。山东汶上县出土过一块画像石，看上去是一副车马出行图，形象而又生动，应该是用阴线刻成的。东汉时期，画像石艺术蓬勃发展，而且分布广泛。在山东、江苏、河南、四川、陕西和山西等地区都有所发现。

画像石所表现的内容比较丰富，主要有两个方面：神话传说和现实生活。神话传说题材的汉画像石表现了天上的神仙世界，隐含着人们希望死后进入仙境的美好愿望；而现实生活题材的画像石描写的则是墓主生前的享乐生活。神话传说题材的画像石里，人们常常会看到口衔圭的赤鸟、三足鸟、双头鸟，以及鸡首人身、独角神马、虎车、狐车、豹车、鱼车、狗车、龙车，东王公、西王母等。朱雀、青龙、玄武、白虎等动物都表示吉祥，为保墓主在阴间平安无事，它们也会出现在画像石上。反映现实生活的题材有车马出行、对搏比武、舞乐杂技、建筑人物、迎宾待客、庖厨宴饮、男耕女织等。它们生动地再现了汉代时期丰

富的社会生活。

画像砖和画像石一样，也是我国美术发展史上的里程碑。画像砖是一种表面有模印、彩绘，或者雕刻图像的建筑用砖。一般来讲，画像砖形制多样、主题丰富、图案精美，形象地反映了汉代的社会风情和审美风格。迄今为止，画像砖主要发现于中原地区。

画像砖题材丰富，包括政治、经济、文化、民俗等方方面面。按其表现的范围，画像砖可以分为五类：

(1) 反映农业、副业和工商业，以播种、收割、舂米、酿酒、桑园、采莲等为题材的画像砖。这类画像砖反映的内容非常丰富，极具研究价值。如成都羊子山一号墓出土的“盐井”画像砖，其上面非常细致地刻画了汉朝井盐的生产情况。通过这一画像砖，人们可以对汉代的盐业进行深入研究。

(2) 表现墓主身份和经历的画像砖，如狩猎图。

(3) 表现当时的社会生活和政治制度，如以市集、杂技、讲学授经等为主题的画像砖。

(4) 表现墓主生前的享乐生活，如以宴饮、庖厨、乐舞、百戏等为主题的画像砖。

(5) 表现汉代时期神话传说的画像砖，如以女娲补天、夸父逐日等为主题的画像砖。

第四章

魏晋南北朝时期的考古文化

魏晋南北朝是继春秋战国之后又一个大分裂、大动荡的时代。晋武帝司马炎消灭吴国之后，我国实现了短暂的统一。晋武帝死后，晋惠帝昏庸无能，引发了长达十几年的“八王之乱”。不久，西晋被“十六国”之一的汉国所灭。司马氏在南京建立了东晋王朝，从此之后偏安江南，一蹶不振。

与此同时，几个活跃在北方的少数民族，匈奴、鲜卑、羯、羌、氐先后强大起来，并大规模南下，成立胡人国家，威胁东晋政权。公元383年，前秦皇帝苻坚率领百万大军南下，试图一举消灭东晋，并统一中国，但被名将谢石、谢弦打败。此后，南北政权长期对峙。这一时期，南北方的政权不断更迭。为便于叙述，史学家将在北方的政权统称为北朝，南方政权统称为南朝。这就是魏晋南北朝的由来。

魏晋南北朝是一个民族大融合的时代。北朝几个开明的君主，如北魏孝文帝都力主汉化。而少数民族的一些生活饮食习惯也对汉人产生了很大影响。因此，这一时期的墓葬和秦汉时期有所不同。

魏晋南北朝又是一个思想大爆炸的时代，呈现出佛教、道教和儒教三教鼎立的局面。这一时期，很多统治者都崇信佛教，纷纷在自己的势力范围内大肆修建佛寺和石窟，因此才会有“南朝四百八十寺”的说法。著名的云冈石窟、龙门石窟、莫高窟在这个时候都已经开始建造。

魏晋南北朝的时代特征比较特殊，因此，其考古侧重于墓葬、石窟艺术和古战场等几个方面。

第一节　魏晋南北朝时期的疯狂盗墓

魏晋南北朝时期，社会长期处于分裂和动荡之中，各地政权都忙于扩张自己的地盘，无暇顾及一直存在的盗墓活动。因此，这个时期的盗墓者非常猖獗，并先后涌现出所谓的四大门派：摸金校尉、搬山道人、卸岭力士、发丘将军。这一时期，很多帝王的陵墓都遭到了不同程度的盗掘。这个时期参与盗墓的人非常多，日子过不下去的亡命之徒，杀人越货的江洋大盗，甚至还有鼎鼎大名的政治家都参与到盗墓中来。

这一时期的盗墓，对文物造成了大规模的破坏，但也有意外的收获。其中，最大的收获就是《竹书纪年》的发现。

一、曹操设发丘中郎将和摸金校尉？

“发丘中郎将”在我国的盗墓史上鼎鼎大名，与“摸金校尉”齐名。它的设立者不是别人，正是东汉末年“挟天子以令诸侯”的曹操。这两个官爵的职责是专门挖掘前代的坟墓，盗取其中财物充作军饷。

官渡之战前夕，袁绍为了声讨曹操，曾请著名文学家陈琳写了一篇檄文。在这篇檄文中，陈琳说，“（曹操）特置发丘中郎将、摸金校尉，所过隳突，无骸不露。”可见曹操设置的发丘中郎将和摸金校尉，专门负责挖掘前人的坟墓，他们经过的地方，到处尸横遍野，白骨累累；又说，“操帅将吏士，亲临发掘，破棺裸尸。”设置了这两个官职，专门负责盗掘之后，曹操认为还不够，又带领手下亲自去挖掘坟墓，打破了前人的棺木，拿走了坟墓中的宝物，任尸体裸露在山野之中。由此可见，曹操可能确实设立了“发丘中郎将”和“摸金校尉”。

不过，关于曹操设置“发丘中郎将”，正史里没有任何记载。那么，我们仅仅根据陈琳的檄文就能说曹操设置了“发丘中郎将”吗？自然不能。有意思的是，经典名著《三国演义》也说曹操设置了“发丘中郎将”和“摸金校尉”两职。历史学家认为，罗贯中创作《三国演义》时，可能受到当时流行的“尊刘抑曹”之风的影响。清代史学家毛宗岗在评价《三国演义》中的这一说法时，说这不过是“文人曲笔”，不足为信。

据《南史》记载："帝（南朝宋前废帝刘子业）少好读书，颇识古事，粗有文才，自造《孝武帝诔》及杂篇章，往往有辞采。以魏武有发丘中郎将、摸金校尉，乃置此二官，以建安王休仁、山阳王休祐领之，其余事迹，分见诸列传。"南朝宋前废帝刘子业年少的时候非常喜欢读书，学识渊博，知道很多古时候的故事，并且粗通文墨，略有文采。他曾经写过专门纪念曹操的文章《孝武帝诔》，文笔极好。因为魏武帝曹操曾经设立发丘中郎将和摸金校尉，他也设置了这两个官职，并让建安王休仁和山阳王休佑出任。至于王休仁和王休祐出任之后是否真的组织人去盗墓，就不得而知了。这是正史上关于"发丘中郎将"和"摸金校尉"的唯一记载。

二、《竹书纪年》的发现

《竹书纪年》和秦始皇焚书坑儒有很大的关系。在秦始皇下令焚烧的大批书籍中，肯定有《竹书纪年》。在汉朝漫长的历史上，人们从未见过《竹书纪年》，只能通过一些史书中的相关记载来推测其内容。汉明帝统治时期，曾经有人说，秦昭王和吕不韦陵墓中，肯定有很多随葬的秦始皇没有想到要去焚烧的经书，请求发掘。这一请求没有得到首肯。

西晋刚刚建立的时候，河南省汲县有一个盗墓贼名叫不准。一天，他迫于生计，悄悄挖开了一座古墓。他并不知道这是战国时期一个魏王的陵墓，只是想从中获得一些意外之财。他打开墓穴之后，发现里面并没有期待中的金银财宝，而是一些杂乱无章的竹片，上面写满了战国时期的文字。不准非常失望，但还存了一点侥幸的心理。他以为，再往前走，接着寻找，肯定就能找到宝物。但是，坟墓中漆黑一片，什么也看不清楚。那些竹片正好派上了用场。不准很快将它们点着，并在找到一些可以换钱的物品之后就溜走了。

不久之后，一些当地的居民看到被打开的古墓，散落一地的竹片，就报告了官府。报告没有引起当地官府的足够重视，他们只是让一些士兵将散落的竹片都捡到一起，并运走收藏起来。因此，这批竹简中的相当一部分在这个过程中遗失。

一些在中央政府任职的饱学之士知道后，认为应该进行整理和研究，就派大学士荀勖、傅瓒等人对这批竹简进行整理校定。经过仔细整理和研究之后，荀勖认为，被盗的墓应该是战国时期的魏王冢。而那批竹片则是前所未知的典籍，里面有一部叫《穆天子传》。因为这批竹简是汲郡人不准在盗掘墓冢时发现的，因此又被称为汲冢书。

当时的一流学者们对汲冢书进行整理，在里面发现了魏国的史书。这是一部珍贵的编年体史书，因为写作的时候还没有纸张，就都写在刮平的竹简上，所以被称为《竹书纪年》。

截至目前为止，《竹书纪年》是我国已经发现的最为古老的编年体史书。在《汲冢书》中，以《竹书纪年》的史料价值最大。

第二节　魏晋南北朝时期的墓葬考古

一、魏晋墓葬的特点

魏晋南北朝是一个大分裂、大动荡的时代，思想活跃，政权林立。因此，这一时期的墓葬因为地域的差别而呈现出不同的特点。同时，魏晋又是一个民族大融合的时代，墓葬在继承汉朝文化的基础上，还融合了许多少数民族的文化特点。

因为连续不断的战争，魏晋时期的国力远不如秦汉。统治者也无力营建气势恢宏的陵寝。面对疯狂的盗墓活动，统治者在营建陵寝时往往“依山为陵，不封不树”，即不建寝殿，不设园邑，不设神道，地面上不留下任何痕迹。这样一来，盗墓者就很难得逞。

这一时期墓葬的主要特点是：以砖室墓为主要形式，也有少量的土洞墓。其中，大型的砖室墓都有斜坡墓道，此外，在墓道的两边都会留出递减的台阶，通道之间设置石门。相较于秦汉而言，随葬品显得比较寒酸，大多是一些陶制品。有的墓葬中，还出土了一些铜镜。值得一提的是，这一时期的大型墓葬中，往往会发现纪年墓砖，或者是一些带有纪年的随葬品，此外还会有记录墓主姓名身份的碑形墓志、印章和壁画题记。有了这些材料，考古工作者在进行墓葬断代、器物编年以及确定墓主身份等工作的时候就变得容易许多。

二、曹操墓

根据史籍《三国志》等相关史料记载，曹操于公元 220 年在洛阳去世，灵柩运送到邺城，也就是今天的安阳，并在西门豹祠以西的丘陵下葬。曹操墓没有封土建陵，随葬品不多，没有金玉器物，也没有气势恢宏、高大坚固的殿堂。几百年之后，毫不显眼的曹操墓就湮没在历史的尘埃之中。宋朝时期，社会上“尊刘抑曹”的风气非常盛行。因为说唱艺术等通俗文学的鼓吹，曹操的形象由一个卓越的政治家变为“挟天子以令诸侯”的奸雄。墓地不详成为曹操奸诈狡猾的罪证之一。当时的人们认为，曹操“挟天子以令诸侯”，并暗中唆使他的儿子篡汉，担心死后被清算，就在统治范围内广设疑冢，达 72 座之多。这便是七十二疑冢的来源。

2009 年，考古工作者在安阳考古的过程中发现了一处墓地，根据随葬的刻字等资料，河南省文物局正式确定为曹操墓。

曹操墓是比较特殊的。可以说，曹操开启了我国封建帝王薄葬的先河。曹操墓不建封土堆，不种树，也不随葬金玉器物。中山靖王刘胜下葬的时候穿着美轮美奂的金缕玉衣，而号称武帝的曹操却只穿着补过的衣服入殓。

在我国漫长的历史上，厚葬一直是主流。受儒家思想的影响，统治者们大多倡导“以孝治天下”。作为皇位的继承者，既然要用孝道来治理天下，就要将父亲的陵墓修建得辉煌气派，这样才算尽了一个儿子的本分，也不失皇家气象。因此，很多人不相信曾经叱咤风云的曹操会选择薄葬，更不会相信他会穿着补过的衣服下葬。其实，曹操之所以选择薄葬，和当时的社会风气是有很大关系的。

曹操是一个非常优秀的政治家，他关心民间疾苦，曾多次写诗感慨。他在《蒿里行》中写道：“白骨露于野，千里无鸡鸣。生民百余一，念之断人肠。”意思是说，因为连年征战，白骨累累，随处可见，方圆一千里之内的地方都听不到鸡的叫声。战争让很多无辜的生命消逝，一想到这里，我就肝肠寸断，不能自已。可见，当时民生凋敝，整个社会都处于贫困的状态。因为国力不足，自然无法修建高大宏伟的陵寝。此外，魏晋时期盗墓之风盛行。在盗墓者的行列中，不仅有穷困潦倒的农民，也有大权在握、急需军饷的一方诸侯。董卓、吕布等人都是名动一

时的盗墓贼。由于这两方面的原因，许多统治者的陵寝较秦汉而言，都大大简化了。

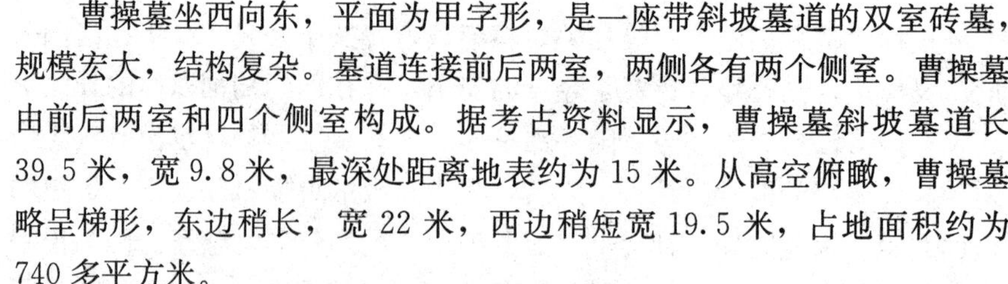

曹操墓坐西向东，平面为甲字形，是一座带斜坡墓道的双室砖墓，规模宏大，结构复杂。墓道连接前后两室，两侧各有两个侧室。曹操墓由前后两室和四个侧室构成。据考古资料显示，曹操墓斜坡墓道长 39.5 米，宽 9.8 米，最深处距离地表约为 15 米。从高空俯瞰，曹操墓略呈梯形，东边稍长，宽 22 米，西边稍短宽 19.5 米，占地面积约为 740 多平方米。

因为国力弱小，又对猖獗的盗墓活动非常恐惧，曹操墓比较简单。即便如此，曹操墓还是多次被盗掘。不过，考古工作者仍然在墓地遗址中发掘出土了一些重要的随葬品，达 200 多件，有铜钩、铁甲、铁剑、玉珠、水晶珠、玛瑙珠、石龟、石壁、刻名石牌等等。其中，比较珍贵的有 8 件。在一件戟和短矛上面，分别刻有“魏武王常用格虎大戟”、“魏武王常用格虎短矛”等铭文。此外，河南省文物研究所还追缴了一件被盗的石枕，上面刻有“魏武王常用慰项石”铭文。从这些铭文来看，这座墓的墓主基本可以确定就是魏武帝曹操。

三、曹操墓的真实性

曹操设七十二疑冢的说法在民间流传很广。因此，有人认为 2009 年在安阳考古发现的墓地不是曹操墓。对此，考古学家进行了细致的研究和严密的论证。

在清理墓地的过程中，考古工作者发现了人头骨、肢骨等部分遗骨。根据分析鉴定，考古专家认为这是一男两女三个个体的遗骨。其中，墓主人应该是男性。对墓主的骸骨进行相关的研究和分析后，考古专家认定其去世年龄约为 60 岁左右，这和曹操终年 66 岁吻合。

根据考古出土的墓葬形制、结构，还有随葬品的时代特征，考古工作者认为这座大墓应该修建于东汉晚期。为了论证这座大幕就是曹操墓，考古工作者出示了五条依据：

（1）这座墓葬规模比较大，总长度近 60 米，墓地的形制和结构跟已知的汉魏王侯级墓葬非常相似，与曹操魏王的身份相符；而且，这座墓没有封土，和文献记载的曹操寿陵“因高为基，不封不树”的情况相吻合。

（2）考古过程中出土的画像石等遗物具有汉末魏初时代的特征。

（3）墓葬位置和文献上记载的曹操墓位置完全一致。根据《三国志·魏书·武帝纪》记载，曹操于建安二十五年，即公元220年，正月在洛阳病逝。二月，他的灵柩运回安阳，并下葬在西边的高陵，与西门豹祠相距较近。

（4）据《三国志》记载，曹操主张薄葬。在临终之前，他留下《遗令》，要求后人在办理丧事的时候"殓以时服"、"无藏金玉珍宝"。也就是说，在装殓的时候，用平常的衣服就可以了；下葬之时，不要金银、玉器、珍珠等财宝。考古工作者在安阳发现的这座大墓，虽然规模不小，但是墓地里面的装饰比较简单，没有精美的壁画，非常朴实。里面的兵器和石枕等，应该是曹操平时常用的物品。

（5）考古发现的刻有"魏武王"铭文的石牌和石枕是最直接的证据。"魏武王"三个字说明墓主是魏武王曹操无疑。根据史籍记载，曹操生前因为功勋卓著被封为"魏公"，不久之后又进爵为"魏王"。他去世之后，汉朝皇帝给他的谥号是"武王"。

第三节　魏晋南北朝时期的艺术遗迹考古

在我国艺术史上，魏晋南北朝是一个比较重要的时代。两汉之际，佛教通过丝绸之路传入我国，在魏晋时代得到空前的发展和繁荣。跟随佛教一起传入我国的，还有佛教的造像艺术和石窟艺术。受佛教艺术影响，我国传统美术也取得了长足的进步。山水画和花鸟画在这一时期都已出现，并日臻成熟。到了东晋，人物画开始出现，顾恺之是魏晋时代最为著名的大画家。

随着时间的流逝，很多精美的艺术逐渐湮没在历史的尘埃之中，我们只能通过相关的文字记载去感受和体验古老的艺术魅力。不过，敦煌莫高窟里面的精美壁画，龙门石窟内栩栩如生、神态各异的佛教造像，似乎都在无声地叙述着属于那个时代，也属于所有时代的艺术。考古让我们得以再次走近这个风采绝伦的时代，并驻足倾听其庄严肃穆、和谐美好。

这一时期的艺术考古，主要集中在佛教绘画和石窟之上。

一、石窟艺术的传入

公元前五世纪，印度卓越的思想家释迦牟尼在菩提树下顿悟，并创立了佛教。到公元前三世纪，印度最有权势的国王阿育王大力弘扬佛教。在孔雀王朝的支持下，佛教在印度迅速发展起来。佛教的造像艺术也在这一时期兴盛起来。在阿育王统治期间，建立了很多石柱和石塔。石柱的高度大多在15米以上，重达50多吨，上面刻满了佛教教义和经文，宣扬佛法。石柱柱头上雕刻有狮子、大象、牛、马、法轮等形象。而石塔则专门用来存放佛的舍利。石塔外面通常都有石栏围绕，上面有关于佛教教义的浮雕。值得注意的是，在阿育王统治期间，佛教造像在表示佛的地方，都不直接雕刻出佛像，而是用佛座、佛发或者佛足等象征物品来代替。当时的人们认为，佛是一种至高无上的智慧，造像不能代表。

到了公元前一世纪，佛教艺术传播到印度河的上游。这一区域曾经被希腊所征服，因此这一带的佛教艺术吸收了许多希腊文化的艺术风格，线条柔美。此外，受希腊神像的影响，人们开始制作佛像。这一时期的佛像，刚健丰盈，表情丰富，雕刻技艺高超。与此同时，石窟的开凿也逐渐兴盛起来。到了公元六世纪，印度的石窟艺术达到了顶峰。

两汉之际，随着丝绸之路的开通，东西方的文化交往日益密切，佛教、佛教造像艺术和石窟艺术开始传入我国的西域地区。印度河上游的佛教造像艺术对我国佛教造像艺术的影响非常巨大。云冈石窟里面的一些佛教造像在体型上与胡人（即今天的印度人）相似。由此可见，印度佛教造像艺术对我国佛教造像艺术的影响。不过，到了魏晋南北朝后期，我国的佛教造像艺术和石窟艺术都先后拥有了自己的风格。

二、主要石窟

我国的石窟寺艺术经过十六国晚期和北朝初期的发展，到南北朝中晚期出现兴盛的局面，并在隋唐时期达到顶峰。这一时期兴建的石窟很多，其中，最为著名的是敦煌莫高窟、麦积山石窟、大同云冈石窟和龙门石窟。

1. 敦煌莫高窟

敦煌莫高窟，又被称为千佛洞，位于甘肃省敦煌市东南20公里处的鸣沙山上，南北延伸1600多米，上下排列五层、高低错落有致，建筑鳞次栉比，格外壮观。

莫高窟被誉为20世纪最有价值的文化发现，有“东方卢浮宫”的美誉，是我国现存规模最大、内容最丰富的古典文化艺术宝库。同时，它还是世界上现存规模最宏大、保存最完整的佛教艺术宝库。

敦煌莫高窟开创于前秦建元二年，即公元366年，其后经历了北魏、西魏、北周、隋唐、五代、宋、西夏、元等多个朝代，修建时间长达一千多年。据史籍记载，公元366年，有一个和尚在经过敦煌的时候，看到鸣沙山上金光万道，状如千佛，因此就萌发了开凿的决心。此后，历代政府不断修建，这里逐渐成为佛门圣地，号称敦煌莫高窟，俗称千佛洞。

莫高窟是古建筑、雕塑、壁画三者相结合的艺术宫殿，尤以丰富多彩的壁画著称于世。莫高窟壁画45000多平方米，彩塑像2400多身，飞天4000多身，唐宋木结构建筑5处，莲花柱石和铺地花砖数千块，是一处博大精深的文化艺术殿堂。倘若将里面的壁画一一排列起来，能伸展30多公里，一定是世界上最长、规模最大、内容最丰富的一个画廊。敦煌壁画容量和内容之丰富，是当今世界上任何宗教石窟、寺院或宫殿都不能媲美的。环顾洞窟的四周和窟顶，到处都画着佛像、飞天、伎乐、仙女等。有佛经故事画、经变画和佛教史迹画，也有神怪画和供养人画像，还有各式各样精美的装饰图案等。莫高窟的雕塑久享盛名，这里有高达33米的坐像，也有十几厘米的小菩萨，绝大部分洞窟都保存有塑像，数量众多，堪称是一座大型雕塑馆。

莫高窟里面的塑像属于彩塑，即在雕塑出佛像之后，技者运用点、染、刷、涂、描等绘画技法画出细节，增加整个塑像的质感。绝大多数塑像，塑与绘结合得非常巧妙。表现佛像身体的每一个细节部位都用彩绘，好让它光彩夺目，吸引眼球。在雕塑菩萨披巾的时候，古代无名的艺术家们将贴近身体的部分塑出，体外部分则在背壁上绘出，由塑到绘，过渡自然，两者交融为一体，显示了古代艺术匠师们巧夺天工的创造能力。

2. 麦积山石窟

麦积山石窟位于甘肃省天水市东南约 35 公里处。麦积山是秦岭山脉西端小陇山中的一座奇峰，海拔 1742 米，但最高处距离地面只有 142 米。这座山造型奇特，孤峰突起，看上去就像农村堆积起来的麦垛一样，因此被人们称为麦积山。

麦积山石窟现存佛教窟龛 194 个，形制相对复杂，前后变化也比较大。现有泥塑石雕、石胎泥塑 7200 余身，壁画 1300 多平方米，全部窟龛都开凿在山崖的峭壁上，分布于东西两崖。佛教造像众多，高低不一，高的有十几米，低的仅 20 厘米。其中，和人的高度差不多的造像就有 1000 多尊，被我国著名雕塑家刘开渠誉为“东方雕塑陈列馆”。

根据石窟的形制和佛教造像，以及相关的文献记载，麦积山石窟约创建于十六国时期的后秦，此后北魏、西魏、北周、隋、唐、五代、宋、元、明、清等朝代都在进行不断地开凿和修缮。其中，魏晋南北朝是最主要的造像时期，仅北魏一代开凿的洞窟就有 70 个左右，约占总数的 40％。

麦积山石质结构松散，不适合精雕细镂，一向以精美的泥塑著称于世。麦积山石窟的泥塑大致可以分为突出墙面的高浮塑，完全离开墙面的圆塑，粘贴在墙面上的模制影塑和壁塑四类。其中，与真人大小相仿、数量众多的圆塑极富生活情趣，是我国艺术史上难得的珍品。当然，麦积山石窟中也有一定数量的石雕和壁画。七佛阁过道顶上残存的壁画精美绝伦，其西端顶部的车马行人图，不管从哪个角度看，车马所行走的方向都不相同，堪称我国壁画构图中的经典之作。

3. 云冈石窟

云岗石窟位于山西大同市西北的武周山南麓，到现在已经有 1500 多年的历史。云冈石窟现存主要洞窟 53 个，主洞 21 个，大小造像 51000 多尊，绝大部分石窟建造于北魏中后期。在四大石窟中，云冈石窟以气势雄伟著称。

云岗石窟创建于公元 460 年，主要石窟完成于孝文帝迁都洛阳之前的 30 多年中。魏孝文帝令凉州名僧昙曜开凿 5 个大石窟，为北魏开国的五个皇帝祈福，被后人称为昙曜五窟。最大的石窟从地面到窟顶高达 20 米，中央竖立着一个宽约 60 平方米的大塔柱，上连窟顶，整个塔柱和洞壁嵌满了大小佛龛和多种装饰，给人目不暇接之感。

云冈石窟的造像气势宏伟，内容丰富多彩，堪称我国五世纪石刻艺术之冠，是我国古代雕刻艺术的宝库。按照开凿时间，云冈石窟的造像可以分为早、中、晚三期。在不同的时期，石窟造像风格也各不相同。在云冈石窟中，考古工作者还发现了关于乐舞和百戏杂技的雕刻，反映了当时的社会生活和广为流传的佛教思想。

云冈石窟是我国规模最大的石窟群。石窟雕像绵延一公里左右，大的有十几米，小的只有几厘米，神态各异，石雕满目，蔚为壮观。这些塑像造型各异，有的正襟危坐，有的双手合十，有的击鼓敲钟，有的怀抱琵琶，诸如此类，不一而足。有的佛像和乐伎刻像还流露出一定的波斯风格。

云冈石窟的代表作是第 20 窟中的露天大佛。释迦牟尼结跏而坐，高达 13.7 米，面部丰满，两肩宽厚，造型雄伟，气魄浑厚，身上的服装雕刻有优美的火焰花纹，蔚为壮观。

云冈第五、六窟在云冈石窟群中部。第五窟的后室北壁本尊为释迦牟尼坐像，高 17 米，宽 15 米，佛手的中指就长 2.3 米，一只脚长 4.6 米，是云冈石窟中最大的佛像。窟内满雕佛龛造像。第六窟平面近方形，中央是一个连接窟顶的二层方形塔柱，高约 16 米，四面都雕有佛像，极其精美。

4. 龙门石窟

龙门石窟位于洛阳市城南 13 公里，这里香山和龙门山两山对峙，伊河水从中穿流而过，远远看去，就好像一座天然的门阙，因此被称为“伊阙”。相传，隋炀帝杨广曾登上洛阳北面的邙山，远远遥望位于洛阳南面的伊阙，并对侍从们说，难道这不是真龙天子的门户吗？古人为什么不在这里建都？一位大臣为了讨好隋炀帝，就谄媚地回答，并不是古人不知道，而是在等陛下呢！隋炀帝听后，果然龙颜大悦，回去就令人在洛阳建起了隋朝的东都，并命工匠将皇宫的正门正对伊阙。此后，伊阙便被称为龙门，并逐渐流传开来。

龙门石窟开凿于北魏孝文帝迁都洛阳之际，之后历经东魏、西魏、北齐、隋、唐、五代、宋等朝代 400 余年的营造（其中北魏和唐代大规模营建有 140 多年），形成了南北长达 1 公里、具有 2300 余座窟龛、10 万余尊造像、3680 块碑刻题记的石窟遗存。龙门石窟中最大的佛像是卢舍那大佛，通高 17.14 米，头高 4 米，耳长 1.9 米；最小的佛像在莲

花洞中，每个只有2厘米，被称为微雕。

到北魏修建龙门石窟的时候，佛教造像艺术发生了细微的变化。龙门石窟的造像，不再像云冈石窟的造像那样，具有粗犷、威严、雄健等特征，而是有着浓厚的生活气息，逐渐变得活泼、清秀、温和。北魏时期，龙门石窟的造像脸部瘦长，双肩瘦削，胸部平直，雕刻衣纹所采用的刀法平直，坚劲质朴。北魏时期开凿了很多洞窟，其中以古阳洞、宾阳中洞和莲花洞最具代表性。

古阳洞在龙门山的南段，开凿于公元493年，是龙门石窟造像群中开凿最早、佛教内容最丰富、书法艺术最高的一个洞窟。古阳洞大小佛龛多达数百，雕造装饰格外华丽，尤其是在龛的外形、龛楣和龛额的设计上，丰富多彩，变化多端。古阳洞是北魏皇室贵族发愿造像最集中的地方。洞内造像题记，书法质朴，被称为“龙门二十品”中的十九品就在古阳洞内。

宾阳中洞是北魏时期比较有代表性的洞窟。“宾阳”的意思是迎接出生的太阳。它于公元500年开工，历时24年，用工达802366个。在兴建的过程中，因为宫廷政变，以及主持人刘腾病故等原因，计划中的三所洞窟，即宾阳中洞、宾阳南洞和宾阳北洞，仅仅完成了一所，即宾阳中洞。宾阳南洞和北洞到了唐代才修建完成。

宾阳中洞内以三世佛为题材，即过去佛、现在佛和未来佛。其中，主佛是佛教的创始人释迦牟尼佛。北魏以瘦为美，因此，释迦牟尼佛的面颊清瘦，脖颈细长，体态修长。洞中还有精美的浮雕，共四层。第一层以《维摩诘经》里面的故事为题材，叫“维摩变”；第二层是两则佛本生故事；第三层是著名的帝后礼佛图；第四层是“十神王”浮雕像。其中，值得一提的是第三层的帝后礼佛图。这幅图生动形象地反映了宫廷的佛事活动，刻画出佛教徒虔诚、严肃和宁静的心境，造型精准，技艺高超，代表了当时生活风俗画的发展水平，其有比较重要的艺术价值和历史价值。不幸的是，它在上世纪的三四十年代被盗，现在分别藏于美国纽约大都会博物馆和美国堪萨斯州纳尔逊艺术博物馆。

莲花洞，因为窟顶上雕有一朵大莲花而得名，开凿于北魏年间。莲花在佛教里是比较重要的象征，即代表着出淤泥而不染的品格，也代表着无上的智慧。因此，在佛教石窟中，将莲花作为顶部装饰的并不少见，但像莲花洞窟顶这样硕大精美的高浮雕大莲花，即使在龙门石窟里面也甚为罕见。莲花周围还有飞天，体态轻盈，细腰长裙，姿态自然。据说，北京人民大会堂的莲花顶就是仿照此设计而成。

第四节 魏晋南北朝时期的古战场遗址考古

魏晋时期政权林立，各种势力先后崛起。为了争夺地盘，或者实现自己的政治理想，各方势力纷争不断。这一时期发生的战争比较多，其中，最为著名的是官渡之战、赤壁之战和淝水之战。这三次战役都是以少胜多、以弱胜强的著名战役。

一、官渡古战场

东汉末年，宦官和外戚交替专权，政治黑暗，土地兼并严重，阶级矛盾尖锐。公元 184 年，全国各地都发生了不同程度的干旱，许多地方颗粒无收。走投无路的贫苦农民在巨鹿人张角的领导下揭竿而起，他们头扎黄巾，口喊“苍天已死，黄天当立，岁在甲子，天下大吉”，史称黄巾军。在张角的率领下，他们对地主官僚阶级发动了猛烈的进攻。最后，因为各地诸侯的反扑，这场起义以失败告终。

黄巾起义被镇压之后，中央政府的权力受到极大削弱，地方诸侯势力崛起。东汉末年势力比较强大的有董卓、曹操、袁绍、孙坚、刘表、吕布、刘备等。在这些诸侯中，以曹操和袁绍的势力最为强大。公元 196 年，曹操挟持汉献帝，迁都许昌，威势大增。他先后打败了吕布和袁术，占据了今天河南的绝大部分地区。而袁绍也通过一系列的战争消灭了公孙瓒等诸侯势力，尽得河北之地，并打算南下争夺天下。

东汉建安五年，即公元 200 年，袁绍统帅 20 万兵马南下，曹操则率领 4 万精锐在官渡相拒。当年春，袁绍派颜良率兵进攻白马的东郡太守刘延。曹操为了争取战争的主动权，亲自率兵北上，解救白马之围。曹操任命张辽和关羽为先锋，向白马火速前进。关羽骑着赤兔马冲进万军之中杀死了颜良，袁绍军大败。颜良被杀之后，袁绍派大将文丑前来迎战。曹操设计，大败文丑，文丑在乱军中被杀死。

袁绍军虽然初战失利，但实力尚存。七月，袁绍进军阳武（今河南

中牟北)，准备南下进攻许昌。八月，袁军主力接近官渡，并在那里安营扎寨，绵延数十里。九月，曹军发动进攻，被袁军打败。双方僵持了三个月之后，曹军陷入了内外交困的境地。曹军的装备和士气都不如袁军，后方也不稳固。因为双方实力的悬殊，曹操一度想要退守许昌。这时，曹操的谋士荀彧劝住了他。荀彧说，袁绍将主力都集结在官渡，就是想要跟你决战。你如果能战胜袁绍便罢，倘若胜不了，天下大势就不在你的手中了。我相信不久之后战况就会有转机，你一定要坚持下去，出奇制胜。

同年十月，袁绍派车运粮，并命令大将淳于琼率领一万多人护送。粮草大多数屯积在距离袁军大营以北约 20 公里处的故市（河南延津县内）和乌巢（今河南延津东南）。袁绍的谋士许攸因为受到不公正的待遇，愤而投奔曹操，并建议他用轻兵奇袭乌巢，烧掉袁绍的粮草和辎重。曹操亲自率领 5000 个士兵前去偷袭乌巢。到达乌巢之后，他立即下令放火。当袁绍知道曹操袭击乌巢后，一面派兵救援，一面令张郃、高览率大军猛攻曹军大营。当袁绍的增援部队快要到达的时候，曹操鼓励将士们死战，终于大破袁军，并斩杀了淳于琼等大将。袁绍的所有粮草辎重都被烧毁。张郃和高览听说乌巢兵败之后，就都投降了曹操。这样一来，袁军内部分裂，军心动摇，迅速溃败。曹军先后歼灭和坑杀了袁军 7 万余人。袁绍带着 800 残兵败将退回河北，不久之后病死。

袁绍病死之后，曹操乘机彻底剿灭了袁氏军事集团。十年之后，他统兵征服乌桓。至此，战乱多时的北方终于实现了统一。官渡之战是我国历史上以弱胜强、以少胜多的著名战役之一。这次打仗的战场则成为了著名的官渡古战场。

据文献记载和考古发现，官渡古战场位于河南郑州中牟县城东北 2.5 公里官渡桥村一带。村里建有关帝庙，里面存放着清朝乾隆年间的石碑，石碑上写道“官渡乃关帝拒袁斩将处”。距离官渡 20 公里的霍庄有一个地名叫做“袁绍岗”，相传是当年袁绍屯兵的地方。

官渡古战场保存得相对完整，到现在还有官渡桥、曹公垒、汉井、曹操拴马槐、草料场、拒袁斩将碑、关帝庙等遗址遗迹。

近两年来，随着旅游业的发展，官渡古战场已经被开辟为一个旅游景点。旅游区艺术宫采用古军帐的形式，设大、中、小军帐共 10 个。艺术宫内的制作以立体造型为主，配上相应的雕塑和壁画，而且还采用了现代技术，运用电脑摇控声、光、电、机械等现代科技手段来再现当年官渡之战的全景。

二、赤壁古战场

官渡之战后，曹操率兵征服乌桓，基本上统一了北方。东汉建安十一年，即公元 207 年，曹操还在军事上和政治上准备南征。在军事上，他下令兴建水军，并软禁了马腾，解除了关中地区的后顾之忧；在政治上，他罢黜三公，设置丞相和御史大夫，自任丞相，进一步加强和巩固了自己的统治地位。

公元 208 年 7 月，曹操亲自率领大军南征荆州，向宛城、叶县进发。8 月，刘表病死，他的儿子刘琮继位为荆州牧。9 月，曹军的先头部队行进到新野。面对曹军强大的攻势，刘琮惊慌失措，在没有和刘备商量的情况下，悄悄上表投降了曹操。刘备知道之后，只好抛弃樊城南逃。

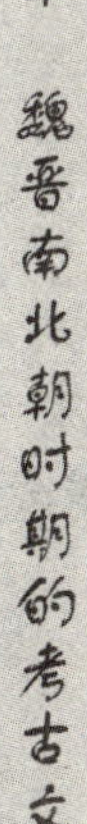

当时，盘踞江东，被封为讨虏将军兼领会稽太守的孙权势力强大。在著名政治家诸葛亮的建议下，刘备决定联合孙权一同抗曹。孙权担心曹操歼灭刘备之后会趁势消灭自己，就派鲁肃来见刘备，打听虚实。鲁肃见到刘备之后，劝说他和孙权联合起来。刘备听从了，并退守到长江东岸的夏口。

不久之后，曹操占领江陵，并采取了一系列旨在安定民心的措施。10 月，曹操留曹仁驻守江陵，自己则率领大军东下。诸葛亮见曹操东下，就劝说刘备尽快和孙权联合。诸葛亮奉刘备之命前去联合孙权。孙权不甘心受制于曹操，但又担心无法战胜曹军。诸葛亮说，曹操虽然兵多将广，但他劳师远征，士卒疲惫；而且，北方的士兵都不习惯水战。此外，荆州人民并没有真心归附曹操。诸葛亮认为，只要孙刘联合，一定可以反败为胜，并阐述了战后天下三分的大势。孙权终于被诸葛亮说动，决定联合刘备抗曹。

公元 209 年 1 月，周瑜率领军队在樊口与刘备会合。之后，两军联合，逆水而上，行进到赤壁的时候和正在渡江的曹军相遇。当时，曹操军中瘟疫流行，士兵们又不习惯水战，因此被孙刘联军打败。因为北方的士兵不习惯坐船，曹操就下令将所有舰船的首尾连接起来，人和马在上面行走如履平地。在分析了敌我双方的情况之后，周瑜决定采用火

攻。黄盖用苦肉计获得了曹操的信任。到决战的那一天，黄盖准备了十艘轻快的船，上面装满了柴草和膏油，外面用赤幔进行伪装。那天东南风刮得很紧，这十艘船在江中飞速前进。快行驶到曹军营寨的时候，黄盖手举火把，命令手下的士兵大喊："愿意投降!"喊完之后就点燃船上的柴草。曹军毫无戒备，顷刻之间烟火漫天，人马自相践踏，落水而死者、丢盔弃甲者不计其数。对岸的孙刘联军趁乱横渡长江，并大败曹军。曹操看到败局已定，就下令焚烧了剩下的战船，灰溜溜地回到了北方。从此之后，曹操再也没有机会进行这样大规模的南征。

赤壁之战以孙刘联军的胜利而告终。这次战争之后，三足鼎立的局面正式形成。

关于赤壁之战的发生地点，历史上一直存在争论。截至目前为止，主要有七种说法：蒲圻说、黄州说、钟祥说、武昌说、汉阳说、汉川说、嘉鱼说。根据相关的文献和考古发现，赤壁之战的发生地很可能是蒲圻。

20 世纪 70 年代，考古工作者在湖北省蒲圻市赤壁山，以及长江对岸的乌林考古出土了大量东汉时期的文物。1973 年，考古出土了铜马镫，以及印有"建安八年"字样的瓦砚；1976 年，在赤壁山下的土层中，考古出土了沉船遗址，而赤壁山上则出土了各式汉朝带钩；1987 年，考古工作者又在一处墓地中发现了诸葛亮设计的铜弩机，以及东汉通行的五铢钱等遗物。重要的历史地理文献《元和郡县图志》认为："赤壁山在蒲圻县西一百二十里，北临大江，其北岸即乌林，即周瑜用黄盖策，焚曹公舟船败走处。"胡三省注的《资治通鉴》和谭其骧主编的《中国历史地图集》都采用了这一观点。1998 年，蒲圻市正式改名为赤壁市。从考古发现和重要的史籍文献来看，当年赤壁大战的地点应该就是蒲圻。

现在，赤壁古战场已经开发成旅游区，其著名遗迹有：摩崖石刻、翼江亭、拜风台等。

摩崖石刻在赤壁山临江悬岩上，上面有石刻"赤壁"二字，各长 150 厘米、宽 104 厘米。

翼江亭在赤壁山临江矶头。相传，在赤壁大战时，这里是周瑜的指挥哨所。站在翼江亭中，可以远眺当时曹军驻扎的大本营——乌林。现在的翼江亭仿明清建筑风格，建筑于民国时期。

拜风台又名武侯宫，为了纪念赤壁之战时诸葛武侯借东风而建，建筑时间为明朝中后期。拜风台总建筑面积为 310 平方米，内有文物陈列馆，建于 1979 年，馆内陈列赤壁出土文物 1000 余件，有刀、枪、剑、戟、镞、戈、带钩，东汉时期的铜镜和五铢钱，以及部分三国时期的陶器。

三、淝水古战场

东晋太元八年，前秦建元十九年，即公元 383 年，前秦皇帝苻坚统兵讨伐东晋，兵力雄厚，号称八十万。东晋著名大将谢石和谢弦率领八万兵马迎战，双方在淝水对峙。

前秦军队在淝水边列阵，东晋军队无法渡河。谢弦就派使者对苻坚的弟弟苻融说："你们统帅这么多兵马，孤军深入，又在淝水边列阵，不是长久之计。我觉得，速战速决才是上策。这样吧，你们往后退一点，让我军兵马渡河，之后咱们再一决胜负，你看如何?"前秦的将领们都说："我军人数众多，这样一直遏制他们才是万全之策。"苻坚却说："我们退后一点，让他们渡河好了。等到他们渡到一半的时候，我统兵杀出，怎么会不胜利呢?"又说，我军人数众多，只要每个人都把马鞭投在江里，淝水就会断流。这便是成语投鞭断流的由来。于是，前秦军队就向后撤退。谢石趁机发动进攻，以迅雷不及掩耳之势追杀，秦兵大败，自相践踏而死者不计其数。

淝水之战以前秦的彻底失败而告终。此后，原本强大的前秦迅速走向衰落。原来归顺的各个民族也纷纷脱离了它的统治，并先后建立了十余个小国。东晋趁机北伐，将边界线推进到了黄河。之后的数十年间，北方再没有强大的政权对东晋构成威胁，南北迎来了相对的安定。

淝水古战场位于八公山下，现在的主体建筑为长 100 米、高 6 米的花岗岩雕塑墙，上面写着"淝水古战场"五个大字。只是战场遗迹大多湮灭，已经不可考了。

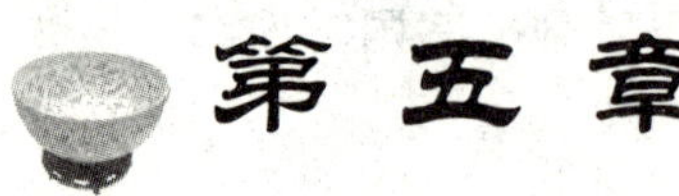

第五章

隋唐五代时期的考古文化

继秦汉之后，隋唐成为我国第二个政治大一统时代，经济文化大发展时期。鉴于魏晋南北朝时期的大分裂和大动荡，隋唐统治者大多励精图治，奖励农耕，发展生产。因此，在隋唐时期，政治、经济和文化都呈现出鼎盛的局面。

这一时期的考古，主要集中在城市建设、陵墓制度、宗教遗迹和手工业等几个方面。

第一节　规模宏大的古代城市遗址考古

隋唐时期，统治者先后营建了许多座城市，其中，最为重要的是西都长安和东都洛阳。在隋唐时期，长安是世界上规模最大的城市。长安城不仅继承了我国古代都城建设的优良传统，还有所创新和发展，在我国城市建筑史上具有重要地位。长安城的规划不仅给居住在其中的人民带来便利，还影响着周边地区和邻国的城市建设。譬如，日本的平安京都在规划上就深受其影响。

洛阳是仅次于长安的第二大都会，兴建于隋炀帝时期。其规模和形制不及长安城，但又独具特色。

一、长安城遗址考古

隋朝开皇二年，即公元582年，隋文帝杨坚任命太子左庶子、著名的建筑学家宇文恺在汉代长安城的旧址上营建新都。宇文恺接到命令之后，对洛阳和邺城进行了考察，在吸取这两座城市的优点之后进行设计。根据古代文献记载，这座规模巨大的城市仅仅用了两年时间就初步建成，并取名为大兴城。新建的长安城南临终南山，北接渭水，地势险要，是现存西安城的七倍。

唐王朝建立之后，仍然以大兴城为都城，并更名为长安城。唐太宗之后的几位君主都曾下令修缮和扩建长安城，其中，最为突出的是新建大明宫和扩建兴庆宫。

唐末大佑元年，即公元914年，李全忠挟持唐昭宗迁都洛阳，并下令焚毁了长安城内的所有宫殿和民舍。这座举世闻名的繁荣都市顷刻之间化为废墟。现在，只有大雁塔和小雁塔依然屹立，成为历史的见证。

新中国成立之后，考古工作者对长安城进行了有计划的、大规模的考古和发掘。1960年代，在完成对外城、皇城、宫城、街道、坊市和水渠的初步考察之后，考古工作者绘制出世界上第一张隋唐长安城遗址实测平面图。此外，在考古的过程中，还发掘了大明宫遗址、兴庆宫遗址和明德门遗址等。

外城的平面是规整的长方形，东西长9.7公里，南北宽8.6公里，周长36.7公里，是官吏和百姓的住宅所在。外城受到的损毁非常严重，现在仍然保留在地面上的，只有玄武门和安化门附近的几段，残高1～2米。不过，地面以下的城墙基保存得相对完整。通过地下墙基，我们可以推测出当时长安城外城的全貌。外城的东、南、西三面都设有三道门，而北墙的中段则和宫城北墙共用，有很多道门。其中，最为著名的是明德门。明德门是长安城的南正门，位于中轴线上，正对皇城的朱雀门和宫城的承天门，规模宏大壮观。明德门宽度为5米，可供两辆马车并排通过。

宫城既是皇帝处理政事的地方，也是皇帝及皇族的住所。宫城包括太极宫、东宫和掖庭宫。据文献记载，宫墙“其崇三丈五尺”，是整个长安城中最高的。宫城正中是太极宫，正殿名太极殿，大殿16座，周围的亭台楼阁不计其数。太极宫的东面为东宫，是太子居住和处理政事的地方。掖庭宫则位于太极宫的西面。

外城中有东西走向的大街 14 条，南北走向的 11 条，交叉纵横。唐代大诗人白居易曾经写诗赞叹：“百千家似围棋局，十二街如种菜畦。”（长安城内南北纵列的大街只有 11 条，诗中的“十二”是虚指）这些大街的宽度都在 35 米以上，其中，南北走向的朱雀大街宽度在 150～155 米之间，是今北京天安门前长安街宽度的两倍。这样宽广宏伟的大街，在古今中外的都城中都是极为罕见的。

南北 11 条街和东西 14 条街将长安城分成 114 个坊。东西两市各有两坊，芙蓉园内也有两坊，因此，实有坊 108 个。宇文恺在设计大兴城的时候，南北向分坊 13 列，据说，这象征着一年中有一个闰月。其中，在皇城的南部，共有坊 4 列，象征着大自然的四季；其余 9 列则象征着“王城九达”。坊的墙基厚度基本相同，在 2.5～3 米之间。坊的面积则大小不一，其中，最小的是朱雀大街两侧的 4 列坊，南北长 500～590 米，东西宽 550～700 米；面积最大的是皇城和宫城两侧的 6 列坊，南北长 600～838 米，东西宽 1020～1125 米。这些坊内分布着居民的住宅、政府官邸，以及一些佛寺道观。坊门早开晚闭，并且有士兵看守。关闭之后，普通居民就不能随意外出了。

公元 626 年，唐高祖李渊次子李世民发动了“玄武门之变”，杀死了太子李建成和他的弟弟李元吉，并迫使唐高祖李渊退位。李渊退位成为太上皇之后郁郁寡欢。公元 634 年，唐太宗李世民为了向天下证明他是一个孝子，就在太极宫的东北禁苑内动土兴建永安宫，作为太上皇的避暑宫殿。第二年，永安宫更名为大明宫，因李渊去世停建。武则天掌权之后，为了巩固自身权势的需要，于 662 年重新修建大明宫。第二年，大明宫正式完工，武则天就搬到那里听政。从此之后，大明宫取代太极宫成为唐代举行朝会的主要场所。

新中国建国之后，考古工作者对大明宫遗址进行了不遗余力的勘察和发掘，并取得了骄人的成果。根据考古发现，大明宫西墙呈南北向，长约 2256 米，其中，1700 余米的断壁残垣还留在地面上。东墙由东北角起向南偏东 1206 米，东折 304 米，之后向南折 1050 米和南墙相接。南墙长 1674 米。北墙长 1135 米，墙址高于地面 2～5 米，是大明宫宫墙保存得最为完好的一个部分。从宫墙的走向和长短来看，大明宫南部呈长方形、北部呈梯形。大明宫的北部有太液池，是皇室成员的游玩之

所。大明宫共有城门11道，其中，值得一提的是位于西墙北部的九仙门，以及位于东墙的左银台门，两道门的右边和左边都设有三军，归重玄门内的将领统辖，这便是唐朝历史上有名的北衙禁军。唐代是一个宫廷政变多发的朝代，而几乎每次政变都是从北衙禁军开始。

考古工作者还在大明宫遗址内发现了多处宫殿遗址，如三清殿遗址、含元殿遗址、翰林院遗址等。其中，含元殿建立于唐高宗龙朔年间，是大明宫的正殿，很多重要的活动，如天子登基、天子册立皇后和太子等都在此举行。含元殿在大明宫中巍然耸立，两侧有高阁，中部有自下而上的台阶三层，显得威严壮丽。

从总体设计来讲，长安城结构严谨，规划整齐。长安城第一次将宫城和其他地区隔离开来，从而很好地加强了宫城的防卫。此外，东西南北纵横交错的街道将长安城分为一个一个的坊，既增加了城市的美感，还起到了监督的作用。宇文恺在设计的时候，还将曲江池和芙蓉园等景区与长安城结合在一起，不仅美化了城市，还为城里面的居民提供了游玩处所，是我国古代城市规划的一大创举。

二、洛阳城遗址考古

洛阳是隋唐两代的东都，其遗址在今河南省洛阳市城区及近郊。公元605年，隋炀帝命令杨素和宇文恺在洛阳营建东都。经过一年的时间，洛阳城正式建成。新建成的洛阳城背靠邙山，正对伊阙，是东西交通的要冲。洛阳城的规模仅次于长安城，但其形制和平面布局又和长安城不大相同。

根据考古发现和相关文献记载，洛阳城共分为外城、皇城和宫城三个部分。其中，外城周长27.5公里，面积约为47.2平方公里，平面是南宽北窄的不规则的长方形。最初营建的时候，只有比较短的城垣，到了唐代才筑起城墙。外城的东、南、北三面都设有城门，共9道，南墙中央的定鼎门为正门，西墙无门。

宫城位于洛阳城的西北部位，地势比较高，平面呈方形，四面都有门。皇城位于宫城的南部，围绕着宫城的东西南三面。皇城内有南北纵列的三条主干道。

因为洛河横贯整个洛阳城，所以，以洛河为界，洛阳城被分为南北两个部分。其中，洛河以南共有南北走向的街道12条，东西走向的街

道 6 条；洛河以北有南北走向的街道 4 条，东西走向的街道 3 条。这些街道一般宽 20 米左右。其中，北起端门，南到定鼎门的大街实际宽度为 121 米，号称天街。

含嘉仓位于洛阳城的东北部，现已探明粮窖 259 处，它们分布集中，排列有序。考古工作者在被命名为第 160 号的窖坑中发现了大量已经碳化的谷粒。重量约为 25 万公斤左右。这些粮食很可能是通过漕运到达洛阳的。

洛阳城内分布着众多的坊，约为 103 处，其数量仅次于长安城。坊的平面呈方形，四周筑墙，每道墙壁上都设有一门。坊内有宽约 14 米的十字街。

从考古发现和相关文献记载来看，洛阳城在城市规划上和长安城有很多不同，这主要表现在：皇城和宫城都没有分布在北部正中，洛阳城的规划和等级都不如长安城；宫城的南部除了皇城之外，还有禁苑，并建设重城，南以洛河为界，这些都使得洛阳城戒备强于长安城；此外，长安城只有东西两市，而洛阳城因为依傍洛河，直通沟渠的需要，有三市。这些不同，显示了洛阳城在唐代政治经济生活中的特殊地位。

三、扬州城遗址考古

在隋唐时期，扬州城的规模和形制仅次于长安和洛阳。安史之乱后，我国的经济重心开始南移，又因为大运河的开凿，扬州迅速发展成为一个欣欣向荣的工商业城市。其经济在唐代中期以后迅速超过长安和洛阳，成为名副其实的第一大国际都会。

扬州城的历史非常悠久，到现在已经有两千四百多年了。隋唐对扬州的营建始于隋炀帝时期。隋炀帝统治中期，曾经在这里营建江都宫，因此，扬州城的城市规模要远远大于一般地方城市。

据考古发现，隋唐扬州城城址分为两个部分，一部分在今扬州城北郊两公里处的蜀岗，一部分位于蜀岗下二三十米处的平地上。蜀岗上面建有一座小城，叫做子城。蜀岗下面建有一座相对较大的城池，叫做罗城，呈南北走向，平面为长方形。

子城是官府衙门集中分布的地方，可以控制罗城。子城的断壁残垣到现在还存有一些遗迹。子城东墙 1900 米，西墙 1400 米。相较于子城而言，罗城保留下来的遗迹较少。罗城平面呈长方形，东西宽 3120 米，南北长 4200 米。其城墙夯土而成，土质为黄灰色的砂性土，没有子城城墙坚固。

在扬州城遗址内，考古工作者还发现了唐代的木船、古河道，以及大量的瓷器和各种生活用品。这些发现都反应了当时扬州城交通运输的发达和工商业的兴盛。

四、地方城市

隋唐是一个大一统的时代，中央政府的权力比较强大，在建设都城的时候集中了大量的人力、物力和财力。相较于都城而言，地方城市的规模就要小得多。而且，隋唐在建设地方城市的时候，必须遵循一定的制度。这种制度将地方城市分为三个等级，每个等级的城市在平面上都是方形或接近方形。其中，第一等级是大州府城，第二等级是一般州城，第三等级是县城。每个等级的城市内部都划分出若干个一里见方的坊，便于管辖和统治。

大州府城的周长一般有二十里左右，而一般州城则只有十里，县城更小，只有五里左右。

从都城到县城，规模和形制在不断缩小。这从一个侧面反映了逐渐完整的封建城市体系。这体现了严格的封建等级制度，也说明了中央集权的进一步强化。隋唐的都城建设对后世产生了很大影响。在清朝，乃至今天的城市建设中，我们都还能看到隋唐城市规划的遗迹。

第二节　隋唐时期的墓葬文化

隋唐时期，封建经济发展到了另一个高峰。著名诗人杜甫有一句诗是这样说的："忆昔开元全盛日，小邑犹藏万家室。"意思是说，开元盛世时期，普通平民的家里面都堆满了粮食。雄厚的国力让统治者们得以修建宏伟巨制的陵寝。唐朝帝王的陵寝主要分布在关中地区，因此，也被称为"关中十八陵"。

隋唐时期的墓葬，继承了秦汉墓葬的一些特点，但又有所变化。一些帝王的陵寝和秦汉一样，是"封土为陵"，就是选择地势比较高的地方深挖墓室，用土夯筑成高大的建筑。而大多数帝王的陵墓，则是选择风水比较好的山峦，从自然山峰的中部开凿石洞，建成地宫，属于真正的山陵。昭陵、乾陵都属于山陵。山陵也因此成为隋唐帝王的主要形制。

隋唐时代的陵墓中，最为著名也最具代表性的要属昭陵和乾陵。

一、昭陵

昭陵位于陕西省礼泉县城西北 22.5 公里的九嵕山，是唐太宗和其妻子长孙皇后的陵寝。

贞观十年，即公元 636 年，长孙皇后病死，唐太宗下令，在九嵕山营造昭陵石宫。他还下旨，让后世的子孙建造陵寝的时候都采用这样的形制和方法。唐太宗是我国历史上最为贤明的君主之一，他在位期间励精图治，经济得到迅速的恢复和发展，人口数量也在不断地增加。唐太宗本人倡导节俭，因此，昭陵仅仅建设了几十天就完工了。昭陵完工，长孙皇后下葬时，唐太宗亲自撰写碑文，他说，自古以来，贤明的君王都应该以天下为家，所以，不必将那些奢华的物品一同埋葬，据为己有。现在我因山为陵，不用金银、玉器等财宝作为陪葬品，只需要一些木头就够了，也好让那些盗墓者死心。

与前代那些耗费了几十年修建的陵寝相比，昭陵可谓非常简单，说是薄葬一点也不夸张。但是，在长孙皇后去世后的十几年中，唐太宗一面宣称自己死后要薄葬，一面又不断加强对昭陵的营建。因此，昭陵的真实面貌绝不像长孙皇后下葬时那样简单。

到了五代时期，军阀林立，盗墓者趁机进入了昭陵。他们发现，昭陵辉煌壮观，丝毫不亚于唐太宗生前居住的太极宫。

昭陵由唐代著名的工艺家和美术家阎立本兄弟精心设计。从平面布局来看，昭陵既不同于秦汉以来的坐西向东，也不像南北朝时期的“潜葬”之制，它是仿照长安城的形制来设计的。长安由宫城、皇城和外城三个部分组成。其中，宫城位于全城的北部中央，是皇帝起居和处理政事的地方。昭陵的陵寝位于陵园的最北部，相当于长安城里面的宫城。玄宫建在地下，应该是从山峰的中部开凿而成。长孙皇后就葬在玄宫里面。玄宫深达 75 丈，共有石门五道，位于中部的正殿是停放棺椁的地方，东西两厢排列着石床。床上有石函若干，里面装着许多殉葬品。从墓室到墓口的通道，共用三千块大石堆砌而成，每块石头的重量都在两

吨以上，大石与大石之间相互铆住。这样一来，盗墓者想要打开盗墓就得大费周折。在昭陵的外部建有华丽的宫殿，宫殿前有苍松翠柏，高大的槐树和杨树。著名诗人杜甫在拜谒昭陵的时候曾写下《重经昭陵》一诗，里面说："灵寝盘空曲，熊罴守翠微。再窥松柏路，还见五云飞。"由此可见昭陵的气势。

在地宫的南面，是内城正门朱雀门。朱雀门里面建有献殿，是供后代皇帝朝拜和献祭的地方，遗存约10米见方。考古工作者曾在这里考古出土了一件残鸱尾（一种放置在屋脊之上的装饰品），经过复原后，断定其高1.5米，宽0.6米，长11米。由此可以推断，献殿屋脊的高度应该在10米以上，共有重檐九间。由高大的献殿我们可以想象，整个建筑群一定非常宏伟高大。

九嵕山属于石灰岩质，长期经受高空风雨的侵蚀以及山洪的冲刷，山陵建筑已经荡然无存，即便是原有的山势，其形状也改变了不少。根据相关的文献记载，当时地宫外面还有许多木构的建筑。地宫四周的山势非常陡峭，崎岖难行，往来不便。因此，后来的皇帝又沿着山势修建了栈道，用来连接上下左右。从这些记载中可以看出，昭陵的规模和其工程的复杂程度，都是非常罕见的。

在地宫的北方，是内城的北门玄武门，里面设有祭坛，由五层台阶组成，越往北方就越宽，整个平面呈梯形，紧依九嵕山北麓。在南三台阶地上，建有寝殿、东西庑房，以及一些亭台楼阁，中间有龙尾道直通寝殿，是昭陵特有的建筑群。在司马门内，分列十四国君主的石刻像，分别为：突厥的颉利、突利二可汗，阿史那社尔、李思摩、吐蕃松赞干布，高昌、焉耆、于阗诸王，薛延陀、吐谷浑的首领，新罗王金德真，林邑王范头黎，婆罗门帝那优帝阿那顺。这些石像铸刻于唐高宗初年，说明了唐太宗贞观时期国内各民族大团结，以及和邻邦友好往来的盛况。到现在，很多石像都已经遭到破坏，还能见到的有七个题名像座，以及几躯残体和几件残头像块。这些石像高度约为2米左右，应该是写实之作。

昭陵是唐代随葬品最多的一处陵墓。其最知名的是昭陵六骏。

所谓昭陵六骏，就是设置在祭坛东西两庑房内的6匹石刻骏马浮雕像。昭陵六骏是唐太宗自己选定的题材。隋朝灭亡的时候，全国还有大大小小的军阀十几个。为统一全国，结束割据的局面，李世民南征北战，为唐王朝的建立和巩固立下了汗马功劳。在驰骋疆场的过程中，李世民一共骑过六匹骏马。因此，昭陵六骏的用意在于说明唐太宗的赫赫功勋。昭陵六骏由著名画家阎立本的哥哥阎立德绘画，并挑选能工巧匠雕刻而成。据文献记载，在每幅雕刻的左上角，都有唐太宗亲自撰写的赞马诗，由著名书法家欧阳询书写，现已无存。昭陵六骏的名字分别为："特勒骠"、"青骓"、"什伐赤"、"飒露紫"、"拳毛䯄"、"白蹄乌"。其中，"飒露紫"和"拳毛䯄"两骏于1914年被盗，现藏于美国宾夕法尼亚大学博物馆，其余四骏藏于西安碑林博物馆。

昭陵六骏制作于唐太宗贞观十年，高2.5米，横宽3米，制作石料为青石。这些浮雕姿态各异，线条简洁有力，威武雄壮，造型栩栩如生，反映出我国唐代雕刻艺术的成就。曾经有诗这样赞叹："秦王铁骑取天下，六骏功高画亦优。"由此可见，昭陵六骏的艺术程度之高。

在昭陵建筑群中，值得一提的还有陪葬墓。昭陵共有陪葬墓300余座，其中，著名的有长孙无忌、程咬金、魏征、秦琼、段志玄、高士廉、房玄龄、孔颖达、李靖、尉迟敬德等人的墓地，此外，还有少数民族将领阿史那社尔等15个人的坟墓。新中国成立后，考古发掘陪葬墓40余座，并在此基础上建成了占地面积53亩、建筑面积7000平方米、陈列面积2000平方米、绿化面积15000平方米的昭陵博物馆。

唐太宗本人酷爱书法，因此，他的地宫中有许多陪葬的书法精品。相传，被誉为我国第一行书的《兰亭序》就在昭陵地宫中。目前，人们掌握的科学技术还无法挖掘昭陵。等到科技成熟的那一天，昭陵地宫的神秘面纱将会被揭开。

二、乾陵

乾陵位于陕西咸阳市乾县城北6公里的梁山上，是"关中十八陵"之一，修建于公元684年，历时23年。乾陵是唐高宗和武则天的合葬墓。

乾陵仿照长安城营建而成，气势雄伟壮观。梁山海拔1061.5米，属于圆锥形石灰岩山体，共有三座山峰，其中北峰最高，乾陵就位于北峰。据古籍记载，乾陵共有内外两重城墙、四个城门，以及许多宏伟的亭台楼阁，现已不存。根据考古工作者的勘探，乾陵内城总面积约为240万平方米。内城的四面墙壁都设门，东西南北分别为青龙门、白虎门、朱雀门和玄武门。

梁山两边低，中间高，司马道就位于两座较低山峰的正中，直通唐高宗的陵寝。司马道由台阶和平直宽阔的道路组成，台阶共537级，高差为81.68米。走完台阶，再通过一条平整宽阔的道路，就到了“唐高宗乾陵墓”碑前。“唐高宗乾陵”墓碑高2米，原碑已毁，我们现在看到的是清代著名学者、官员毕沅所立的石碑。现在，墓碑两侧有华表1对，翼马、鸵鸟各1对，石马5对，翁仲10对，石碑2道。墓碑的东侧是无字碑，西侧是述圣记碑。墓碑前还有一些少数民族首领和其他一些国家使臣的石刻像61尊，石狮1对。

在“唐高宗乾陵墓”的右前侧，还有另一块墓碑，是新中国成立之后才立的。上面写着“唐高宗李治与则天皇帝之墓”12个大字，由著名历史学家、考古学家郭沫若题写。

相较于昭陵而言，乾陵的陪葬墓比较少，只有17座。

乾陵的防御工事非常坚固，除了周围的建筑群已被毁之外，地宫保存完好。目前，乾陵地宫尚未发掘，因此，其最著名的遗存便是无字碑和神道碑附近的石像。

乾陵的无字碑和述圣纪碑相对，巍峨壮观。述圣纪碑是唐高宗李治的墓碑，上面刻有武则天亲自为他撰写的碑文，长达五千余字。而无字碑则是武则天自己的墓碑。在我国墓葬文化中，无字碑非常独特。无字碑的出现，可能是因为墓主的功过是非难以言说，也可能是由于自然原因或人为原因磨损了碑面上的字。武则天的无字碑属于前一种。

武则天是我国历史上唯一的女皇帝。她本来是唐太宗的妃子，被封为媚娘。唐太宗死后，她被迫剃度为尼。唐高宗在祭祀唐太宗的时候发现并喜欢上了她（有一种说法认为，唐高宗李治在唐太宗生前就和武则天有染），将她接回皇宫之中。武则天凭借其强有力的政治手腕成功登上了皇后的宝座。

唐高宗晚年体弱多病，许多政事都交给武则天处理。在这段时期内，武则天表现出惊人的政治天才，让唐高宗刮目相看。因此，唐高宗晚年的时候，常常会带上武则天上朝，合称二圣。唐高宗去世之时，虽然将皇帝位传给了自己的儿子李显，是为唐中宗，但实际大权由武则天掌控。不久之后，武则天就废除了李显的皇帝位，其即皇帝位，并改国号为周。

武则天统治初期，鼓励告密，实行恐怖统治，一时间人人自危。为了巩固自己的政治地位，她大肆诛杀李唐皇室的子孙。在她当政期间，被诛杀的皇室子孙过半。

到武则天晚年，著名政治家狄仁杰劝武则天还政于李唐皇室。因为，只有还政于李唐皇室，恢复唐高宗皇后的身份，她才能得到后代的祭祀。经过很长时间的考虑，武则天采纳了狄仁杰的建议，还政于李唐皇室，让位给她的儿子李显。

几年之后，武则天就去世了。李显上尊号为“则天大圣皇后”，入葬乾陵。武则天认为，自己的功绩很大，用文字是无法表达的，所以就不写碑文（也有一种说法认为，武则天觉得自己的功过是非要留给后人评论，因此不用碑文）。

客观来讲，武则天统治上承贞观之治，下接开元盛世，为唐朝政治经济文化的持续发展作出了重大的贡献。在武则天统治期间，她破格提拔和任用了一大批卓越的人才，其中有大名鼎鼎的神探狄仁杰，还有著名宰相姚崇和宋璟。我国上个世纪最卓越的史学家陈寅恪先生在《唐代政治史述论稿》中对武则天给予了极高的评价。陈先生认为，在武则天统治时期，我国的士阶层真正崛起，从这个角度来说，武则天发动的宫廷政变是一场了不起的社会革命。

在“唐高宗乾陵墓”墓碑前面分列的61尊石像非常奇怪，因为它们都没有头颅。是最初雕刻的时候就没有头呢，还是建成之后遭受了人为破坏？关于这些无头的石像，民间有很多说法。其中，流传最广的一种说法是，这些石像被一位外国使节设计破坏。相传，在明朝时期，一位外国使节来到乾陵参观，他看到自己的祖先为中国的皇帝守灵，觉得受到了侮辱，便决定将这些石像的头都砸掉，这样人们就认不出来那是他的祖先了。于是，他在夜深人静的时候就去毁坏乾陵周围的庄稼。一段时间之后，他对村民们说，他无意中看到那些石像在晚上毁坏了他们的庄稼。村民们愤怒之下就砸碎了那些石像的头。

根据考古工作者的勘探，这种说法纯属无稽之谈。经过缜密的分析研究之后，考古工作者认为，在明朝时期，乾陵所在地曾发生过一起强烈的大地震。这些石像的头部就可能毁于那次地震。

第三节　疯狂盗墓的时代

唐高祖李渊在行经秦始皇陵的时候，曾经感慨说，耗费了那么大的人力、物力和财力，最后却被项羽焚毁，又先后受到许多盗墓贼的洗劫，这有什么好处呢？于是，他下令提倡民间薄葬。除了唐高祖之外，唐太宗李世民、唐玄宗李隆基都曾多次下旨提倡薄葬。但因为提倡者并不以身作则，因此，隋唐时期的厚葬之风非常盛行。

隋唐和秦汉一样，厚葬的风气也非常盛行。因此，隋唐五代时期的盗墓活动也非常猖獗。总的来看，隋唐坟墓被盗或被毁主要有三方面的原因：(1) 当时正在修建京杭大运河等规模巨大的工程，修建过程中难免会损坏一部分陵墓；(2) 从安史之乱开始，唐王朝统治区域内的战争就没有停止过，军阀们为了鼓励部下勇往直前，便纵容他们大肆抢掠，其中自然包括无人看管的陵墓，军人盗墓在唐朝中后期非常普遍，名将郭子仪的部下都曾有过盗墓的行为；(3) 五代时期，一些封建军阀因为缺少建筑木材，就盗掘了一些帝王的陵寝。

一、董仲舒母亲之墓被盗

隋唐五代时期被盗的陵墓不计其数，但令人费解的是，汉代著名思想家董仲舒母亲的坟墓也被人盗掘。

董仲舒是我国历史上最著名的思想家之一，曾被誉为“汉代的孔子”。他出生于河北的一个大地主家庭。董仲舒从小就天资聪颖，并潜心钻研儒学。不过，董仲舒虽然学富五车，但并未因此步入仕途，而是做了一名以传播儒家学说为要义的教书匠。

董仲舒讲学方式很奇特。据说，他会在讲堂前挂一幅帷幔，自已坐在里面讲，而外面则坐满了学生。学生们只闻其声，不见其貌。在如此奇特的方法下，董仲舒教出了很多有名的学生。他的学生们在学业结束之后到全国各地游学，传播他的思想。后来，董仲舒的名声越来越大，引起了汉武帝的注意。在他 39 岁那年，汉武帝召见了他。董仲舒见到汉武帝之后侃侃而谈，他建议汉武帝“罢黜百家，独尊儒术”。自此之后，儒家思想成为我国封建专制社会的正统思想。

董仲舒是一个独立的思想家，他认为君主的权力是上天授予的，谁也不可剥夺，但也主张“天人感应”，因此，民间发生饥荒和地震等灾害的时候，一定是君王无道。在汉武帝统治期间，先后发生多起自然灾害。董仲舒认为，这是因为汉武帝骄奢淫逸，好大喜功造成的。他的这些言论让汉武帝非常不满，但并没有下令杀他。公元前104年，董仲舒写完最后一篇奏章之后去世，下葬于长安西郊。汉武帝有一次经过他的墓地时想起了他的功绩，就下马表示自己的敬意。因此，董仲舒的墓地又被称为下马陵。

下马陵一直没有被盗，而董仲舒母亲的墓室却在隋唐时期被盗。

据杜光庭的《灵异记》中记载：

蔡州西北百里平舆县界有仙女墓，即董仲舒为母追葬衣冠之所，传云董永初居玄山，仲舒既长，追思其母，因筑墓焉，秦宗权时，或云仲舒母是天女，人间无墓，恐是仲舒藏神符灵药及阴阳秘诀于此，宗权命裨将领率百余人往发掘之……

这段话的大概意思是，在蔡州西北方向百余里的地方有一个县叫做平舆，那里有一座仙女的坟墓，也就是董仲舒为他母亲营造的衣冠冢。相传董永最初居住在玄山，而董仲舒是他和七仙女所生。董仲舒年长之后，思念自己的母亲，就建了衣冠冢。军阀秦宗权认为，董仲舒的母亲是仙女，在人间并无墓地，因此，衣冠冢里面埋藏的可能是使人长生不老的仙丹灵药，就派人前去挖掘。

这段记载的可信度不高。董仲舒生活在西汉，而董永生活在东汉，董仲舒不可能是董永的儿子。不过，董仲舒不但研究儒学，也研究神学，经常宣扬炼丹增加寿命。因此，认为他将长生不老的秘方埋藏在母亲的衣冠冢中的说法不无道理。

在盗墓之风盛行的隋唐，董仲舒母亲之墓被盗是一件小得不能再小的事情。不过，它给那个盗墓活动猖獗的时代增添了不少有意思的元素。

二、节度使盗墓

军人盗墓在隋唐时期非常盛行，正规军如此，那些各自为政的地方军更加残暴。唐宪宗亲自下令中央军不能盗掘坟墓，一旦发现，立即严惩。这从一个侧面说明当时的盗墓活动非常猖獗。

那么，是谁纵容这些士兵去盗掘坟墓呢？自然是那些手握重兵、割据一方、试图与中央政府对抗的节度使。隋唐是历代地方军阀盗墓最为猖獗的时代。在这些盗墓的军阀中，臭名昭著的要属温韬。

温韬出生于战乱纷争的五代十国时期，他这个人趋炎附势，朝秦暮楚，因此做到了节度使的高官，这说明了当时政治的黑暗。在五代十国时期，像温韬这样的节度使有很多。按理说，他早就湮没在历史的尘埃中，无人知晓。但因为对关中十八陵的大肆盗掘，他在我国的盗墓史上可谓臭名昭著。

著名文学家、史学家欧阳修在《新五代史·温韬传》中写道："（温）韬在镇七年，唐诸陵在其境内者，悉发掘之，取其所藏金宝。而昭陵最固，（温）韬从埏道下，见宫室制度闳丽，不异人间。中为正寝，东西厢列石床，床上石函中为铁匣，悉藏前世图书。钟、王纸墨、笔迹如新。（温）韬悉取之，遂传民间。惟乾陵，风雨不可发。"

什么意思呢？五代时期，温韬在长安做官7年，将自己辖区之内的唐陵都盗掘了。在被盗掘的陵墓中，以唐太宗的昭陵最为坚固。温韬从埏道进入地宫，看见地宫恢宏壮观，装饰和唐太宗在世时居住的太极宫很相似。地宫的中部是寝宫，东西两边是石床，床上摆着石函，石函里面还有铁函，里面摆放着历朝历代的典籍，以及魏晋著名书法家钟繇和王羲之、王献之父子的书法精品。这些书法作品都保存得非常完好，看上去像是刚写下的一样。温韬将这些人间珍宝都搬了出来，使它们得以再次流传人间。关中十八陵，除了乾陵因为风雨大作没有被盗掘之外，其他无一幸免。

三、五代盗墓为材

五代时期因为修建土木工程而损坏陵墓的例子并不少见。规模较大的道路工程或水利工程都会使沿线的陵墓受到一定程度的破坏。

据《旧五代史》记载，后梁时期，杨师厚受封为王，为了纪念自己的功德，他打算竖立一块巨大的石碑。石碑所需要的石料采自黎阳，路途遥远，他就沿途开通道路。在这个过程中，许多平民百姓的坟墓都遭到了破坏。百姓看到那块巨大的石头，都说"碑来"（谐音为"悲来"，意在说明杨师厚所作所为对于他们的伤害）。不料，石碑还没运到，杨师厚就死了。

因为开通水渠而导致坟墓被毁的例子也不少。《旧五代史》记载，皇甫迈在河阳镇守的时候，曾派手下开通沟渠，以利于灌溉，途中损坏了很多坟墓。因为他手握重兵，百姓们都敢怒不敢言。

盗掘民间、乃至帝王陵墓，将木材用来建筑府宅的例子也不少。后蜀末代皇帝孟昶统治时期，这一类事件发生过很多起。孟昶在位时间长达三十一年。他即位之初是一个比较有作为的君主，励精图治，宵衣旰食，在他的治理下，后蜀国力蒸蒸日上。但是，在统治后期，孟昶奢华无度，喜好珠玉美女。据说，连他的尿壶都是用七种珍珠打造而成的。上行下效，他的官员中有很多通过发掘民间坟墓夺取木材来建筑自己的住所。

在五代时期，盗墓行为是非常普遍的。在这个时期，盗墓者的手段、陵墓受破坏的程度，都要远远大于唐代中晚期的节度使盗墓。不过，一些统治者很快就明白过来，对于盗墓行为，绝不能纵容。因此，后唐明宗李嗣源和宋太祖赵匡胤都曾下令禁止盗掘坟墓。

因为唐朝中后期到五代时期的疯狂盗墓，所以后世的统治者们下葬时的陪葬品的丰富程度都远不如唐朝。到了宋元时期，我国又进入了提倡薄葬的时代。厚葬之风直到明清两代才再次兴起。

第四节　隋唐五代时期的宗教遗址和遗物文化考古

隋唐时期，统治者在思想文化方面大多比较开明，各种宗教思想都得以并行发展。儒家思想自汉武帝以来，一直是中原王朝的正统思想，其地位不容置疑。在经历魏晋南北朝的大分裂、大动荡之后，佛教和道教都得以发展，并兴盛起来。隋代统治者崇信佛教，佛经中甚至有隋文帝是菩萨转世的说法。李渊父子建立唐王朝之后，急于为自己统治的合法性寻找理论依据。权衡一番之后，他们对外界宣称，自己是春秋时期伟大的思想家老子的后人。因此，在整个唐朝，和老子有莫大渊源的道教特别受重视。与此同时，佛教也获得了极大的发展，并在唐朝中叶达到鼎盛。武则天称帝的时候，从佛经中找出相关的理论来证明其称帝的合法性。因此，唐代修建了很多佛寺。后来，这些宗教建筑因为战乱或

是自然灾害大多不存，但从保存下来的几处残迹中，我们依稀可以看到当年思想文化的兴盛。

一、佛教宗派祖庭

隋唐时期，佛教宗派众多，影响比较大的有天台宗、三论宗、唯识宗、华严宗、净土宗、律宗、禅宗等。这些宗派的创始人或集大成者在佛教上的影响比较大，他们居住和讲学的寺庙被称为祖庭。这些祖庭是我国宗派佛教的发源地，在佛教史上占有重要地位。

天台山是天台宗的发源地，在浙江天台县。天台宗的实际创始人智者大师在公元 575 年率领 90 多名弟子在这里建立了寺庙，讲经十年。天台山上最为著名的寺庙是国清寺，是在隋炀帝杨广的支持下建立起来的。智者大师有一个愿望，那就是："寺若成，国即清，当呼国清寺。"杨广尊崇他的意愿，就赐名国清寺。国清寺多次被毁，现在的国清寺整修于清朝雍正年间。国清寺坐北朝南，总面积约 73000 多平方米，拥有殿宇 14 座，房屋 600 余间，整个建筑群气势恢宏，雄伟壮观。

栖霞寺位于江苏南京东北 22 公里的摄山上，是三论宗的祖庭。栖霞寺的前身叫做栖霞精舍，建立于魏晋南北朝时期。唐高祖时期，栖霞精舍兴建殿宇 49 所，改名功德寺。唐高宗时期，正式定名为栖霞寺，相传寺名为唐高宗亲笔题写。栖霞寺在清朝咸丰年间毁于大火，现在看到的建筑重建于光绪年间。

栖霞寺内最为著名的建筑是舍利塔，始建于隋朝，五代时曾加以重修。舍利塔共八面五层，高 15 米，雕饰精美。其东面有无量殿，又叫做大佛阁。大佛阁正中供奉无量佛，坐身，高约 10 米，佛座高约 2 米，左右各有两尊菩萨像，高约 10 米。值得一提的是，在无量殿后面的山崖上，还有千佛岩。千佛岩里面的佛像大多雕刻于隋唐时期，现共有佛龛 294 个，佛像 515 尊。千佛岩第一窟，高近 11 米，是南朝时的著名石窟，曾与大同的云冈石窟齐名。

慈恩寺位于西安，是唯识宗的祖庭。慈恩寺在隋朝被称为无漏寺。唐朝贞观年间，即公元 648 年，太子李治为了追念他的母亲长孙皇后扩建无漏寺，并改名慈恩寺。当时的慈恩寺面积近四百亩，有十多个院落，房舍共 1897 间，整个建筑群辉煌壮丽。著名高僧玄奘法师取经回到长安之后名声大振，李治请他为上座，主持慈恩寺。慈恩寺内西北面为翻经院，是当年玄奘法师翻译佛经的地方。

慈恩寺里面最重要的建筑是大雁塔。大雁塔建造于公元652年，塔身七层，通高64.5米，相传是玄奘法师为了供奉从印度带回来的佛像、舍利和梵文经典而修建。大雁塔是相较于长安荐福寺内修的小雁塔而言的，这一称呼一直沿用至今。大雁塔建成后多次毁于战火，现在绝大多数建筑是近代重修的。大雁塔由塔基、塔身、塔刹组成，通高64.517米。塔底四面均有石门，门楣上都有极其精美的线刻佛像，其中西门楣为阿弥陀佛说法图，上面刻着富丽堂皇的殿堂。画面布局严整，线条遒劲流畅，相传是唐代大画家阎立本的手笔。在底层的南门洞两侧镶嵌着由著名书法家褚遂良书写、唐太宗李世民作的《大唐三藏圣教序》和唐高宗李治著作的《述三藏圣教序记》两通石碑，艺术价值极高，被誉为“二圣三绝碑”。

华严寺位于陕西西安，是华严宗的祖庭。华严寺始建于公元803年，是华严宗最为重要的道场之一。清朝乾隆年间，少陵原部分崩塌，寺内殿宇全毁。现仅存砖塔两座，东面是华严宗初祖杜顺禅师的舍利塔，方形七层，高13米，上层石刻“严主”两字，西面一座是华严宗四祖清凉国师的舍利塔，呈六角形，七层，高约17米，塔上有石刻“大唐清凉国师妙觉之塔”十字。

少林寺位于河南登封县城西北13公里少室山北麓，是禅宗最为重要的祖庭之一。相传，禅宗的创始人达摩祖师曾经在此讲经布道，并创下日后闻名天下的七十二绝技。少林寺始建于北魏孝文帝时期，北周武帝灭佛时被毁，不久后再次兴建。唐太宗时期，因为少林僧人曾经救过他的命，他就下令对少林寺大肆整修，修建殿宇阁楼一千多间，规模宏大，蔚为壮观。不过，现在的主体建筑都修建于清朝雍正年间。民国时期，军阀混战，少林寺的大雄宝殿和天王殿都被焚烧一空。少林寺内保存有唐朝以来的碑碣石刻约三百余品，其中以《秦王告少林寺主教碑》以及苏轼、米芾、赵孟頫、董其昌等人撰写的碑文最为珍贵。少林寺名气最大的是位于西侧的塔林，大多是一些得道高僧的墓地。

除了以上几处寺庙之外，隋唐时期宗派寺庙祖庭还有一些，如香积寺、南华禅寺等，此处限于篇幅不再赘述。

二、法门寺

法门寺位于陕西省宝鸡市扶风县法门镇，相传始建于北魏时期，原名阿育王寺，到了唐代才改名为法门寺，并沿用至今。

1987 年 5 月 5 日农历四月初八，佛教创始人释迦牟尼的生日。就在这一天，陕西省文物局在法门寺的地宫内发现了举世无双的释迦牟尼佛骨舍利，此外还有唐代即位皇帝供奉佛祖的珠宝玉器几千件。这一发现震惊了世界。法门寺地宫的发现是我国二十世纪最为重大的考古发现之一。

在法门寺的地宫内发现佛骨舍利绝不是偶然。释迦牟尼佛去世后，他的遗体被焚化，相传共得舍利 48000 份。当时崇信佛教的阿育王将这 48000 份舍利分送到世界各地，并让人建立佛塔供奉。供奉舍利的地方一律叫做阿育王寺。法门寺在北魏时期被称为阿育王寺，应该就是当时建立起来专门供奉舍利的寺庙之一。

到了唐代，在近三百年的时间中，先后有高宗、武后、中宗、肃宗、德宗、宪宗、懿宗和僖宗八位皇帝迎送供养过佛指舍利。每次迎接舍利或者恭送舍利，声势都非常浩大，天下震动。贵为天子的皇帝对着佛骨舍利顶礼膜拜，可见其等级之高。

最后一位迎送佛骨的皇帝是唐僖宗李儇。这一次，唐僖宗按照佛教礼仪，将佛指舍利还有几千件稀世珍宝一起埋入法门寺地宫，并密封。法门寺因为拥有独一无二的佛指舍利，很快成为万众瞩目的佛教圣地。唐代著名的文学家韩愈曾经写过一篇文章，叫做《论佛骨表》，说每次迎送佛骨都劳民伤财，人民怨声载道，建议皇帝打消这个念头。唐宪宗看到奏章之后，龙颜大怒，本打算将韩愈处死，在百官求情之后才将他贬官了事。事实上，迎送佛骨确实劳民伤财，但民间并没有怨声载道。当时，上至天子，下至黎民百姓，对于迎送佛指舍利都表现出前所未有的热情。据文献记载，有的平民为了表示自己的虔诚，会在迎送佛骨的时候砍下自己的胳膊或者手指。由此可见当时佛教的影响之大。

唐僖宗这次将佛指舍利送回法门寺地宫之后，佛指舍利就与世隔绝了 1113 年之久。法门寺虽然是举世闻名的佛教圣地，但在唐代也遭到过厄运。会昌五年，即公元 845 年，唐武宗发起大规模的灭佛运动，史称“会昌法难”。唐武宗下令毁掉佛指舍利，但被僧人们用其他的佛指舍利取代。此后，佛指舍利似乎就从人间蒸发了。

法门寺地宫入口的通道上铺满了铜钱，考古工作者一共花了两天的时间才将这些古钱币清理完毕。这些古钱币上面有着“开元”、“天宝”等字样。据统计，这些古钱币都铸造于唐朝，共有七万枚之多。因为古钱币没有被动过的痕迹，考古工作者断定，法门寺地宫从唐僖宗时期封闭之后，一直没有遭到破坏。

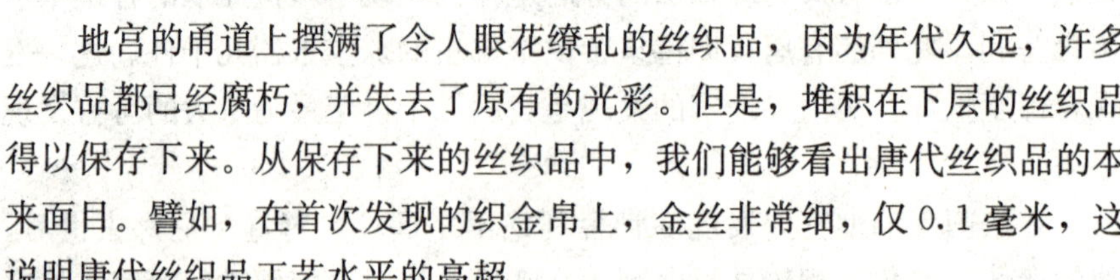

地宫的甬道上摆满了令人眼花缭乱的丝织品，因为年代久远，许多丝织品都已经腐朽，并失去了原有的光彩。但是，堆积在下层的丝织品得以保存下来。从保存下来的丝织品中，我们能够看出唐代丝织品的本来面目。譬如，在首次发现的织金帛上，金丝非常细，仅 0.1 毫米，这说明唐代丝织品工艺水平的高超。

在地宫的第一处石室内，考古工作者还发现了为数不少的瓷器、玉器，以及一座用汉白玉雕刻而成的宝塔。宝塔高 78 厘米，由塔刹、塔身和塔座三个部分组成。塔身和塔座都是用一块汉白玉雕成的，塔刹则由青铜铸造而成。塔身呈方形，四面都有两尊浮雕菩萨像，作护卫状。塔座是常见的须弥座样式，上面雕刻着护法力士，共 12 名。这座塔虽然小巧玲珑，却有一股非凡的气势，令人顿生敬意。

在第三处石室内，考古工作者也发现了一座宝塔，同样由汉白玉雕刻而成。不同的是，这座宝塔的上方还有一座汉白玉的灵帐，灵帐下面有三领金袈裟，一双金鞋。汉白玉的灵帐，披着金袈裟，穿着金鞋，这是传说中佛陀的扮相，现在却真实地出现在地宫中，不能不让人吃惊。

在最后一处石室中，考古工作者发现了八重宝函。所谓八重宝函，是指它一共有八层。其中，最外一层用上好的檀香木制作，看上去有用丝绸包过的痕迹。第二层和第三层都是镀银的，上面还有一些佛教方面的精美雕刻。第四层完全用纯金制作，外壁也是一些浮雕，表现了西方极乐世界的场景。第五层除了纯金之外，还镶嵌了很多宝石，并有纹饰。第六层用金玉制作，里面还洒满了珍珠。打开第七层之后，里面的景象让考古工作者目瞪口呆。里面装着一座玲珑剔透的小金塔，高度只有 10 厘米，但却形神兼备，惟妙惟肖，令人叹为观止。在塔座上，放着一小根小银柱，上面套着的似乎就是失踪已久的佛指舍利。经过鉴定之后，这是用汉白玉仿制的，不是真品。那么，真正的佛指舍利究竟藏在什么地方呢？皇天不负有心人，在经过耐心仔细的寻找之后，考古工

作者终于在一个铁函之中发现了佛指舍利。佛指舍利存放于一个水晶盒子之中，呈乳黄色，上面有裂纹，蜡质感比较强。经过鉴定，确定为真正的佛指舍利。

地宫的重大发现让法门寺在一夜之间闻名全球。每年都有不计其数的游客前往法门寺参观。为了便于管理，政府在那里建立起了法门寺风景区，供世界各地的人前往参观。

三、雷峰塔

雷峰塔为吴越国王钱俶因黄妃得子建，初名“黄妃塔”，因地建雷峰，后人改称“雷峰塔”。雷峰塔位于杭州西湖景区，在黄昏时分，它和落日交相辉映，是西湖最著名的景点之一，俗称“雷峰夕照”。雷峰塔塔基底部有井穴式的地宫，里面有数十件极为珍贵的佛教文物。雷峰塔建成不久就因为战乱而受到极大损坏，曾于南宋时期重修。到了明朝中后期，从东南沿海入侵我国的倭寇围困杭州城，纵火焚烧雷峰塔，绝大多数建筑被毁，只剩下砖砌塔身，通体赤红，显得苍凉和凝重，似乎在讲述着历史的沧桑。

雷峰塔在1924年倒塌之后，一直没有重建，直到20世纪90年代末。1999年，浙江省政府作出重建雷峰塔的决定。2000年，雷峰塔重建仪式正式开启，在奠基的过程中，人们在地宫的舍利函中发现了沉睡一千多年的珍贵文物，有金涂塔、方形铜镜、鎏金银盒和小蓝玻璃瓶等。金涂塔通高35厘米，底座边长为12.6厘米，塔身边长为12厘米。塔身四面都有以佛教故事为题材的浮雕。塔身正中还矗立着五重相轮，上面饰有忍冬（即金银花）、连珠，非常精美。这座塔做工考究，造型精美，代表了五代十国时期吴越国的最高工艺水平。

通过这些出土的珍贵文物，我们可以窥见当时的社会文化和风土人情。因此，雷峰塔地宫的发现具有格外重要的意义。

第五节 隋唐手工艺品考古

我国的手工业在隋唐时期取得了长足的进步。金银器最早出现于春秋时期，此后历代都有所发展，并在唐代达到顶峰。唐代金银器代表了当时金属工艺的最高水平，起制、纹样和工艺技术上显示出的丰富内容，是其他任何质料的器物无法比拟的。

瓷器制作在隋唐时期也取得了较大的成就。魏晋南北朝时期，低温、单色釉器物被发明，而北方地区则出现了青瓷。青瓷和釉陶技术的成熟，让工匠们获得启迪，最终在唐代创造出多彩变幻、别具艺术魅力的唐三彩。

说到隋唐的瓷器，不能不提的还有秘色瓷。据古籍文献记载，秘色瓷是皇家专用的物品，由“越窑”特别烧制，从配方、制坯、上釉到烧造，所有的程序都秘不外传。唐朝大诗人陆龟蒙曾经写诗赞叹道：“九秋风露越窑开，夺得千峰翠色来。”一直以来，人们只能从类似的描述中去想象秘色瓷的形制和色彩。法门寺地宫被发现后，出土了13件宫廷专用瓷——秘色瓷。这是世界上最早有碑文记载的、最为精美的宫廷瓷器。

一、金银器的发展

最晚到春秋时期，我国就出现了黄金器皿。此后金银器制作一直在缓慢地发展着，到了唐代时期开始成熟，并趋于繁荣。据考古出土的金银器来看，唐代以前的不过几十件，而到了唐代则猛增至几千件。由此可见唐代金银器制作的成熟和繁荣。

唐代金银器种类繁多，有日常生活用品、宗教用品和装饰品等。其中，以日常生活用品最为常见。金银是天然货币，这决定了它作为财富的象征和代表，也决定了它的主要使用者为皇室成员，或者地位显赫的贵族。

唐代的达官贵族们为了显示自己高贵的地位，往往将金银器作为自己的生活用具。当时，政府专门在长安成立了为皇室制作金银器的“金银作坊院”。与此同时，在南方也开始出现了一些官营性质的规模巨大的金银制造业。在唐代中前期，金银器制作业一直牢牢掌控在政府的手中。到了晚唐，小商品生产比重增加，民间也开始出现了金银器制造作坊。

对考古出土的金银器进行分析之后，我们发现，唐代的金银器，其种类和造型经历了一个由少到多、由简单到复杂，并逐渐融合的趋势。

一般来讲，唐代金银器的发展可以分为四个阶段：

（1）初唐至唐高宗时期（618～683年）

在这一阶段，金银器的形制相对单一，大多是饮食用品。其造型风格可以分为两种，一种具有波斯风格，一种兼收了我国传统瓷器、铜器、漆器的造型特点。

（2）武则天到唐玄宗时期（684～755年）

在这一阶段，经济社会进一步发展，上层阶级兴盛奢侈享乐之风，金银器制作也因此进入发展和成熟阶段。在武则天统治期间，仿波斯风格的器形依然存在，但不再是主流，具有本民族特色的器形开始占据主要地位。到了唐中宗和唐玄宗统治时期，外来风格和本土风格完全融为一体。值得注意的是，在这一段时期之内，金银器的种类和数量都大为增加，而且往往成组出现。

（3）唐肃宗到唐宪宗时期（756～820年）

在这一时期，金银器制作在造型上仍然承袭前一个时期，其技艺更加精湛，但数量大为减少，这可能和唐王朝的国力有关。这一时期，金银器的器形大多比较巨大。考古工作者在辽宁拉沁旗和西安大明宫夹城遗址内考古出土了几件金花银盘，其直径大多接近50厘米，有的甚至超过50厘米，有一个残破的银罐，其高度接近1米，这是非常罕见的。

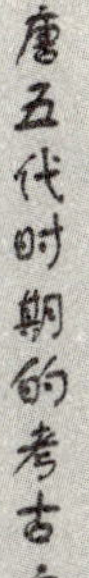

（4）唐穆宗到唐哀帝时期（821～907年）。

这一时期，唐王朝的强盛已经一去不复返，上层阶级也不能像原来那样享受形制巨大、制作精美的金银器了。因此，在这一时期，金银器制作的总特点是器体轻薄，制作粗糙。

二、唐三彩

说到唐三彩，可谓无人不知，无人不晓。但翻阅了唐代的所有古籍文献，我们却不能在其中找到关于唐三彩的记载。唐三彩这一名称是古董商们叫开的。不过，唐代是唐三彩制作最为兴盛的时代，这是无疑的。

唐三彩诞生于唐朝高宗年间（也有一种说法认为，唐三彩早在魏晋南北朝时期就已经出现了，但风格真正别具一格的三彩应该诞生于高宗年间），是一种低温、着釉、用精细陶质制作的器物，其表面上主要有绿色、黄色和红褐色三种颜色，因此被称为“三彩”。其实，唐三彩的颜色不仅仅是这三种，还有白、蓝、黑等。除了这些基本的色素之外，唐三彩还会采用各种温和的颜色。从总体上来看，唐三彩就像盛唐时代的文化，色彩斑斓，丰富多姿。

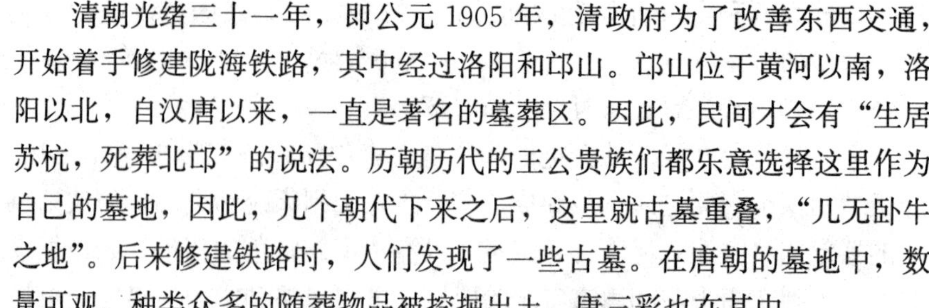

清朝光绪三十一年，即公元 1905 年，清政府为了改善东西交通，开始着手修建陇海铁路，其中经过洛阳和邙山。邙山位于黄河以南，洛阳以北，自汉唐以来，一直是著名的墓葬区。因此，民间才会有“生居苏杭，死葬北邙”的说法。历朝历代的王公贵族们都乐意选择这里作为自己的墓地，因此，几个朝代下来之后，这里就古墓重叠，“几无卧牛之地”。后来修建铁路时，人们发现了一些古墓。在唐朝的墓地中，数量可观、种类众多的随葬物品被挖掘出土，唐三彩也在其中。

当时，一些修建铁路的民工认为唐三彩不过是微不足道的陪葬品而已，没有什么价值，就将它砸得粉碎。有的古董商听说挖出古墓之后，纷纷前来。他们觉得唐三彩是难得一见的珍宝，就用低廉的价格将其从民工手中购买过来，并运往北京。

唐三彩被运到北京之后，很快引起了著名金石学家王国维和罗振玉的重视。他们经过分析研究之后，认定这些瓷器是价值连城的工艺品。他们的研究让洛阳唐三彩一时之间蜚声海外，世界各地的商人和考古学家纷至沓来，不惜重金购买，加以收藏和研究。此后，唐三彩成了盛唐的象征之一。

唐三彩器形繁多，大致可以分为器皿类、俑像类和动物类三大类。器皿的种类也很多，有水器、酒器、饮食器、文具、建筑模型等，构思新颖，样式奇特，色彩绚丽。俑像类的形象主要有妇女、文官、武士、伎乐俑、牵马俑、胡俑、天王等。这些俑像大多根据死者生前的社会地位来刻画其不同的身份和性格特征。唐朝以胖为美，因此，贵妇俑的面部往往比较肥胖，身材丰满，头上梳着各式各样的发髻，身着彩服，长衣飘飘。文官俑彬彬有礼，武士俑高大英俊，胡俑高鼻深目，天王俑怒目彪悍。动物类则有鸟、狮、骆驼、马、牛等。其中，马俑最具有代表性，它们有的扬蹄飞奔，有的徘徊伫立，有的引颈嘶鸣，有的俯首舔足，无不惟妙惟肖，栩栩如生。

从考古发现来看，唐三彩的生产地主要是我国的北方地区，河南巩义、陕西铜川、河北临城都是重要的生产地。此外，在四川邛崃也考古出土了一定数量的唐三彩。唐三彩种类繁多，在唐代，几乎没有任何一种工艺品能够超过它。种类繁多的唐三彩反映出了唐代丰富多彩的社会生活。

唐三彩制作工艺高超，其烧制温度略低于瓷器，在800℃～1000℃之间。唐三彩采用高岭土作胎料，经过提炼之后，精选出颗粒细、杂质少的土作为烧制材料。因为生产地区不同，唐三彩也有一定的地域特色。洛阳和巩义出土的唐三彩，胎土洁白，胎质坚硬，有的底部还有支钉的痕迹；而西安出土的唐三彩，胎土白中闪红，胎质相对较软，有的用指甲一划可显出痕迹。

唐三彩的制作工艺有一个缓慢的发展过程。在初唐时期，唐三彩的制作工艺比较简单，其种类也比较少；到了盛唐时期，唐三彩制作进入极盛时期，其品种非常丰富，技艺精湛，制作精美，数量众多；“安史之乱”以后，唐三彩的生产数量逐渐减少。从唐三彩的发展过程中可以看出唐王朝的兴衰。唐朝灭亡之后，唐三彩的产量越来越少。这一盛唐象征的陶器也渐渐淡出人们的视野，直到近现代才再次被发现。

唐三彩不仅仅是一种陶器，它还有着丰富的文化内涵。唐三彩简约的造型和亮丽的色彩深受当时各国人民的喜爱。世界各地的人们争先恐后地来到繁盛的长安和洛阳，并在这些地方留下了他们的印迹。双峰或单峰的骆驼像，高鼻深目的胡俑，都说明了当时中西密切的文化交流。唐三彩中的天王力士俑则从一个侧面反映出了佛教对唐代的巨大影响。

三、秘色瓷

秘色瓷在我国瓷器史上占据着重要的地位。据史籍记载，在晚唐时期，秘色瓷作为贡品开始出现。它是皇室专用的瓷器，由“越窑”特别烧制，从配方、制坯、上釉到烧造整个工艺都秘不外传，也没有人知道它的色泽和质料，因此被称为秘色瓷。

其实，所谓秘色，是形容釉色的效果。秘色瓷是上乘的青瓷，在越窑青瓷中也是难得的精品。在浙江临安，钱宽夫妇墓中发掘出土了一些瓷器，部分便是极具代表性的秘色瓷。不过，真正揭开秘色瓷神秘面纱的，还是法门寺地宫的发现。1987年，考古工作者在法门寺地宫里面发现了13件精美的青瓷，其釉面晶莹润泽，色彩就像宁静的湖泊一样清澈碧绿。同时，在地宫内还出土了公元874年镌刻的《应从真衣物账》，上面记载：“资秘色坑七口……瓷秘色盘子、叠子共六枚。”从出土的青瓷和这些记录来看，这13件精美的瓷器是秘色瓷无疑。

其实，秘色瓷并不神秘。秘色瓷是用匣钵在几乎密封的情况下烧制而成的，在整个过程中，其坯件受到非常严格的保护，火焰灰尘不会直接碰到器体。因此，秘色瓷表面倍加光亮使器物更加光润、晶莹润泽。秘色瓷作为质量上乘的高级瓷器，除了进贡给皇室外，还有部分流传到海外。

在已经出土的秘色瓷中，最具代表性的是八棱长颈瓶。八棱长颈瓶发现于法门寺地宫，考古出土的时候，里面放着佛教五彩宝珠 29 颗，瓶口还放着一颗比较大的水晶宝珠。据考证，这件瓶子在佛教密宗中有特殊的用途。因此，它没有和其他 13 件瓷器放在一起，所以没有被纳入《衣物账》内。它的青釉要比其他 13 件秘色瓷明亮，玻化程度也更好。据此，上海博物馆研究员陆明华认为："法门寺八棱瓶是所有秘色瓷中最精彩也是最具典型性的作品之一，其造型规整，釉色清亮，制作达到了唐代青瓷的最高水平。"

第六章

宋元明清时期的考古文化

中国进入宋代以后，经济继续向前发展，出现了资本主义萌芽。宋元明清是一个文化大发展的时代。印刷术、文学、绘画、手工业都在这个时段内取得了长足的发展。瓷器制造业在这个阶段获得巨大的发展，并对周边国家产生巨大的影响。因此，我国被称为瓷器之国。

这个时段的考古，主要集中在瓷器、宗教遗迹、墓葬等几个方面。

第一节 宋朝"官窑"之谜考古

我国的瓷器，历史虽然悠久，但真正发展成熟并达到高峰，是在宋代。宋代瓷器有五大名窑，其中，官窑最为著名，一直受到人们的青睐。宋朝之后，元、明、清三代仿制官窑的非常多，而且各成风格，被称为仿官窑或官釉。不过，仿官窑或官釉的制作工艺远不如宋代官窑。据统计，目前存世的宋代官窑，数量仅300件左右。物以稀为贵，一些宋代官窑的残片也被古董商和考古学家们视为至宝，宋官窑瓷之名贵由此即可见一斑。

一、官窑之谜的来历

宋代官窑在我国瓷器史上具有特殊的意义。它是我国历史上第一个真正意义上的宫廷御窑，因此，宋代官窑生产的瓷器，在无形之中就有了高贵的成分。宋代是我国历史上士大夫文化最为发达的朝代，官窑在一定程度上也和士大夫们的审美情趣相合。官窑生产的瓷器，历来为统治者阶层喜爱。

目前，收藏宋代官窑最多的是台北故宫博物院。1949 年，蒋介石仓皇逃往台湾的时候，下令带走了 65 件宋官窑器，而大量的明清瓷器则留在南京没有带走。这也从侧面说明了宋官瓷的非凡价值。

目前存世的宋代官窑数量不多，但在宋代，各地名窑都在大量地生产瓷器。宋代官窑生产的瓷器，不仅供给皇家贵族使用，还受到包括官员、学者以及市民阶层的喜爱。既然宋代官窑生产了这么多瓷器，为什么我们现在见到的少之又少呢？这和当时的历史背景有关。宋代积贫积弱，军事非常落后，先后被金和元所征服。在战争的过程中，宋代官窑生产的许多瓷器被毁坏，大部分工艺也相继失传。因此，宋代流传下来的官办瓷器，虽然很少，但几乎每件都价值连城。宋代瓷器的工艺水平，即便是现在也无法达到，由此可以想见其精美。

二、宋代官窑的时代背景

公元 960 年，赵匡胤在陈桥发动兵变，黄袍加身，当上了皇帝，史称宋太祖。赵匡胤建立北宋政权之后，采取先南后北的策略，先后灭掉了后汉、南唐等国家，处于长期分裂中的中国，终于迎来了短暂的局部的统一。与此同时，辽和西夏先后崛起，并对宋的统治构成威胁。儿皇帝石敬瑭为了赢得辽的支持，不惜出让最具战略意义的燕云十六州。从此之后，中原王朝就失去了北方的天然屏障，“胡人可南下而牧马”。

公元 979 年，宋太宗御驾亲征，试图收复燕云十六州。宋军和辽军在高粱河决战，结果，宋太宗中箭受伤，仓皇南逃。公元 1004 年，萧太后和辽圣宗大举南下，起兵攻宋。宋真宗惧怕辽军强大的声势，就想迁都南逃，宰相寇准力劝他积极应对，御驾亲征。宋真宗听从了寇准的劝告，在宋辽交战的时候来到城楼上。宋军看到宋真宗，士气大振，攻势凶猛，并射杀了辽国统兵大将。辽军害怕背腹受敌，就提出议和。宋真宗和群臣经过缜密思考之后，决定和辽国议和。1005 年，宋和辽在澶州订立合约，史称澶渊之盟。

1038 年，本来从属于宋的属国西夏宣布独立，李元昊当了西夏王朝的第一代皇帝。李元昊称帝后，给宋朝的边关将领写信，希望他们承

认西夏的独立。大多数臣子都觉得应该讨伐西夏。于是，宋仁宗下令削去李元昊的官职爵位，并悬赏捉拿。从此，长达三年的宋夏战争全面爆发。宋和西夏兵力相当，最后，双方在经过三年的激战之后决定议和。西夏仍然是宋的属国，但宋每年都要给西夏提供大量的布匹和岁币。

公元十二世纪初期，在东北方向的女真族迅速崛起，首领完颜阿骨打建立金朝。金为了报复辽国长期以来的欺凌，就对辽发动了大规模的战争。宋想要从其中得到好处，就和金联合灭辽。没想到，金在灭辽之后迅速挥兵南下，攻下了宋的首都开封，并俘虏了宋徽宗和宋钦宗，史称“靖康之耻”。同年，赵构逃到浙江，在杭州即位，是为宋高宗。历史学家将南移的政权称为南宋。南宋偏安江南一隅，不思北伐，直到被蒙古铁骑所灭。

从公元 960 年到 1276 年，长达三百多年的时间中，宋的军事力量一直都非常弱小，常常被周边的少数民族政权欺凌。因此，人们称唐为盛唐，而呼宋则为弱宋。宋朝军事力量的弱小和其统治政策有很大关系。宋太祖鉴于唐末藩镇林立导致国家四分五裂的教训，制定了“偃武修文”的统治策略，武将的权力受到了极大的削弱。

宋的军事力量虽然非常弱小，但其经济文化却高度发达。因此，在国外史学界，最为史家称道的并不是唐，而是宋。我国以四大发明而闻名于世，其中的三大发明就完成于宋朝。宋朝时期，商品经济发达，中国的国民生产总值占了世界的百分之八十以上。这样的繁盛是历史上任何一个朝代，任何一个国家都没有达到过的。

知识分子和文化在宋朝受到了高度的重视。当时，考中状元的人会得到皇帝的亲自接待，王公贵族都会争先恐后地将自己的女儿嫁给他。宋朝统治者对于知识分子的政策也比较开明，允许他们上书言事。即便他们在言语之间冲撞了皇帝，皇帝也不会给予很重的处罚。于是，宋代安逸的土壤上长出了很多优秀的词人、诗人和画家。他们的努力，让我国的传统文化达到了前所未有的高峰。

宋代文化是我国文明史上非常辉煌的时段之一，而凝聚在宋瓷上的文化艺术更是空前绝后。每一件官窑生产的瓷器上面都浸润着那个时代的开明、典雅、优美和含蓄。当金戈铁马、马革裹尸的抱负成空之后，士大夫们将他们的心思都放在了艺术上。因此，当时会出现只要有水井的地方，就有人在唱柳永词的现象。而官窑生产的瓷器则以其平淡含蓄的釉色叙说着那个时代的意蕴。青瓷的艺术格调是高雅、安静。它那温润的色泽，似乎在闪烁着钻石一样的光芒，暗示人们通过那一道道光回到过去，回到文化辉煌灿烂的宋朝。

三、官窑考古

在宋代，无论是上层社会，还是市井阶层，都对青釉瓷表现出一种特别的、长久不衰的迷恋与偏爱。宋代的青釉瓷，无论是制作工艺、还是艺术魅力，都在历史时空和世界范围内占据了领先地位。官窑生产的瓷器，在质料、颜色和装饰做工等方面的造诣非常高，在我国瓷器史上可谓登封造极。千百年以来人们都将宋瓷当作楷模，极力模仿，但直到现在都还无法超越。

据史籍记载，官窑建立不久，就发生了“靖康之耻”。北宋官窑昙花一现，很快消失在战火之中。由于黄河多次改道，这些宝物埋藏在开封地下难从考证，开封地下水位很高，汴京官窑遗址之迷恐怕将永远成为千古之迷，只有南宋官窑有考古发现。宋官窑是中国历史上第一个真正意义上的宫廷御窑，皇家宫廷画院画样，选民间能工巧匠，不惜工本，精心制作。官窑生产的产品完全归宫廷所有，其工艺对民间严格保密，因此使宋代官窑越发显得神秘。公元 1276 年，蒙古铁骑攻陷南宋都城临安（今杭州），南宋灭亡。蒙古军队不但焚毁了临安城内的绝大部分皇家建筑，还挖掘了南宋历代帝王的陵墓。元朝统治者粗犷豪放，对于南宋官窑颇具艺术含量的青瓷不屑一顾，悉数捣毁。因为一些艺术人士的保护，宋代官窑的部分青瓷得以保留下来，之后辗转流传，大部分收藏在皇家建筑中。

青碗釉层滋润，介于丝绸光泽和“羊脂”般的美玉质感之间，其鱼子纹的晶莹润泽更是妙不可言，这和“做旧”后的乌光质感截然不同。因为宋代官窑实行技术保密政策，而相关的文献上也没有任何记载，以至于后世的收藏家和制瓷专家只好用各种方法去猜测它的工艺。这种像玉一样的釉质，古朴淡雅的“油酥光”，仿制起来非常困难。总体而言，宋代官窑最初会给人一种毫不起眼的印象，但仔细品味后，就会被它那份独特的历史沉淀和淡雅的含蓄之美深深吸引，回味无穷。

第二节　宋元明清时期的宗教考古

佛教和道教在唐朝末年开始走向衰落。与此同时，一直在我国思想史上占据统治地位的儒家学说也陷入困境。两宋之交，著名理学家程颐、程颢兄弟结合佛教和道教教义，重建了儒家的思想体系。朱熹是理学的集大成者，他对佛教和道教都进行了不同程度的批判。从南宋开始，理学便长期占据了我国哲学的统治地位，并一直延续到近代。

与宋对峙的几个少数民族政权都崇信佛教，如西夏和辽信仰汉传佛教，而元朝则信仰藏传佛教。忽必烈建立元朝之后，拜萨迦派第五代祖师八思巴为师，弘扬藏传佛教，并任命他为国师，管辖西藏事务。

元朝末年，道教出现了颇具传奇色彩的一代宗师张三丰。相传，张三丰擅长养生，并已得道成仙。明成祖和嘉靖皇帝都非常尊敬他。明成祖崇信道教，就在张三丰曾经修道的武当山上建起了庞大的建筑群。

伊斯兰教在元朝传入我国，拥有众多的信徒。明朝时期，全国各地先后建立了多所清真寺，如西宁的东关清真大寺。基督教也在明朝中后期传入我国，但真正产生影响是在鸦片战争之后。鸦片战争之后，西方国家取得在中国部分地区传教的权力，天主教和基督教的教堂也如雨后春笋般出现在东部和中部的一些城市中。

一、山西应县木塔

应县木塔原名为佛宫寺释迦塔，位于山西应县西北佛宫寺内，因为整座塔全用木材搭建而成，因此通称为应县木塔。应县木塔通高 67.31 米，是我国现存唯一的纯木结构佛塔。

应县木塔初建于辽代清宁二年，即公元 1056 年。金灭辽后并没有焚毁木塔，而是在原来的基础上加以修葺。金明昌六年，即公元 1195 年，木塔增修完毕。木塔台基高达四米，底层直径 30.27 米，平面呈八角形。第一层是立面重檐，以上每一层都是单檐，共五层，每两层之间都设有暗层，因此实际上是九层。各层都由内外两圈木柱支撑，外圈有柱子 24 根，内圈有 8 根。整个木塔共用红松木料 3000 立方，约为 2600 多吨，比例适当，构思精巧，端庄稳重。应县木塔经历多次地震而屹立不倒，可以想见其建筑工艺之高超。

木塔底层南北方向各有一门。二层以上设置有平座栏杆，每层都装有木质楼梯，人们可以一直达到顶端。木塔内部，每一层都有雕塑的佛像。其中，第一层是释迦牟尼佛的佛像，高达11米，面目端庄，双目炯炯有神。一层内槽墙壁上还画有六幅如来佛像，门洞两侧的墙壁上也有关于金刚、天王、弟子等形象的壁画，色泽鲜艳，栩栩如生，令人难忘。所有的佛像都雕塑精细，各具情态，艺术价值极高。

木塔塔顶呈现八角攒尖式，顶部设有铁刹，制作精美，和塔身非常协调，而且使木塔看起来更加宏伟壮观。每层檐下都装有风铃，微风吹动就叮咚作响，好像是来自天机的佛音，几里之外都能听到，分外悦耳。

应县木塔建成后，有很多人在这里作诗题字，为其增色不少。不过，木塔最为有名的还是其出色的建筑技巧，以及一批近现代发现的、极为珍贵的辽代文物。其中，辽刻彩印的发现填补了我国印刷史上的空白。在这些文物中，有很多经卷，形式多样，有手抄本，也有辽代木版印刷本，有的长达30多米，在世界上都非常罕见。这些文物的发现，为史学界研究我国辽代政治、经济和文化提供了宝贵的实物资料。

据《洛阳伽蓝记》记载，早在三国时期，我国就出现了木塔。魏晋南北朝时期，佛教日趋兴盛，佛教建筑也如雨后春笋般出现在九州大地上。当时，比较具有代表性的木塔是北魏洛阳永宁寺塔，高达几十米，蔚为壮观，可惜不久后就毁于战火。应县木塔应该是在永宁寺塔的基础上建筑起来的。木塔还改变了隋唐以前的方形平面，作八角形，使得整个塔的受力比较均匀；此外，木塔还一改以前中心柱的做法，采用连结内外槽柱构成的筒型框架的结构方式，这样一来，木塔内部就有足够的空间来布置佛像，木塔本身也具有了抗震抗弯的能力，更加坚固。这是我国古代木结构发展史上的一大进步。

在设计上，应县木塔大胆继承了汉、唐以来富有民族特色的重楼形式，广泛采用斗拱结构（全塔共用斗拱54种），每个斗拱都有一定的组合形式，出色地将梁、坊、柱结成一个整体，这样一来，每层都形成了一个八边形中空结构层。应县木塔设计科学严密，构思巧妙，结构完美，巧夺天工，既体现出民族风格，又符合宗教要求，是我国古代建筑艺术史上一座卓越的丰碑，具有极高的研究价值。

二、《赵城金藏》

《赵城金藏》刻于金朝初期，因为发现于山西赵城广胜寺，因此被称为《赵城金藏》。

据史籍记载，金朝潞州赵城民女崔法珍自幼笃信佛法，为了集资刻写经文，她在山西和陕西的部分地区断臂化缘。公元1149年，她用化缘得来的钱在天宁寺组成了“开雕大藏经版会”，开始刻造佛教经典，历时30多年后完工。金藏刻成后，崔法珍将印本送到燕京，受到金世宗的重视。为了表彰她的功绩，金世宗封她为“宏教大师”，并赐紫衣。

《赵城金藏》刻成后不到半个世纪，金朝为元所灭。此后，这一经典也湮没在历史的尘埃中。1933年，高僧范成到山西洪洞县广胜寺考察，不经意间发现了这部经典。《赵城金藏》的发现震惊了世界。日本东方文化研究所听说《赵城金藏》问世的消息后，就派人来到广胜寺，表示愿意用22万银元来购买这一经典。他们的无理要求被寺院住持力空和尚断然拒绝。此后，还有很多日本僧人来到广胜寺，企图用高价买断藏经，同样没有得逞。为了防止《赵城金藏》遭遇不测，力空和尚将5000多卷经卷转移到山顶上的寺中，吊运进13级琉璃飞虹塔，用砖石加固，并严加看守。不久之后，日本侵华战争全面爆发，力空和尚为了保护《赵城金藏》，决定将其交给抗日政府，并要求转运延安。在游击队的掩护下，《赵城金藏》被转移到安全的地方。抗日战争胜利后，《赵城金藏》被交给当时的北方大学保管，校长范文澜派专人守护，年年晾晒。1949年北平解放后，《赵城金藏》被运到北平，并移交给现在的国家图书馆收藏。《赵城金藏》运送到北京的时候，一半以上的经卷潮烂断缺，粘连成块，不能打开。为此，中央政府专门调来4位经验丰富的装裱老师傅帮助修复，历时近17年才修复完成。《赵城金藏》原有6980卷，6000多万字，现仅存一部，4000余卷，与《永乐大典》、《四库全书》、《敦煌遗书》并称国家图书馆四大镇馆之宝。

《赵城金藏》印刷清晰，书法遒劲有力，每卷卷首都有精美的佛陀说法图。和宋版佛经比起来，《赵城金藏》刀法线条豪放严整，生气有力，是我国印刷史上的珍贵标本，为研究我国刻经史和版本史提供了丰富而又珍贵的资料。通过《赵城金藏》，我们还可以看出历代佛教书籍的制作演变过程，并能了解到当时的雕版印刷水平，因此，它是我国印刷发展史上一座了不起的宝库。此外，《赵城金藏》在我国版本目录学上也占有比较重要的地位。

三、武当山建筑群

自从唐代开始，武当山就是我国道教的发祥地之一。武当山建筑群始建于唐朝贞观年间（627～649 年），宋代的时候也有所建设，元代进一步扩大修建规模。明朝初期，燕王朱棣发动政变，用武力夺取了侄子建文帝的皇位，是为明成祖。朱棣即位后，并没有实现真正的统一。一些前朝的大臣不承认他的统治地位。为了让自己用阴谋夺来的政权合法化，朱棣将目光瞄向了道教中的真武大帝。他对外界宣称，他的权力是道教的真武大帝授予的，神圣不可侵犯。朱棣还将真武大帝封为明朝皇室的守护神。对于真武大帝曾经居住修行的武当山，朱棣亲自主持，动用了几十万民工，历时 12 年之后建成了规模空前的建筑群，共有宫殿 9 处，道观 9 处，庵堂 36 间，岩庙 72 间。

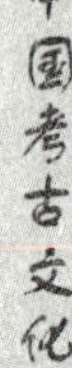

武当山建筑群虽然经历了几百年的风雨，但大多数都很好地保存下来。现存的有太和宫、南岩宫、紫霄宫、遇真宫四座宫殿和玉虚宫、玉龙宫遗址，此外还有大量的庵堂、祠堂、岩庙等，共有古建筑 200 余栋，面积约为 5 万平方米。其中，紫霄宫高 18 米，宽 30 米，进深 12 米，面积 350 多平方米。整个建筑群规划严密、主次有序、规模庞大、构造严谨、装饰精美、规格高端，在我国道教建筑中是绝无仅有的，在世界上也非常罕见。

武当山建筑群根据真武帝修仙的神话来设计，并且按照政权和神权相结合的意图营建，既体现出皇权的“庄严”、“威武”，又表现出道教的“玄妙”、“自然”和“神奇”。从武当山山脚到山巅天柱峰金殿之间，用青石铺成一条长达 70 公里的“神道”。武当山建筑群大多分布在神道两旁。修建时朱棣再三叮嘱，不能对山体进行丝毫的修动，因为道教“崇尚自然”。

武当山建筑群规模庞大，限于篇幅不能一一介绍，仅择其重要者进行简要描述。

1. 太和宫

太和宫位于天柱峰南侧，占地面积 8 万平方米，现存古建筑 20 余栋，面积约 1600 多平方米，主要建筑有：金殿、铜殿和紫禁城。

金殿位于武当山主峰天柱峰的顶端，面积约 160 平方米，殿面宽和进深都是三间，宽 4.4 米，深 3.15 米，高 5.54 米。四周立柱 12 根，殿内塑有真武大帝坐像，左边是金童，右边是玉女，水火二将执旗捧剑，分别站在金童玉女左右。

金殿分件铸造，榫铆拼焊，连接精密，浑然一体，没有一丝斧凿的痕迹。虽然历经了五百多年的风霜雪雨和雷电侵袭，到现在仍然金碧辉煌，绚丽如初，实在是我国古代建筑和铸造工艺中一颗璀璨的明珠。

殿下的山峰腰绕石城一周，名紫金城，长 1.5 公里，临崖面险，悬空雄峙，四门石阙巍然屹立，极其险峻。

武当山小莲峰上有一座铜殿，是我国现存最早的铜铸建筑物。铜殿建造于元朝末年，高 3 米，宽 2.8 米，深 2.4 米，也是分件铸造而成。值得一提的是，每个铸件上都有文字标明安装部位。铜殿造型古朴凝重，殿体上镂刻有铭文，记述了化缘道士姓名，各地捐资造殿人的姓名和地址。古铜殿原来位于天柱峰，明成祖朱棣嫌它太小，就重新铸造了金殿，并让人将它转运到小莲峰，因此也被称为转运殿。也有“时来运转”的意思。因此，登上武当山游览的人们都会沿着铜殿转上一圈，期待解除厄运，转来好运。

紫禁城修建于明朝永乐十七年，即公元 1419 年，延天柱峰环绕，周长 345 米，墙基厚 2.4 米，墙厚 1.8 米，城墙最高处达 10 米，用条石依山建筑而成，每块条石重约半吨。按照道教教义，建有东、南、西、北四座石雕仿木结构的城楼，象征天门。这些石雕都建筑在悬崖峭壁之上，设计巧妙，巧夺天工，显示出当时高超的建筑水平。

2. 紫霄宫

紫霄宫始建于北宋宣和年间，元代重修，明代永乐年间，朱棣下令重建，并赐额“太玄紫霄宫”。此后，嘉靖皇帝曾下旨增修扩建。紫霄宫共有庙宇 806 间，是武当山八大宫观中规模最宏大、保存最完整的建筑之一。

在建筑布局上，紫霄宫充分利用地势，在纵向陡峭、横向宽敞的地形上构筑轴线建筑，层层递进，依次升高，形成一个三进的院落。从下到上，依次建有龙虎殿、碑亭、十方堂、紫霄大殿、父母殿，两侧则是配殿，主次分明，庄严肃穆。

紫霄宫的正殿是紫霄大殿，是整个武当山建筑群中最大、现存最完整的明代木结构建筑。紫宵大殿共有檐柱、金柱36根，面阔进深各五间，高18.3米，阔29.9米，深12米，面积358.8平方米。因为地形落差，紫宵大殿显得非常雄伟壮观，气势轩然。大殿里面陈设考究，供奉着道教神仙，还有各类供器、法器，工艺精湛，造型生动，栩栩如生。紫霄殿的屋顶全部盖孔雀蓝琉璃瓦，屋脊则用黄色和绿色的镂空雕花装饰，显得丰富多彩。

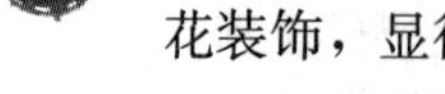

3. 南岩宫

南岩宫坐落在武当山南岩绝壁之上，上接碧霄，下临绝壑，周围峰峦叠翠，是武当山三十六岩中景色最美的地方。南岩宫建筑群始建于唐代，宋朝和元朝都加以扩建。明朝永乐年间，朱棣曾斥巨资加以修建，并赐额“大圣南岩宫”。其最盛时共有殿宇640余间。在总体布局上，南岩宫建筑群匠心独运，巧借地势，依山傍岩；在手法上，它打破了传统的对称布局，座座宫室镶嵌在悬崖峭壁之上，宛若天成，和周围的环境达到了高度的和谐统一，营造出“天人合一”的意境。

南岩宫的主体建筑曾在民国时期毁于大火，现在看到的建筑大多是新中国成立后修建的。

四、明清时期的佛寺

现在我们看到的佛寺，大多是明清两代重建或新建的，约有数千座，遍布全国各地。一般说来，除了西藏地区之外，我国的寺院都呈现出汉化风格。汉化风格的寺院又可以分为两种：一种位于都市内，尤其是皇帝敕建的大寺院，大多是典型的宫廷式建筑，布局规范单一，规整对称，北京的广济寺和山西太原的崇善寺都属于这一种；另一种建筑建于山间，大多因地制宜，布局规整，但也富于变化，分布在名山中的佛寺大多属于这种类型。明清时期的大寺，大多会在寺侧一院另外建设罗汉堂，国内尚存十余处。为便于受戒，经过特许，某些大寺院还建有永久性的戒坛殿。明清时期，在藏族、蒙古族等少数民族分布地区和华北地区，还新建和重建了一些喇嘛寺，如北京的雍和宫就是一座颇负盛名的藏传寺庙。这些寺庙在不同程度上受到汉化佛寺的影响，有的影响较深，但仍然保留着某些基本特点，令人一望而知。

明清时期的佛寺建筑，还出现了一种拱券式的砖结构殿堂，通称为“无梁殿”，如南京灵谷寺、宝华山隆昌寺里面都有这样的殿堂建筑。这

也说明，明朝以来砖产量增加，使得原先只应用在陵墓中的砖券技术运用到地面建筑中来。五台山显通寺内的无梁殿高 20.3 米，就属于这种建筑。无梁殿共分为上下两层，明七间暗三间，面宽 28.2 米，进深 16 米，砖券而成，各间之间依靠开拱门联系，造型奇特，雕刻精湛，宏伟壮观，是我国古代砖石建筑艺术史上的杰作。无梁殿正面，每层都有七个阁洞，阁洞上镶嵌着砖雕匾额。无梁殿的艺术价值很高，是我国无梁建筑中的杰作。

明清时期，除了佛寺之外，还修建或新建了众多的佛塔，形式众多。在造型上，塔的斗拱和塔檐很纤细，环绕塔身，就好像腰带一样，轮廓线也和以前大不相同。这一时期内建造的佛塔，大多体型高耸，形象突出，对塑造建筑群的总体轮廓有很大作用，成为城市中著名的风景区。

第三节　宋元明清时期的墓葬考古

一、宋元明清葬俗概说

宋元时期，传统的儒家丧礼破坏殆尽。一些士大夫在居丧期间照样饮酒吃肉，有的人甚至在死者下葬的时候请来舞者“娱尸”。佛教的影响虽然日趋微弱，但其火丧的主张却得到官方和民间的一致赞同。在宋元时期，火葬成为一股难以遏制的社会风气，以至于明清的统治者们一再下令禁止火葬。两宋的国力远不如隋唐，但其高度发达的商品经济为历朝历代所不及。上至官方，下至民间，都喜欢厚葬。1276 年，宋朝为元所灭。蒙古军队攻破临安（今杭州）之后，不仅焚毁了皇室的宫殿，还大肆挖掘宋朝皇室的陵墓。因此，宋朝皇帝的陵寝大多不可考。宋周边的一些少数民族政权的陵寝，部分得以保存下来。

元朝是一个空前强大的少数民族政权其兵力强盛时曾席卷大半个欧亚大陆。历代入主中原的少数民族政权，都选择了汉化，只有这样，他们才能使自己的统治更加坚固和长久。北魏和清朝统治者都成功实现了汉化，其统治时间也较长，和汉族建立的政权相差无几。元朝统治者在灭掉金、辽、西夏、南诏和宋之后，并没有沿袭宋朝的制度。在丧葬习俗方面，他们延续一直以来的车葬。蒙古先人认为，人死后，其灵魂不灭，会升到天上。他们的下葬方式比较奇特。在亲人去世后，他们会将其尸体放在一架马车上，打马让马狂奔，直到尸体落地为止。尸体落地后，负责下葬的人就可以回去了。过一两天之后，他们会跑到尸体落地的地方查看。倘若尸体不在，他们就可以回家举杯痛饮，庆祝亲人的灵魂升天。而一旦亲人的尸体还在，他们就还要再举行一次这样的葬礼，直到亲人的尸体不见为止。因为这一特殊葬俗，关于元朝陵墓的考古发现很少。

明朝是我国历史上唯一一个由南而北统一中国的政权。商品经济在明代得到进一步发展，在江南一带还出现了资本主义萌芽。在葬礼方面，统治者严禁火葬，但并不反对厚葬。清朝的葬俗和明朝相差无几。因此，在明清帝王的陵寝中，人们往往会发现许多稀世奇珍。因为厚葬成风，明清时期的盗墓活动比较猖獗。

二、辽代陈国公主墓

辽代陈国公主与驸马合葬墓位于内蒙古奈曼旗，在青龙山镇东北10公里处。1986年6月8日，内蒙古自治区考古研究所对该墓进行考古发掘。通过考古研究并结合相关文献，确定该墓墓主为辽景宗的孙女、陈国公主和驸马萧绍矩的合葬墓。据文献记载，这座陵寝营建于辽开泰六年，即公元1017年。

陈国公主和其丈夫的墓志用绿色砂岩镌刻，墓志石和盖都是正方形，边长89.5厘米，通高28厘米。在墓志的四个斜面上，分别刻有12个大致相同的人物，头顶十二生肖。在墓志的中央，有阴刻篆书“故陈国公主墓志铭”。墓志铭的出土，补充了《辽史》记载中的不足之处，此外还确定了墓主的身份。

陈国公主和驸马的合葬墓保存得比较完整。其前室呈长方形，两侧壁下方都有小龛。两个耳室后室都呈圆形，类似于契丹民族传统的毡帐形式。在墓门两侧和门额之上，有很多浮雕、斗拱、檐、椽等仿木结构，应该都是采用汉族营造法式建造。这说明契丹贵族阶层在定居之后，开始接受汉文化的影响。陈国公主与驸马合葬墓呈东南向，这在我国墓葬中是非常少见的。契丹族在埋葬的时候，陵寝朝向东方，而汉族以山南水北为阳，因此坟墓大多朝向南方，而陈国公主墓巧妙地将这两种葬俗结合起来。

墓室里面有许多仿木结构浮雕，浓墨重彩，白粉勾边，光彩夺目，十分鲜艳。这说明契丹民族当时受到宋朝画界的影响，并应用于建筑和墓室装饰。

在陈国公主墓中，有一处长方形、船蓬式的前室，建造结构奇特。这说明，契丹民族习惯在毡帐中生活，而不适应汉人的居住环境。这种象征毡包式的穹窿顶园形墓室，在辽代中期非常流行。

墓室里面的壁画，构图严谨，笔法精到，在有限的壁画上，既反映出了契丹族传统的游猎习俗，又体现出公主夫妇生前闲适自得的生活。壁画主要分布在墓道东西两壁和前室，还有前室顶部。壁画的内容非常广泛，有人物、马、仙鹤、云朵、日、月、星辰等。

陈国公主和驸马头枕金花银枕，脸部覆盖鎏金面具，头上戴着鎏金银冠，脚穿金花银靴，珠光宝气。从考古出土来看，随葬品非常丰富，共计 3227 件。这反映出当时辽国在政治、经济和文化方面都非常发达。公主的耳、手腕、手指上都戴有金、银、珍珠等饰件。在这些饰件中，值得一提的是蚕蛹形琥珀佩饰。蚕在其短暂的一生中，一共要经历四次变化。这种变化，引发了人们对于天地和生死问题的思考。卵是其生命的源头，孵化则象征着生命的诞生、入眠和苏醒，就像生命中的几个阶段，而蛹则被看作生命的消逝。蛹化蛾飞翔，则是其死后灵魂的去向。陈国公主墓随葬蚕蛹形佩饰，说明契丹民族深受汉文化生死观的影响。经研究，制作原料来自于遥远的波罗的海沿岸国家。

随葬品用金、银、玉石、玛瑙、琥珀、缨络、水晶、珍珠等贵重材料制成，用金约 1700 克，银约 1 万多克。其中，很多都是价值连城的珍品。在这些随葬品中，比较有代表性的是金花银枕、鎏金银冠、金面具、银丝网络、金花银靴、玉柄银刀、金带、镂雕金荷包、提链水晶杯、绿釉长颈瓶、花口白瓷碗、鎏金铁马镫等。在众多的文物中，有两件玻璃器造型别致，值得一提。一件是玻璃杯，带把，深绿色；另一件是乳钉玻璃盘，无色，透明。这两件器皿都是典型的伊斯兰玻璃器，乳钉玻璃盘在国内尚无发现。据考证，这两件玻璃器皿来自于伊朗萨珊王朝。这说明当时辽和中亚、西亚的一些国家和地区之间有所往来。

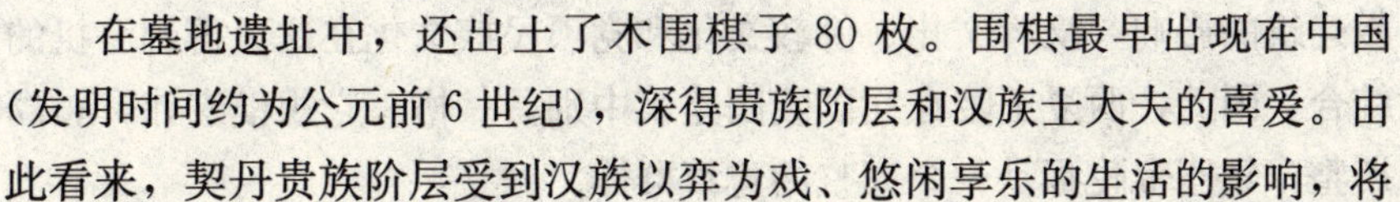

在墓地遗址中，还出土了木围棋子 80 枚。围棋最早出现在中国（发明时间约为公元前 6 世纪），深得贵族阶层和汉族士大夫的喜爱。由此看来，契丹贵族阶层受到汉族以弈为戏、悠闲享乐的生活的影响，将围棋当做游戏的用具。出土的两件玉砚，则说明公主和驸马精通文墨。据史籍记载，契丹贵族妇女一般都精通汉文，文采飞扬。这两件玉砚，很可能就是公主生前使用过的。

在出土的装饰品中，以龙和凤居多。龙和凤在汉族文化中是身份高贵的象征，出现在公主墓中，说明公主的身份高贵，同时也表明契丹贵族深受汉族文化的影响。出土的陶瓷器，从其器形、胎质和釉色可分为四个不同的瓷系：辽白瓷、定窑白瓷、越窑青瓷、耀州窑青瓷。其中，青瓷器胎壁轻薄，瓷土纯净细腻，瓷化程度非常高。这些瓷器大多制作精巧，造型典雅，纹饰多样，刻画工整，线条流畅，是青瓷中难得的精品。

三、西夏王陵

西夏王陵位于宁夏回族自治区，在银川市西约 30 公里的贺兰山东麓。西夏王陵是西夏王朝的皇家陵寝，方圆 53 平方公里，共有帝陵九座，陪葬墓 253 座，是我国现存规模最大、地面遗址最为完整的帝王陵园之一。

西夏是在 11 世纪的时候，李元昊以党项羌族为主体建立的封建王朝。公元 1038 年，李元昊在兴庆府（今银川）称帝建国，史称西夏。1227 年，西夏王朝被蒙古所灭，历时 189 年，共有 10 代皇帝。西夏的控制范围在强盛的时候“东尽黄河，西界玉门，南接萧关，北控大漠，地方万余里”，包括今宁夏、甘肃大部，内蒙古西部、陕西北部、青海东部、新疆东部及蒙古共和国南部的广大地区，占地面积 83 万平方公里。在统治前期，西夏王朝和北宋、辽共存；统治后期和南宋、金三足鼎立。

西夏王陵在规模上和北京明十三陵相当。现共有 9 座帝陵，分别为裕陵、嘉陵、泰陵、安陵、献陵、显陵、寿陵、庄陵和康陵。陵区坐北朝南，按照宗庙次序（左为昭，右为穆；父为昭，子为穆）排列，分列东西两行。

西夏王陵吸收了秦汉以来，特别是唐宋皇陵的长处，同时还受到佛教建筑的影响，汉族文化、佛教文化和党项民族文化在这里得到有机的结合。因此，西夏王陵在我国陵园建筑中别具一格。它规模宏伟，布局严整，每座帝陵都是一个完整的建筑群体。

帝陵由阙台、神墙、碑亭、角楼、月城、内城、献殿、灵台等部分组成。

阙台高大，酷似威严的门卫，位于陵园的最南端，护卫整个王陵。碑亭在阙台之后，这里曾经有用西夏文和汉文镌刻帝王功绩的石碑，在西夏和元的战争中被毁。碑亭后是月城，里面曾经有文官武将的石刻雕像，后毁于战火。月城的北面是陵城，陵城南城墙正中有门阙。经过门阙可以进入陵城，陵城的西北是陵台，属于塔式建筑，呈八角形，上下各分为五级、七级、九级不等，属于砖木瓦结构。陵台是陵园中的主体建筑。在我国的传统陵园建筑中，陵台一般是土冢，起到封土和防盗的作用，通常建造在墓室之上。西夏陵台位于墓室以北，不具有封土作用，这在我国的建筑史上没有前例，是党项民族的创造。陵台前方有献殿，用于祭祀。陵台到献殿之间有一段封土，其下便是墓道。墓室在墓道的北部，是三室（主室，左耳室和右耳室）土洞式结构。

没有封土，西夏王陵如何防盗呢？考古学家经过考察和探究之后，终于发现了其中的奥秘。原来，王陵墓道的入口设置在献殿内部，在帝王陵寝中绝无仅有，很难察觉。

三号陵茔域面积 15 万平方米，在西夏九座帝陵中，占地面积最大，保护得最好。经过研究之后，考古专家认定这是西夏开国皇帝李元昊的“泰陵”，俗称“昊王坟”，

泰陵建成之后屡遭破坏，但仍然是整个陵区中规模最大的帝王陵墓。李元昊雄才大略，精通佛学，并熟谙汉文化。1032 年，他宣布废除唐朝和宋朝所赐国姓“李”、“赵”，号“嵬名氏”，自称大夏皇帝，并建立了西夏的官僚和礼仪制度。此后，他还命令大臣野利任荣创制西夏文字。李元昊称帝后，曾多次发动对宋战争，双方势均力敌，最后议和。西夏向宋称臣，宋册封李元昊为西夏国王。1048 年，他看上了儿子宁令哥貌美如花的妻子，并强行霸占，在没藏讹庞的唆使下，他被宁令哥刺死，在位共 17 年。李元昊被刺死后，谥号武烈皇帝，庙号景宗，墓号泰陵。

泰陵的地面建筑遭到严重破坏，但陵园的阙台和陵台都基本完好。整座陵园从南到北，主要遗存有：

(1) 阙台。位于陵园南端，对称分布在中轴线两侧，东西相距 20 米，由黄土筑成。阙台呈正方形，边长 8 米，高 7 米。

（2）碑亭。位于阙台以北 34 米，东西对称分布，碑亭之间相距 80 米。1987 年考古工作者正式发掘东碑亭，台基呈圆角方形，四壁呈三级台阶式。碑亭台基地边长 21.5 米，顶边长 15.5 米，高 2.35 米。这里出土了西夏文残碑 360 块，上面的文字大多残缺，完整的仅有 5 字。此外，在这里还考古出土了瓷、铜、铁碎片及泥塑残块等。

（3）月城。位于碑亭以北，呈长方形，东西走向，东西距 120 米，南北距 52 米。月城墙基宽约 2 米，高 0.7 米，占地面积在 10 亩左右。月城形如月牙露出，因此被称为月城。

（4）陵城。陵城为南北走向，长方形，南北向距 180 米，东西相距 160 米。城墙墙基宽 3 米，用黄土分段筑成。陵城四周城墙的正中都开有门阙，遗迹宽约 12 米。从地面上散乱分布的瓦片还有屋脊装饰残件来看，陵城上曾建有门楼。

（5）陵台。位于陵园以北，高约 20 米，用黄土密实夯筑而成。陵台四周分布有凌乱的建筑物残块，这说明当时建筑规模还是比较宏伟的。

四、定陵

定陵是明朝第十三位皇帝万历皇帝朱翊钧的陵寝。朱翊钧年号万历，在位 48 年，是明代历史上在位时间最长的皇帝。万历皇帝的老师著名的政治家张居正。相传，朱翊钧年幼的时候就天资聪颖，表现出非同一般的天赋。他在七岁的时候就能写一尺大小的字，非常工整，笔力老到，令祖父嘉靖皇帝刮目相看。他的母亲非常贤明，知书达理，常常督促他念书。正是在母亲和老师张居正的谆谆教诲下，朱翊钧很早就懂得治国安邦的道理。他被立为太子的时候刚刚六岁。

在万历皇帝的一生中，对他影响最大的要数张居正。张居正对万历皇帝从小就进行严格的教育，大到治国理念，小到日常生活中的礼仪。朱翊钧从小就非常崇拜张居正，将他视为政治家的楷模。即位后，张居正在全国各地推行了一条鞭法，效果明显，对我国的历史产生了非常深远的影响。正是因为一条鞭法的推行，我国人口才会在明清时期激增。

万历皇帝统治后期，位于东北的女真部落迅速崛起，明朝由盛转衰。他死后 24 年，明朝就灭亡了。

定陵位于北京市昌平县境内天寿山南麓，占地面积 18 万平方米。1950 年代，我国著名历史学家吴晗提议发掘明十三陵，得到中央政府的批准。在挖掘的过程中，他们遇到了很多困难，最后成功发掘的只有定陵。定陵是十三陵中唯一被开发的地下宫殿，也是新中国成立以来第一座有计划发掘的帝王陵墓。从现代考古学的角度来看，当时对定陵的发掘是非常错误的。不够成熟的技术让定陵中的大部分文物都受到了损坏。

定陵里面埋葬着朱翊钧和他的两个皇后孝端、孝靖。当考古人员打开万历皇帝棺木的时候，发现他的尸体已经完全腐烂，只剩下一堆枯骨。

万历皇帝的葬式非常奇怪。朱翊钧尸骨被安放在一条锦被上，头朝西，脚朝东，仰卧，面部向上，头顶微向右偏，右臂向上弯曲，手放在头的右侧，左臂自然下垂，稍向内弯，手放在腹部。左手拿念珠一串。右腿稍有弯曲，左腿完全直伸，两脚都向外撇开。

我国古代尸体葬式一般有仰身直肢葬、曲肢葬、俯身葬等几种，像万历皇帝这种“侧卧式”的敛葬姿势，非常罕见，也没有文字记载。为什么会这样呢？考古专家推断，万历皇帝和妻子的葬式形如北斗七星。之所以选择这种葬式，可能是因为天象。

在古代，北斗七星被认为是极星，是宇宙的中心，孔子在《论语》中说：“为政以德，譬如北辰，众星聚而拱之。”意思是说，贤明的君主都会用良好的道德理念来治国，这样一来，他的统治地位就好像北极星一样，得到大家的拥护，不可动摇。万历皇帝选择这种葬式，很可能就是受了这种理念的影响。

地宫中出土的文物多达 3000 余件，其中大部分是万历皇帝和他的两个皇后生前所用的日常生活用品，此外是少量的祭祀用品。在这些随葬品中，有被称为冕的皇冠，还有部分皇帝专用的铠甲、腰刀和弓箭。据考证，那顶金冠需要用 150 根细如丝发的金线，经过非常繁杂的工艺才能制成。除了金冠之外，还出土了 4 顶皇后戴的龙凤冠，用黄金、翡翠、珍珠和宝石编织而成。其中，最名贵的一顶龙凤冠上面镶嵌着 3500 颗珍珠，还有各色宝石 195 块。

在定陵地宫中，出土最多的要数丝织品。很多丝织品在出土的时候，色彩依然艳丽。其中有一件皇后穿的袍衫，刺绣工艺复杂，据研

究，整个袍衫总共用了4种昂贵的丝线，并采用11种不同的刺绣方法才全部完成。

第四节　宋元明清时期的盗墓行为

宋元明清是一个厚葬盛行的时代。在王朝变更、社会动荡的时候，不仅民间，连官府都参与到疯狂的盗墓活动当中。这一时期内发生的盗墓案件不计其数，比较重要的有：元代的杨琏真珈盗墓，明代万历年间的陈奉盗墓，清朝乾隆皇帝盗“永陵”等。

一、杨琏真珈盗墓

公元1127年，金朝军队攻占了北宋都城开封，并俘虏了宋徽宗和宋钦宗，史称“靖康之耻”。皇子赵构逃到今浙江一带，并在一些大臣的拥戴下即位，率领宋朝臣民和金朝对抗。在岳飞、韩世忠等名将的率领下，南宋军队节节胜利，并取得了黄天荡大捷。已经当上了皇帝的赵构担心岳飞他们收复失地，迎回宋徽宗和宋钦宗，就用十二道金牌召回岳飞，并以“莫须有”的罪名将其处死。岳飞死后，南宋军队再也不能向北挺进，而金朝的军事实力也不足以灭掉南宋。就这样，双方开始了长期的对峙。

公元1278年，迅速崛起的蒙古政权在灭金之后灭掉了南宋。统治中国长达300多年的宋王朝黯然退出历史的舞台。在南宋150多年的统治中，共有9个皇帝。南宋的军事力量虽然不够强大，但统治者一直都希望能够回到北方去。因此，皇帝死后并没有像其他朝代一样建立大规模的陵寝，而是“草草下葬”，打算收复失地回到北方之后把尸体迁走。

赵构即位之后，收复失地无望，不得已，只好命令大臣杨华在南方遍访名山大川，希望找到一个藏风聚气的风水宝地。杨华在浙江省内遍访名山之后，将目光投向了绍兴市东南17公里处一条山沟。山沟里有座寺庙叫泰宁寺，是大诗人陆游的祖先陆佃的功德院。杨华在泰宁寺住了一晚，对这里的感觉非常好，回到杭州就给赵构上了一道奏折，大意说：泰宁寺四面环山，东连青龙山，南接紫云山，西靠五峰山，北倚连雾山，前朱雀、后玄武、左青龙、右白虎，是一块难得的风水宝地，倘若在这里建设皇陵，有崇山峻岭拱卫，适合埋藏先帝的弓箭，而且能够永保基业。赵构看了奏折后，派懂风水的官员前去查看。那些官员也同意杨华的看法。就这样，南宋皇陵的建设地确定了下来。

这个地方一共埋葬了 7 位皇帝，他们分别是：宋徽宗赵佶，其陵墓为永佑陵；宋高宗赵构，其陵墓为永思陵；宋孝宗赵昚，其陵墓为永阜陵；宋光宗赵惇，其陵墓为永崇陵；宋宁宗赵扩，其陵墓为永茂陵；宋理宗赵昀，其陵墓为永穆陵；宋度宗赵禥，其陵墓为永韶陵。除宋徽宗赵佶之外，这 6 个人都是南宋皇帝，因此，这处陵园被称为宋六陵。

宋六陵属于临时安置性质，但毕竟是皇家陵园，其规模要远远大于普通百姓的墓葬。据文献记载，宋六陵地下都有长达数十丈的石砌甬道和墓室，墓室大多非常精致。地面建筑有献殿、享殿、宰牲房等。沧桑巨变之后，我们只能通过文字去想象这些陵园建筑了。现在，在宋六陵遗址处，有八丛参天古松，在群山环抱中傲然挺立，它们少则七八棵，多则数十棵，棵棵粗可合抱，顶挑青枝，如伞如盖。据说，在每丛松树的下面，都有一座皇帝的陵墓。

1278 年，元朝兴兵南下，南宋灭亡。从此之后，宋六陵的厄运就开始了。被忽必烈派往江南的僧人杨琏真珈一到浙江就盯上了宋六陵。杨琏真珈是元朝国师，著名高僧八思巴的弟子，党项人。杨琏真珈信仰藏传佛教，因为老师八思巴的缘故，深得元世祖忽必烈的宠信。忽必烈南下攻宋的时候，任命他为江南释教总都统，掌管佛教事务。

杨琏真珈暗中勾结了一批恶僧奸徒，率领大队人马进入陵区。首先被挖掘的是宋理宗赵昀的永穆陵。因为皇陵属于临时性质的缘故，他们很轻松地挖开了浮土，顺利进入地宫。在墓道两旁，摆满了祭品和殉葬品。杨琏真伽撬开宋理宗的棺椁后，里面一道白光直冲天际，据说，这是因为里面堆满金银珠宝的缘故。当时，宋理宗去世不久，面目还栩栩如生。丧心病狂的杨琏真珈在盗掘了地宫中的所有珠宝后，还将宋理宗的尸体从墓地中拖出来，在树上悬挂了三天三夜。据史籍记载，宋理宗的脑袋特别大，杨琏真珈就将其脑袋拧断，顺手带走，刮去腐肉之后做成酒壶用来盛酒，到处炫耀。

此后，杨琏真伽接连挖开了 100 多座古墓，一时之间，尸骨遍野。他还决定将这些尸骨都收集起来，埋在南宋皇宫内，并在上面建造镇南塔，表示宋人永世不得翻身。绍兴人唐珏听说宋六陵被盗后，忧心如焚，很快典当家产，设下酒宴，将乡里的青年都召集起来。酒兴正酣的时候，唐珏突然说，现在想请大家跟我一起去收埋先帝的尸骨，你们觉得怎么样？有一个人说，听说山上都有重兵把守，一旦事情暴露，岂不是引来杀身之祸？唐钰说，现在荒郊野外有很多白骨，我们何不来个以假乱真？在唐钰的带领下，他们在一个月黑风高的夜晚悄悄潜入宋六陵，将皇室贵族的遗骸收藏起来，埋在宝山阴天章寺前，种上松树作为标志。

宋六陵并未因此而获得平静。在清代、汪伪政权时期，还有“文革”期间，多次被一些利欲熏心的人盗掘。现在，宋六陵的地面建筑几乎不复存在。

二、陈奉盗墓

万历皇帝统治后期消极怠政，但对金钱美女却有着极为强烈的占有欲。当时因为边患，加上皇宫中的巨大开销，财政一度入不敷出。为了敛财，万历皇帝想出了很多办法，其中一条便是收取采矿税。当时，很多官员因为皇帝消极怠政，都不大愿意合作。而万历皇帝则直接绕开百官，派遣一些亲信太监前去征税。这些太监个个贪得无厌，陈奉即是其中之一。到了地方后，陈奉纵容手下烧杀淫掠，无恶不作。陈奉的级别为正八品，相当于现在的科级干部，但因为直属于皇帝，权力很大，可以和总督一级的高官抗衡。据《明史》记载，他到了湖广之后“剽劫行旅，恣行威虐”，也就是说，征税征到了和拦路抢劫差不多的程度。陈奉的行为曾多次激起民变，但因为万历皇帝的袒护，一直安然无事。

因为陈奉的专横，当地上至乡绅世族，下至普通百姓，都非常痛恨他。这样一来，他的财路就大大受阻。正当他无计可施的时候，武昌发生了一起盗墓案件。被盗墓主为唐朝奸相李林甫的妻子。据传，盗墓者从中获得黄金万两之多。这起案件被破获之后，所有黄金被缴入国库。陈奉分文未得，非常恼火，但也因此得到启发：去挖掘那些名臣将相的坟墓，或许能得到很大一笔财富。于是，他就派遣军队将自己管辖境内的坟墓全部盗掘。他的恶行被一位监察御史上告给万历皇帝，但皇帝根本不予理睬。

陈奉的暴行引起了武昌市民的强烈抗议。万历二十八年十二月，武昌发生民变。据史料记载，时任南京吏部主事的吴中明向万历皇帝上奏折，其中说道：陈奉欺君犯上，自称九千岁，到处鱼肉乡民。他的手下甚至直接闯进百姓家中，光天化日之下奸淫妇女威吓诈骗官民。其暴行令人发指。武昌当地有一万多个人愿意和他同归于尽，幸亏地方官员从中竭力周旋，才没有发生大规模的民变。大学士沈一贯也上书，请求撤回陈奉。万历皇帝看到奏折之后，仍旧不予理睬。

有了万历皇帝的支持，陈奉更加有恃无恐，为了获得更多的钱财，他将目光瞄向了显陵。显陵是明世宗嘉靖皇帝的父亲恭睿献皇帝和母亲章圣皇太后的合葬墓。显陵从正德年间开始营建，直到嘉靖四十五年才完工，历时 47 年，占地面积 183 公顷。陵园由内城和外城组成，外城长 3600 余米，墙高 6 米，厚 1.8 米。陵园建筑物鳞次栉比，有方城明楼、祾恩殿、祾恩门、神厨、神库、陵户、军户、神宫监、功德碑楼、新红门、旧红门、内外明塘、九曲御河、龙形神道等 30 余处规模庞大的建筑群。其中埋藏的宝物多得惊人，但这毕竟是万历皇帝祖宗的坟墓，要获得其中的宝物，而又不让皇帝震怒，要怎么办呢？陈奉想到了距离显陵不远处的枣阳矿山。

地方官员因为那里距离显陵比较近，坚决不同意开矿。陈奉恼羞成怒，一气之下弹劾了许多地方官员，连知事冯应京也受到牵连。冯应京一向爱民如子，他被套上枷锁的时候，百姓在道路上号哭相送，并迅速包围了陈奉的官署，并发誓一定要杀死他。陈奉躲到楚王府中，百姓们将他的党羽耿文登等 16 人投入江中喂鱼。当地巡抚支可大袒护，其衙门被百姓放火焚烧。

陈奉的所作所为，可谓天怒人怨，越来越多的官员上奏弹劾。起初，万历皇帝都不予理睬，但深入调查，发现陈奉上交的税只有三分之一的时候，便将他召回了京师。因为当地官员和百姓的努力，显陵最终得以保存下来。但陈奉疯狂的盗墓行为，还是给我国文化造成了巨大的损失。

三、乾隆皇帝盗“永陵”

永陵是嘉靖皇帝的陵墓。据史籍记载，嘉靖皇帝即位后不久就开始为自己选择陵寝。他请教了许多风水学大师，最后相中了阳翠岭南麓。选中地点后，浩大的营建工程开始。在修建过程中，嘉靖皇帝打算按照长陵的规制营建。长陵是明十三陵中规模最宏伟、面积最大、工艺最考究，保存最完整的一处陵园。嘉靖皇帝不好明说，就对大臣们讲，营建陵寝，本应该像长陵那样，但是可能会耗费巨大的人力、物力和财力，朕实在是不忍心啊。大臣们自然明白他的意思，纷纷劝他效仿长陵来营建。最后，永陵的营建图纸被递交到嘉靖皇帝手中，其规模仅略小于长陵。

经过十年左右的时间，永陵营建大体完成。和此前的七陵相比较，永陵确实有独特之处。

永陵的规模非常宏大，据《大明会典》记载，其宝城直径为81丈，祾恩殿为重檐七间，左右配殿各九间，规制仅次于长陵。祾恩门面阔五间，规模与长陵相当。此后，仅定陵有此规模。在方院和宝城之外，还建有前七陵都没有的外城。史载其“壮大，甃石之缜密精工，长陵规画之心思不及也”。意思是说，外城建得气势恢宏，长陵都无法与之相提并论。

永陵用料考究，规模巨大，据隆庆年间《昌平州志》记载，永陵“重门严邃，殿宇宏深，楼城巍峨，松柏苍翠，宛若仙宫。其规制一准于长陵，而伟丽精巧实有过之”。意思是说，永陵的规制和长陵相当，但其富丽堂皇的程度，是长陵无法企及的。永陵由庞大的建筑群组成，亭台楼阁，雕梁画栋，松柏苍翠，看上去就像仙宫一般。如此美轮美奂的陵寝，自然要耗费巨额的财富。据《明世宗实录》记载，当时参加营建永陵的有大约4万人，再加上其余一些工程，每月用银不下三十万两。以此计算，永陵的营建，耗费大约在四千万到五千万两白银之间。

明朝灭亡后，满洲铁骑迅速入关。为了让汉人臣服，明孝陵、明十三陵、明朝皇室成员都得到很好的保护。清朝皇室曾经立下祖制，说他们的江山是从李自成手中夺过来的，和明朝王室并无仇恨，因此，对于前朝遗物，他们有责任保护。乾隆晚年，朝廷拨款修葺明十三陵，永陵自然也得到了修整。当时，永陵因为施工过程比较精细，并没有出现大面积的损毁。负责修葺的官员认为应该按照原来的形制修建，但永陵工程过于巨大，其中采用的许多木材大多非常名贵，一时之间很难找到。他们将这个困难告诉乾隆皇帝后，皇帝想了想说，既然如此，为什么不让永陵的规模变小一点呢？大臣们遵从乾隆皇帝的“建议”，缩小了祾恩门和祾恩殿的规模。相传，那些被拆下来的木料，都用来建造乾隆皇帝的陵寝。

乾隆皇帝盗掘永陵的说法，在民间流传很广，但在正史中并没有记载。有人认为，乾隆皇帝修葺明十三陵的时候，他的陵寝已经营建完成，没必要去拆永陵。当然，也有人持相反的看法。相信考古发现会告诉我们事实的真相。

第五节　宋元明清时期逐渐完善的金石之学

在我国史学史上，唐代是一个非常伟大的时代。“二十四史”中，有七部完成于唐代。唐代中期，我国出现了第一个研究史学理论的史学家，他就是刘知几。武则天为了巩固自己的统治地位，大胆提拔中下层官员。在这个过程中，很多出身寒门的读书人得到重用，而文化也得以迅速普及。民间文化的不断提高，逐渐完善的史学体系，都为两宋的考古学提供了沃土。

一、金石学概述

所谓金石学，就是以古代青铜器和石刻碑碣为主要研究对象的一门学科，它偏重于著录和考证文字资料，希望达到佐证和补充经史的目的，尤其是青铜器和石刻碑碣上面的文字或拓片。金石学的研究对象，在广义上还包括竹简、甲骨、玉器、砖瓦、封泥、兵符、明器等一般文物。金石学是考古学的前身，在我国的考古学史上占有重要地位。

金石学早在东周时期就萌芽了。据史籍记载，春秋战国时期的一些著名思想家就非常注重研究实物资料。西汉的时候，开始有人研究古代文字，对先秦古铜器和竹简上的文字进行整理。著名史学家司马迁在创作《史记》时，到处探访文物古迹，从中寻找历史资料。汉宣帝时期，在今天的宝鸡市扶风县法门镇发现了一件青铜宝鼎，名为“尸臣鼎”，这是迄今为止文献记载发现最早的青铜器。当时的人们不知道这个鼎的用途。时任京兆尹的张敞考证了鼎上的铭文，断定其上面记载的是周王褒赐大臣的内容。上面的文字应该是大臣的子孙铭刻的，目的在于颂扬祖先的功绩。因此，这个鼎不应该放在宗庙之中，而应该藏于家庙。

东汉袁康在《越绝书·宝剑篇》中梳理了古代兵器的发展源流，他

引用战国风胡子的一段话："轩辕神农赫胥之时，以石为兵……至黄帝之时，以玉为兵……禹穴之时，以铜为兵……当此之时（即风胡子所处的东周时代），作铁兵。"这段话的意思是说，东周以前，历史可以划分为四个阶段：传说中的三皇时期为石器时代，从黄帝开始的五帝时期为玉器时代，而禹以后的夏、商、周三代为铜器时代，东周时期为铁器时代。从截至目前的考古发现来看，这些关于石器、玉器、铜器和铁器使用年代的见解，是非常中肯的，大体符合我国上古时期的史实。著名史学家班固也很重视古铜器，他在《后汉书·艺文志》中记载了"孔甲盘盂"的铭文二十六篇。许慎也非常重视前代的青铜器铭文，其代表作《说文解字》中收录了郡国山川出土的部分青铜器铭文。东汉学者郑玄曾经作《三礼图》，里面也有关于先秦青铜器的内容，可惜失传了。

西晋时期，人们在不经意间发现了《竹书纪年》，被誉为我国文化史上的四大发现之一。《竹书纪年》里面记载了战国时期的历史，其中的一些史实比司马迁的《史记》更准确，史料价值很高。北魏时著名的文学家和地理学家郦道元为了写作《水经注》，到各地游历，对我国的山川河流、地形地貌作了大量调查、考证和研究工作，期间，他还考察和记录了许多古代流传下来的遗迹和遗物。在引用历史文献和资料之前，郦道元还进行了甄别、考证工作。他参考了当时自己发现的一些碑刻资料，纠正了前人记述中的错误。此外，《水经注》中还有对古代城址、陵墓、寺庙、碑碣及其他遗迹的记载。

隋唐时期的知识分子非常注重诗文，因此金石学的发展受到一定影响。不过，还是有一些学者坚持进行金石学研究。唐朝初年，凤翔县出土了先秦时期的石鼓，就有学者对其上面记载的古文字进行了考证。唐代著名史学家韦述等人开始懂得收集和刻录金石碑版，并将从上面获得的信息运用于史学著作中。韦述写作的《两京新记》，记述了兴福寺《圣教序碑》、西市《市令载敏碑》、东明观《冯黄庭碑》、《李荣碑》等碑刻，生动地反映了两京历史。

二、宋元明清时期的金石学

在北宋之前，关于金石学的研究很少，成果并不显著，没有专门的著作。到了北宋，金石学才逐渐形成一个独立的学科。这和当时的时代背景是密不可分的。北宋时期社会稳定，经济文化日益繁荣，统治者大多比较开明，实行重文轻武的统治策略，文化得到很大发展。这个时期，社会上对古物的收集、整理和研究都出现热潮。此外，史学、古文字学、书学、墨拓术、印刷术的发展和成熟，金石文字广为流传。越来越多的人对金石文字感兴趣，金石学就此逐渐形成。金石学的开创者是我国著名的文学家欧阳修。欧阳修的学生曾巩也是一位金石学爱好者，他在《金石录》一书中首次提出金石一词。

宋代的金石学发端于宋真宗时期对古铜器的研究。大宋咸平三年，即公元1000年，在乾州发现了古铜鼎一件，其呈方形，有四足，上面有古文字21个。这件铜鼎被送到朝廷后，宋真宗命令一些饱读诗书的大臣进行考证。最后，他们认定这是“史信父甗”。不过，将古代器物当作一门学问来研究，还是宋仁宗之后才有的事情。

刘敞是我国金石学研究的开创者之一，他喜欢研究和收藏古代器物，藏品很多。他家中藏有八件先秦古器，他将铭文都模写下来，并照样子绘制成图，刻在石碑上保存，命名为《先秦古器图碑》。在此基础上，他写成《先秦古器记》一书，其中总结了研究古器物的方法。这本书算得上是我国最早的金石学著作，可惜已经失传。

欧阳修在阅读史书的过程中，发现其中有很多谬误的地方。为了了解真实的历史，他开始广泛搜集古代原始史料，其中包括铭器和碑刻。每次考证如果有所收获，他就会记载下来。很长一段时间之后，他就写成了《集古录》。《集古录》是我国历史第一部真正意义上的金石考古学专著。这本书里面说到的器物很多，远到周穆王，近到隋唐五代，内容非常广泛。

在宋代金石学史上，不能不提的还有吕大临和他的《考古图》。在这本书中，他对收录的每件器物都采用图文并茂的方式，将器物的大小、尺寸、容量、重量、出土地点、收藏者都一一写明。吕大临是我国历史上第一个提出“考古”的学者。

欧阳修之后，赵明诚是宋代最著名、成就最高的金石学大家。赵明诚出生在一个地主家庭，家境殷实，自幼喜欢诗书。他在十七八岁的时候就喜欢收藏，几年下来，收藏到的古籍、字画及前代金石刻拓为数不少。年长之后，他和著名的女词人李清照结为夫妇。他们志趣相投，常常吟诗作对，并沉浸在金石学之中。李清照和赵明诚都是金石学方面卓有建树的大家。在婚后二十多年的时间内，他们收集到了三代以来的古

器物铭及汉唐石刻两千卷。对于这些古物，他们一一考证，辨别真伪，并写有题跋，最后结集为《金石录》。《金石录》还没有成书，赵明诚就去世了。丈夫的去世让李清照悲痛欲绝，她历尽千辛万苦，才将以前的成果整理成书。她还为这本书写了一篇《金石录后序》。这本书对于那些喜欢金石学、鉴藏学的人来说，都是不可不读的著作。李清照所作的序言，文情并茂，感人至深，也是不可多得的佳作。

此外，沈括的《梦溪笔谈》和郑樵的《通志》里面也有关于金石学方面的内容。

总之，宋代学者在金石考古学方面成绩巨大。他们有系统地收录古代的文物，使原来的奇器珍玩等古董，成为学术研究的正式对象，这为清代的金石之学甚至汉学研究的大发展开拓了先路。宋代金石研究者还创造了传拓文字和绘制图形的方法，使金石学的研究能够继承长久。宋代还规范了古代器物的名称并记录下来，钟、鼎、鬲、甗、敦、樽、壶等古器都是宋代定名的。

金石学发展到清代，达到鼎盛。不过，金石学在乾隆之前并不发达。到了乾隆时期，受乾嘉学派影响，金石学进入鼎盛。乾隆皇帝是一个兴趣广泛的人，他曾经自称“十全老人”。根据清朝故宫里面珍藏的古物，他命人编纂成《西清古鉴》等书，推动了金石研究的复兴。在皇帝的倡导下，先后涌现出一大批卓有成效的大家。金石学方面的著作也有很多，如《考工创物小记》、《积古斋钟鼎彝器款识》、《捃古录金文》、《斋集古录》、《缀遗斋彝器款识考识》、《寰宇访碑录》、《金石萃编》、《古泉汇》、《金石索》等，都是卓有成就的著作。金石学发展到清代，其研究范围扩大，对铜镜、兵符、砖瓦、封泥等也开始研究。此外，清代的鉴别和考释水平也显著提高。清末民初，因为甲骨文的发现，金石学研究范围扩大到包括甲骨和简牍在内的各种古物。这一时期，罗振玉、王懿荣和王国维都是集大成的金石学家。民国时期，著名学者马衡写作了《中国金石学概要》一书，对金石学作了较全面的总结。

三、金石学和现代考古

金石学保存下来许多有价值的铭刻资料，考证出不少古器物的名称和用途。但是，它有一个致命的弱点，就是没有深入分析古器物的器形和花纹，也从未进行断代研究。因此，金石学虽然从宋代之后就逐渐形成，但始终没有建立完整的学科体系。20 世纪 20 年代，现代考古学从西方传入我国，曾经独立的金石学不复存在，渐渐变成现代考古学的一个组成部分。

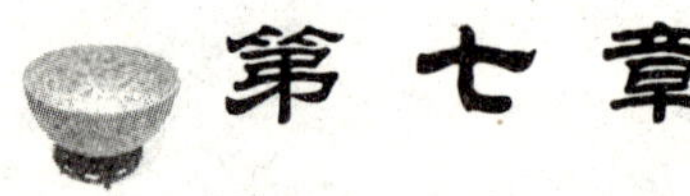

第七章

近现代考古文化

我国的考古学是在西方列强的压迫下建立起来的，整个过程中充满了痛苦。民国时期，国家处于战乱之中，许多文物被西方的考古学家盗掘。与此同时，我国的一些封建军阀也将目光瞄向了那些气势恢宏的皇陵。

民国政府成立后，在一大批专家学者的努力下，我国的考古学初步建立起来。考古的许多发现都震惊了世界。

新中国的成立为我国考古学的发展和完善提供了前所未有的沃土。在短短的六十多年中，我国考古学的发展，以及考古调查所取得的成就非常惊人。

第一节　近代考古学的萌芽

我国考古学的前身是金石学。正如前一章中所说的那样，金石学并没有对古器物进行深入的研究和分析，也没有断代，因此，始终没有建立完整的学科体系。我国的考古学是在西方近代考古学传入之后才建立起来的。

一、近代考古学的传入

在十九世纪末期，欧洲考古学出现前所未有的兴盛局面。当时，史前考古学已经开始系统化。同时，自然科学突飞猛进，并在实际调查中得到应用。考古学家们考查的范围也从欧洲向其他国家延伸。

当时，统治中国的满清王朝正处于风雨飘摇之中。各地起义连绵不绝，国外势力也纷纷进驻中国。1840 年，中英鸦片战争爆发。中国战败，并签订了丧权辱国的《南京条约》。自此之后，我国在西方列强的逼迫下，主权不断沦丧。越来越多的不平等条约让外国的经济、宗教、政治和文化势力渗透到我国沿海和内地。十九世纪末期，帝国主义掀起了瓜分中国的狂潮，西方的考察队、冒险家也纷纷潜入我国边疆地区，测绘地形，探测历史古迹和古代文物。其中，以瑞典地质学家斯文·赫定最为著名。

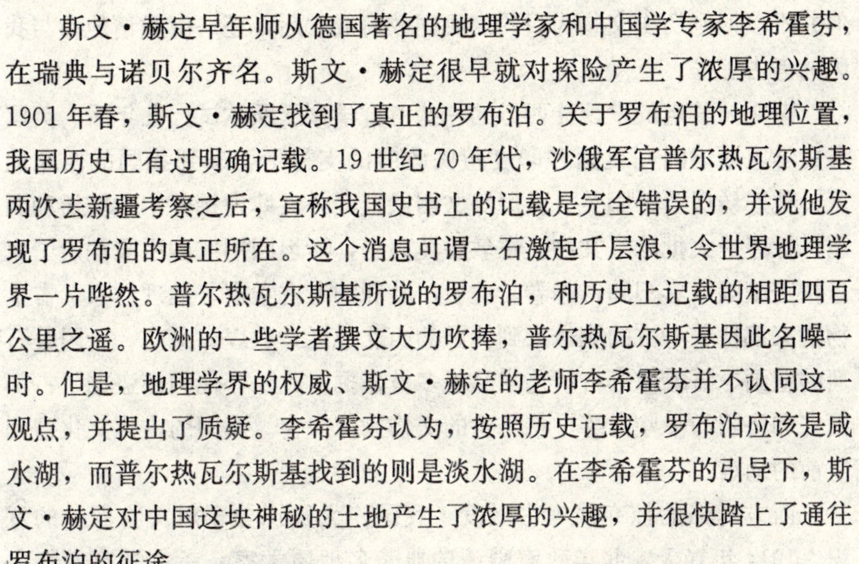

斯文·赫定早年师从德国著名的地理学家和中国学专家李希霍芬，在瑞典与诺贝尔齐名。斯文·赫定很早就对探险产生了浓厚的兴趣。1901 年春，斯文·赫定找到了真正的罗布泊。关于罗布泊的地理位置，我国历史上有过明确记载。19 世纪 70 年代，沙俄军官普尔热瓦尔斯基两次去新疆考察之后，宣称我国史书上的记载是完全错误的，并说他发现了罗布泊的真正所在。这个消息可谓一石激起千层浪，令世界地理学界一片哗然。普尔热瓦尔斯基所说的罗布泊，和历史上记载的相距四百公里之遥。欧洲的一些学者撰文大力吹捧，普尔热瓦尔斯基因此名噪一时。但是，地理学界的权威、斯文·赫定的老师李希霍芬并不认同这一观点，并提出了质疑。李希霍芬认为，按照历史记载，罗布泊应该是咸水湖，而普尔热瓦尔斯基找到的则是淡水湖。在李希霍芬的引导下，斯文·赫定对中国这块神秘的土地产生了浓厚的兴趣，并很快踏上了通往罗布泊的征途。

1900 年，斯文·赫定在科学的策划和详细的准备后，招募当地人组成了一支规模可观的探险队，向着塔克拉玛干大沙漠进发。第二年春天，他们终于到达罗布泊地区，斯文·赫定这才弄清楚罗布泊的真相。原来，这附近有十几个干涸的湖泊，都位于历史上记载的“盐泽”。其中，最大的一个叫罗布淖尔，是咸水湖。经过缜密的分析研究后，斯文·赫定认为，这就是真正的罗布泊。斯文·赫定因此名声大噪，而他的论断在 28 年后得到科学证实。

在罗布泊西北一带，斯文·赫定发现了被人类遗忘了一千多年的古楼兰遗址。这一发现让他震惊不已。他很快组织人力，对古城遗址进行科学发掘，沉寂多个世纪的楼兰古城终于重见天日。在古楼兰遗址中，发掘出土了许多文物，其中包括150多件写在纸上和刻在木片上的汉文文书，一座佛塔和三个殿堂，以及木雕建筑构件、五铢钱等。在发现的文书上面，清晰地署有汉朝皇帝的年号和时间，还有很多件中有楼兰字样。1902年夏，斯文·赫定携带大量文物和珍贵资料回到瑞典，并据此写出五卷本的西域考古巨著《丝绸之路》。这一成果震惊了整个西方世界，斯文·赫定本人荣获了瑞典皇家地理学会颁发的维多利亚奖章。

斯文·赫定的发现震惊了西方，在中国的影响却很小。当时，中国正处于战乱时期，没有人注意他的发现和其运用的考古方法。斯文·赫定是一个非常有正义感的考古学家，他在中国境内有许多惊人的发现，但并不以搜刮历史文物为目的。民国政府成立后，还一度邀请他参与我国的考古工作。

斯文·赫定的发现让西方的一些考古学家跃跃欲试。几年后，英国考古学家斯坦因在英国和印度殖民政府的支持下，来到我国的西北地区。他遍访楼兰、阳关、敦煌等文明遗址，并大肆发掘其中的城堡和洞窟，掠夺走大批珍贵文物。在敦煌莫高窟，斯坦因用欺骗手段骗走了大量精美壁画、彩塑和古经卷。此后，欧洲的考古学家、地理学家、古生物学家都打着考古的旗号来到我国的西北地区，敦煌、龙门、云冈等石窟的壁画、石雕像等古代艺术品很多被盗掘。此外，他们还盗掘了古都西安和洛阳的一些古墓，将出土的文物掳掠一空。我国的古代文化遭到空前的劫难。

西方列强的掠夺式考古激发了我国广大知识分子对文物保护的意识。1914年春天，北洋政府聘请瑞典著名地质学家、考古学家安特生为农商部矿政顾问，从事地质调查和古生物化石采集。两年后，安特生带领考察队赴山西考察，并在那里获得重大发现，推进了古生物研究的进程。也在这一时期，我国第一批在海外留学的地质学者章鸿钊、丁文江、翁文灏等人回国，并创建了第一个地质科学研究与培训机构——地质调查所。不久之后，安特生加入了地质调查所，加强了他们的力量。

地质调查所为我国培养出自己的专业团队，结束了依靠外国人进行地质调查和研究的局面。著名教育家和社会活动家蔡元培称赞地质调查所是“中国第一个名符其实的科研机构”。地质调查所的研究范围很广，包括多个学科：地质学、人类学、考古学（尤其是史前考古）、社会调查学等。地质调查所的成立对我国的考古学产生了重大影响。有些地质学家在田野调查的时候，发现了古代人类遗留下来的文物，并转而进行搞考古研究，从而在考古学方面作出了重大贡献。著名的考古学家、北京猿人第一个头盖骨的发现者——裴文中以前就是一个地质学家。

当时，担任地质调查所所长的是丁文江，他和安特生一起进行了古脊椎动物化石的采集、发掘工作。在他们的努力下，我国近代考古的序幕终于渐渐拉开。1918 年左右，安特生在河南渑池县北部发现了一些化石。他认为，在中国大地上，一定还有恐龙和其他所谓“龙骨”的化石，就产生了为瑞典博物馆采集化石的想法。丁文江批准了安特生采集化石的计划，但提出了自己的要求：中国和瑞典双方合作，平分采集到的化石标本；一些暂时送到瑞典研究的化石标本，研究完后一定要归还给中国；中国的优秀学生可以到瑞典学习；研究化石得出的成果必须在《中国古生物志》上发表。他们的合作，极大地推动了我国近代考古学的萌芽。

在考古发掘的过程中，安特生运用西方的考古学方法，给我国考古学带来巨大的冲击，以及更广阔的视野。此后，安特生还到我国的很多地区进行考古，发现文明遗址多处。他的考古工作为我国田野考古奠定了基础。

二、近代考古学的发展和完善

1922 年，北京大学成立了考古研究室，并聘请金石考古学名家马衡担任主任。马衡毕生致力于金石学的研究，身上有着乾嘉学派训诂考据的传统，同时又注重对文物发掘考古的现场考察，促进我国考古学由“金石考证”向“田野发掘”过渡，被誉为“中国近代考古学的前驱”。1926 年，被誉为“中国考古学之父”的李济先生从美国学成归来，并主持发掘了山西夏县西阴村的新石器遗址。这是中国第一次独立进行田野考古工作。1928 年，我国最高学术研究机关——中央研究院成立历史语言研究所，内设考古学组。在政府的支持下，考古学迅速发展起来，考古调查和发掘的范围也不断扩大。这一时期的考古，影响最大的是周口店北京人遗址和安阳殷墟的发掘。

1. 北京人遗址的发掘

著名考古学家安特生在北京龙骨山周口店的山洞中发现了两颗人化

石。这个消息震撼了整个学术界。在当时，不仅在中国，即便在亚洲大陆上的任何地方，也没有发现过这样古老的人类化石。

对龙骨山的正式发掘于 1927 年 4 月 16 日开始。龙骨山地势险要，安特生在考古的过程当中，既要炸掉那些危险的石块，还要注意保护周边的环境，以免对史前文物造成破坏。1928 年，刚刚从北京大学地质系毕业的裴文中参加了这次发掘。

在裴文中的主持下，考古队在 1927 年和 1928 年对龙骨山周口店进行了两次发掘。在第二次发掘时，他们发现了以后被称为“猿人洞”的一个洞口。裴文中打算进入这个空隙中进行详细观察。当到达洞中，看到里面有很多化石之后，裴文中非常兴奋。在清理化石的过程中，他发现一个圆圆的东西逐渐露出来，看上去很像人头。裴文中将周围的土掏空，再用撬棍小心翼翼地把它撬下来。头盖骨挖出来的时候很潮湿，可能一碰就碎，裴文中等人连夜用火烘烤，并进行了加固处理。几天后，这个头盖骨被送到北平地质所，经过研究，确认这是一个少年男性北京人的头盖骨。

当时，考古工作者还发现一些似乎被烧过和被炭化的兽骨化石。这会不会是北京猿人用火遗留下来的证据呢？因为经验不足，他们将一部分黑色的骨片送到旧石器考古学最先进的国家——法国。法国的考古学家们研究之后给出鉴定结果，认为这些化石确实是早期人类用火活动的证据。1935 年，裴文中赴法国留学深造，考古学家贾兰坡主持周口店的发掘工作，并发现了第二个北京人头盖骨化石。

2. 安阳殷墟的发掘

甲骨文的发现使安阳小屯村一夜成名。大批的古董商前往小屯村挖掘，试图从中牟取暴利。著名金石学家罗振玉经过多方访察，在 1915 年亲自来到安阳小屯村考察。罗振玉也因此而成为世界上第一个亲临安阳进行考察的甲骨文学者。

当时，小屯村遗址受到了大规模的破坏和盗掘，甲骨及其他文物都受到了难以估量的损失。因为国家一直处于战乱之中，这种情况前后持续了近 30 年之久。考古学家董作宾到安阳进行考察之后，觉得这里有发掘价值，就建议国民政府对殷墟遗址进行保护和发掘。中央研究院考古组终于将工作重点放在了殷墟遗址上。在董作宾的积极倡导下，历时 70 多年的殷墟大规模考古与发掘工作正式开始。

1928年10月13日，董作宾又一次来到安阳，开始主持殷墟历史上第一次科学发掘。这次发掘的重点是寻找甲骨。当时，我国考古才刚刚起步，设备简陋，工作方法也很不成熟。参与发掘的21个人中，只有6人是考古学者，其余15个是挖掘工人。这次发掘，出土了石、蚌、龟、骨、贝、玉、铜、陶等器物近3000件，甲骨854片。其中有字的甲骨700多片。这一发掘坚定了考古工作者继续发掘的信心。不久，李济被聘为历史语言研究所考古组主任，继续主持对殷墟的全面发掘。在李济的主持下，殷墟发掘范围不断扩大，到1932年10月第七次殷墟发掘时，已经扩大到殷墟以外，由小屯扩展到四盘磨、后冈、南霸台、王裕口和侯家庄等地。

在第八次发掘中，考古队在这里发掘出土了“大龟七版”。所谓“大龟七版”，就是龟甲的六块腹甲和半个背甲，上面刻满了文字，共有137条卜辞，包含祭祀、田猎、风雨等多个方面的内容。

1936年春，历史语言研究所考古组第十三次在殷墟发掘，并发现了一整窖穴的甲骨。在以往对殷墟的发掘中，虽然也有非常重要的发现，但像这样完整的、没有被盗扰和搅动过的整坑甲骨的发现还是第一次。李济认为，这些甲骨可能是殷商档案典册，被殷人后代废弃后一直埋在这里。

在1928年秋到1937年夏这10年中，考古组在小屯村一带进行了十五次考古发掘，发现甲骨数万片，并发现了商代后期的宫殿、宗庙遗址和王陵区，此外还出土了大量珍贵的铜器、玉器、陶器，提供了殷墟为商代王都的实物证据。殷墟因此成为世界闻名的古文化遗址，震动了中外学术界。

第二节　民国初年的破坏性盗宝

1911年的辛亥革命推翻了清王朝的统治。但中国于1916年后就陷入了持续不断的军阀混战之中。当时，每个西方国家都想要获得最多的在华利益。为了自身利益，他们扶持了不同的在华代理人。在他们的支持下，中国的局面更加混乱，进入了军阀割据的时代。

当时，军阀们都各自为政，很多地方都处于无政府状态，这给盗墓者们提供了良好的时机。一些军阀也加入了盗墓者的行列，其中就有臭名昭著的孙殿英。

民国时期，比较著名的盗墓活动有：党玉琨盗斗鸡台古墓、孙殿英盗定东陵、柴云升盗裕陵。

一、党玉琨盗斗鸡台古墓

20 世纪 20 年代末，在陕西宝鸡地区流传着一首民谣，其中说："党拐子，土皇上，派出土匪活阎王；活阎王指挥穷人把宝挖，抬脚动手把人杀。斗鸡挖宝八个月，真把百姓害了个扎!"这首民谣反映了党玉琨盗墓的事实。

党玉琨出生于陕西，腿部有残疾，走路一跛一跛的，因此被当地人称为"党拐子"。党玉琨生性顽劣，不学无术，整天游手好闲，无恶不作。他觉得军阀们都有着强大的实力，就前去投靠。最初，他投靠的是盘踞在陕西凤翔一带的地方军阀郭坚。党玉琨很会钻营，不久就当上了团长。一段时间之后，他索性自己带了一支队伍。不过，他的势力不够强大，统治极不稳定。怎样才能巩固自己的统治呢？党玉琨认为，最重要的便是拥有足够雄厚的经济实力。怎样才能拥有雄厚的经济实力呢？

别看党玉琨是个小军阀，但他有着丰富的古董知识。在他的势力范围内，分布着好多王侯将相的陵墓。不过，这些陵墓大多都被盗掘了，应该向哪座陵墓下手呢？经过一段时间的寻访之后，党玉琨将目标锁定在斗鸡台。

斗鸡台位于陕西宝鸡附近，在古代的时候被称为陈仓。这里是周和秦的发祥地，在我国历史上曾经有着举足轻重的地位。据《史记》记载，秦文公和秦宪公的陵墓都在这里。党玉琨亲自带队到斗鸡台戴家湾村实地勘察。在对周围的环境进行详细的考察之后，他认定这里存在古墓。

党玉琨并不是一般的盗墓贼，他的盗墓计划非常科学。他虽然熟谙古董知识，但仅靠自己还有手下的军队，是不可能成功盗墓的。于是，他找了一批精通盗墓的人，将每一项任务都安排给精通此项工作的负责人。此外，他还聘请一个十分有名的、人称"挖宝先生"的古董商郑郁文做现场指导。他负责对挖出的各种文物进行整修、鉴定、分级和定价。

从事挖掘的除了党玉琨的部分手下之外，其余大多是他从附近村子强行抓来的民工。在盗墓的高峰时期，一天就有一千多人在挖墓，整个戴家湾因盗墓而沸腾。第一天，他们就挖出了一个汉墓，并在其中发现了许多青铜器和陶器。党玉琨有一个癖好，就是只喜欢铜器，其余的则随手扔掉，摔得粉碎。

11 月份，党玉琨挖出了一个大墓。这座大墓壁上有着色彩鲜明的壁画，栩栩如生，惟妙惟肖，好像刚刚画上去一样。在这座坟墓中，出土了大量文物，其中，以青铜器最多，有乌纹方鼎、扁足鼎、兽面纹尊等。此外，他还在其中发现了三件铜禁，还有方鼎、尊、觯、爵等两排酒器。这些陪葬品造型美观大方，装饰有花纹，有些图案画了鸟兽，线条流利，是难得的艺术精品。

这一发现极大地刺激了党玉琨，他找来更多的人挖掘。在长达八个月的时间中，他将戴家沟附近地面翻了个底朝天。他的恶行最后还是被著名爱国将领冯玉祥将军发现了。1928 年 5 月，冯玉祥命令宋哲元率领三万士兵围剿凤翔城，并收缴党玉琨所盗的大量珍宝。因为凤翔城十分坚固，宋哲元无功而返。不久，他再次请命，从山东和河南调来三万多人参与战斗，终于占领了凤翔。而党玉琨则在逃跑的过程中被击毙。

二、孙殿英盗定东陵

在民国时期的盗墓案中，最为轰动的莫过于孙殿英盗定东陵一案了。

孙殿英生于河南永城县的一个农民家庭。他虽然不学无术，但有着丰富的社会经验。他凭着自己的一身本事成了一个机关枪连连长。1926 年，孙殿英因为在张作霖、吴佩孚、阎锡山联合攻击冯玉祥的战斗中表现英勇，晋升为张作霖部第十四军军长。这时北伐军势如破竹，奉军节节败退。孙殿英觉得张作霖已经不可靠之后，摇身一变，成了国民革命军的一员将领。

孙殿英的迅速转变为他保存了实力，但不属于正规部队，没有军饷。因为没有军饷，很多士兵开始逃跑。孙殿英很是发愁。这时，马兰峪匪首马福田盗卖东陵珍宝一事给了他很大启发。他决定带领自己的部队去盗掘清东陵。

清东陵是清代的皇陵之一，位于河北省遵化县的马兰峪，北倚昌瑞山，南靠金星山，东邻倒仰山，西傍黄花山。这里群山环抱，风景秀丽，系顺治皇帝亲选的陵地。东陵南北长约125公里，东西宽约20公里，占地面积约2500平方公里。这里有顺治的孝陵、康熙的景陵、乾隆的裕陵、咸丰的定陵、同治的惠陵五座帝陵，孝庄文皇后的昭西陵、孝忠章皇后的孝东陵、孝贞显皇后的普祥峪定东陵、孝钦显皇后即慈禧的普陀峪定东陵等皇后陵。此外，周围还葬有136位妃嫔、三位阿哥、两位公主，共计161座陵墓。清东陵自建成以来，一直有军队把守。清朝灭亡后，就再也没有正规军队看管了，曾多次被盗。孙殿英听说后派人前去探查，得到结果后，他决定从慈禧太后的陵墓开始盗掘。

在清东陵众多陵墓中，以乾隆的裕陵和慈禧的普陀峪定东陵规模最大。相比乾隆的裕陵而言，慈禧的定东陵更有气势，非常奢华。在隆恩殿前，有一块“凤压龙”图案的丹陛石，在清代绝无仅有。它周边雕刻有缠枝莲花，中心是丹凤展翅凌空穿云俯首向下，其下面有一条蛟龙曲身出水，腾空向上，都采用高浮雕加透雕手法，玲珑剔透，构图别致，充分表现出慈禧太后垂帘听政，掌控清朝政局长达半个世纪的史实。

据史籍记载：慈禧在入棺前，棺底铺有三层金丝串珠锦褥和一层珍珠，厚一尺。头部上首为翠荷叶，脚下是粉红碧玺莲花。她头戴珍珠凤冠，上面的一颗珍珠大如鸡卵，价值1000万两白银。她的身旁还放有金、宝石、玉、翠雕佛爷27尊。双脚两旁各放翡翠西瓜、甜瓜、白菜，还有宝石制成的桃、李、杏、枣200多枚。身体的左边放着玉石莲花，右边则是玉雕珊瑚树。另外还有玉石骏马8尊，玉石18罗汉。这些珍宝共计700多件。入殓之后，还倒入珍珠4升，宝石2200块。这些仅仅是棺内的宝物。在棺椁正下方，用于敬奉神明的金井中还有许多宝物，其中最著名的是一条由18颗珍珠串成的手琏，价值连城。

孙殿英非常狡猾，他知道倘若明目张胆地盗掘，肯定会招来很多麻烦。于是，他以军事演习的名义占领了清东陵。占领清东陵之后，他发布告示说正在进行军事演习，会动用大规模的枪支弹药，因此严禁周围的百姓进入，否则发生意外后果负责。这一告示让那些负责看守清东陵的旗人都离开了。

将这些准备工作做好之后，孙殿英带着得力部下谭温江开始盗掘清东陵。士兵们挥舞着铁锹、斧子等工具埋头苦干，但是才挖了几米后就挖不下去了，因为下面全是坚硬的大石头。他们费了很大的劲，还是找不到入口。孙殿英就派人将原来负责看守陵墓的旗人抓来，逼他们说出入口。那些旗人只负责看守，根本不知道入口。在严刑拷打之下，一个旗人说，有一个曾经参与营建的石匠，姓姜，他可能会知道。孙殿英火速派人将石匠抓来，并威胁他，要是他不说，就杀他全家。石匠无奈，只好说出了陵墓的入口。

孙殿英带领军队到达陵墓入口，发现那里有很多巨石。这自然难不倒他，他让士兵们用炸药炸开，轻而易举地就打开了入口。打开入口后，所有的人都往里面闯。很久没有军饷的士兵将能看到的珍宝都抢掠一空，慈禧太后的尸体也被撕成碎片。

孙殿英盗掘清东陵的恶行不胫而走，当时正在天津的溥仪听闻这个消息之后锥心泣血，要求国民政府惩治孙殿英。面对强大的舆论压力，国民政府成立了军事法庭，准备提审孙殿英。

孙殿英懂得舍财消灾的道理，将自己得到的很多宝物都用来贿赂。相传，从蒋介石到地方军阀阎锡山，都接受了他的贿赂。没过多久，孙殿英就投靠了阎锡山和冯玉祥。蒋介石为了团结，同时又因为已经收受了贿赂，就对这件事情来了个冷处理。不久之后，这件事情就不了了之。1949 年，在解放河南汤阴的战役中，孙殿英被俘虏，最后死于战犯收留所。

三、柴云升盗裕陵

裕陵是乾隆皇帝的陵寝。在孙殿英大肆盗掘慈禧太后的陵寝时，他的部下柴云升被派去盗掘裕陵。

柴云升是军人出身，带领部队到达这里之后先是一阵乱挖，在短短的一天内，这座曾经气势恢宏的陵墓就被破坏得面目全非。在盗掘的过程中，柴云升和孙殿英遇到了同样的问题——无法找到地宫入口。当时，孙殿英已经炸开了定东陵的地宫入口。柴云升的手下韩大保觉得，清代皇帝的陵墓设置应该都是一样的。因此，只要去看看定东陵的入口，就一定能进入裕陵地宫。

裕陵的入口最后被他们发现了。进入墓道之后，为保险起见，柴云升派遣一些士兵先行进入。不久之后，领队的韩大保一个人回来了。原来，进入墓道后不久就有很多积水，无法通过。在前面的几个士兵因为不会游泳，都被淹死了。听说有水，柴云升有点泄气。韩大保建议，为什么不用抽水机呢？

柴云升很快派人买来抽水机，不到一个下午就将墓道中的积水抽完了。抽完水后，他们发现了墓道内的一道石门。石门分成东西两扇，非常高大，紧紧关闭。东扇石门上雕刻着文殊菩萨，菩萨右手高举一柄宝剑，左手托着佛家经卷；西扇雕刻着大势至菩萨，右手持降魔杵，左手执法铃。柴云升当然不懂这个，他命令士兵们抬着巨大的树桩撞向石门。反复撞击下，石门从中间断裂。接下来，他们用同样的方法撞开四道石门。来到第五道石门之前，他们依葫芦画瓢，但是石门纹丝不动。很久都无法打开，柴云升便让士兵用炸药。硝烟散尽之后，他们再次进入地宫，眼前的场景让他们再次沮丧。原来，因为墓室内积水太深，本来在石床上的乾隆及其皇后的三具棺椁都浮了起来。水被抽干之后，这三具棺椁便抵在了石门后，这就是他们无法打开第五道石门的原因。炸药虽然炸坏了石门，但还将墓室上面一块几吨重的大石震了下来，恰好落在这些棺椁的上面。

这自然难不倒他们。他们用斧头利刃打开了三具棺椁。顷刻之间，棺椁内的珍宝就被抢掠一空。在棺椁内，他们发现了一具完好无损的女尸，面容栩栩如生，好像刚刚去世一样。发狂的士兵将这具女尸拖出来，反手扔在污泥中。乾隆皇帝本人的尸体也未能幸免于难，被士兵们扯得四分五裂，扔得到处都是。

第三节　解放后的考古学大发展

中华人民共和国成立后，我国考古学取得了显著进步。党和国家非常重视考古学的发展，相关部门颁布了保护古代文物的法律法规，设立考古研究机构，组织了大量的考古调查和发掘。应该说，新中国成立以来，考古学取得的成就是非常辉煌的。

一、新中国考古学的发展

新中国成立后，政治环境比较安定，为我国考古学的发展和成熟创造了机会。在建国初期，考古发掘的主要成果，就是建立了中国早期历史初步的时空框架与文化谱系，尤其是新石器时代和青铜时代。

新中国的成立，北京人遗址和殷墟遗址的发掘都得到了恢复。与此同时，北京和部分地区都建立了相应的考古机构，考古工作更加规范、有序。在中央研究院史语所的基础上，中国科学院重建了考古研究所；在古脊椎动物与古人类研究所内，还设立了古人类研究室，主要从事人类起源和旧石器考古等工作和研究。此外，文化部还设立了国家文物事业管理局，主管全国的考古和文物保护工作。在我国传统文明发达的河南、陕西等省份，先后设立了地方性考古研究所，负责一些重要地区的考古发掘和科研工作。

同时，为了解决考古人才匮乏的问题，文化部文物局与中国科学院、北京大学等单位联合工作，连续 4 年举办考古工作人员训练班，选拔优秀的年轻人进行考古学培训。这些年轻人学成后，迅速投入到考古实践中来，为新中国的考古事业作出了卓越贡献。与此同时，北京大学首次在我国设立了考古专业，系统培养考古人才。初期毕业的很多学生后来都成为了著名的考古学家。西北大学、吉林大学、山东大学、郑州大学等 10 多所综合性大学也相继设立了考古专业。

建国初期进行大规模的经济建设。20 世纪 50 年代，中原地区新建了许多国家级重点项目。这个地区恰好是我国文明的主要发源地。政府在建设大型工程的时候，就考虑到这些地区潜在的考古价值。因此，在工程兴建之前，都有考古学家进行考古发掘。这一时期的调查和勘探发现了很多遗址，比较重要的有新石器时代的半坡遗址、北首岭遗址、庙底沟遗址；青铜时代的郑州商城遗址、丰镐遗址、洛阳东周王城遗址、侯马晋城遗址以及秦汉以后的汉唐两京（长安、洛阳）城址等。

在发掘遗址的过程中，考古学家撰写了大量调查报告，发展了我国的考古学理论。60 年代，著名考古学家夏鼐先生指导考古研究所编写了《新中国的考古收获》，对建国初期的考古发现和研究进展进行了初步总结。苏秉琦先生在考古研究中，首次运用类型学方法对仰韶文化进行了阶段和类型划分，并发表了论文《关于仰韶文化的若干问题》。梁思永和夏鼐也分别出版了自己的研究文集，运用现代考古学方法对相关的考古发现进行研究。由此，新中国的考古学初步建立起了认识论的框架。

“文革”初期，考古工作一度陷入停顿状态，学术期刊也大多停办。70 年代，我国先后和美国、日本等国家建交。在和别国领导人会谈的过程中，我国政府认识到考古发现和文物展览是宣扬新中国成就的一个窗口，对考古工作再次重视起来。1972年，已经停办的《文物》、《考古》和《考古学报》三大专业期刊再次复刊，一度中断的田野考古工作再次展开。这一时期仍然有不少重要的考古发现，如马王堆汉墓、临沂汉墓、满城汉墓、姜寨遗址、大河村遗址、河姆渡遗址、草鞋山遗址、圩墩遗址、石峡遗址、新乐遗址、二里头宫殿基址、小屯南地甲骨遗存、琉璃河燕国墓地等。这些发现引起了国内外的广泛关注，并为我国考古学走上成熟与繁荣的道路奠定了基础。

二、改革开放后的考古学

改革开放后，我国的思想和生产力都得到极大的解放。考古学经过长期的理论发展和实践经验积累，目标更加明确。考古界展开了很多相关的课题研究，学术氛围变得浓厚起来。1979年，中国考古学会正式成立。此后，一些省份也先后成立了考古学会。考古学发展成熟后，原来隶属于博物馆系统的地方文物考古机构纷纷独立出来，承担更多的研究工作。此外，考古学方面的报刊也日益增多。

十一届三中全会决定，将党和国家的工作重心转移到经济建设上来。经济建设第一次成为我国的中心工作。当时，政府还鼓励外资来我国投资。一时之间，举国上下呈现出欣欣向荣的局面。与大型的兴建工程相配套，考古勘察和发掘也迅速增加。越来越多的省份建立了专门的文物考古研究所，对正在进行的考古发掘进行规划。从1984年开始，我国社会科学院考古研究所开始编辑出版《中国考古学年鉴》，对每年考古发掘和研究的进展进行总结。

与此同时，对考古的管理也越来越科学、规范。1982年，《考古工作手册》发行，随后，《田野考古工作规程》颁布，这极大地推动了考古发掘的规范化。改革开放后的考古学，大量运用了现代科技，取得较大的成就。碳同位素年代测定方法等断代、分析、鉴定技术开始被引入考古工作之中，孢粉分析、兽骨鉴定和体质人类学研究等也开始在综合性考古研究上发挥了重要作用。另外一些和考古相关的学科也逐渐发展起来，并和考古学出现一定程度的融合。

在80年代，大量的考古学著作得以出版，并在社会上产生了广泛的影响。著名考古学家张光直先生在北京大学举办了一系列讲座，讲座

内容整理后在三联书店出版，即著名的《考古学专题六讲》，引起不小的轰动。一些高校的教授还自己编写教材，受到师生的普遍欢迎。

1996年，国家组织了夏商周断代工程。夏商周断代工程是二十世纪以来我国最大的社会科学工程之一。这个工程将自然科学、社会科学和人文科学的研究手段和研究成果相结合，历史学家李学勤、碳同位素专家仇士华、考古学家李伯谦、天文学家席泽宗作为工程的首席科学家，组织来自历史学、考古学、文献学、古文字学、历史地理学、天文学和测年技术学等领域的170名科学家进行联合攻关，旨在研究和确定三代的确切年代。这个工程为研究中国五千年文明史创造了条件，是一个多学科交叉的系统工程，极大地推进了相关学科、理论、方法在考古学上的应用和融合。

改革开放的深入发展，为新世纪考古学的进一步发展奠定了坚实的基础。

三、考古学发展的新时期

21世纪以来，我国考古学进入了新的发展阶段。国内外考古学界开始出现交流与合作。同时，考古学和其他的社会科学，以及自然科学的学科交叉也逐渐增多，考古学逐渐向多元化、多学科方向发展。因为学科之间的融合，人们从古代遗存中所能获得的信息含量大大增多。我国考古学的发展进入反思和理论多元化的新时期。

在新世纪，文化遗产观念逐渐成为全民自觉意识，考古学已经不仅仅是一门纯粹的学术，还是文化遗产保护中遗产价值评估与相关理论方法的重要提供者。因此，配合基本建设考古、抢救性保护性规划性发掘成为更为重要的考古工作；考古学术的深化，考古知识普及，考古与媒体、大众及社会的互动，与区域性的文化认知、族群身份认同、经济社会发展等具有更为广泛和深刻的联系。

新世纪的考古学，系统地引进自然科学观念与方法，考古学家所能获取的信息含量变大。同时，分析能力得到很大的提高。1991年，由中国国家博物馆联合中国科学院、中国科技大学等单位，首次在河南渑池班村新石器时代遗址实施多学科合作发掘与研究，探索在新理论的指导下，采用考古、古环境、古动物、古植物、体质人类学、文化人类学及物理、化学等多学科现场共同收集资料、提取样品、整理资料、分析资料，探索获得关于人类文化与行为的具体认识的途径与经验。这种合作丰富了考古发现的信息含量，开拓了考古学研究过去涉及不多和未曾涉及的领域。

在新时期，国内外考古学界的交流合作逐渐突破禁区，相继实施。

1991年国家公布了《中华人民共和国考古涉外管理办法》，中国社会科学院考古研究所以及内蒙古、辽宁、河南、山东、湖北、四川、宁夏、新疆等省区的文物考古研究机构，先后同日本、美国、德国、澳大利亚、加拿大等国的相应学术团体合作在中国境内开展考古研究项目。这样的合作交流促进了我国考古学的进步，并提高了我国考古学的国际化程度。我国的一些考古学家还走出国门，到世界各个地区进行考古研究和学习。在比较研究中，他们的视野得到空前的开阔。

在这一阶段，虽然考古学家探索问题的视野和能力空前提高，但基本建设中的考古发掘则成为考古发掘的主要任务，经济建设中对古代遗址的破坏、古遗址古墓葬的盗掘等使古代遗存面临危机，一方面，考古学受到前所未有的关注，研究更加深入；另一方面，考古资源面临枯竭，考古学必须在一个迅速变动的世界中为自己重新定位。考古学家更加注意考古与社会、大众的关系，注意文化遗产的保护问题，注意向公众宣传考古发现的重要性和普及考古知识。

世纪之交，我国的考古学呈现一种全新的面貌。负责考古调查和发掘的主力军日益年轻化。这些年轻的学者都接受过系统的学习和训练，其具有的新观念为我国的考古学注入了新鲜的血液。他们关心考古学的理论方法，注重科技在考古学上的应用。此外，他们还明确提出了环境考古学、聚落考古学、数学与计算机考古学、实验考古学等考古学的分支学科，并付诸实践。

此外，我国有丰富的历史文献材料，这也为新世纪考古学的发展提供了详实的资料。

中 编

第八章

文物是历史的一面镜子

在考古发掘过程中，无论是出土时候的地面环境，还是地下的埋藏环境，都可能对文物造成一定的损害。因此，考古工作者在考古的时候，对现场出土的文物进行有效保护是非常必要的，这样才能最大限度地保留出土文物的价值及其携带的信息。因此，在考古现场，文物出土的过程中，不但要保留出土文物资料完整性，还要做到不影响后续的考古研究。

文物保护在整个考古过程中占据着重要的地位，其成功与否直接影响着以后的文物保护工作。一般来说，考古现场的工作条件都比较简陋，因此，出土的文物很难受到周全的保护。所以，在考古现场，文物保护具有抢救性和临时性的特点。目前，考古工作者常常采用的工作步骤是：科学地采集、安全地运输和妥善地保存。

第一节　考古文物发掘出土过程

考古过程中，考古记录完成后，对出土的文物进行采集是必要的。不过，从文物出土到采集，中间有一个时间过渡的过程。在这段时间内，环境的变化（由地下到地上）可能会给文物带来不同程度的破坏。要弄清楚文物出土时面临的危害，就应当知道文物在地下埋藏时的环境，并在出土时为其营造相类似的环境。

按照文物组成材料理化性能的不同，通常将文物划分为无机质类文物、有机质类文物和复合类文物。无机质类文物一般有：金属类的金、银、铜、铁、锡、铅器，石质类的石雕、石刻、玉器，陶瓷类的陶器、瓷器、玻璃等。有机质类文物一般有：竹木漆器、纺织品、纸张、皮革、骨角器等。复合类文物有壁画、泥塑、彩绘陶器等等。

一般说来，文物在埋藏之前，都会和当时的大气环境有一段时间的接触，并形成一定的表面状态。不同质地的文物，其埋藏前的情况不尽相同。比如，埋藏前长期使用过的工具或者兵器，其表面一般都比较光滑；而如果是经常使用的炊具，其表面则会形成一层氧化膜。不过，无论这些器物在埋藏之前是什么样的状况，在埋藏之后，它们都会和埋藏环境建立起新的地下环境平衡体系。

因为地区、地理环境和地质条件的不同，文物的埋藏环境也各不相同。即便是在同一地区，文物也会因为其不同的埋藏方式，而导致其埋藏环境不同。此外，有很多文物会直接埋藏在土壤中，而土壤的腐蚀能力与其含氧量、含水量、温度、电阻率、可溶性盐类种类等等因素有关。所以，埋藏环境可能对文物造成的腐蚀情况是十分复杂的。文物和埋藏环境之间的平衡体系，一定要根据埋藏环境、土壤、水质、微生物等多种因素来分析确定。

一般说来，在土壤环境中，对文物影响比较大的因素有：含氧量、含水量、PH值，它们决定了土壤中其它因素对文物的腐蚀程度，也决定了文物能够在地下埋藏的时间。文物刚刚被埋藏的时候，通常会和周围的土壤进行部分或全面的接触，并产生一系列的腐蚀反应。如有化学类的氧化反应、电化学反应、酸碱反应、水解反应等等。相对来讲，土壤的湿度和温度等等因素变化都比较缓慢，其含氧量也会逐渐消耗殆尽，而很多文物本身会形成一层致密的腐蚀层，阻止反应的继续。所以，在埋藏一段时间之后，文物就会和地下的埋藏环境相互作用，并达到一个相对平衡的状态，形成一个地下文物埋藏环境的平衡体系。在湖南长沙马王堆汉墓里面，出土了长沙国丞相利苍夫人辛追的尸体，还有一些纺织品，保存得非常完好，辛追夫人的皮肤甚至还有弹性，其主要原因就是埋藏较深、长期封闭，而且处于一个无氧的环境之中。在我国西北地区，气候干燥，埋藏的文物大多处于少水或无水的环境，有机质文物会在埋藏初期就迅速脱水，之后的各项腐蚀反应就很难进行。所

以，在新疆、甘肃一带，考古学家经常会发现完好的古代丝绸、竹简木牍和干尸。

一些地区的地下埋藏环境很难形成平衡体系，究其原因，主要是因为周围土壤的通气力一直存在，文物会不断被氧化；而土壤的含水量也因为地下水活动或大气降水而呈现出相应的变化。因此，文物就会因为周围环境的变化而不断变化。除此之外，活动在土壤中的微生物也会对文物造成相当程度的侵蚀。在这样的埋藏环境中，很多文物都会受到深度腐蚀，有的甚至被腐蚀殆尽。在中原地区的墓葬中，比较完整的有机质类文物，如丝绸、竹木漆器、尸体，出土的都比较少。这就是因为埋藏的文物不能和周围环境建立平衡体系的缘故。

由此可见，平衡体系对于地下埋藏文物是非常重要的。在考古发掘的过程中，随着文物埋藏的环境被一层层剥离，多年建立起来的平衡体系也很可能会被打破。即将出土的文物将要面临新的保存环境和新的环境腐蚀，即环境突变。

文物在出土前后，肯定要经历存在环境的改变。存在环境的改变程度，跟当地地下环境与地上环境的差别大小有直接的关系。

文物长期处于地下环境中，经过一段时间的腐蚀之后，逐渐产生了一种抗腐蚀的因素。地下埋藏环境相对来说比较稳定，其温度和湿度的变化都非常缓慢。在没有地震及其他地质灾害的前提下，文物整体的物理性能是比较稳定的，并不会有明显的张力变化和体积变化。

相对于物理性来说，地下文物的化学性就没有那么稳定了。地下水中往往会含有可溶性盐类，在地下文物的内部不断渗透、溶解、蒸发、结晶。这样一来，多孔结构的文物就会受到较大的影响，例如，一些埋藏在地下的陶质类文物就会出现酥粉现象，有时还会使陶器表面形成一层沉积膜。在多种因素影响下，地下埋藏的有机质类文物慢慢地进行老化反应。在这个过程中，有机化合物大分子之间的作用力会慢慢失去，而纤维素的分子链则会渐渐地断链、水解，等等。最为直接的例子，就是一些纺织品文物会渐渐腐烂和粉化。不仅仅是纺织物，一些埋藏在地下的金属文物也会产生老化反应，失去原有的金属性能。譬如，青铜器和铁器就会因为矿化而变得脆弱、易断。

即便如此，文物埋藏千百年之后，会和周围的环境形成平衡体系，其受腐蚀的速度也会变得越来越慢，有时甚至可能出现停止腐蚀的情

况。那些基本上没有受到腐蚀的文物，在出土的时候如果注意保护，其外观通常不会发生改变，人们还能看到其当年埋入地下时的风采。

不过，文物出土的时候，迎接它的地面环境与地下埋藏环境是截然不同的。第一，文物出土后，将会面临含氧量丰富的空气。这样一来，文物和地下环境形成的平衡体系就被打破了，文物开始迅速地氧化，这一点对于有机质类文物尤其明显。第二，在地面环境中，温度和湿度都会发生频繁的、大幅度的的变化，会对出土文物产生很大的影响。地下埋藏环境是密闭的，当氧化反应进行到一定程度之后，就会达到一种平衡状态。而地面每天都有日出日落，冷暖交替，变化较大。一般说来，空气中的文物含水率明显低于地下埋藏时的文物含水率，所以，出土文物含有的水分，在短时间内会大量蒸发流失。而且，在文物的不同部位，这种流失是不均衡的，所以会导致文物体积的湿胀、干缩各部位不均衡。因此，地下文物在出土之后经常会出现快速干裂、变形等现象。第三，地下埋藏环境中，几乎没有光线，文物不会受到红外线和紫外线的影响，而地面环境光线充足，文物可能会受到很大程度的影响。文物在出土后，直接面临阳光的光分解和光氧化作用，可能会发生化学反应。譬如，有机质类文物和带有彩绘的文物，出土后经常会发生质地材料颜色加深、表面彩绘变色、褪色等现象。第四，文物出土后可能面临地上环境中各种生物类的危害。地面空气中，有大量微生物的孢子、植物的种子、昆虫的虫卵。出土之后，它们会在文物的表面迅速滋生，并给文物带来极大的损害。

总之，文物在地下埋藏千百年之后，虽然化学性质有了一定的变化，但它们与埋藏环境建立起的某种平衡，能够较好地保持原有状态。而一经发掘出土，这种平衡状态就会被打破，各种因素的变化会给出土文物的承受能力带来巨大考验。倘若这个变化超出其承受能力，它将会受到明显损害，因此，在考古发掘现场，及时而稳定的处理与保护是十分重要的。

文物在出土期间都会受到一定损害，因此，考古工作者在文物发掘出土到被采集期间，应该迅速进行稳定性处理和对考古现场环境的控制。

在出土过程中，受到损害的常常是有机质类文物。因为有机质类文物自身比较脆弱，所以很容易受到腐蚀侵害。目前，常见的有机质类文物主要有：木质纤维类文物，如棺椁木、木质器具、木牍、竹简；纺织纤维类文物，如丝、麻、棉、毛织品；纸质类文物，如文书、字画；此外还有漆器、皮革、尸体、骨质文物以及象牙制品等等。极少数的无机质类文物，在出土时也可能会受到损害，如彩绘陶器、铁器等等。

有机质文物都面对一个共同的损害，即微生物的腐蚀。在埋葬过程中，有机质文物被水解、降解，从而结构疏松，并且其中富含大量微生物营养源。所以，有机质类文物在出土的时候，其自身携带的微生物容易生长，从而受到侵蚀。这种损害极大地降低了有机质文物的力学性能及耐腐蚀能力，也为文物的清理、修复和保护带来很大麻烦。在考古发掘中，因为地面环境、气候条件、发掘季节和持续时间的限制，在有机质文物采集提取前，还要及时做好微生物防疫处理，通常的做法是定时喷洒含有一定杀菌作用的消毒剂。

在文物采集的过程中，如何克服环境突变格外关键。在文物采集的过程中，要尽可能防止温度和湿度的大幅度变化，保持文物出土时的含水率。如果是露天发掘文物，要考虑到风沙、雨水及阳光等因素，临时搭建考古现场大棚很有必要。倘若环境突变的问题能够很好解决，文物采集就会顺利得多。

文物采集的一般步骤是：记录、采样、搬拿、提取四步。

记录要随时进行，贯穿考古现场保护的始终。不仅要对文物采集的操作程序和步骤进行文字记录、照相和录像，还要写工作日记。对于出土文物的保护，档案记录是第一手资料，能为后人进行文物保护修复工作提供借鉴和帮助。

所采集样品包括环境样品和文物样品。环境样品是指从考古现场环境中的土质、水质、墓室内气体等获得的样品。文物样品则是从文物上采集的颜色、漆片、纺织品、金属饰品、粮食颗粒、器物中的残留物等样品。对样品进行科学分析，是考古研究的重要依据。

采样也有基本原则，如后：能够尽量满足研究需要；明确样品的层位以及共存遗物；尽量选择残器或破损器物不被注意的地方采取，这样就不会对器物纹饰和重要部位造成损伤；科学保管样品，避免外界因素干扰。

地下文物经过多年的埋藏，本身发生了很多变化，看上去完好，实际上已经比较脆弱。因此，拿的时候必须戴上手套，要小心谨慎，轻而稳。小件器物应该双手捧着，大件器物应该一只手托底，另一只手扶持，不要提口沿和耳部。对于纺织品和纤维制品，不要折叠。

“提取”是指将文物从土里剥离出来的过程。提取质量的好坏，会直接影响以后的保护修复工作。因此，在考古现场保护中，这个环节特别重要。

如何将文物安全运回室内，也是室外发掘清理工作的关键环节，包装和运输都比较关键。

包装应具有物理保护和化学保护功能。应该用防震材料包裹器物，以免受碰撞；使用不会释放酸气、不受微生物侵害的非污染性的惰性材料，达到化学保护的目的。比较常用的化学保护材料是聚乙烯，它能避免文物受到损伤。包装中应避免使用一切易吸收其它物质引起化学反应的材料，如，报纸、印染织物、卫生纸及所有金属材料制成品。

提取的文物应该标上记号，还应具备一张紧急抢救的技术卡片，卡片上应该详细写下器物来源，发掘期间所作的一切操作处理、分析、取样等情况，在显眼的地方标上用以识别器物保存状况的标记，如易碎、在特殊环境条件下保存等等。

运输的时候一定要注意防震。运输漆木器时更要注意防震。随着时代的进步，防震材料日益增多。为了保护文物，运输的时候要在运输工具底部垫一层较厚的泡沫，再在泡沫上垫一层海绵。此外，运输工具的四周还应隔一层泡沫。这样固定好之后，文物在运输的过程当中就能得到较好的保护。当然，在运输的过程中，车速一定要平稳，不要太快。

第二节　考古文物清理修复要点

考古发掘出土的器物，很多带有埋藏环境包裹物，不过大部分残缺不全。对残片进行科学清洗和修复，可以让艺术品的文物价值、历史价值、艺术价值充分表现出来。

当下，对于文物修复有这样两种观点：（1）文物修复应该遵循最小干预原则，也就是说，只要残缺部分不影响文物的稳定性与艺术性，就不必进行修复，尊重其本身的历史信息；（2）文物修复应该再现文物的完整性，只要文物出现残缺，就该补全，这样有利于进一步研究文物，使文物的艺术性得以体现出来。不过实际操作中的修复原则和修复方法也就不尽相同。

近几年来，考古工作者一直在讨论文物修复应该遵循的原则，很多人认为应该“修旧如旧”。这种原则的主要观点是：尊重文物的历史性、科学性和艺术性，尽可能延续文物的生命，最大限度地保存文物的历史信息。按照这种原则，在修复的时候，不能主观地去除或改变文物表面历史痕迹，在修复前必须对其历史性、科学性和艺术性特征进行认真研究，确保修复后能展现出原始风貌。

因为文物长期处于地下埋藏环境中，容易和周围的环境因素相互渗透、相互作用，所以，在文物发掘出土时，表面上一般都会携带大量埋藏环境的包裹物。包裹物能够反映地下埋藏环境，有的时候甚至能传达一些文物信息，但取样之后，多余的包裹物会影响文物的后期整理、修复、陈列，一定要清理掉。文物因为种类不同，其稳定性能也不同，因此，采用的清洗方法也就不可能一致。

性能稳定的文物，倘若表面仅仅是简单的泥土污垢，用清水毛刷刷洗即可，如没有彩绘的陶器，还有石质文物，都可以这样清洗。以前，这种方法很普遍。现在，随着人们对考古工作的认识提高，越来越多的工作者采用机械清理法，最大限度地保持文物的表面信息。

机械清理法是在显微镜下，用电动工具去除污垢或金属锈蚀。这种方法能够控制清洗范围，目标明确，对非清洗部位的文物信息不会造成伤害。经常使用的清洗仪器有超声波清洗机、超声波洁牙机、微型打磨机、喷砂机等。

对于比较脆弱的文物，清洗时要特别小心，并采用特别的方法与工具。比如，对纺织品文物，清洗应根据其纤维种类、组成、结构和性质而定，此外，与其颜色和污染斑点的性质有密切的关系。

文物修复是一项综合性的工作。文物的价值是多方面的。首先，一件文物有一定的生产时期，所以它就能反映特定历史环境、历史条件，具有历史价值；此外，有的文物，如瓷器和青铜器，还是艺术品，具有美学价值。文物修复工作就是对文物包含的机制进行重新恢复。文物修复的主要宗旨是保持文物的历史真实性，不能对其物质组成部分进行干预，也不能改变特定的历史背景和条件赋于文物的意义，更不能抹杀掉在历史进程中任何自然与人为因素对文物造成的改变。

了解器物的结构特征、制作及病变原因，对于保护修复器物至关重要。这样，就需要主持文物修复的人具有渊博的学识，他必须懂得历史学、考古学、自然科学等多种学科，只有这样，才能安全、准确地修复保护好一件历史遗物。所以，在文物修复与补缺前，了解修复原则、做好修复方案非常重要。

修补残缺破碎文物，必须保持其历史性和艺术性。进行修补的时候一定要对其艺术风格进行研究，确保修补后能体现其原始风貌，而不能凭主观想象去臆造或创造。

对文物来讲，任何修复行为都是一种干预。在保证文物结构稳定的基础上，尽可能不要去添加人为痕迹。要尽可能多地保留原件及原有结构位置。将人为附加部分用在最有必要补全的地方，只要文物本身的器物力学稳定性足够好，就不要刻意去修补残缺。

补全部位所采用的材料与工艺，最好是原材料、原工艺。但也不应该完全一致，还要有所区别，做到“远看一致，近观有别”。也就是说，一定要能区分出原始部分和补全部分。同时，还不能因为这种识别而破坏整体艺术品的观赏性和完整性。

进行残缺修补时，无论处理方法还是选材，都应该充分考虑到可逆性，即修补部位易于拆除，不影响和损坏文物的原始材料，不影响以后的工作。可逆性原则允许我们在修补过程中，可以随时纠正错误的地方。

文物修补所使用的材料必须是可逆的、兼容。选用的材料同艺术品的原材料及其病变程度要相适应，原材料与被选材料在物理、化学等性能上必须相接近，不能改变或是破坏艺术品的原材料。总而言之，不能对艺术品造成新的损害。

在实践中，应该根据实际情况，对不同类型的文物采用不同的的修复方法，做到因地制宜。

在整个过程中，资料记录尤为重要，它是修复工作的见证。当拿到修复的器物后，首先要做的是对器物进行拍照、绘图，并记录下它的保存现状及病变情况。修复过程中使用的材料、使用原因、材料特性、具体实施方法等都要有一个详细、真实的记录。建立完整的科学档案有助于今后工作的展开，也能更好地保护文物。

第三节　考古文物保存展示关键

考古出土的文物，经过了地层方位测绘、照相记录、提取采集、清理修复等环节之后，将被转入一个固定的空间进行保存和陈列。在这一系列的过程中，文物经历的环境是不一样的。为了更好地保护文物，每一个程序都需要建立一个长期稳定的环境。譬如说，在考古发掘现场，是一个临时的库房环境；而在博物馆的陈列大厅，又是一种必须接受灯光照明、观众参观的陈列环境。因为场景不同，对文物保护的要求也就不一样。对于那些比较脆弱的文物，会有特殊的保护要求。

在考古现场，文物经过科学的采集与清理后，需要一个临时的存放空间。这个空间的主要任务是确保文物的安全。但是，因为文物处在出土初期，其自身性能与环境中各种因素的相互适应过程还在继续。所以，文物存放在工地库房中的时候，需要进行一些简单的保护处理，最重要的是进行环境控制。将周围环境对文物的影响降到最低，就会为日后的保护处理赢得时间，并降低工作难度和工作量。

因为无机质文物与有机质文物对存放环境的要求不同，倘若条件许可，应该准备两间临时文物库房，将它们分开来，进行分别保护和控制。

在寒冷地区或寒冷季节，库房的温度有时会很低。对于大多数文物来说，一般的低温影响不大。当室温低于-4℃时，对于含水率很高的出土文物，就要考虑液态水结冰带来的内应力破坏。通常的做法是对文物库房环境进行一定的加热升温。加热升温不能太高，控制在0℃度就行了。

在湿热地区或炎热季节，库房的温度也相应很高，通常属于高温、高湿环境。这种环境对于文物保存非常不利，既会加速文物病变的速度，又利于霉菌虫害生长。当温度高于30℃，湿度高于70%以上时，文物的安全就很难保证了。在这种库房环境下，环境的调节显得非常重要。

在干燥地区，大气环境的湿度经常低于20%。干燥对于无机质类文物，尤其是金属类文物，是有利于保存的。但是，对于那些有机质类文物，特别是那些在地下埋藏时含水率较高的文物，出土后就会遇到失水速度太快，导致文物干裂、酥粉的问题，因此需要对这类文物进行保湿环境控制。

由考古工地转入研究部门库房，或转入博物馆的保管库房后，文物就进入了一个安全、稳定的空间。与此同时，文物库房环境的各项指标能否达到保存文物的需求，并且一直保持稳定，也是保存文物的关键环节。

文物库房建筑是一种特殊的建筑，其设计和建设都要符合文物保存环境的要求。既要考虑到外界环境的影响，又要考虑到各类文物存放环境的不同要求。在现代城市中，文物库房受外界大气环境的影响很大，大气中氮氧化物、硫氧化物、二氧化碳、氯化氢、氯气等有害气体的含量越来越多，有害气体对文物的影响也就越来越大。博物馆或文物研究单位通常的做法是：尽量选择周边将来不会有大型污染工业的地区；库房选址的时候，不要在地下水位高或地势低洼地区，更不要靠近江河湖海。有条件的文物库房，还应该在里面安装空气净化装置，对有害气体和尘进行净化和过滤。

在文物的历史价值、社会价值、艺术价值的要求下，一些文物需要进行陈列。在陈列中，很多人只关注文物的陈列主题、艺术效果，而对文物保存环境的要求则常常忽略。在陈列条件下，灯光的光源选择、陈列柜的密封要求、温湿度的稳定性处理，都需要我们认真分析、严格控制。

展厅是一个半开放式的空间。外界环境中的有害气体、灰尘等有害因素，可以进入展厅，使得展厅环境十分复杂。在库房中可以做到的环境控制，在陈列条件下就很难实现。倘若给陈列大厅入口设计一个缓冲空间，使外界空气不能直接进入展厅；同时，让观众套上一次性鞋套，通过风浴除尘，就能大大减少观众携带进来的环境影响。

文物陈列常常要求在灯光上对重要文物给予突出渲染，这对文物很不利。对于纸质文物、纺织品、竹木漆器等有机文物，可以安装过滤紫外线的冷光源。同时，设置人体感应电路，只在观众靠近时照亮，这样就能减少灯光对文物造成伤害。

展厅环境处在不断变化之中，因此对展厅的监测是一种动态的监测过程，除了得出所监测数据的数值外，还应分析数值波动的空间变化趋向，分析人流对环境造成的影响，从而得出治理的依据与改善方法。

在展厅中，展柜是一个相对独立的微环境。在理想状态下，展柜中的空气不与展厅发生交流，这样就能避免展厅空气中污染物质与水汽的进入。事实上，很多展柜都做不到密闭，因此展柜中的环境就可能出现一定的波动。

即使在展柜密闭的情况下，其环境仍然会受到展厅温度、灯光辐射的影响。展厅的温度和灯光辐射会使展柜内温度上升。有些展柜的照明光源在展柜内部的上方，在密闭的展柜内自身的热辐射导致的热量无法散发，也会导致展柜内部的温度明显上升。这就要求文物陈列光源尽量使用冷光源或光纤照明。

对一些脆弱文物，其陈列展柜的微环境要求比较高。要尽量避免展厅环境的干扰，最好进行独立的展柜环境控制，如展柜内的温湿度控制系统、充氮、独立照明控制等。

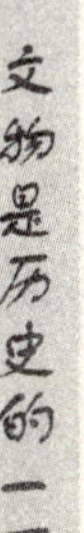

第四节　常见考古文物类别

文物在发掘的过程中，会出现不同程度的病变。目前，还没有能力去改变文物原有的地下埋藏环境。不过，能够做到的是：控制发掘现场的环境，减少文物出土前后的环境差异，从而将环境突变带给文物的伤害降到最小。这对出土文物日后的保护工作非常有利。

在考古发掘中，根据文物的不同特性，做好清理与保护工作。自身抵抗环境变化能力比较强的文物，可归为普通文物。这类文物大多是无机质文物，如玉石器、金银器、陶瓷器、没有矿化的青铜器等等。它们对保存与保护的要求不高，只要经常检查、安全陈放、控制环境就可以了。自身抵抗环境变化能力比较差的文物，归为脆弱文物。这类文物多为有机质文物，如竹木漆器、纺织品、纸张、皮革等。此外，一些无机质文物也是比较脆弱的，如锈蚀的铁器、铅质文物等。对于脆弱文物的保存，环境控制非常重要，它们保证了这些文物保护处理的效果，也决定了文物的寿命。

一、骨质文物的清理与保护

考古发掘中，骨质文物及象牙的损坏，常见的有破裂、糟朽、粉化等现象，还有骨质矿化造成各部位膨胀系数差异而形成的崩坏。

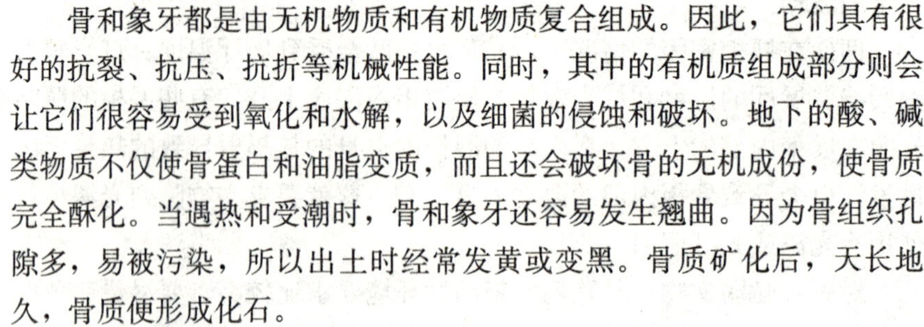

骨和象牙都是由无机物质和有机物质复合组成。因此，它们具有很好的抗裂、抗压、抗折等机械性能。同时，其中的有机质组成部分则会让它们很容易受到氧化和水解，以及细菌的侵蚀和破坏。地下的酸、碱类物质不仅使骨蛋白和油脂变质，而且还会破坏骨的无机成份，使骨质完全酥化。当遇热和受潮时，骨和象牙还容易发生翘曲。因为骨组织孔隙多，易被污染，所以出土时经常发黄或变黑。骨质矿化后，天长地久，骨质便形成化石。

在考古发掘中，常常会遇见到看似完整，但不可触碰，一触即碎的骨头。这是因为骨的结构已经被破坏，其中的有机物质消失，甚至其无机物成份也已破坏。遇到这种情况，一般可采取连周围的土一起提取的方法，也可加固取回，再清理修复。一般来说，为了保护这种文物，应该立即对现场进行加固。对于特殊的文物，应该采取特别的措施。

二、玉石器的清理与保护

玉石器自身抵抗环境变化能力比较强，考古发掘后，可对表面附着物清洗，对断裂与酥粉进行粘结与加固。之后一段时期内，要定期观察与维护。首先，要看看结晶盐与酥粉现象是否再次出现。这一点能够判断出文物内部的可溶性盐类是否还随着潮湿、干燥的变化而活动。如果是，应该对保存空间进行严格控制，控制温湿度的变化幅度。同时，对器物需要重新进行除盐处理、进行表面加固与封护处理。

其次，要观察有没有新的裂隙发育，修复过的断裂缝是否发展。这是因为石器会因为温度的不同而发生变化，譬如，有的石材在冷热交替的作用下，会出现碎裂。

最后，要定期监测石质文物保存环境。

三、金器的清理与保护

金的化学稳定性高，不易被氧化，也不易被熔化，只会与卤素和王水反应，所以纯金的金器一般不用保护，只是在保存和陈列的时候，要保证其不被挤压、碰撞。金器的保护通常指的是金的合金。不同的合金，其保护措施不同。

四、银器的清理与保护

银的化学性能比较稳定，不易被氧化，但遇到硫化氢和臭氧之后却很容易腐蚀。所以，银在空气中放久了表面变暗发黑。银器的保护重在维持原貌。所以轻微腐蚀的银器表面的古斑或黑色（少许），一般不用处理。有时为了改善外观，也可稍加处理，用氨水酒精溶液擦洗。

五、漆木竹器的清理与保护

有机质文物中的竹、木、漆器均以木材为主体，主要由纤维素、半纤维素、木质素组成。纤维内的亲水基因较多，容易导致木材的膨胀或收缩。很多漆木竹器出土不久会迅速散失水分，从而变形。因此，在考古过程中，漆木竹器要控制水分的散失速度。

此外，竹木漆器还要进行消毒、杀虫。

六、纺织品文物的清理与保护

纺织品文物主要成分是纤维素和蛋白质。纤维素容易发生水解，纺织品原先在密闭的环境中，一旦发掘，遭遇外界空气，就会迅速腐朽。因此，在考古过程中，发现纺织品文物，应及时想办法整体转移到室内，在避光、低温的环境中进行揭取。

七、纸质文物的清理与保护

纸是纸质文物主要构成材料，其包含纤维素、半纤维素、木质素三大成分。纸张遇水就会变得柔软，并且极具韧性。纸质文物在长期埋藏的过程中，会发生水解，形成一种利于微生物生存的环境。因此，在考古的时候，对纸质文物首先进行清洗、去酸、加固、修复等操作。当然，对于那些在干燥环境中的纸质文物，其含水量很低，纸张大多保留原来的形状，不必再加以处理。

第九章

严谨规范的考古手段

第一节　考古的前期调查

在田野考古中，考古调查非常重要，它能够在基本不破坏遗址或遗迹的情况下，发现并获取遗存资料。考古调查、勘探的程序可以分为三步：首先是资料的搜集和分析，在此基础上，制订调查计划，并做好准备；其次是野外调查和实地考察，发现、记录新的遗迹、遗物现象；最后是对调查资料的整理、分析，综合获取的信息后，总结调查区域的遗存概况。调查之前，应该参考相关的书籍，对自己调查的地方有个大致的了解。

广义的考古调查包括地面探查、钻探、航空勘查和地面物探与化探。狭义的调查则仅仅指常规的地面探查。在调查过程中，要做好记录，并适当采集标本，以便进一步分析和研究，确定发掘价值。

考古调查分为全面普查、专题调查、预备调查、区域系统调查。在某一地区内，对不同时代不同性质的遗存进行普遍调查是全面普查。普查之后，对该古代遗存的分布、性质、保存情况都会有个大致的了解，从而确定保护和发掘的轻重缓急。专题调查则是集中调查某种文化遗存，如长城调查、夏文化调查等，这种调查一般为学术研究服务。专门为发掘做准备的调查是预备调查，主要目的是对发掘地点进行文化性质、保存状况、周围环境、堆积层次特点进行“摸底”。其范围通常较小，要求细致深入。区域系统调查则是以聚落形态研究为目的的考古调查，是全覆盖式的调查，是专题调查中的一种新类型。

调查过程中，对地形要特别注意，地面任何微小的变化都要记录。要充分利用沟沿、路边、山崖等各种断面，寻找遗迹和遗物的露头。一般来说，河流交汇处往往有居住遗址，石灰岩山坡往往有洞穴居住址，湖滨、海边往往有贝丘的遗迹，这些地方都值得注意。

调查发现的遗址和坟墓等，要经过考察和分析研究之后，才能成为正式发掘的对象。考古发掘要把埋没在地下的遗迹和遗物揭露出来；在揭露过程中，遗迹和遗物不可避免地会受到不同程度的损坏。因此，考古工作者要采取最妥当、最严密的方法，将损坏降到最低。

调查的下一步是钻探。钻探是利用探铲取土样观察地下遗存的调查方法。它的优点是能直接深入地下取样观察，破坏性小，直观准确地取得一定地点的文化堆积资料，能在短时间内了解较大面积的地下情况。适用于具体了解遗址堆积分布范围、厚度、大型建筑基址、大型墓葬和古城的形状和布局等。

钻探调查时，每个探孔都要编号。同时，用探孔记录表的形式，记录每个孔能够观察到的地层、遗迹等情况，包括土质、厚度、遗物等。探工每天都应该写钻探日记，对每天的工作情况进行概括记录，如新打的探孔数量、编号、布孔方法和位置、堆积情况、遗迹、带出的遗物等。必要时，还要绘出遗迹分布和土层堆积示意图。

确定某一地点有文化遗存后，就要将其保护起来，等待以后有机会进行发掘。考古发掘通常可以分为两种：抢救性发掘和主动性发掘。国家大规模的经济建设，如修筑道路、建造房屋等，可能会经过或占用埋藏古文化的地方。为了保护文物，考古部门要尽快组织发掘，这就是抢救性发掘。比如三峡考古发掘，就是一项大规模的抢救性发掘。而主动性发掘，是指为解决某个学术问题所进行的发掘。

第二节　考古发掘的过程

古代遗址的种类很多，有一般的居住遗址，有古代宫殿建筑遗址，有官方或者民间的手工业作坊，其类别不同，发掘方法也就不一样。

一、对居住遗址的发掘

一般来说，比较常见的是对居住遗址的发掘，通常采用探方法和探沟法进行。

所谓探方法，是一种划成正方形方格进行发掘的方法。具体做法是，在选定发掘区域内，划好方格网，在每个十字交叉点打下一个木橛。方格的大小，根据遗址文化堆积的厚度而定。通常情况下，每边长不少于2米。相邻的两格之间，要有一道宽0.5米到1米的隔梁，一直到发掘完成再挖掉。每一方要标记坑号，最好写在四角的木橛上。探方法非常适合发掘面积较大的整片遗址。

探沟法是挖一条狭长的沟，一般2米宽，隔10米留一隔梁。这种方法适合于时间较短的考古发掘，可以了解遗址地层剖面、城墙的修筑情况等。

不管是探方法还是探沟法，其掘土的方法都是一致的，即按文化层分层下挖。为避免在发掘中大面积打破文化层底部，应在每个探方中划出一个每边长1米的控制坑，先向下挖一薄层，方便了解地下文化层。发掘时，从控制坑壁向外扩张，将整个探方都挖掘到同一文化层底部，之后再下挖一控制坑，这样一直按顺序往下挖掘，一直挖到原生土为止。

二、对墓葬的发掘

墓葬和居住场所一样，都是当时人们物质生活和精神生活的反映。

发掘古墓葬，可以了解人的体质特征，古代的葬俗和形制，以及古代的政治、经济和文化状况。我国古代墓葬类型较多，有土坑竖穴墓，又有石室、砖室墓等。不同类型的墓葬，所采取的发掘方法也不同。

一般来说，在发掘土坑竖穴墓的时候，先要用探铲作钻探工作，弄清层位关系、分布位置，还有墓葬的确切周边范围，找到墓口，这样就能进行发掘了。发掘的时候，要采取一定厚度，水平成层下掘，同时，还要特别注意墓坑中的填土，这样就能知道古墓是否被盗，以及填土中是否夹杂陶片等杂物。发掘快到墓底的时候，要注意区别随葬物和分布在土壤中的杂物。清理墓室的时候，要注意墓室结构、葬具及其痕迹、人骨架的葬式、随葬品的摆放位置，以及它们之间的关系等。发掘墓葬、坟丘的时要采用十字四分法或平行长条法，发掘原理和发掘居住遗址的探方法、探沟法相似。

无论是遗址发掘还是墓葬发掘，在清理过程完毕后，都要作记录。这些记录要能反映全部工作过程和情况，遗物、遗迹保存的状态及位置和复原状况等。遗址发掘还要用坐标记录法进行测量和记录，同时还要记载器物编号、层位、器物名称等。

第三节 考古的理论、范围与对象

一、考古的理论

考古的理论和方法一直处在不断的变化之中。现代考古学诞生于19世纪，经过一个世纪的长足发展后，变得更有理论性、实验性和严谨性。最初的时候，考古学家往往会建立一个遗址、地区的古代文化的编年序列，比较注重某一个民族的生活方式、文化史及文化进程。到了现代，考古学家开始更多地注意不同族群之间的互动关系、文化与环境的关系。

20世纪初，达尔文的进化论震撼了整个世界。无论是西方还是东方，都普遍接受了进化论。考古发现见证了人类进化的痕迹，因此，这个时候的考古学家不再像19世纪那样具有浪漫情怀，而是多了一层理性。

考古学发展成熟以后，确定了四个层次的目标：发现、发掘、记录和保护过去人类的物质遗存，揭示它们在时间和空间上的相互关系，包括它们存在的物质性背景；重建特定时间、特定地点、特定的古代遗存所代表的人类的行为和生活方式；建立古代遗存的编年序列，进而建立一个特定地区的文化史；解释由古代遗存所体现的人类行为和文化过程所具有的规律性。

20世纪50年代以后，科学技术获得飞跃性的发展。现代科技极大地开拓了考古学家们的视野，提高了他们从传统材料中提取信息的能力。

我国学者认为，考古学是历史学的一个部分，因为它研究的就是人类的过去。我国著名史学家傅斯年先生曾经说，考古就是要“上穷碧落下黄泉，动手动脚找东西”，为历史学研究寻找和提供传统文献所无法提供的新史料。不少考古发现确实弥补史料记载的不足，考古学的研究范围是非常广阔的，它虽然和历史学有交叉之处，但依然是一个独立的学科。

在西方国家，尤其是美国，考古学被视为人类学的一个分支，和民族学（文化人类学）、体质人类学、语言学共同构成研究人类的形成和发展的一门更大的学科。美国著名的人类学家博厄斯持这种观点。他认为，要研究人类，只有将考古学、民族学、体质人类学和语言学综合，才可能取得较大的成就。这种观点旨在强调考古学要全面、科学地研究文化系统。我国著名考古学家张光直先生也认为，一个优秀的考古工作者，应该同时掌握很多门知识，如人类学、社会学、、民俗学、历史学、文学等等。一个人的知识面越广阔，其在考古上的成就就会越大。

二、考古的范围

考古的范围，从一开始就不是固定的。

我国对考古范围的理解，可以参考夏鼐先生和王仲殊先生在《中国大百科全书·考古学》中的阐述：“考古学是根据古代人类通过各种活动遗留下来的实物以研究人类古代社会历史的一门科学。”在实际情况中，考古学研究的年代范围不是一成不变的，它会随着实际情况的变化而变化。

20世纪70年代之前，考古学研究范围主要限于“古代”。因为历史发展进程不大相同，所以每个国家考古学研究的年代下限也不同，英国以诺曼人入侵（1066年），法国以加洛林王朝覆灭（987年），美洲各国以哥伦布发现美洲大陆（1492年），日本以平安时代结束（1192年），等等。我国史学家认为，清朝是我国近代史的开始，不在考古学的研究范围内，因此将考古学的研究下限定在明朝灭亡，即公元1644年之前。

三、考古的对象

考古研究的对象是与人类活动有关的实物遗存，一般来说是地下出土的实物。实物遗存大多是考古工作者在考古过程中发掘出土的，绝大多数是古代的人工制品。实物遗存可分为两种，遗迹和遗物。遗迹中，小到单个居住遗址、墓葬和窑穴，大到村落、都城；遗物中，小到陶器、石器，大到重数百公斤的青铜器，都是当时的人们有意设计和建造的，都具有一定的研究价值。

除了人工制品，考古还研究与人类活动有关的自然遗存。譬如说，在农业文明尚未开始之前，人们居住在洞穴之中。洞穴自然是天然的，但是因为人类居住在其中，并且还有意识地加以修整。这样，它们就和人类活动产生了密切的关系，也是考古研究的对象。又譬如，遗址中出土的栗子、胡桃等野生植物和野猪、鹿等野生动物，它们虽然不是人工种植和饲养，却和人类的生活发生了密切关系，因此也是考古研究的对象。

可以说，大部分考古的对象都是考古发掘出土的，但也有一些实物，尤其是一些古代遗物，是传世品，并非考古发掘。这些传世品大多被个人或博物馆收藏，供人鉴赏。因为脱离了原来埋藏的环境，其所蕴涵的考古研究价值很小。不过，因为有与其相关的考古资料作为分期断代的基础，传世品本身带有可以证明其自身年代和用途的铭刻或题记，仍然可以作为考古的辅助对象。

总之，考古的研究对象是实物资料，这是考古学与历史学、人类学等其他相关学科的根本区别之所在。

第四节　考古地层学

地层学在考古发掘中的地位非常重要。地层学又称层位学，是一种通过判定遗址中诸堆积形成的先后过程或次序，来研究遗存之间相对年代早晚关系的方法。

一、考古地层学的基本原理

考古学所研究的地层又称文化层，主要是由人类活动形成。新石器时代中后期，农业文明开始出现，人类不再像原来那样，过着逐水草而居的生活，而是开始定居。为了生活，人们需要不断地营建房屋、修筑道路、挖掘水井和窖穴等。为了防御，还会在村落周围挖壕沟，筑围墙。亲人去世之后，往往会埋葬在居住区附近。这样，因为人为活动，在当时的地面上就形成了高低不同、深浅不一的活动平面。几年，几十年或者几百年之后，遇到天灾人祸，人们就可能离开这个居住地。于是，这个地方就成了废墟，在原来活动面上就留下了一层含有人类生活遗迹的堆积。这就是考古学所说的“文化层”或“文化堆积”。

考古地层学上有“生土”和“熟土”的说法。在人类活动前形成的纯天然堆积的土层叫生土。因此，在考古发掘的时候，为了更全面地了解、研究，要挖到生土才算结束。人类活动形成的土层叫熟土。

地层学的根本问题是划分层次，确定层位关系。根据“土质土色”区分不同堆积，根据叠压、拓破及平行关系确定不同堆积形成的先后次序。

二、考古地层学的基本内容

遗址中的文化层堆积层次是按时间先后自下而上依次堆积形成的。一个堆积层积压于另一个堆积层的现象叫“叠压”。根据大面积的地层叠压，可以肯定下层堆积的总体形成年代一定早于上层堆积的总体形成年代。

叠压关系又分为直接叠压关系和间接叠压关系两种情况。直接叠压是文化层和遗迹之间的直接重叠。间接叠压表示文化层和遗迹之间并不直接重叠，而是经过第三者的过渡而间接发生关系。在实际考古学研究中，间接叠压关系被广泛地运用于层位关系的研究之中。

遗迹和遗迹堆积的形成和一定的地层面相关。人们在地表活动，不仅形成地层堆积，还能留下居住的房子、储藏物品的窖穴、垃圾坑、水井、壕沟、墓葬、高台、城墙等。这些遗迹，不管是挖在地下还是出现地表上，都是在当时地表面上形成的。所以，弄清墙台之类遗迹的基底在哪一个层面，坑沟之类的遗迹开口于哪一个层面非常关键。

在人类生产生活活动中，总是在不断地从事建造房屋和窑穴、挖坑取土、掘沟凿井、埋葬死者等各种活动，这样，对原有的堆积就会造成不同程度的破坏。一个经过较长时间居住的区域，晚期的遗迹往往会破坏早期的文化层和遗迹，从而形成文化层和遗迹之间的打破关系。所以，在具有打破关系的遗迹单位中，打破别的遗迹的遗迹单位年代相对较晚，而被打破的遗迹单位年代相对较早。

一般情况下，较晚时期形成的遗迹比较完整，而时代较早的遗迹或文化层则常常已经被破坏。所以，被打破的遗迹或文化层往往呈现不完整的残破状态，而打破者的遗迹则常常是比较完整和规则的。当然也有特殊情况。譬如一处古墓，埋藏得很深，时间久远之后，标志不明显，有人在上面建房定居，地基的深度不够，没有破坏到古墓。因此，这种遗迹就保存都比较完整。

考古发掘中揭露的遗迹，从理论上讲都有形成、使用和废弃三个年代，这三个年代的具体延续时间，因性质的不同而存在相当大的差别。

形成年代：从开始建造到最终完工再投入使用为止，这段时间是遗迹的形成年代。不同性质的遗迹，其形成年代差别较大，如一般的民居和墓穴，建造时间通常比较短，而大型宫殿和帝王陵墓，其形成时间则比较长，有的甚至长达几个世纪，如我国的长城。

使用年代：从建成使用到废弃不用为止是遗迹的使用年代。不同性质的遗迹，其使用年代差别也比较大。如房屋、水井的使用时间一般较长，而窖穴等则可能较短，有的甚至是一次性的。

废弃年代：从废弃不用到遗迹被填满为止是遗迹的废弃年代。一般说来，考古发掘中清理出来的房屋基址、灰坑、水井、陶窑等遗迹，都是该遗迹废弃以后的形态。新建成的建筑，一般不会立即废弃。而连续居住区域内的废弃遗迹，则可能在废弃后很短时间内就被填满或夷为平地。

三、考古地层学的作用与局限性

地层学是田野考古学的基本理论之一，它为田野发掘提供了最基本的方法论，使田野发掘科学获得资料成为可能。

地层学使田野考古能获得有层位关系的文化堆积资料，为每一个文化堆积单位相对年代研究提供了坚实依据。比如，我国著名考古学家梁思永先生在后岗发掘时，因为获得了仰韶、龙山、殷商文化的三叠层，确定三者的层位关系后，才确定了三者前、中、后的相对年代。

地层学使田野考古能获得有共时关系的资料，为确定遗存组合关系提供了必要前提。地层学为研究各类遗存的时间关系和内在联系，以及对类型学研究、分期断代、文化内涵、功能联系、社会等级、交流传播等有十分重要的意义。

地层学使田野发掘能逐次揭露出遗迹的面貌。发掘的时候，一定要按照文化堆积的形成次序，才能使遗迹自然显露出来，否则就会使遗迹面貌遭受破坏。

当然，地层学也有局限性。地层学可以确定堆积形成的先后关系，据此，能够确定的只是遗物被埋藏的先后关系，并不能绝对准确地反映出遗物制造和使用的先后关系。对于层位关系相同的堆积单位，地层学无法判断它们之间的早晚关系。每个堆积单位内部都有形成过程，但在堆积成份不变的情况下，地层学就难以再区分层次。地层学还不能确定堆积单位之间的时间间隔。如果因为地层的直接叠压，就说明文化堆积之间存在时间连续，甚至认为在文化上是相袭的，那是大错特错。地层也并不和历史发展的各个时代一一对应。因为同期同文化的人们在不同地点形成的地层堆积成份不一致，所以，不能像地质学那样，把地层在较大的地区范围内作统一对比，也就不能判定两个以上遗址之间诸堆积的相对先后关系。因此在田野考古发掘中，需要同时具备地层学和类型学知识。

总之，田野考古是考古学研究资料的主要来源，也是考古学研究的基础。考古发现的任何遗物、遗迹，都必须借助于地层关系来确定其相对年代，倘若失去了地层依据，或者是层位关系出现错乱，都会给考古研究带来巨大的障碍。现在，科学技术普遍运用到考古发掘中，但考古地层学的作用并没有受到削弱。因为，任何一种测定年代的方法都离不开正确的地层划分。

第五节　考古类型学

类型学是考古学的基本方法之一，它通过对考古遗存的形态排比，来探求其变化规律、逻辑发展序列和相互关系。

一、考古类型学的基本原理

在考古发掘中，类型学研究的遗存必须属于同一类别。这是因为只有同一类的遗存才有规律可循，进而可以进行比较。比如，同类的房屋建筑，同类的墓葬，同类生产工具，同类生活器皿等，都属于同类遗存。不过有的时候，一些质地不同但用途一致并且形态相近的遗存，可以放在一起进行分析比较，比如陶斝和铜斝，陶鼎和铜鼎，石镞和骨镞，等等。

对同类遗存进行类型学分析，还受时间间隔和空间分布的制约。倘若时间和空间中的任一个方面超过了一定限度，在进行类型学分析时就要慎重。

考古遗存的类型学研究一般从层位关系入手。一般情况下，在具有先后关系的单位中的遗存，其年代可能有早有晚；而在属于共时关系的单位中的遗存，其年代可能是同时的。不过，因为人类活动比较复杂，也有例外，在研究的时候要多加注意。

二、考古遗存的形态发展

考古遗存的形态发展具有一定的逻辑序列。人类历史上生产过的所有物品，都是社会因素和自然因素的双重制约和影响下的产物。社会因素和自然因素的变化，往往会导致遗存形态或多或少地产生相应变化。新遗存的产生和旧遗存的消失大约也是如此。

某类遗存的形态由一种形制转变为另一种形制，可能是突变，也可能是渐变。一般来说，这种转变大多数情况是渐变。渐变过程本身表现为一种内在的逻辑发展序列。

需要注意的是，考古遗存形态的发展变化序列与生物学上的进化并不相同。生物的进化受自然条件制约，主要受自然规律的支配，而考古遗存形态发展的逻辑序列，则同时受到自然因素和社会因素的制约。因此，用类型学所揭示的形态发展的逻辑序列，只是描述了其已经存在的演化过程，其中并不存在演化的必然性，也没有由量变到质变的规律。

在类型学中，有一种横向串联的方法。对于同一遗址不同位置或不同遗址的遗存，可以进行横联排比，以确定它们的共时关系。这种方法能够将同一时期的器物群建构和完善起来，形成一个完整的器物群。

不同类别的地层单位在类型学分析中是有差别的。对于出自某一地层单位的遗物的共时性，不同类别的地层单位的可靠性在程度上有所不同，有的差别甚至相当大。根据田野考古工作的经验，一般可以把地层单位划分为以下四个等级：

突然废弃的作坊遗址。器物形态通常在制作的时候确定，若在考古发掘中发现突然废弃的作坊遗址，这里存在的各种遗物的共时性最强。作坊遗址除了因突发原因而保留下来的成品遗物之外，因为长时间生产，还会有大量的残次废品分布在附近。据考古研究，陶器烧制过程中的残次品率是5%左右。所以，废弃堆积中同一层次的遗物的共时性也是很强的。

废弃的房屋和墓葬。房屋是人们居住的场所，人为进行房屋拆毁和翻新，里面不会有还能使用的生活用品。但在特殊情况下（如火灾、战争等）突然废弃的房屋，屋内往往还存在数量不一的日用生活用品。这些东西的生产时间可能不一样，但曾经被同时使用，其共时性是显而易见的。

灰坑和水井等。灰坑在考古发掘中常常出现，形制多种，其用途和性质的差别也很大，如窖穴、祭祀坑、垃圾坑和取土坑等。所以，灰坑内共存物品的性质不一定相同。如窖藏，里面埋藏的物品可能是同时的，也可能属于不同时代。水井一般不宜作为一个地层单位看待，至少应该把水井使用时期的堆积和废弃后的堆积区分开来，作为不同的地层单位加以分析处理。

文化层堆积。文化层的情况更复杂一些。第一，倘若文化层是逐渐堆积起来的，其延续的时间就会很长，层内包含物的时代自然也很长；倘若文化层在较短时间内因为大规模动土活动而形成的，因为活动本身破坏了不同时期的堆积，其中一定会有不同时期的文化遗物。所以，文化层堆积内出土遗物的共时性相对较差一些。

类型学中，任何一类遗存都有一定的时间性。按一般规律，祖型是最先产生的形态。所谓祖型，就是说遗存产生时的最初形态。祖型的概念能够帮助了解文化的传播关系。可传播的内容有很多，从社会习俗、建筑遗存到器物及其花纹，几乎无所不包。文化传播非常复杂。比如说，一件物品从甲地传播到乙地，因为适应了那里的环境、技术等，形态与甲地相比产生了一定程度的变化。有些时候，因为受外来器形的影响和启发，会创造出来一种新的器类，如中原地区龙山时代的陶斝。

三、考古类型学的作用与局限性

通过类型学的分析和研究，可以将考古遗存形态发展变化的逻辑序列揭示出来，确定考古遗存的相对年代，并进行遗址和文化的分期。倘若将考古遗存的形态发展变化序列搞清楚了，那么，某些特定的遗存在这一序列中的位置也就明确了，它的相对年代也就确定了。在考古学研究中，可以运用类型学方法对某些典型遗物或遗迹进行分析，总结其变化规律，找出其变化的逻辑序列，再延伸到器物组合和器物的整体，从中发现阶段性的变化。根据阶段性变化的速率和等级，就能够进行遗址和文化的分期工作。

运用类型学断代一定要慎重。每一种器物都有一个发展的过程，其新旧形态的交替有一个过程，并不是一蹴而就的。比如说，我国原始青瓷在商周时期就被发明了，但一直到了魏晋南北朝时期，成熟的青瓷才被烧制出来。可能，在旧的型式仍然占据主导地位时，新的型式可能已经萌芽；当新的型式已经上升为主流时，旧的型式还在继续使用。

类型学还可以探讨同一谱系考古学文化产生、发展、消亡的过程及其规律，这是考古学研究的重要任务之一。在这一研究过程中，首先要探明每一考古学文化的基本内涵和文化特征。

除此之外，类型学的作用还有很多。作为考古学研究，既要把握一支考古学文化和同一谱系诸考古学文化的文化内涵和文化特征，从而搞清楚一支考古学文化和同一谱系诸考古学文化之间的各种性质的文化联系。在没有文字记载的史前时期，这种文化间的相互关系主要保存在考古遗存之中。因此，要揭示清楚各文化之间的联系，必须运用类型学的方法。

类型学的研究可以为深入、全面研究古代社会问题准备好基础性材料，奠定坚实的基础。如果没有这些基础性的工作，要研究和复原已经消失的古代社会特别是没有文字记载的史前时期，则无从谈起。要获得一个丰满的古代社会历史，包括的内容很多，如社会组织结构、社会性质、社会生产、生活方式、社会信仰和习俗、文化传统、自然地理环境等等。

类型学也有局限性。类型学只能确定出现早晚的逻辑序列，不能判定具体的存在年代。每一种器物，新旧形态总是存在着一定并存时间，有的时候，旧形态比新形态存在的时间还长。所以，要判定个体存在年代，应综合采用多种方法。类型学分析属于不完全归纳法，排出的序列，总结出的规律都有一定的人为假定成份，随着新资料的积累，需要作补充或修改，在资料不足的情况下，甚至会完全不反映实际情况，需要在资料增加后重新排队。

第六节　水下考古

水下考古是指对水下古代遗存的勘探、发掘和研究工作。水下考古的对象包括各种遗址，诸如泉水、井、污水坑、淹没的湖滨居址、淹没的码头、以及沉入海洋的古代城市等。

欧洲的水下考古开始得很早。公元1446年，意大利的利昂·巴蒂斯塔·阿尔伯蒂对罗马东面内米湖底进行了考察，试图打捞一艘罗马时期的沉船。两个世纪后，印第安人在佛罗里达海峡的西班牙“桑塔·玛戈丽塔”号沿船中打捞到350块银锭、几千枚银币和其他物品。

1832年，第一部科学探讨水下遗物的著作问世，也就是C. Lelly在《地质学原理》第16章论述水下地层埋藏的人类遗骸及人类制造物。1853年到1854年，瑞士的湖泊水位特别低，考古学家进行了调查和发掘，在里面发现了大量的木柱、陶器以及其他遗物，这标志着水下考古学的确立。

20世纪初，在地中海里面发现了大批的青铜器雕像、大理石雕像，还发现了罗马战船，这吸引了大批对中世纪文物有兴趣的人们。20世纪中叶以后，随着海洋学的发展，各种水下探测工具的改进，凭借海洋技术装备，考古人员能够潜入水中直接对水下遗存进行考古调查和发掘，水下考古的范围就扩展到世界各地。

1965年，在戛纳召开了水下考古学国际会议成立大会，大会的主要内容是探讨水下考古探查的技术和方法。1970年，水下考古学国际会议第四次会议和水下考古学国际讨论会召开。同时，关于水下考古的论述、专著也纷纷出版，水下考古已逐渐从海底探宝中脱离出来，有的人甚至称之为“水下考古学”。

水下考古最先在美国起步，美国、意大利、瑞典、英国等欧美国家，还有俄罗斯和日本，其水下考古的经验都比较丰富，技术处于世界前列。我国的水下考古起步较晚，1986年9月，水下考古学研究中心成立。1987年3月成立了“国家水下考古协调小组”，1990年我国第一支“水下考古队”诞生。自从八十年代中期以来，我国水下考古工作者先后在我国的四大海域——渤海、黄海、东海、南海先后进行了多项水下沉船遗址及其他水下文物遗迹的调查、发掘工作。

水下与陆上考古技术不同，这首先因为工作环境非常不同。潜水是人类克服水下复杂条件、适应水中环境的一种专门技术。水下考古之所以落后了陆上考古一个世纪，就是因为考古学家一直没有找到进入水中进行考古作业的手段——考古潜水。考古潜水主要使用现代常规潜水技术，包括管供重潜、管供轻潜、自携式轻潜。

此外，水下环境比陆上环境复杂。水下考古队员潜水后，面对的是一个黑暗的世界、高压的区域、低温的场所、动荡的较少方向感的环境。人的视觉和听觉都跟地面完全不同。因为面罩和潜水服等原因，人们不能像在陆地上那样，对自己周围的一切都了如指掌，行动也比较缓慢。在水下，视角不到陆地的三分之一，视野不到十分之一。所以，水下考古工作者不仅需要有坚强的意志、训练有素的技术和丰富的经验，还要有强健的体魄。因为空气的供给受潜水装备的限制，水下考古必须克服多种不利的工作环境，在有限的时间内有效完成各种考古工作。还有，考古工作者在水下考古的时候，受水压的干扰也很大。水压限制了工作人员在水中停留的时间和作业的深度。

水下摄影是水下考古记录工作非常重要的环节。在陆地上，有的内容可能不需要摄影，但在水下就是必须的。因为在田野考古原始资料的记录工作中，文字、绘图和摄影是三个相辅相成的部分。而在水下考古发掘工作中，因为水下自然环境变化，在水下进行文字记录几乎是不可能的，一些常规的测量绘图方法所测出的数据，其准确性也可能会比较低，其他方式的记录方法也许会有缺漏。所以水下摄影摄像就显示出了其不可替代的作用，不仅可获得图形资料，也可对其他记录方法进行补充和修正。

多学科相关技术的应用，是水下考古另一个显著特点。水下考古比较特殊，它涉及到自然科学、工程技术科学的许多领域，包括潜水物理、潜水生理与医学、海洋物理、化学、生物学，遥感技术与空间技术、水下工程等。多学科技术的广泛应用，使水下考古不仅集中了考古专业人员，而且集中了地质工作者、造船工程师、勘测工作者、物探遥感专家、电子工程师、海洋历史学家共同工作。水下考古还需要一个有效的合作团体。水下考古工作绝不是一个人就能完成的，它有赖于各相关专家的支持。此外，水下考古需要的研究经费是非常高昂的，因此需要制定综合的研究体制，并且要落实到调查、打捞工作中。

虽然水下考古困难颇多，花费昂贵，但水下考古也有一些陆上考古无法比拟的优越性。因为水的浮力作用，可实现遗物的自动分类拣选，原理与浮选法类似。水下的保存环境也比陆地好，因为水下遗迹大多是在无法预知的情况下发生的，所以，水下遗物具有精确的时间凝固性。此外，水下遗存的早晚堆积关系比陆上要简单、清晰得多。

事实上，水下考古并没有改变考古学的研究方法，它不过是以水底的资料为研究对象，运用考古学所特有的观点和研究方法作为认识问题的手段并使其发挥应有的作用。水下考古以水下资料为对象，因为使用了新的研究手段，可以说是考古学更加扩大、完善和深化了，从整体上扩充了考古学知识领域。水下考古遵循陆地考古学的一般原则，所有调查、勘探、测量、摄影、发掘、年代测量、保存、修复等，都同陆地考古学的研究方法基本一致。

水下探测的原理与物探、遥感相同，都是利用考古遗存与周围环境的物理性质差异的特点，所以水下探测也使用地球物理化学法勘探。用化学方法，分析目标区域内海底水样的成分，通过原子吸收技术观测文物在海水中原子扩散量的变化，间接地寻找古代各类遗址、遗物群。地球物理勘探技术的应用机制，是利用水下目标物自身产生或反馈的各种信息。

遥感包括空中和船上遥感两种。在深度较浅、透明度高、几乎没有波纹、无反光的观察角度，因颜色或色调的不同，可以看见和成功地从空中对水面进行遥感与航空摄影探测。此外，在船上也可以安装声纳、水下电视机等进行遥感勘探。声纳法实质上是在水下应用超声波探测，可探到水中几十公里甚至几百公里，因其探测分辨力强，被称为“水中雷达”。

探测前的准备工作非常重要。调查之前，先对探寻目标有一定了解，这需要丰富的相关资料，包括文字记载、民间传说、消息和已经打捞获取的文物，以及地图、卫星图片等。仪器设备的准备工作也比较重要，包括各种测量仪、摄影仪器、照明装置、测绘仪器、各种潜水设备、打捞工具，以及潜水员的供气系统和联系系统。调查、发掘时使用的是特制的、可移动的探方网，借助于探方网可以对遗址进行平、剖面测量，绘制完整的平面图和以基线为剖线的剖面图。

在淤泥层清除、探方布置完毕并进行科学的绘图、照相后可用手清理遗物。在遗物的清取方面，水下作业有自身的特点。水底沉积一般较疏松，通常不用手铲；某些重要区域可用手轻微煽动。打捞的方法有好几种，一种是用空气打捞装置的吸引力和喷射力将遗物吸取；一种方法是用气体提升装置；对于深水中的重要沉船，也可用巨型抓具进行打捞整个船体。无论使用哪种办法，打捞时应尽量保持遗物上附着的氧化层，这些氧化层极有可能是遗物的保护层，留待以后陆地工作时再清除复原。打捞时，切忌每次作业过深，以免损坏遗物。遗物浮出水面要经波浪、水流的冲刷，还要经运输的颠簸，理想的做法是在水下装箱，并在箱内填充泥沙，盖好，运至研究室再开箱取物。

第十章

现代科技在考古中的应用

考古学自从出现之始，就和自然科学有着密切的关系。最初，考古学仅局限于史前考古，因为文献资料匮乏，人们就借助自然科学。一战后，现代科学迅猛发展，在考古实践中，地阻率测试仪、空中摄影技术、现代生物学鉴定法、各种物理化学分析方法等都得到应用。20世纪20年代，现代考古学传入我国，此后，我国的考古发掘便开始注重自然科学的应用。

第一节　现代科技与考古勘探

利用现代科技手段考古，优越性显著。首先，科技考古不会损伤文物，或造成的损伤很小，因此被称为无损伤考古。其次，科技考古工作周期短，劳动强度小，所需资金少，准确率高。此外，科技考古不受地区环境限制，即便在条件恶劣的地方，也可以进行考古调查。更重要的是，科技考古探测范围广，仪器精密度高，可以将发现的东西概括为有机整体，确保我们掌握遗存的准确性、完整性。

据现有探测手段，考古勘探可分为航空航天遥感探测（又称遥感考古）、地球物理探测（简称物探）、传统铲探和水下声纳探测。这几种手段各有优点和不足，因此在实际中常常综合运用。

一、空中摄影勘测

空中摄影勘测，即利用卫星、飞机等航空器从空中向地面观察和摄影。在空中的视野比较广阔，能够发现在地面上难以发现的现象，如土壤、地形的细微差别等等。这种方法主要应用于大型遗址或沙漠地区的考古调查，工作效率很高。

空中摄影考古在欧洲开展比较早，已经有一个世纪的时间。航空拍摄，最初应用于军事。在一战期间，空中摄影成为搜集情报的有效工具之一。为了军事的需要，人们拍摄了大量航空照片。这些照片有的成为考古学者的参考资料，扩大了考古遗存的调查。

航空摄影考古采用多种形式在不同高度、不同角度在空中对地面进行摄影，利用地貌形态、地物阴影、霜雪、植被及土壤湿度等多种因素在遗址地区形成的不同标志，来解释地面或地下遗迹的特征。

考古遗迹具有特殊的物理特性，特殊的影像特点会使其形成独特的遗迹标志。第一，土壤特征里面含有许多信息显示，利用土壤标志可以分辨出古代的城墙、道路、墓葬、古河道等遗迹。第二，考古遗存的物理特性会作用于周边的植被，从而形成植被标志。地下的考古遗迹因其种类不同形成正植被标志和负植被标志。第三，遗迹的阴影标志。残存在地面上的遗迹如城墙、坟冢、土台、沟渠容易形成地面的起伏变化，总会呈现一定的微土貌特征。它们在倾斜太阳光线的照射下，表现出不同的明暗、大小以及组合方式的阴影，尤其是布局具有规律性的城址特征非常突出。第四，不同的考古遗迹，在夜间都会发出与周围环境不同的特征红外光谱，在航测红外光波段照片中可以分辨出来。第五，土壤的差异还可通过土壤潮湿度的差异（即潮湿标志）和地上霜雪融化的速度不同（即霜雪标志）表现出来。

二、遥感技术

遥感技术是在航空摄影的基础上，逐渐用于考古学研究中的。20世纪70年代初期，欧美国家在遥感技术应用不久就开始了遥感考古的探索，甚至研究出遥感的环境模型。80年代，遥感考古已广泛使用，到目前为止，欧美许多科研团体和个人已探索出许多行之有效的模型、方法。

遥感考古在我国20世纪80年代以来也作过多次尝试，多采用航片分析与地面勘探、物探相结合的形式，对我国的许多古代遗址进行了探测。这种手段节约资金、省时省力、获取的信息量很大。

三、地球物理勘探

地球物理勘探简称为物探，是用物理的原理来研究地质构造的方法。这种手段能够探测出某一地存在的物理性反常现象，从而判断地下是否埋有遗存。物探速度快，劳动强度低，不损伤遗存，在岩层、水中、沙层、冰上均能工作。

物探从20世纪50年代开始就被引入到考古勘探中，美国、英国、德国、日本、泰国、加拿大、匈牙利等国家和地区都运用这种手段进行考古，并取得了一定成效。

四、地球化学勘探

所谓化学勘探，就是通过检测土壤中与人类活动有关的化学成份含量来勘探地下遗存。原则上，每一种地球化学勘探技术都可以用于考古研究，但其运用不如物探方法广泛。

目前，使用得比较多的是磷酸盐分析法。在自然界中，磷的分布非常广泛，只要是人类生活过的地方，就会有富含磷酸盐的有机垃圾。因此，借助这种方法可以找到古人类的活动区域。许多国家都借助这种方法来调查考古，如英国的德文郡代顿史前遗址就是用这种方法发现的。我国的考古工作者还运用这种方法来对殷墟和秦始皇陵进行探测研究，发现秦始皇陵附近的汞含量异常，这可能是因为地下存在大量水银的缘故。

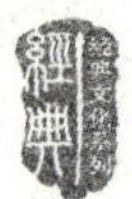

五、GPS技术、GIS系统及3S集成

GPS是全球定位系统的简称。运用GPS，可以确定各个地区的经纬度和海拔高度。

考古学界运用GPS技术的历史比较短，才二十年左右。相较于田野考古而言，GPS技术有比较明显的优势：（1）高精度的三维定位，各点不存在误差积累；（2）设计和布点方便灵活，其定位精度与其几何图形基本无关，不受地面点间相互通视的限制；（3）对地理条件和作业条件要求低，在很多地方都可以进行工作；（4）不受气象条件的限制，工作效率高。

GPS能迅速地测量出地面遗迹的分布范围、各遗迹的大致轮廓及其相互间的关系，同时，它在水下考古中的前景也很可观。

不过，运用GPS技术，一般只能得到宏观的结果，有的时候还会产生误差。因此在实际运用中，GPS技术要与其他手段相结合。

GIS是地理信息系统的简称，其数据库数量大，涉及内容多，可以将不同内容的资料综合处理。GIS技术操作起来比较简单，首先选择一个特定区域作为研究空间范围，输入一张该地区较为精确的地图作为基础图，建立数据库。之后，再将有关该区域的所有考古资料输入数据库中。最后，根据研究需要对每张图进行处理。

GPS、GIS和RS（遥感）技术各有优缺点，三者综合运用，可以取长补短。在实践的过程中，3S集成产生了，它是指三者对地观测新技术有机地集成在一起。3S集成运用时，GPS用来实时、快速地提供目标地空间定位，例如考古遗存的位置和形制；RS用来实时或准实时地提供目标及其环境地信息，例如考古遗存的勘探，发现地表的各种变化，及时对GIS数据更新；GIS通过对各种来源的时空数据进行综合处理、集成管理、动态提取，做成新的集成系统的基本平台，且为智能化数据采集提供地学知识。

运用3S集成技术，可以实现整体的、实时的、动态的空间系统研究，使研究人员在宏观、微观的角度，以各种规模，从人类的物质遗存及其周围环境的空间结构相互作用，定性、定量地讨论古代人类活动。

3S集成技术取得的成效是非常显著的，其应用前景比较广阔，但也存在一些问题。这些问题有待专家学者在实践的过程中去研究和解决。

第二节　现代科技与考古测年

在考古学上，准确地断定年代是非常重要的。对于那些有文献资料记载的器物或者遗迹来说，其绝对年代一般是可以确定的。比如，在墓葬遗址中，有的时候会出土一些墓志或修造时的碑记，上面可能有制造者或享用者的年代。此外，一些器物上也会有年代的铭记，如青铜器上记载器物所有者功绩的刻铭中，常常会有确切的纪年。但是，在人类漫长的历史进程中，文字的出现非常晚，因此，对于没有文字记载的考古遗存的绝对年代断定，只能依靠自然科学的方法。

一、树木年轮断代法

最早被使用的绝对年代鉴定方法是“树轮法”或“年轮法”。树木年轮断代法简称树轮纪年法，是美国著名天文学家 A. E. 道格拉斯在 20 世纪 20 年代建立起来的。1929 年，这种方法被用于印第安人遗址的测定，获得遗址的明确年代。之后，这种方法就被广泛运用于考古学、建筑学和美术史等方面。不过，因为树木的保存情况很差，年轮法在应用过程中存在的局限性很大。

树木年轮法的原理非常简单。树木每年春长秋止，并且在树干截面上形成疏密相间的圆圈，这就是年轮。每年一轮（或二轮），树木截面上的年代数目就表示这棵树的年龄。轮与轮间的距离为轮距，因为气候条件的差异，并不均等。一般来说，气候温暖湿润，植物生长旺盛，轮距就宽，倘若干旱少雨则轮距就窄。在同一气候中，同种树木的轮距及形状相似。倘若一棵活树内层的一段年轮与死树的外层年轮谱一致，就说明死树是前一阶段生长的，两者可以衔接起来。死树又可以和更老的死树衔接，依次类推，衔接不同时间段轮距就能建立起这一地区的主年轮序列。从实践来看，这种方法测定的标准序列年谱和日历吻合。运用考古发现的木头样品的年轮谱和建立起的主年轮序列表对照，就能够判定其生、死绝对年代，误差往往只有几年。

应该注意的是，选取的树种必须满足标准年轮产生的条件，也就是说一个生长季只增加一个年轮，而且应该选择寿命较长、分布较广的树种。一般来说，美国选择松科针叶常绿树种，欧洲选择栎树，我国则选取柏树。

树轮纪年法精确度非常高，误差甚至可以达到到一二年，不过也存在一些问题。第一是建立标准序列，研究人员必须付出很多年的艰苦劳动。第二是国际上通行以美国高山生长的刺果松树轮标准序列，而现在只能够衔接到八千多年前，其研究范围受限制。此外，这种方法能否通行于世界，并无定论。还有，对伪年轮或缺年轮的识别、树种的挑选、轮距序列的互校以及某些树木的特殊生长环境和气候的影响等，也会造成一定误差。

二、碳同位素测年技术

碳十四测年法，又称为放射性碳素断代法（Radiocarbon dating），一般写为14C，是由美国芝加哥大学的科学家利比1949发明并公之于世的。放射性碳素断代法的出现，第一次为考古学断定绝对年代提供了可能。碳十四测年常用的标本有木炭、炭化的种子或果实、骨头、贝壳和毛发等，其中最理想的是木炭。经过多年的实践，在各种年代学方法中，碳十四测年方法是比较可靠和精确的一种。

对于考古学来讲，碳十四测年方法是一个划时代的发明，它的发明者利比还因此获得了诺贝尔奖。

因为碳在自然界的交换循环非常迅速，处于与大气互相交换的各种物质在各地的14C水平基本一致，所以，在大气环境中，14C很快与氧结合生成二氧化碳，参与自然界碳的交换循环。所有生物都含有14C，而14C又不断地变化成为14N。因为循环，所有的有机体都会通过新陈代谢使其体内的14C浓度与大气中14C的浓度保持动态平衡。这样，只要生物体死亡，其放射性碳物质与周围环境中的交换就会停止，而其中的14C含量得不到补充，就会按照放射性衰变规律逐渐减少，经过5730年减少为原来的一半，所以就能够计算出生物与大气停止交换的年代。

就目前而言，14C断代法是最精确的测年方法，其优点非常多。14C断代法测量范围广，可测定1000～50000年内的考古样品，而且样品易得，凡是含碳的骨头、木质器具、焦炭木或其它无机遗留物都可以。这种方法对样品的要求也不严格，取样简单。即便如此，14C断代法仍然有一些问题：测量范围有限，而且样品年龄越老，越接近极限值，测量的误差也就越大；其取样虽然简单，但合适的样品比较难采集，要满足纯粹不受污染而且要求一定的重量，倘若样品不小心混入了早期或晚期的碳，那测出的结果跟真实的年代肯定会有很大差距；这种方法一定要用大量的样品，而且测量时间较长；此外，因为很多原因，

过去大气中的14C放射性水平不稳定、14C粒子衰变本身的波动性，用现代统一的C标准测定的年代就不能等同于日历，而只能是14C年代。

在常规14C断代法的基础上，人们又发明了加速器质谱测年技术(AMS)。AMS与14C年代法原理相同，不过两者所测物理量和测试技术有别。AMS是加速器技术、质谱技术和探测鉴别技术的产物，需要的样品量少，一般只要几毫克就够了，精确度高，误差小，测定年代可扩展到7.5万～10万年；其测量时间也比较短，一般几十分钟就可测试一个样品。

新中国成立后不久，我国著名的考古学家夏鼐就开始关注这项技术，并将它引到国内来，在考古学界产生了巨大的反响。这种方法的引进和运用，使我国的考古事业向前迈进了一大步。

三、释光断代技术

释光断代分为热释光技术和光释光技术，是利用绝缘结晶固体的释光现象进行断代的技术。热释光是一种物理现象，是晶体受到辐射作用后积蓄起来的能量在加热过程中重新以光的形式释放出来的结果。考古发掘出来的陶器，原料中通常都含有微量的放射性物质，它们会发射出α、β射线并轰击陶土中的石英结晶，使电子被无规则地游离到陶土的晶格结构中。当陶土被加热到380℃以上时，那些游离出来的石英结晶电子会重归原位并发光，也就是释放原来贮藏的热释光。释放完毕后，陶器晶体继续接受、贮藏大小恒定的固定辐射能，这些辐射能是陶器烧成后开始增加的，可以作为陶器年龄的标志，也就是说，热释光测定的是样品最近一次受热事件以来所经历的时间。通过测定陶瓷器烧成以后的发光量和放射性物质含量，就能够计算出陶瓷器被烧成的年代。

热释光测年法的适用范围比较广，可从5000年到50000年甚至50万年不等，它可以测定从旧石器时代的火烧土、最原始的陶器直到近百年的瓷器。其测定的对象，除了陶器和火烧土外，还有燧石、黄土、方解石等。近年来，科学家发现，一些在制作或使用过程中经过火烧的燧石制品也可以运用这种方法来测定年代，其适用范围因此而变得更加广泛。因为样品来源丰富，并且直接和加热受温这种文化行为相联系，热释光测年技术的前景可能会越来越广阔。

热释光测年法对原始文化的年代确定意义重大，特别是没有14C

标本或 14C 标本可疑的遗址，热释光还在文物的真伪签别方面有很大的优势。

热释光测年法以标本用量少、速度快（通常只要几小时）、跨度大而备受欢迎。在最理想的条件下，热释光测年法能达到 5%的相对误差，这样，对于 2000 年以内的样品，其绝对误差可小于 100 年，可能比 14C 法还要精确；但在 2000～8000 年这一范围内，14C 法要更为精确一些。当大于 8000 年时，14C 没有年轮校正曲线，热释光法可与 14C 法相互补充即证。

因为进行热释光测年的样品要从测定对象上取下来，磨成粉末，分离出石英成分以后放到密封的石墨盘上加热测量，所以对测定对象本身往往会有些微的破坏。所以，在运用这种方法对非常珍贵的文物进行测定的时候就要非常慎重。

在热释光的基础上，人们发展了光释光技术。光释光技术的原理与热释光相近，只不过与热释光技术通过加热的手段不同，光释光是通过外加的光照来激发陷阱中的电子，促使其退激发光。

四、古地磁测年法

古地磁断代，包括考古地磁断代和地层沉积磁性断代两种方法。前者是利用某些古物的热剩磁性进行断代，主要用于陶窑、烧炉、灶、砖瓦、陶瓷器的年代测定；后者利用地层沉积磁性随地磁极性倒转而倒转的现象测年，多用于旧石器时代古人类遗址的断代。

地球的磁场一直处在不断的变化之中。地核内半熔化的岩石的不断旋转使得地球磁场的强度发生变化，北极的方位不断移动。第二次世界大战以后，地质学家对地球磁场的变化产生兴趣并发明了测量和记录这种变化的方法。20 世纪 60 年代，考古学家开始将这种研究方法运用于考古测年。一般说来，含铁的矿物一旦被加热到高于其居里指数的温度，其磁场就会像指南针一样被固定在北极上。即便此后它的温度又降低到居里指数以下，当时的北极位置仍然会牢牢地凝固在其中，除非它再次被加热到居里指数以上或受到其他因素的干扰。

在地球演化的过程中，磁极经过移动有时候会发生倒转，这种现象并不常见，目前的科学也还无法掌握它的规律，但一般几十万年就会发生一次这样的倒转。地质学家通过钻探，从不同深度的岩层中取样并在

样品上标出取样时样品的北极位置，之后在实验室里测定它受热时遗留的北极位置，这样就能获得一个连续的磁极变化的序列，结合地球磁场发生倒转的岩层位置，并在钾—氩法的帮助下，就可以确定磁极倒转的年代。利用这个原理，通过测定样品古磁场的位置，并和母线进行比较，就能够得出对应的年代。

一般来说，古地磁断代只适用于很久远的年代，比如几十万、上百万年，因此，在考古学上只有旧石器时代可以用到它。专家们通常先用钾—氩法获得地层的大致年代，之后再用古地磁样品反映的地球磁极位置对年代进行更细致地校订。

对于较晚年代的考古遗存，地磁学断代也有用武之地，而且非常精确，因为它不涉及磁极倒转，而是根据北极位置的变动进行断代。含铁的泥土一旦被火烧到超过其居里指数之后，它的位置就固定了，比如房屋墙壁上的红烧土或陶窑的构成部分等等，就应该忠实地记录了当时北极的位置，可以作为理想的断代样品。考古学家先用其他方法，如碳同位素法或树木年轮断代法建立起不同时期北极的方位与年表曲线，之后再拿测得的样品的北极位置与之相比较，从而确定样品的年代。因为地球磁场的波动，不同地区应该确定不同的磁场年代曲线作为本地区样品的对比母线，现在不少地区的母线已经可以达数千年，在这个母线的年代范围内的样品，就可以成为有效的测年对象。

古地磁断代对取样的技术要求非常严格，必须确定样品没有被扰动或污染过，在取样前必须严格地测量取样时地球的北极位置并在样品上标志出来，然后严格地切下样品放在塑料盒里，拿回实验室进行测定和对比。磁极位置与年代母线的精确程度是影响古地磁断代的重要因素，各地区一直在不懈地完善本地区的母线。在美国西南部，由于有树木年轮断代提供的精确基础，用古地磁断代的误差已经可以被控制在 50 年之内。

五、其他测年法

1. 铀系同位素断代法

铀系同位素断代，也被称为不平衡铀系断代法，是利用样品中铀系、钍系子体放射性的不平衡性测定年代技术的总称。这种方法适合于旧石器时代古遗址的测年，所测年代在 5000 年到 50 万年之间，而且仅限于测定富含碳酸钙的岩石。

铀系法所需样品较少，仅几十克碳酸盐或几克动物牙齿、骨化石即可，但实际上理想的样品很少，误差也较大，因此经常与钾—氩断代法、裂变径迹法、氨基酸外消旋法等断代方法互相补充。近年来，随着质谱铀系法的发展，它所需要的样品少、精确度高，逐渐成为铀系测年的方向。

2. 钾—氩断代法

钾—氩断代法属于同位素断代法的一种，是利用矿物中钾－40 衰变成氩－40 的原理进行断代的。考古学中用钾—氩法测定旧石器时代的遗址年代。

3. 电子自旋共振测年法

电子自旋共振，又叫做电子顺磁共振。目前，电子自旋共振在地质、生物、医学、考古学方面的应用都比较广泛。这种方法测年的基本原理就是直接测定样品自形成以来由于辐射损伤所产生的顺磁中心的数目，也就是所接受的放射性射线辐照和本身的累积效应。

电子自旋共振法与其他测年法相比，优点是显而易见的。这种测年法范围非常广，从几千年到几百万年，几乎涵盖整个第四纪地质年代，主要用于几十万年的范围。电子自旋共振法测定对象广泛，洞穴的碳酸盐沉积物、软体动物贝壳、珊瑚、古脊椎动物和古人类骨骼、牙齿等都可以作为测试样品。这种方法测试条件简单，测试信号受周围环境影响小，而且样品可以反复使用。此外，这种方法对样品的损伤非常小，几乎可以忽略不计。不过，这种方法还缺乏深入系统的研究，并且主要运用在地质方面，需要完善的地方还很多，对于接近或早于 100 万年的样品，其测量结果可能会不大准确。

4. 裂变径迹法断代

裂变径迹法断代是利用铀－238 自发裂变径迹数进行断代的技术。裂变径迹法断代依赖于合适的考古材料（如黑曜岩），或者是与考古学相关的热事件，被高温烘烤过的矿物颗粒、陶器中的矿物颗粒、人工玻璃等都可以作为样品。不过，因为裂变径迹法基于许多假设之上，这些假设同实际情况常常会有所差别，所以遭到质疑，在实际工作中应与钾—氩法互相校对以确定早期人类遗址的年代。

5. 黑曜岩水合法断代

黑曜岩水合法是利用黑曜岩表面水合层的厚度来推测黑曜岩工具制作年代的技术。因为埋藏环境的温度并非稳定不变，这种方法经常仅限于局部地区的相对年代的测定，最好与碳同位素法、树轮年代法、埃及历等校对，与这些方法比较确定出标准后，再用内插法或外推法得出绝对年代。

6. 氨基酸外消旋断代

氨基酸外消旋测年是利用动物死亡后，氨基酸化学变化速度来测定年代的技术。氨基酸外消旋测年范围比较宽，从几百万年到几千年不等，通常用来测定古老洞穴遗址和海底沉积化石的年代。虽然用氨基酸外消旋法测年的准确度不是很高，但因为其样品容易采集，而且测定的年代可以补充其他测年方法在时段上的空白，因此也是一种重要的测年方法。

总之，考古断代的方法很多，各有所长，为了取得最好的效果，应该多采样，多种方法并用，互相校正、参考，从而获得更准确的年代。

第三节　考古中的自然科学手段

考古学是一门研究古代的学科，因为考古资料残缺不全等原因，在考古过程中，考古学家往往要借助先进的现代科技，才能取得较为准确的结果。

一、考古文物的观测与透视

考古出土的文物往往受到严重的腐蚀，或者是出现破损。石器、陶器、玉器、玻璃等器物在出土的时候可能已经破碎，而金属器物锈蚀严重，织物和纸张则会发霉长斑等等。为了修复和研究文物，首先要进行外表和内部的探测。对外表的最直接观测手段有三种：肉眼、放大镜观察，显微镜观测。而观测文物的内部信息，应用最广泛的方法是红外线成像检测技术、X射线透视技术、中子射线检测技术等。

红外线在自然界普遍存在，人眼看不到，但能够被其他物体反射、折射和吸收，而且不同的物质对不同波长红外线的反射、折射和吸收各

不相同。根据这一原理，红外线可以用来探测眼睛看不到的地方。在考古研究中，红外成像技术应用早在20世纪30年代就已经运用于古代文物的研究。早期主要采用红外摄影技术，操作复杂，很难推广。红外技术与电视摄像结合在一起后，产生了红外成像技术，比红外摄影更加方便，逐渐受到考古学家们的青睐。20世纪70年代，上海博物馆就曾经运用红外成像技术对宋代绢画《卧猫》进行了探测，画作污损的部分清晰地在荧光屏上显示出来，极大地方便了研究与修复工作。

我国考古过程中出土的一些汉代木牍，距今已经有一千多年的历史，因为长期埋藏在地下，污损严重。考古学家用红外成像技术拍摄了木牍的图像，再运用计算机技术处理后，就能够清晰地辨认出上面的字迹。著名的“伊湾简牍”和“大庸汉简”就是用这种方法认清了上面的字迹，并因此纠正了过去的错误。

X射线发现于19世纪末，20世纪初主要应用于文物的研究，最初只是纸质的文物艺术品，如绘画、油画、邮票等的真伪鉴别，后来用于博物馆藏品的材质的分析检测。X射线可以观察文物内部的结构特征、修复的痕迹等，提取文物相关历史和艺术信息（文字、装饰花纹），为古代工艺、技术的研究提供依据。我国在20世纪70年代才把X射线透视技术应用于考古文物的研究、保护和修复上。1977年，上海博物馆鉴定硬黄本王羲之《上虞帖》，这件文物年代十分久远，历经多次重裱，上面的印章已经模糊不清，无法辨认。经过X射线分析，印章清晰地显现出来。

X射线透视在国内最常用于青铜器、陶器和金属器物的研究。通过外表不容易观察古代器物的垫片、附件、内部连接、相互嵌套等情况，通过X射线透视就很容易观测。对于陶器，结合X射线方法能够显示泥条的痕迹、孔隙形貌以及沙粒形状等，研究陶器的制坯方法和工艺。通过对汉代彩俑的X射线透视，可以显示出中间有一条沿垂直方向的裂隙，从而判断出陶俑应为前后两部分分别模制，然后粘接在一起入窑烧制的。陕西曾经出土一柄汉代铁剑，表面完全模糊，被泥土和铁锈所覆盖，经过X射线透视，清楚显示出剑体的锈蚀情况，而且可以看出铁剑表面最大锈蚀厚度为五毫米，由此制定出合理的修复方案。具有精细花纹的金属工艺品，表面常常锈蚀得不能看清，强行除锈可能造成损坏。若用X射线照相，往往可以清晰地显现出原来的花纹，然后再除

锈并复原或复制就比较稳妥可靠。

中子射线检测技术是在X射线透视的基础上发展起来的，20世纪70年代开始运用于考古中的文物研究。这项技术的原理与X射线透视基本相同，都是射线通过被检测的器物，根据射线衰减的程度不同显示图像。不同之处在于，中子射线检测法的激发源用的是热中子，适合穿透较厚的物体。此外，中子射线检测法可用于检测各类质地的器物，可在同一张光片中显示金属、有机物、陶瓷器等不同质地的物体影像，这是中子射线检测法的最大优点。但中子照相技术也有缺点，如果要检测金属锈蚀下面的纹饰，X射线透视法效果更好。

随着现代科技的飞速发展，中子射线检测技术已经成熟，仪器设备也向着小型化发展。尤其是对于用X射线技术无法探测的有机物体，可以通过中子射线检测技术获得详细的信息。中子摄像技术在国外考古学界运用得比较广泛，在国内有所运用，但比较少。在一处明代寺庙遗址中，出土了一个青铜瓶，埋藏多年，锈蚀严重，盖子很不容易打开，通过中子射线检测，清楚地看到青铜瓶的底部是和瓶身焊接而成的，瓶子内部有类似于小枝状的物体。这样断定之后，才安全地将瓶子打开。

二、古器物的化学元素分析

通过出土文物研究古代人类的生活状态，就必须对古物进行分析鉴定，这其中就要应用各种科学技术。在现代化学出现之前，对古代铜器和铁器的研究只能依靠经验做大致的分类，而对铜锡、铜铅或铜锡铅等合金难以区分，至于古铁器是陨铁还是人工冶炼的铁，就更加难以辨别了。很长一段时间以来，分析古代器物都是凭借经验来判断。现在，我们可以借助科学技术，方便而且精确。

考古中化学元素的分析技术应用范围极广，几乎每一种新型的分析技术都能发挥作用。最广泛的应用是陶瓷器和金属器物。

瓷器是我国古代最伟大的发明之一。因此，研究其起源的时间、地点就显得格外重要。陶瓷器的主要原料是黏土，各地黏土在矿物组成和化学成分上有很大的差别。这些信息能够基本完好地保存在陶瓷器中。经研究，在黏土烧制成陶瓷器的过程中，大部分化学元素都不会发生显著变化，选取这些元素进行分析，就能推断出古陶瓷的制作年代和烧制地点。

在我国古代，制造瓷器的时候，往往就地取材，其中所含的微量元素种类不多，一般不影响瓷器质量，但在瓷器中长期保存之后，就成为分辨各地、各类瓷器特征性指示。考古学家分析了各处古窑的瓷土来源，通过瓷釉中元素含量的分布分析出了原料配方上的差别，并利用测量数据建立了各窑系、各瓷类的微量元素特征谱系。

青铜器是人类最早大量生产的金属，其情况和瓷器不大相同。陶瓷器中的主量元素在青铜器中一般都属于微量元素，只有金属元素是主量元素。在陶瓷器的产地研究中，主量、微量和稀土元素都可用于指示产地信息，而在青铜器中，则基本上只能利用微量元素来探索其矿料来源。利用微量元素来研究青铜器矿料来源的方法被称为“微量元素示踪法”。微量元素示踪法主要用于青铜器铜矿料来源的研究。

一般说来，在青铜器冶炼过程中，因为元素的地球化学性质的不同，金属矿石携带的微量元素有一个复杂的重组过程，从中可以筛选出在铜金属与矿石间具有相关性的特征元素，推断出铜矿料的来源信息，这对考古学研究是极为有利的。

从20世纪60年代初期开始，金属器物的分析还开始运用铅同位素比值法，推断出金属器物的产地和矿料来源。经过不断改进，这一方法可以用于青铜器、钱币、玻璃、颜料、大理石等古代文物的研究，尤其是青铜器矿料来源的研究，取得的学术成果很丰硕。日本曾经在考古发掘中出土了一种三角缘神兽镜，从传统的考古器物学的角度来研究，镜的形制、铭文和花纹图案具有中国铜镜的基本特征，生产年代应该在汉末魏晋之际。考古学者推断它们的生产地在中国，但在中国和朝鲜半岛一直没有出土同类的镜子。考古学者利用铅同位素比值法进行了研究，发现这类镜所具有的铅同位素比值，在日本找不到相应的矿源，可以肯定铸造这批铜镜的青铜原料来自中国。由此推断，这批镜可能属于中国制造并输入日本，或者是中国工匠利用中国的原料在日本制造的。

不过，青铜器等金属文物的矿料来源研究尚处于初步发展阶段，大多作为辅助性的测试。古代铜器在冶炼、铸造的过程中，有可能将废旧器物回炉重熔，这就大大影响了矿料来源的分析。

三、残存脂肪酸分析法

考古学家面对的对象主要是诸如陶器、石器这样便于保存的古代物质遗存。对于这些考古对象，我们可以从其形状来推测其用途，但难以证实。残存脂肪酸分析技术为此提供了一个可能的解决办法。

20 世纪 20 年代，科学家发现，所有动物和植物体内都有脂肪，而脂肪酸是脂肪的最基本的构成物质，不同的物种，其脂肪酸的成分也各不相同。不过，这一发现直到 80 年代才运用到考古学中。

人们通常认为，在古代遗址中大量存在的石器和陶器等用途常常是砍伐树木、宰杀动物和盛煮食物，但是，到底那些石刀、手斧都砍伐过什么植物、宰杀过什么动物呢？那些陶器盛过或煮过什么食物，不但考古学家难以决断，擅长物理化学分析的文物保护专家也无能为力。后来，日本著名的考古学家佐原真和生物化学家中野益男通过引进残存脂肪酸分析法，为此提供了科学的答案。几次成功的结果确定了脂肪酸分析在考古学中的地位。

残存脂肪酸分析不仅可以确定石器、陶器等功能，还可以帮助考古学家推定古人的食物构成和环境等方面的信息。另外，脂肪酸分析不会破坏样品的外部形状，不改变样品物理化学成分，完全符合文物保护的要求。因此这种方法很快受到日本和欧美等发达国家考古学家的高度重视，20 世纪 80 年代以来取得了不少令人兴奋的成果。

残存脂肪酸的测定分析需要考古学家和生物化学家的密切合作。在发掘现场采集测定样品时，考古学家要按照生物学家的要求进行操作，严禁用手触摸样品，采集好的样品要用塑料袋等包装好，以防止油脂污染；在一般情况下，要尽可能地将样品连同其周围的土壤一起采集，单位采集量的多少应视样品大小等背景状况而定，通常将样品及周围土壤切割成边长 50 厘米见方的正方体；包装运送样品应该用金属的箱盒；对于大面积的遗址或遗迹，采样时要注意点面结合和样品的布局，测定分析时要提取尽可能多的脂肪酸成分，并绘制专门的图表记录测定结果，以便进行对比分析和结合其他考古现象进行解释。

四、孢粉分析法

开花植物的花粉和不开花植物的孢子形态各异，但都有一层坚硬的外壳，可以将其长时间地保护起来不致遭受损坏，而且孢粉体积很小，可以被诸如风、昆虫、鸟等媒介搬运散布到各种地点，广泛地保存在古代形成的堆积中。

因为孢粉形态各异，它们大部分可以被鉴定到属。不同植物产生孢子和花粉的数量不同，散布方式与保存状况又各不相同，所以，对它们进行系统的鉴定、统计和分析，在一定程度上可以反映一个地区特定时期的植被状况。而对当代孢粉的统计分析及其和植被的对比研究，也为科学地认识和复原古代的植被状况提供了标准参考。

孢粉从土壤等古代堆积中取样，在实验室中分离提取，在显微镜下进行观察、鉴定、统计，在统计时，由于一个样品通常包含无数的孢子花粉，通常规定观察统计到300个或500个为止，使样品具有代表性和可比性就行。最后，将不同形态数量的结果绘制成为孢粉图式，将不同时段形成的地层中的样品结果排列起来，可以形象地表示出某一种属的植物随时间变化和整个取样区域的植被种属在横断面上的组合分布情况。

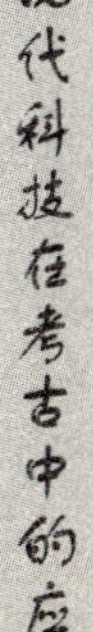

在以年代学作为考古学的头等目标的阶段，孢粉分析最初也主要是作为一种断代的手段。因为植被的变化主要是气候变化的结果，不同气候阶段会有不同的植被类型，通过确定孢粉组合的图式，进而确定植被类型，可以大致地帮助考古学家判定一个地层的气候阶段和年代范围。

随着碳同位素等断代法的引进和考古学的发展，孢粉分析对研究环境变化及人类行为方面的作用日益凸显，成为环境考古学的常规手段。孢粉分析是复原植被最为重要的方法（其他的方法还有植被遗存的直接鉴定，最近有植物蛋白石的分析等等），而植被是环境最重要的构成部分，根据植被可以复原气候等环境因素，甚至可以直接根据孢粉分析人类行为的某些特征，因为随着人类文化和技术的发展，植被的许多变化就是由人引起的。比如在欧洲的新石器时代，考古学家发现森林的孢粉在减少，而禾本科特别是谷类、草类的孢粉在增加，通过分析发现，这是由于人类大量砍伐森林种植庄稼造成的。

湖泊和沼泽的孢粉可以反映一个地区的总体植被状况，地面土壤的孢粉则更倾向于反映更小的区域生态，被突然掩埋（比如地震）的地表的孢粉样品甚至可以反映样品提取地带的土地使用类型等信息，有计划地、系统地表取样，有助于了解建筑物的边界范围。

现在，孢粉和植硅石、系统地采集种子、木炭等有机物遗骸的结合，形成了一套复原古代植被的方法体系。

五、古DNA分析技术

考古遗存中可能保存古代DNA材料的有两类。一类是生物材料，另一类是人类制作、加工或使用过的材料及其上所附的残存物。其中，人骨和牙齿是古代DNA研究的主要对象。

人骨的考古研究，总体上运用体质人类学的方法。体质人类学最初依靠形态学去分析人种、性别，后来随着数理统计方法的引入，分析的结果更为严密，研究的内容也得以深入。人骨的形态学研究分为两大步，首先进行目察，是将出土的人骨同已知各种系族类骨骼的整个结构进行比较，直接分类。内容包括：根据头骨的形状、牙齿（乳齿、恒齿的萌出时间）和骨骺的愈合时间、骨缝的愈合时间、耻骨联合面，以及人骨、牙齿的组织学断龄、头骨区分人种。第二步，是用生物统计的方法进行头骨测量，作定量的比较，可通过测量的数值（如长、宽度）用指数进行计算。最近引用现代统计学中的各种多元统计分析方法，取得了许多出乎意料的成果。目前，体质人类学已经对世界范围内的古代居民的种系分布有大致轮廓。

在体质人类学的基础上，可以进行分子生物技术的研究。根据人的遗传基因原理可以从古代人类遗骸中提取DNA片断，进而复制、测序，分析样本的亲缘关系，这种方法可对墓葬内出土的人骨做个体鉴定、家系鉴定等，还可以比较群体内个体差异或相似程度，进一步比较不同人群的遗传因素，揭示其在进化上的相互关系，从而重绘人类的演化过程。最初，研究者是通过分子克隆的技术分析古代DNA，但由于古代生物体在漫长的岁月里发生变质降解而容易导致古代的DNA受损。近年来新技术、新方法如PCR技术、STM和AFM图像、流动式单分子荧光检测法所需DNA含量少、高特异性、敏感性，使得古DNA的数量极少、质量极差以及其他干扰不再是不可逾越的障碍。近年来，随核酸序列研究的突破性发展，人们逐渐发现不同生物体核酸序列的相似性与其亲缘关系的疏密直接相关，且与生物体的形态核生理特征受环境影响很大不同，核酸序列受环境的影响较小，故而反映的信息更客观。

人类生命个体的最基本单元是细胞，而细胞中最大的细胞器是细胞核。细胞核是遗传信息贮存、复制和表达的主要场所，其主要成分包括

脱氧糖核酸（DNA）和少量的核糖核酸（RNA），DNA 与核蛋白相结合并以染色体的形式存在。

DNA 是遗传信息的载体。生物机体的遗传信息以密码的形式记载在 DNA 分子上，表现为特定的核苷酸排列顺序，并通过 DNA 的复制由亲代传递给子代。DNA 是细胞中唯一能自我复制的遗传物质，所以 DNA 的复制是一个高保真的过程，生成的子代 DNA 与亲代 DNA 保持着高度一致性。尽管如此，在复制过程中总难免发生一些错误，结果它们就将遗传下去。DNA 的这种永久性的改变称为突变，其中的基因突变是物种进化的基础。有时候，基因突变产物的功能可能更适合机体所处的特定环境条件，因而更利于其存活，这种突变可能导致新物种的出现，生命从而产生进化。分子生物学家发现变异是以一定的速率进行的，即遵循生物分子钟的原理，通过对遗传变异的分析确定多长的时间内会发生变异。这样，可以通过分析不同个体和不同种群之间基因的相似程度，来确定不同种间的遗传距离及其发生分离的年代。

所谓古 DNA，是指那些从动植物残骸（化石、亚化石、博物馆收藏的标本、考古学标本）中提取出的 DNA 分子。生物体死亡后，其原有的 DNA 分子结构就开始遭到化学、物理等损伤。基于古 DNA 的特性，在选择研究对象上最好是片段长度适合、高异位点、高拷贝的样品。古生物线粒体 DNA 就满足这样的要求。

除了线粒体 DNA 在考古中应用的较多外，分析古生物体的 Y 染色体 DNA 和常染色体 DNA 也可以进行相关研究。人类的 Y 染色体由两个功能不同的部分组成，一个功能区负责男性性别决定和生育能力，成为 Y－特异区；另一个功能区是在男性减数分裂过程中参与同 X 染色体的配对、同源重组和分离，即拟常染色体区。这两个区域有不同的遗传特性，从而保证性别决定的染色体基因不被破坏。通过分析特定的 Y 染色体单倍型分布，就能勾画出 Y 染色体进化树，追溯现代人类的父系祖先，是母系遗传的线粒体 DNA 研究的有效补充。但是，由于 Y 染色体是单基因拷贝，扩增困难大，在古 DNA 中应用并不多。

常染色体 DNA 的方法是借助于突变数量的差异来研究，人类的细胞核内有 22 对常染色体和一对性染色体，常染色体反映了核 DNA 的多态性，据此可以推测人类的群体遗传和人类的演化。但是，由于目前理论和技术上的原因，常染色体 DNA 与揭示人类演化过程的距离

很大。

古DNA样品的选取和提取，应尽可能地在从未进行过现代DNA分析的实验室内进行。实验所用设备和器具必须严格与现代的DNA研究的同类器具和药品分开。目前，古DNA提取的方法主要参考现代核酸的提取技术，只是在提取缓冲液上作些修改以适应古DNA的特点和防止污染。

在化石和考古材料中，由于生物死亡后经历了搬运、沉积、埋藏甚至成岩的过程，即使在超常条件下保存的材料，其DNA也均以微量或痕量形式存在。因此，DNA提取后，接着进行PCR扩增。PCR扩增产物经过电泳检测和纯化后，就可以进行直接测序了。

根据古生物DNA的碱基序列数据，可以构建生物类群的谱系发育树（简称谱系树；又称为系统发生树、系统树或种系树）。这样，整个谱系树清晰地展示出不同样品间的进化关系，再结合相关考古学证据，便可作出综合判断。

在考古学中，古DNA技术可望解决如下关键问题：一是结合现代人的数据，研究人类起源、演化变异和迁移的历史过程。二是对同一古代遗址、墓葬内不同个体、群体的DNA分析可以获取群体内部信息，进而可以构建家庭谱系，判断社会性质等。三是利用古代动物的DNA来研究它们的起源、传播、驯化和在进化树上的位置，还可以揭示古人类生活所依赖的环境和动、植物驯化的历史年代以及人类最早从事农耕的证据。事实上，古DNA的研究结果已经不断地将动物驯化和农业耕种年代向更早的时间推移。四是结合其他考古证据和科技手段，研究文化之间的动态交流。五是对考古遗存的残留物中古代DNA提取和分析可以提供器物用途和制作工艺等方面的信息。六是通过对生物排泄物的DNA分析可以推测古代先民的食谱、病理和环境等多方面的信息。

目前，使用古DNA探讨最多的是关于现代人类的起源问题。关于人类的起源，目前说法比较多而复杂，有待于考古学的进一步发展。

下 编

第十一章

青铜器，悠久古文明的缩影

第一节 青铜器文化概述

人类最早使用的金属是黄金，因为其性质不活泼，在自然界中主要以单质形式存在。早在新石器时代，就有用天然黄金制作的小器物。但黄金比较稀少，并不实用。不久之后，人们开始用冷锻法（即用石斧打制）加工天然铜，后来又学会冶炼铜矿石、热锻和铸造铜器。但最初炼出的纯铜（又称红铜或紫铜），质地过于柔软，用途非常有限，石器仍占主要地位，有人称这一时期为金石并用时代。

青铜器在世界各地都有发现，是一种世界性文明的象征。最早的青铜器出现于约 5000～6000 年间的西亚两河流域地区。

我国青铜器的铸造历史，可以上溯到公元前 3000 年左右。甘肃东乡林家马家窑文化遗址出土过一件单范铸造的青铜刀，是目前我国发现的最古老的青铜制品。铜刀由锡青铜模铸而成，刀身薄厚均匀，短柄长刃，长 12.5 厘米。

我国的古青铜器制作精美，在世界各地青铜器中，堪称艺术价值最高，代表着中国在先秦时期高超的技术与文化。

古代青铜器包括炊器、食器、酒器、水器、乐器、车马饰、铜镜、带钩、兵器、工具和度量衡器等，流行于新石器时代晚期至秦汉时代，以商周时期生产的最为精美。在二里头文化遗址出土的青铜制品以兵器

和工具为主，容器极少，而且没有文饰和铭文，青铜器铸造还处于初级阶段。商代青铜铸造工艺发展较快。商代青铜器冶铸业是当时各类手工业中最重要的一种行业，目前在商代的都邑遗址内发现了铸铜作坊遗址。商代中期，青铜器品种非常丰富，并出现了铭文和精细的花纹。

从出土文物来看，商代后期与春秋后期，是青铜器铸造的两个巅峰。商晚期至西周早期，是青铜器发展的第一个鼎盛时期，青铜器形制多变、种类较多、造型浑厚凝重，出现大量的族徽人名，铭文逐渐加长，花纹繁缛富丽。随后，青铜器胎体开始变薄，纹饰逐渐简化。青铜器铸造的工艺逐渐变得复杂，地域也从中原地区向外扩展。

根据考古的发现，商朝前期，以郑州二里岗为中心，辉县的琉璃阁、洛阳的东干沟等殷商时期的遗址属于青铜时代；商朝后期，以安阳的小屯村为中心，郑州公园区的上层、洛阳的泰山庙遗址和墓葬为代表；周朝前期（西周），主要代表遗址以西安市丰镐村地带、宝鸡西周时期的墓葬；春秋时期以洛阳涧滨为中心，上村岭虢墓、新郑郑墓、寿县蔡侯墓为代表；战国时期，洛阳涧滨为中心，辉县琉璃阁、古围村，长沙和唐山的战国墓地也属于青铜时代。根据最新的考古发现，我国南方也在商朝前期进入了青铜时代，最具代表性的是湖北武汉的盘龙城遗址，湖南长沙的炭河里遗址，江西新干大洋洲商代大墓等遗址。这些遗址里面出土的青铜器说明在长江流域也有发达的青铜文明。

古代文献中关于青铜文化的记载很多。《周礼·考工记》里明确记载了制作不同的不同合金比例：

六分其金而锡居一，谓之钟鼎齐（剂）。

五分其金而锡居一，谓之斧斤齐（剂）。

四分其金而锡居一，谓之戈戟齐（剂）。

三分其金而锡居一，谓之大刃齐（剂）。

五分其金而锡居二，谓之削杀矢（箭头）之齐（剂）。

金锡半，谓之鉴燧（铜镜）之齐（剂）。

这些记载说明古代人们已经能够准确的掌握青铜的含锡铅比例。可根据铸造期望的不同，按比例加锡、铅。一般加锡越多，铸好的青铜器就越硬，但同时也会变的更脆。其次，青铜溶液流动性好，凝固时收缩率很小，因此，能够铸造出一些细部十分精巧的器物。最后，青铜的化学性能稳定，耐腐蚀，可长期保存。还有，青铜的熔点较低，熔化时不需要很高的温度。因此，即便青铜器坏了，也可以回炉重铸。

《史记·封禅书》记载："（夏）禹收九牧之金（铜）铸九鼎。"说的是，自从夏禹之后，九鼎就成了王权的象征。后来，"桀有乱德，鼎迁于商。"周灭商，成王又迁九鼎于洛邑（今洛阳）。春秋时期，周定王元年，即公元前606年，楚庄王讨伐西戎，在洛阳附近陈兵，定王派王孙满前去慰问，楚庄王乘机探问九鼎的"大小轻重"，遭到了王孙满的痛斥："周德虽衰，天命未改，鼎之轻重，未可问也。"（《左传·宣公元三年》）意思是说，周王室虽然衰微了，但还有上天庇佑，鼎的轻重，也是你这样的人可以问的吗？这件事说明了楚国的野心。问鼎中原的典故即源于此。

第二节 青铜器的特点与纹饰

一、中国青铜器的特点

从目前的考古发现来看，我国的青铜器主要有四大特点：第一，数量庞大，种类繁多。就目前的考古发现而言，我国出土的青铜器已经难以计数了。有学者做过统计，仅以有铭文的青铜器物而论，从汉代到今天，出土就达一万件以上。倘若加上没有铭文的青铜器，那就更多了。因为数量庞大，所以青铜器的种类也非常丰富，不仅有酒器、水器、食器、兵器、礼器，还有车马器、农具、工具及各类生活用具等。众多的青铜器皿，造型生动、多彩多姿，令人目不暇接。第二，分布地区广，质量上乘。就目前的考古发现来看，青铜器主要集中在中原地区，但东北、西北、巴蜀、岭南甚至西藏及东海渔岛上都有发现。这些青铜器造型生动、做工精美、风格各异，呈现出各自不同的艺术风格。我国商周时代的青铜器，制作精湛、形状瑰异、纹饰丰富、富丽典雅，精品不胜枚举，如司母戊方鼎、虎食人卣、四羊方尊、大克鼎、毛公鼎、莲鹤方壶、双雄宝剑、嵌绿松石卧鹿等，无不铸造精致，具有撼人心魄的艺术感染力。在铸造的时候，铸造者会根据不同的硬度要求，准确调配铜锡比例，因此青铜器质量上乘，为国外青铜器铸品望尘莫及。第三，青铜器上面有铭文，这是最大的特点。世界上很多国家和地区都出土了青铜器，但绝大多数都没有铭文，只有印度出土的少量青铜器上铸有很短的

铭文。我国青铜器，有铭文的就出土了一万件以上，而且其中还不少长篇巨制。第四，以容器为主，在世界青铜文化中独树一帜。我国的青铜器大多是铸造难度较大、纹饰复杂的容器。这些容器，尤其是鼎，作为国家和权力的象征，寓意深奥，内涵丰富。

我国古代的金石学很早就开始了对青铜器的研究。在现代考古学中，对青铜器的研究主要是从形制、纹饰、铭文、功能组合、工艺水准等角度出发，以类型学、层位学为基础。

1. 形制

形制往往是一个地域文化的表征。比如仰韶文化时期，人们崇尚自然，所以陶器大多以圆形为主。大汶口文化时期，人们崇尚智慧、技能，陶器中多以方折棱形为主，高柄豆、高昂头的陶鬶为主。从不同的陶器造型可以看出，仰韶人喜欢厚重、质朴，而大汶口人则崇尚清新、巧秀、华丽。青铜器往往又从陶器形式而来。

2. 纹饰

纹饰，是地域文化、思想、意识、宗教、道德、理想、观念的表达，因此各地文化不同，纹饰也不一样。比如，北方民族以打猎、畜牧为主，与动物打交道多，所以纹饰多是具有动态感的动物纹饰。

3. 铭文

商代早期、中期，铭文通常比较简单，仅仅写明所有者或制作者的名字。到西周时期，铭文要表达制作原因、作器的意义，有时还是一段具体的历史故事，所以研究它，是对历史的了解，有时还可以补证历史，非常重要。有时还能从文意、文辞中看出国家、地域语言、辞汇、信仰、意识等理念。

4. 功能组合

我国的青铜器，在三代时期主要充当礼器，往往是祭祀、葬俗文化的表征，制作也特别精心、严谨。各地因为信仰、观念、意识不同，制作青铜器也有不同。比如，楚率先用鼎簠制，代替周的鼎簋制；用斜耳、斜足，改变周之直耳、直足；用束腹改变周之鼓腹；用双数对偶的列鼎序列，改变周的单数列鼎序列。

5. 工艺

青铜器的工艺，是各地域的经济、技术、生产水平等方面的标志。有一些技术水准，即便是今天也很难达到。青铜器的制作工艺，对于科技的进步是大有意义的。

青铜器研究要综合研究。形制、纹饰能表现历史与区域的特点，而铭文、功能组合，可以找到历史阶段、地区特点，以及其人群的思想观念。除了以上这五个方面，还应落实在考古学上，完善青铜器历史、文化、艺术、工艺、科技等方面的研究。

二、中国青铜器的纹饰

我国青铜器的纹饰是很值得研究的。从饕餮、夔龙、凤鸟等纹饰，可以看出它们与原始社会陶、玉器纹饰的渊源关系。常用于青铜器的纹样有：饕餮纹、夔龙纹、蛇纹（蟠虺纹、蟠螭纹）、鸟纹、云雷纹、凤纹、涡纹等青铜纹样。

1. 饕餮纹

饕餮纹也叫兽面纹。饕餮纹名称出自《吕氏春秋·先识览》：“周鼎著饕餮，有首无身，食人未咽，害及其身，以言报更也。”相传，饕餮是龙的第五个儿子，羊身，眼睛在腋下，有一个大头和一张大嘴。十分贪吃，见到什么就吃什么，因为吃得太多，最后被撑死。饕餮纹的主要特征是主体部分为正面的兽头形象，两眼突出，口裂很大，有角与耳。有的两侧连着爪和尾，也有的两侧作长身卷尾，实际上，这是由两条夔龙纹以鼻梁为中心，侧身相对组成的。夔龙纹也是当时流行的一种纹饰，多用作辅助花纹。饕餮纹的鼻、角、口部变化很多，从角、耳的不同形态可以认出其生活原型多是牛、羊、虎等动物。而牛羊是祭祀活动的主要祭品。因此，饕餮被刻画为羊身是很有寓意的。

饕餮纹多施加在器物的主要装饰部位，以柔韧的阴线刻出，或者是阳刻凸起。构图丰满，主纹两侧以富于变化的云雷纹填充，具有阴阳互补之美。

饕餮纹主要流行于商代和西周前期，东周以后再度流行，但已失去原先的主导地位和狞厉色彩，转变为华美的装饰。

2. 夔龙纹

“夔”，据说是一种一角一足的动物，实际上，这是双足动物的侧面像。古话说，一龙生九子，九子各不同。龙在人们心中的形象非常繁多，因此纹饰多样，按图案结构分，有爬行龙纹、卷体龙纹、交体龙纹、双体龙纹、两头龙纹等。

龙是古代神话传说中的动物，是我国的图腾之一。一般来说，反映其正面图象，都是以鼻为中线，眼睛在两旁，身体则向两侧延伸。倘若以其侧面作图像，则是一长体躯一爪。龙作为青铜器纹饰，最早见于商代二里冈期，之后商代晚期、西周、春秋直至战国，都有不同形式的龙纹出现。在商代，龙纹多表现为屈曲形态；西周则多表现为几条龙相互盘绕，或头在中间，分出两尾。

相传，龙和水有关。《考工记·画缋之事》里面说："水以龙，火以圜。"意思是说，龙是水神的象征。所以，在青铜水器中，龙的图卷或立体形象出现得更多。

根据结构，龙纹大致可分为爬行龙纹、卷龙纹、交龙纹、两头龙纹和双体龙纹几种。在青铜器上，凡表现为一爪的纹饰，都称为"夔纹"或"夔龙纹"。这种纹饰主要盛行于商和西周前期。

3. 凤鸟纹

凤凰始见于《诗经》，原为"凤皇"。古籍记载，"天命玄鸟，降而生商"，这里的玄鸟就是凤凰，是商的图腾。

凤鸟纹按照构图形象，可分为长喙鸟纹，身体是鸟，头部有较长的喙；鸱枭纹，其正面是圆的比较大的眼睛，翅膀较大，盛行于商代中晚期；雁纹，是鸟纹中写实的形象，在春秋晚期的北方地区出现较多。凤鸟纹多饰於鼎、簋、尊、卣、爵、觯、觥、彝、壶等器物的颈、口、腹、足等部位。在青铜器上大多作对称排列。

良渚文化出土的玉琮上已有明确的鸟纹。青铜器上，最早出现的是二里冈期的变形鸟纹。殷墟时期已有鸟纹作为主要纹饰。从西周早期起，鸟纹大量出现，一直到春秋时期。

商代鸟纹多短尾，西周鸟纹多长尾高冠。鸟纹包括凤纹、鸱枭纹、鸾纹及成群排列的雁纹等。

4. 蟠螭纹

民间传说，龙生九子，蛟和螭都是龙子的说法，而蟠则是"盘曲而伏"。古代青铜器上的蟠螭纹，其身体和腿似龙，但面部像猛兽。这种纹饰开始于商周，在春秋战国和汉代玉器上，都是主要的纹饰。战国的蟠螭纹，圆眼大鼻，双线细眉，猫耳，脖子粗大而且弯曲，腿部的线条变弯，脚爪常常往上翘。身上多为阴线勾勒，尾部呈胶丝状阴刻线。到了汉代，其形象是眼眶略有下坠，鼻梁出现了细线刻纹，身体和战国时并没有太大区别，只是尾部出现有两个卷纹，只有三条腿。南北朝时期，眼睛稍长，并且有弧度，两腮多有凹槽，头上有的长角，有的没有，腿短，一般前腿只有一个，所以也是三条腿。有时，前腿伸出一点作为第四条腿，尾部的卷云纹也比以前宽了一些。宋代，蟠螭纹最大的特征是在鼻子下有一条很宽的阴线，极富立体感。元代，头额宽、较高，其眉、眼、鼻、口都集中在整个面部的下方，仅占面部的三分之一，颈项低下，许多地方已被发毛掩住，还有上升、伏地、盘旋等形象，气势磅礴，形态美观。清代时期，变化较大，出现了以前各个时代均未有的独特纹饰。

5. 蟠虺纹

蛇纹盛行于春秋战国时期。有三角形或圆三角形的头部，一对突出的大圆眼，体有鳞节，呈卷曲长条形。蛇的特征明显，但通常作为附饰，缩得很小，因此有人认为是蚕纹。也有的时候作为主纹，见于商代青铜器。商末周初的蛇纹，大多是单个排列；春秋战国时代的蛇纹大多很细小，作蟠旋交连状，旧称“蟠虺纹”。

6. 云雷纹

在青铜器上，云雷纹非常典型。其基本特征是：以连续的回旋形线条构成几何图形。有的作圆形，连续构图，单称为云纹；有的作方形，连续构图，单称为雷纹。云雷纹常作青铜器的底纹，用以烘托主题纹饰。也有单独出现在器物颈部或足部的。

7. 涡纹

涡纹又称火纹。顾名思义，和水涡比较相似，故为涡纹。其特征是：圆形，内圈沿边饰有旋转状弧线，中间是一个小圆圈，代表着水的起伏，圆形旁边有五条半圆形曲线。有人认为，涡纹的形状像太阳，是天火，因此又称火纹。在商代早期，涡纹单个连续排列，商代中晚期至春秋战国时期，一般与龙纹、目纹、鸟纹、虎纹、蝉纹等相间排列。涡纹多用于罍、鼎、斝、瓿的肩、腹部，盛行于商周时代。

8. 重环纹

重环纹由略呈椭圆的环组成纹带，环有一重、二重、三重，环的一侧形成两直角或锐角。有时也与其他纹饰相配出现。盛行于西周中后期。

9. 窃曲纹

窃曲纹是由两端回钩的或“S”形的线条构成扁长图案，中间常填目纹，盛行于春秋战国。

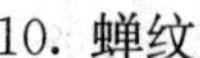

10. 蝉纹

图案大多数在三角形中作蝉体，无前后足，四周填以云雷纹。也有作长形，并有前后足的，中间再填以云雷纹。

11. 蚕纹

头圆，两眼突出，体屈曲状。多饰于器物的口部或足部。

12. 象纹

图案表现象的形态，有长鼻构成明显的特征，也有单以象头、象鼻为图案的。

13. 鱼纹

图案表现为鱼的形态，有的鱼形象较为呆板，有的形象生动。脊鳍与腹鳍各一个或两个。鱼纹常饰于盘内，反映器物装饰和器物的造型是密切结合的。鱼纹也常施于铜洗和铜镜上。

14. 龟纹

其状一般是刻画出龟的全形，在铜器中见到的不多，多施于盘内。

15. 贝纹

形状作贝壳状，将单独的贝壳连接起来组成图案。

16. 勾连雷纹

由近似T形互相勾连的线条组成。

17. 乳钉纹

青铜器上最简单的纹饰之一。纹形为凸起的乳突排成单行或方阵。另有一种图案，乳钉各置于斜方格中，称为斜方格乳钉纹。

第三节　青铜器精品

一、司母戊鼎

司母戊鼎，因器型高大厚重，又被称司母戊大方鼎，是商代后期王室祭祀用的青铜方鼎。司母戊鼎因为腹部著有“司母戊”三字得名，现藏于国家博物馆，是国家一级文物。

鼎是古代青铜器中的一种，三足，两耳，通常刻有精细的纹饰。鼎起初是一种炊具，后用来烹饪祭祀品，上升为礼器，成为权力的象征。《史记·封禅》记载：“黄帝作宝鼎三，象天地人”，意思是说，鼎的三足象征着天地人，可见其崇高的意义。

司母戊鼎高133厘米，口长110厘米，口宽79厘米，重875公斤，鼎腹长方形，上竖两只直耳（发现时仅剩一耳，另一耳是后来据另一耳复制补上），上有虎噬人图案，下有四根圆柱形鼎足，是我国目前已发现的重量最重的青铜器。该鼎是商王祖庚或祖甲为祭祀其母所铸。

司母戊鼎器型高大厚重，形制雄伟，气势宏大，纹势华丽，工艺高超，是迄今为止出土的最大最重的青铜器。鼎身呈长方形，口沿很厚，轮廓方直，显示出不可动摇的气势。司母戊鼎立耳、方腹、四足中空，除鼎身四面，还有中央是无纹饰的素面外，其余地方都有纹饰。在细密的云雷纹之上，各部分主纹饰各具形态。鼎身四面在方形素面周围以饕餮作为主要纹饰，四面交接处，则饰以扉棱，扉棱之上为牛首，下为饕餮。鼎耳外廓有猛虎两只，两口相对，中含人头。耳侧以鱼纹为饰。四只鼎足的纹饰也匠心独具，在三道弦纹之上各施以兽面。司母戊鼎的造型、纹饰、工艺都达到了非常高的水平，是商代青铜文化巅峰时期的代表作。

司母戊鼎的合金成分与《周礼·考工记》中记载的相同。司母戊鼎除立耳是先铸成后嵌入鼎范之外，鼎身一次浇铸而成，共用陶范28块。对于司母戊鼎的名字，学术界存在不同看法，“母”是母亲，“戊”是母亲的庙号排序，这一点已成共识。至于“司”字，则有两种解释。按传统说法，“司”就是祭祀的意思，因此，“司母戊鼎”可以解释为是商王为祭祀其母戊而铸造的；还有人认为“司”即“祠”，祠为祭祀的意思。关于“母戊”的称谓，有人认为是商王武乙的配偶妣戊，即文丁的母亲；也有人认为“母戊”可能是武丁的法定配偶或祖甲的法定配偶。学术界在20世纪70年代对司母戊鼎的铭文提出了新的考释，将“司”字改释为“后”字。他们认为，商代的金文较自由，可以正书，也可以反书。所以，“司”与“后”二字的字形是可以一样的，至于究竟是“司”还是“后”，应该依据铭文的总体文义而定，在这里应该解释为“后”比较妥当。“司母戊”应为“后母戊”，“司母戊鼎”当然也该称为“后母戊鼎”。不过，因为约定俗成，“司母戊鼎”的叫法保留至今。在古

代，“后”字有“崇高”、“伟大”的意思，因此，“后母戊”可直译为“伟大崇高的母亲戊”。

考古学家推定，司母戊鼎的铸造年代，相当于商王朝第 23 位国王武丁在位时期。武丁是商王朝后期实现中兴的君主。据甲骨文记录，武丁有三名“法定配偶”，其中一个叫做“戊”。因此，司母戊鼎应是商王武丁的儿子为纪念生母而铸造的。“母戊”去世后，该鼎随其葬于地下，直到三千多年后才重见天日。

二、大盂鼎

大盂鼎在道光初年出土，地点为陕西岐山县。岐山是周王朝的发祥地。大盂鼎铸造于周康王二十三年，即公元前 1003 年，鼎高 102 厘米，重 153.5 公斤，腹内侧铸有铭文 19 行，分 2 段，共 291 字。铭文的大体内容是有关一个名叫盂的贵族为颂扬周康王的赏赐、训告和伟绩，铸鼎以铭记。

在西周早期青铜礼器中，大盂鼎是重器，因为其制作者是康王时大臣名盂者而得名，与之同出的小盂鼎现在下落不明。大盂鼎造型端庄厚重，浑厚雄伟，典雅堂皇，是不可多得的世间瑰宝。大鼎的形制为：立耳；深垂腹，腹上部饰曲折角兽面纹；足上部饰外卷角兽面纹、出脊，足下部略呈蹄形。大鼎还传达出一定的历史信息，它是商代流行的觚爵酒器组合过渡到西周流行的鼎簋鬲组合的见证，说明当时的社会风俗正在发生巨大的变化。

大盂鼎内壁铸的铭文为研究西周奴隶制度的重要史料。铭文第一部分用较多文字说明商人纵酒是周兴起和商灭亡的原因，赞扬了周代文、武二王的盛德，表示康王（武王的孙子）自己要以文王为典范，告诫盂也要以祖父南公作榜样。第二部分主要是康王命盂帮助他掌管军事和统治人民，并且赏赐给盂香酒、礼服、车马、仪仗和奴隶，并叮嘱盂要恭敬办政，莫违王命。最后说明，盂作此宝鼎以祭祀其祖父南公。

大盂鼎铭文的书法体势严谨，字形、布局都十分质朴平实，用笔方圆兼备，具有端严凝重的艺术效果。以书法成就而言，大盂鼎在成康时代当据首位，是西周早期金文书法的代表作。

三、大克鼎

大克鼎，又称克鼎或膳夫克鼎，是我国西周晚期著名的青铜鼎，现藏于上海博物馆。该鼎与大盂鼎和毛公鼎（现藏于台北故宫博物院）并称“海内青铜器三宝”。

大克鼎通高 93.1 厘米，口径 75.6 厘米，腹径 74.9 厘米，腹深 43 厘米，重 201.5 公斤。鼎口有大型双立耳，口沿稍微内敛，方唇宽沿，腹略鼓而垂，史称“敛口侈腹”，是典型的周鼎器形之一。鼎足着地点比上端略宽大，重心略向外偏，是商代柱足演变为周代蹄足的力证。

大克鼎颈部饰有三组对称的变形饕餮纹，相接处有突出的棱脊，共六处；腹部饰一条两方连续的大窃曲纹（即波曲纹），环绕全器一周。鼎耳饰有对称的龙纹。

大克鼎腹内壁上有金文铭文 28 行，每行基本上 10 字，仅一行 11 字，另有合文 2 字，重文 7 字，共 290 字。据铭文记载，该鼎由一位名为“克”的西周贵族铸造，时间在周孝王时。铭文内容分为两段：首段记载了克对其祖父师华父的称赞，因为卓越的功勋，周王任命其孙克担任膳夫，负责出传王命；第二段记载了周天子对克官职的册命和赏赐，克接受任命和赏赐，并铸造此鼎歌颂周天子的美德，还祭祀祖父师华父的在天之灵。铭文笔画圆润，布局完整，代表着金文文字发展的新阶段。

四、毛公鼎

毛公鼎是周宣王年间所铸造的一个鼎，大口圆腹，口沿上有两只大耳，腹下三只兽蹄形足。毛公鼎并不巨大，高 53.8 厘米，口径 47.9 厘米，重 34.7 公斤，和其他形制巨大的青铜器比起来，可谓天差地别。毛公鼎的独特之处在于其上面铸刻的铭文。在迄今为止出土的有铭文的青铜器中，毛公鼎上的铭文是最多的，有 32 行，499 字，极具研究价值。

毛公鼎上面的铭文是一篇册命书，上面说到，周宣王在位初期，想振兴朝政，就任命毛公处理国家大小事务，又命毛公一族担任禁卫军，保卫王室，并赐给酒食、舆服、兵器。毛公非常感激周宣王，就铸造了

宝鼎来纪念。

毛公鼎铭文共五段：其一，追述周初文、武王开国时，君臣相得，海清河宴，但现在局势动荡；其二，宣王册封毛公，让他治理邦家内外；其三，给毛公予宣示王命的专权，并特别申明，未经毛公同意的命令，臣工可以不予奉行；其四，告诫、勉励毛公，让他不要怠惰，要忠心辅佐王室；其五，为确立毛公的权威，重赏毛公以仪仗、车马、兵器等器物。毛公对此感恩戴德，铸鼎以纪，还要子子孙孙永远保卫王室。全铭文辞精妙，结构完整，古奥艰深，是西周散文的代表作。

五、妇好鸮尊

尊在古代是一种盛酒器，青铜尊最早见于商代。鸮，俗称猫头鹰，是一种猛兽，外形和别的鸟不一样，其习性也是如此，总在黄昏的时候起飞。因此，猫头鹰总给人一种神秘的感觉。在商代，猫头鹰是人们最喜爱和崇拜的神鸟。在古代艺术品中，常采用鸮作为原形。商代的玉器、石器、陶器、青铜器上，都有精美的鸮形。显然，鸮是一定地位和权力的象征。妇好鸮尊便是商代鸟兽形青铜器中的精品。

妇好鸮尊于 1976 年出土于河南安阳殷墟妇好墓，原器为一对两只，铸造于商代后期。原器通高 45.9 厘米，从整体上看，其外形是一只昂首挺胸的猫头鹰。两爪粗壮有力，同垂地的宽尾构成一个平面，使人感到稳重。鸟后部有一呈半圆形的盖子。通体饰以纹饰，富丽精细。喙、胸部纹饰为蝉纹；鸮颈两侧为夔纹；翅两边各饰以蛇纹；尾上部有一展翅欲飞的鸮鸟，整个尊是平面和立体的完美结合。如此丰富的装饰花纹，令人叹为观止。

妇好鸮尊口内侧有铭文“妇好”二字。“妇好”是商王武丁的妻子。据殷墟甲骨文记载，她是一位非常能干的女子，是商王武丁三个法定配偶之一，生前曾多次带兵出征，被誉为我国历史上第一个女将军。她曾参与国家大事，主持祭祀，还带兵征伐过羌、土方等国家，是一位颇具传奇色彩的女性。根据甲骨文记载，武丁在位 59 年，而妇好却在 33 岁的时候就去世了。妇好鸮尊制作形象生动，充分反映出妇女在当时崇高的身份和地位。

六、四羊方尊

四羊方尊是我国现存最大的一件方尊，重34.5公斤，其造型独特，工艺精美，堪称国宝，现藏于中国国家博物馆。

四羊方尊高58.3厘米，重约34.5公斤，工艺设计集线雕、浮雕、圆雕为一体，将平面雕像结合起来，把器皿和动物形状结合起来，浑然一体，具有极高的艺术价值。四羊方尊在铸造的时候还采用了分铸法，尊的肩部四角各有一个卷角羊头，其中羊角是先铸成后再合范浇铸而成，技术高超，难见接口，鬼斧神工，浑然一体。整个器物通体饰有繁缛的凤鸟纹、兽面纹、蕉叶纹和云雷纹，非常精美。在我国古代的青铜器中，有不少器物以其独特的造型而引人注目，四羊方尊即是其中之一。其造型动静结合，寓雄奇于秀美之间，可谓巧夺天工。

商代晚期至西周早期是青铜尊的铸造盛期。以四羊方尊式的方形尊和觚式尊最多，共同特点是在器表的合范处多饰有凸起的棱脊，且通身雕满了精密繁缛的云雷纹、兽面纹、蕉叶纹，整个器物给人以雄浑厚重之感。羊在古代是吉祥的象征。四羊方尊四羊、四龙相对的造型展示了酒礼器中的至尊气象。

七、利簋

利簋是西周早期青铜器，因为是周武王时官吏利所作，因此得名。又因为铭文中有"珷征商"字样，被称为"武王征商簋"。现藏于中国国家博物馆。

1976年，在陕西临潼县零口镇发现了一个西周早期窖藏，出土了一大批青铜礼器，其中一件高28厘米、直径约22厘米的食器簋，通身饰有兽纹、龙纹和云雷纹，制作十分精美。更为难得的是，在其内底部刻有四行32字铭文。

簋是古代的盛食具，即现代的碗。利簋，又名檀公簋，通高28厘米，口径22厘米，重7.95公斤。侈口，鼓腹，双兽耳垂珥，方座圈足，器形与天亡簋相似，为典型的西周早期风格。簋腹和方座饰有饕餮纹、夔纹，圈足饰有夔纹、云雷纹。

利簋腹内底部铭文为："珷征商。隹甲子朝。岁鼎（一说为贞字）。

克昏（一说为闻字）。夙有商。辛未。王才阑师。易又吏利金。用乍旜公宝尊彝。”虽然很简单，其中却书写了一次重大历史事件，即武王伐纣的“牧野大战”，因此，也有人称其为“武王征商簋”。关于铭文的解释，争议较大，其大意是：周武王征伐殷商，在甲子日这一天，岁星当位时告捷。辛未（后七日），武王在阑地（一说为管）军中，赏赐铜给一位名叫“利”的官员。利铸造了这件宝器以纪念其祖父。

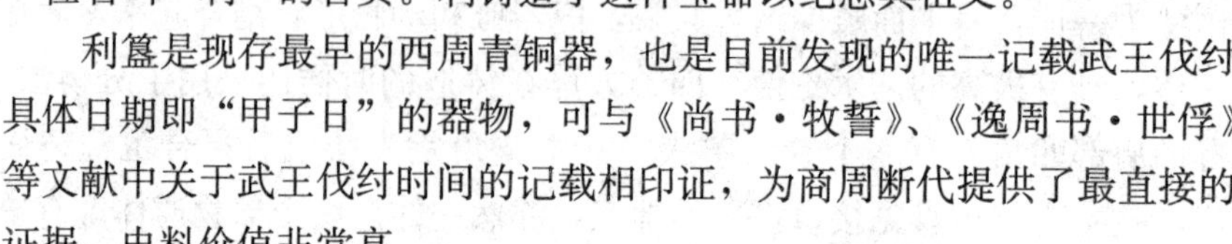

利簋是现存最早的西周青铜器，也是目前发现的唯一记载武王伐纣具体日期即“甲子日”的器物，可与《尚书·牧誓》、《逸周书·世俘》等文献中关于武王伐纣时间的记载相印证，为商周断代提供了最直接的证据，史料价值非常高。

八、曾侯乙编钟

曾侯乙编钟于1978年在湖北省随县（今随州市）曾侯乙墓出土，现存湖北省博物馆，是国家一级文物。

在我国古代，钟是一种打击乐器，用于祭祀或宴饮。最初的钟是由商代的铜铙演变而来，按其形制和悬挂方式，又有甬钟、钮钟、镈钟等不同称呼。频率不同的钟依大小次序成组悬挂在钟架上，形成合律合奏的音阶，称为编钟。编钟的发声大体是：钟体小，音调就高，音量也小；钟体大，音调就低，音量也大，因此铸造时的尺寸和形状显得格外重要。钟的大小和音的高低直接相关。商代的钟为3枚一套或5枚一套，西周中晚期有8枚一套的，东周时增至9枚一套或13枚一套。春秋战国时期编钟风靡一时，和其他乐器如琴、笙、鼓、编磬等成为王室显贵的陪葬重器。

曾侯乙墓编钟共有65件，是迄今发现的数量最多、保存最好、音律最全、气势最宏伟的一套编钟。曾侯乙编钟共65件，分为三层八组：上层3组为钮钟，19件；中层3组为南钟，33件，分短枚、无枚、长枚三式；下层为两组大型长枚甬钟，12件，另有搏一件；中间及下层的也称为甬钟。最大的一件通高152.3厘米，重203.6公斤；最小的一件通高20.2厘米，重2.4公斤。曾侯乙墓编钟总量重达5吨，是中国出土的最大的青铜编钟。

曾侯乙编钟音域宽广，自C2至D7，中心音域内具十二半音，可以旋宫转调，音色十分优美。每个钟能够敲出呈三度音程的两个乐音，而

且互不干扰，也能够同时敲击产生和声。全套编钟可以发出低音、中音和高音三种声音，并可以演奏七声音阶的多种乐曲。非常神奇的是，一般的物体只能发出一个乐音，但是编钟的每件钟都能发出两个乐音，并且互不干扰。经声学检测，发现其中的奥妙就在于它的合瓦形状。当敲击钟的正面时，侧面的振幅为零，敲击侧面时，正面的振幅为零。这样双音共存一体，又不会互相干扰。

编钟在铸造时，除了考虑美观，还注意其声学特点。青铜是一种合金，主要成分是铜，又加进了少量的锡和铅，各种金属成分的微妙变化，都会对钟的声学性能和机械性能产生重大影响。锡含量的增加，能提高青铜的硬度；但过多就会让青铜变脆，不耐敲击。铜中加铅，可降低熔点，增加青铜熔铸时的流动性；但是含铅量过高，钟的音色又会干涩无韵。而曾侯乙编钟里，铜、锡、铅的含量达到了最合理的比例。可见当时的制作技巧非常高超。

曾侯乙墓中还有敲击编钟的工具，中上层编钟用T字形木槌敲击，下层的大型甬钟用长圆木棒敲击。这种演奏方式在墓中出土的彩漆鸳鸯盒的彩绘上得到了印证。这套编钟深埋地下2400多年，到现在还能演奏乐曲，音律准确，音色优美，是研究先秦音乐的重要资料。

可能是因为制作工艺过于复杂，编钟在汉代以后就很少见了。现在，我们只有借助现代科学技术，才能领略其中的奥秘。

九、曾侯乙尊盘

曾侯乙尊盘是春秋战国时期最复杂、最精美的青铜器件，1978年在湖北曾侯乙墓中出土。曾侯乙尊通高33.1厘米，口径25厘米，重约9公斤；曾侯乙盘通高24厘米，口径57.6厘米，重约19.2公斤。全套器物通高42厘米，口径58厘米，重约30公斤。曾侯乙尊盘装饰纷繁复杂，铜尊上用34个部件，经过56处铸接、焊接而连成一体，尊体上装饰着28条蟠龙和32条蟠螭，颈部刻有“曾侯乙作持用终”7字铭文。铜盘盘体上共装饰了56条蟠龙和48条蟠螭，盘内底刻有“曾侯乙作持用终”7字铭文。

尊是古代的一种盛酒器，盘是水器，曾侯乙尊盘融尊盘于一体。出土的时候，尊在盘上，拆开来是两件器物，非常别致。尊和盘上的铭文记载说明这是曾侯乙生前用品，因此考古专家将其命名为曾侯乙尊和曾侯乙盘，合称曾侯乙尊盘。这件尊盘的惊人之处在于其鬼斧神工的透空装饰。装饰表层彼此独立，互不相连，由内层铜梗支撑，内层铜梗又分层联结，参差错落，玲珑剔透，令观者凝神屏息，叹为观止。

经鉴定，尊盘通体用陶范浑铸而成，尊足等附件则是另行铸造，之后再焊在一起。尊颈附饰由繁复而有序的镂空纹样构成，属于熔模铸件。由此可知，早在公元前 5 世纪，我国的失蜡铸造法已经非常先进。尊盘纹饰细密复杂，附饰无锻打和铸接的痕迹，令人叫绝。它是我国青铜器发展史上划时代的稀世珍宝。

十、伯矩鬲

鬲是我国古代的一种炊器，用于烧煮加热。早在新石器时代，陶鬲就已经广泛使用。而青铜鬲则流行于商代至春秋时期。青铜鬲最早出现于商代早初期，其形制类似于鼎，有三个中空的袋足，其主要作用是增大与火的接触面积，以便加热。到商代后期，大多数的鬲表面都有精美的纹饰，因为用火加热的缘故，容易被熏黑，影响美观。于是，鬲逐渐演变成盛粥的器物。直至战国末年，青铜鬲退出生活用器和祭器的队伍。

周青铜礼器的食器中，鬲的数量不多。伯矩鬲于 1974 年在北京琉璃河 251 号墓出土，上下铸造了大大小小的 7 个牛头，伯矩鬲盖内及颈部内铭文相同，盖内 4 行 15 个字，颈内壁 5 行 15 字。释读为："才（在）戊辰匽侯赐伯矩贝用作父乙宝尊彝。"造型精美绝伦，艺术水平高超，形象地反映了商周时期的铸造技术，现藏于首都博物馆。

伯矩鬲的纹饰非常精美，各部均以牛头纹装饰，主体纹饰皆为高浮雕，给人雄奇威武之感。器物造型为立耳、三袋形足，有平盖。鬲颈部饰一圈夔纹。在器腹连三袋足的体积感最强部位，装饰以大形的浮雕牛首，牛角尖端突起于器表。器盖上前后对称地饰一对同形的牛首，牛角翘起，与鬲耳相抵。在两牛首相接的中线位置铸一环钮，钮的两面饰一小形的立体牛首，艺术设计和铸造工艺极为高超，是周初青铜器中的杰作。

十一、秦始皇陵铜车马

铜车马，1980 年出土于陕西省临潼秦始皇陵封土西侧，现藏秦始皇兵马俑博物馆。铜车马共两乘，出土时已经碎裂。经考古人员复原，其大小为真实车马的二分之一，均为双轮、单辕、前驾四马结构。不同的地方在于车的造型和功能。

铜车马全部用青铜制成，配有大量的金银饰件，又施重彩，经过多种工艺加工，看上去非常典雅，而且雍容华贵。这组铜马车长达5米，宽近2米，高2米，重2吨多。这样大的青铜器在国内外都非常罕见，因此被称为“青铜之冠”。该铜车的部件均采用泥质陶范铸造，马匹则采用空腔造型。铜马车的连接组成方式是采用铸造、焊接、镶嵌、嵌铸、子母扣接、开合口等相结合。马络头则用金管、银管套接，至今灵活如初。

铜车马一号车，称做“立车”，又叫“戎车”、“高车”，车舆右侧置一面盾牌，车舆前挂有一件铜弩和铜镞。车上立一圆伞，伞下站立一名高91厘米的铜御官俑。铜车马二号车是四马鞍车，呈凸字形，分前、后二室，车舆上有穹窿形的椭圆形盖子，前室是御手居住的地方，后室则是主人的居所。两间居室之间有窗，车门在后，顶上是椭圆形车盖。车体上绘有彩色纹样。车马均都有大量金银装饰。两辆铜车马都是事先铸造，之后又经过仔细加工，工艺水平非常高超。铜马身上缨络和链条用的铜丝直径仅半毫米左右，有的则更细。

铜车马在制作上运用了铸造、焊接、镶嵌、粘接以及子母扣、纽环扣、锥度配合、销钉连接等各种工艺。钻孔的最小直径为1毫米，饰件多处用细如发丝的铜丝，车辆头的内孔滚圆，就像用现代科技制造的一般。铜车马的许多零件都与现代相似，如车门、前窗用的活动铰页，其形状与今日门窗上使用的合页非常相似。

铜马车虽然在地下埋藏了两千多年，但现在各种链条仍然灵活易使，窗门依旧开闭自如，牵动辕衡，带动轴轮转动，仍可载舆行驶。铜马车工艺之精，构思之巧妙，令人叹为观止。据考证，这仅仅是秦始皇车队中的属车，其主人的身份属于后妃一类。史书记载，秦始皇出游时，这样的车乘有81驾，其盛况可想而知。可以想象，秦始皇本人乘坐的车马就更加豪华气派了。

十二、长信宫灯

秦汉时期，传统的青铜工艺失去了它原有的光辉，在手工艺中不再占据重要地位，但开始向轻便、精巧和实用的生活用品和观赏艺术品方向发展。灯具是古代匠师们经常进行创作的用具之一，其装饰性雕刻最早出现于商朝；汉朝的工匠们继承了前人的传统，并加以创新，出现了很多传世的精品。著名的长信宫灯就是那个时代的杰作。

长信宫灯是汉代青铜鎏金灯具之一，公元前 172 年铸造，现在是我国国家一级文物。1968 年，考古工作者白荣金在满城汉墓中窦绾墓中发现。长信宫灯设计非常巧妙。

宫灯的形态为一梳髻的跣足侍女正坐在地，手持铜灯。整件宫灯通高 48 厘米，重 15.85 公斤。宫灯由头部、右臂、身躯、灯罩、灯盘、灯座 6 个部分分别铸造组成，头部和右臂可以组装拆卸，便于对灯具进行清洗。宫灯部分的灯盘分上下两部分，刻有“阳信家”铭文，可以转动以调整灯光的方向，嵌于灯盘沟槽上的弧形瓦状铜版可以调整出光口开口的大小来控制灯光的亮度。右手与下垂的衣袖罩于铜灯顶部。宫女铜像体内中空，其中空的右臂与衣袖形成铜灯灯罩，可以自由开合。燃烧的气体灰尘可以通过宫女的右臂沉积于宫女体内，而不会散逸到周围环境中。灯罩上方部分残留有少量蜡状残留物，据此，考古工作者推测，宫灯内燃烧的的物质可能是动物脂肪或蜡烛。宫灯表面没有过多的修饰物与复杂的花纹，在同时代的宫廷用具中较为朴素。

灯上刻铭文九处，共 65 字，一说为 64 字，内容包括灯的重量、容量、铸造时间和所有者等。

长信宫灯一改以往青铜器皿的神秘厚重，整个造型及装饰风格都显得非常自然、轻巧华丽，是一件既实用又美观的灯具珍品，堪称“中华第一灯”。长信宫灯在铸造的时候，采取了分别铸造，之后合成整体的方法。考古学和冶金史的研究专家一致公认，此灯设计之精巧，制作工艺水平之高，在汉代宫灯中首屈一指。

十三、青铜奔马

青铜奔马又称马踏飞燕，1969 年在甘肃武威雷台古墓出土，现藏于甘肃省博物馆。

青铜奔马通体表面有一层青绿色的铜锈。铜马昂首嘶鸣，三足腾空，右后足踏在一只飞鸟的背上，飞鸟惊诧地回头观望，旨在说明骏马速度之快。这一构思巧妙而科学，整体的支撑点很小，但重心稳定。关于该造型的含义，有不同的解释，一种说法认为，这是在说马的速度极快，另一种解释是这匹马是传说中的天马，因此踏在鸟之上。

铜马体态矫健，昂首嘶鸣，被认为是汉代“天马”的典型形象，是神话中的角色，不是现实中的马。一般的马是前后同向腾空，而此马同一侧的两腿向同一方向腾起，称为对侧步。据说，这种步伐对于乘坐的人很舒适。青铜奔马不仅构思巧妙，而且工艺十分精湛；不仅重在传神，而且造型写实。按古代相马经中所述的良马的标准尺度来衡量铜奔马，几乎无一处不合尺度，故有人认为它不仅是杰出的艺术品，而且是骏马的指标。

关于飞鸟的造型，说法也很多。一种说法认为这是龙雀的造型，龙雀即古代的风神。另一种说法，从飞鸟的形体推断，有专家认为是游隼。

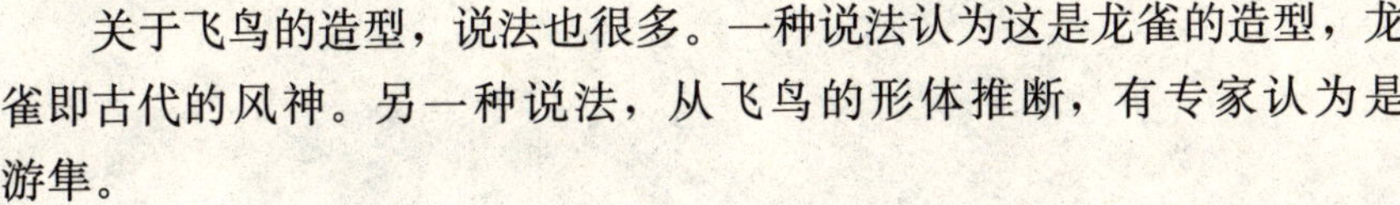

第十二章

陶瓷器，中国的另一个名称

第一节　陶瓷器文化概述

一、陶和瓷

在我国陶瓷史上，研究者一般将“陶瓷”一分为二，分为陶和瓷两大类。不过，我国陶瓷历史悠久，陶瓷种类繁多，陶和瓷之间的化学成分、矿物组成、物理性质以及制造方法，通常比较接近，甚至相互交错，并没有明显的界限。当然，陶器和瓷器在应用上有很大的区别。从运用的原材料和坯体的密集程度来看，陶瓷器可以分为土器、精陶、炻器、半瓷器和瓷器，瓷器的烧成温度最高，制作也最为精美。

土器又称粗陶、瓦器，是最原始、最低级的陶瓷器。土器坯质疏松，多孔，烧成的温度比较低，有吸水性。土器的原料是黏土，含铁量较高。土器的制作过程非常简单，将黏土揉捏成型后，在低温度下烧制而成。烧制的时候，也可以在黏土中加入熟料或砂，这样就能减少收缩。土器在烧制的时候，温度变化会比较大，烧成后坯体的颜色并不固定，这是由黏土中着色氧化物的含量和烧制环境决定的。一般说来，土器的颜色有黄色、红色、青色、黑色等等。土器的透气性比较好，盛放在其中的物品不容易变质。土器的烧制方法不仅适用于制造粗陶盆等器具，还可以制造砖和瓦。

精陶的坯质孔一般比较细，通常上釉，烧制温度比较高，有吸水

性，器物有缸、瓮、罐、坛等。精陶可以按照坯体组成的不同而分为黏土质、石灰质、长石质、熟料质四种。黏土质精陶和普通陶器非常接近，其加工精致程度和吸水率都与精陶非常相近，没有严格的界限，因此非常容易混淆。石灰质精陶以石灰石为熔剂，制造过程和长石质精陶相似，但质量不如后者，近年来生产比较少，渐渐被长石质精陶取代。长石质精陶又被称为硬质精陶，以长石为熔剂。

在我国古籍中，炻器被称为“石胎瓷”，介于陶器和瓷器之间，坯料中伊利石类黏土的含量较多，坯质细密坚硬，不透明，不上釉，不透水，其中最为著名的便是紫砂陶。炻器的坯体已完全烧结，非常接近瓷器，但是没有玻化，仍有2%以下的吸水率，坯体也不透明。炻器颜色多样，有的呈白色，接近瓷器，但大多数在烧制的过程中都会变色。炻器对原料纯度的要求并不像瓷器那样高，因此原料很容易获得。炻器还具有很高的强度和良好的热稳定性，属于陶器中的精品。

半瓷器的坯料接近于瓷器坯料，但烧制成成品后仍有3%～5%的吸水率（瓷器的吸水率在0.5%以下），因此，半瓷器的使用性能不及瓷器，但要比精陶好。

瓷器是陶瓷器发展到更高阶段之后才出现的。瓷器坯质致密透明，上釉，烧制温度较高，火候最好，其坯体已完全烧结，全部玻化，所以致密光滑，吸水性很低，无论是液体还是气体，都很难渗透，胎薄的地方呈半透明状态，而断面则呈贝壳状。据考古发现和相关文献记载，瓷器发明于商周时期，距今已有四千多年的历史。我国掌握制瓷技术的时间比欧洲早了一千多年。瓷器原先只属于上层阶级，到了宋代，生产水平得到极大提高，它逐渐取代了陶器，成为人们日常生活使用的器皿。

陶器和瓷器虽然有所不同，但两者之间的联系比较密切。可以说，倘若没有陶器的发明和制陶技术的日益进步，瓷器是不大可能被发明的。古人在长期的制陶过程中，不断总结和认识到原材料的性能，并积累起丰富的经验，从而生产制造出了瓷器。由此可见，从陶器到瓷器，是一个从量变到质变的过程。陶器和瓷器的区别主要有以下几点：

（1）烧成温度不同。陶器烧成温度一般都低于瓷器，陶器的烧制温度一般在800℃～1100℃之间，有的陶器烧制温度甚至还不到800℃。瓷器的烧成温度都比较高，大多在1200℃以上，有的甚至能达到1400℃左右。

（2）坚硬程度不同。陶器烧制温度低，坯体没有完全烧结，敲击的时候声音粗重，胎体硬度较差，有的陶器用钢刀都能划出沟痕。瓷器烧成温度高，胎体基本烧结，敲击时声音清脆，硬度非常高。

（3）使用原料不同。陶器的原料是一般的黏土，而瓷器则需要特定的材料，必须用高岭土作坯。用高岭土作坯，其产品因为烧制温度的不同而不同，在烧制温度为陶器所需的阶段，则成为陶器，如古代的白陶；在烧制瓷器所要的温度下，其坯体则成为瓷器。而用制作陶器的黏土制成的坯体，即便烧制温度达到1200℃时，也不可能烧成瓷器，而会被烧熔为玻璃质。

（4）透明度不同。陶器并不具备半透明的特点，即便坯体很薄。譬如，龙山文化的黑陶薄如蛋壳，但并不透明。而瓷器则具有半透明的特点，无论胎体薄厚。

（5）釉料不同。陶器有上釉和不上釉两种，上釉的陶器其釉料一般在较低的烧成温度时即可熔融。瓷器一般都上釉，其釉料有两种，既可在高温下和胎体一次烧成，也可在高温烧制，坯胎成形后再上低温釉。

在以上几个方面中，最为重要的便是原材料和烧成温度，其余几个不同都与此相关。所以，制陶工匠一旦掌握了烧制温度，并认识到高岭土和一般黏土的区别，瓷器被发明的可能性就增大了。

陶器并不是中国特有的发明，据考古发现，世界上许多国家和地区都先后掌握了制陶术。中国文明的伟大之处，在于它在制陶术的基础上取得了长足的进步——最早发明了瓷器。陶瓷在中华文明中占据着重要的地位，它证明了我国在科学技术上取得的成果，还反映出古人对于美的塑造和追求。

二、陶器

陶器的发明在人类文明史上占据重要地位。早在一万年前的新石器时代，先人已经学会制造并使用陶器。在江西仙人洞文化（属于从旧石器时代向新石器时代过渡阶段）遗址中，出土了条纹陶，其烧制年代至少在13000年以上，这是我国目前发现的最早的陶器。距今9000年左右，制陶技术已经比较成熟了。原始陶器的上限年代还不能确定，随着考古工作的进行，可能还会有新的发现。

陶器的发明和人类文明有着非常密切的关系。当人类开始懂得耕种时，定居的生活也就开始了。为了储藏秋天收货的粮食，他们很需要一种耐用的器皿。当时，人们已经学会用火，再认识到黏土的特性之后，陶器的出现就顺理成章了。

1. 先秦时期的陶器

远古时期的陶瓷烧造技术，到现在还不得而知。在新石器时代初期，原始陶器用柴草在平地上直接烧制。现在，在一些比较偏远和落后的地方，还会采用这种方法，统称为“无窑烧陶”。这种方法烧制时间短，火的最高温度可以很高，约在900℃左右。早期以篝火烧制的陶器主要是圆底的，最早有目的而建设的窑是穴窑或沟窑，即在地面掘一个洞再在上面铺满燃料。

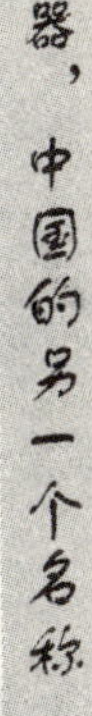

从无窑到有窑烧陶，是烧陶史上的一大突破。在新石器时代晚期的仰韶文化遗址中，考古学家发现了用泥土筑堆的简易穴式窑，如西安半坡仰韶文化与河南陕县庙底沟龙山文化早期的陶窑。这一时期的窑型分横穴和竖穴两种，结构简单，都是就地挖掘而成，窑室较小，略呈圆形，直径约一米。烧制陶器时，一般将柴草当做燃料，铺在窑底，火焰由窑室四周火道进入，没有烟囱，温度分布比较均匀。相较于无窑烧陶而言，运用这种方法，热损失会小很多，因此其烧成温度较高，能够达到1000℃。虽然窑型结构还较原始，但已经非常有利于提高陶器质量了。

龙山文化时期，基本上都改用竖穴窑烧制陶器，河南陕县庙底沟龙山文化早期就发现了陶窑。竖穴窑结构合理，因为火膛较深，燃烧时空气供应充分，使柴、草等燃料充分燃烧，火焰就会比较均匀地从窑底的火道再进入窑室，使窑内温度升高。这种结构还能保持窑内温度的均匀，减小温差，相较于仰韶文化时期的横穴窑更加先进。龙山文化后期，因为烧陶技术不断改进，竖穴窑的运用更加普遍，而且在结构上还出现了新的改进。这种窑型一直延续到龙山文化后期。据分析，借助竖穴窑，烧成温度最高可达1050℃，这为后来出现的馒头窑、倒焰窑奠定了必要的基础。

从迄今为止的考古发现来看，最早的彩陶发源地在黄河流域，尤其是关中地区比较集中。甘肃东部大地湾一期文化，不仅器形比较规整，而且出现了简单的纹饰，是世界上最早出现彩陶文化的地区之一。这一时期，陶轮技术已经出现，制陶术成为一种专门技术。半坡文化的彩陶略晚于大地湾一期文化，纹饰也相对复杂，以几何纹样为主。在陕西、河南、山西三省交界地区为中心的庙底沟文化，彩陶花纹更加富于变化，以弧线和动感强烈的斜线体现变形的动物形象。日常生活中所常见的鱼、鸟、猪以及人类自身都被作为装饰纹样。这些纹饰的描绘手法很生动，布局合理，是原始绘画的佳作，也是研究中国绘画史的可靠资料。

陶器是新石器人类文明发展的重要标志。有代表性的陶器遗址有：裴李岗文化、仰韶文化、马家窑文化、龙山文化、齐家文化、大汶口文化、屈家岭文化、河姆渡文化等。

（1）裴李岗文化的陶器：1977 年在河南省新郑县裴李岗村发现，经碳十四测定距今约 8000 年，是我国目前发现最早的新石器时代遗址。

（2）仰韶文化的陶器：仰韶文化以半坡遗址的陶器最为典型。主要纹饰有动物纹（包括鱼纹、蛙纹）、几何纹，陶器基本上是手工制作，并出现了慢轮修整技术；陶质以细泥红陶、夹砂红陶为主，灰陶、黑陶较少，白陶开始出现；陶质松软，烧成温度约 900℃～1000℃。彩陶艺术是仰韶文化的杰出成就，烧前彩画，不易脱落，以黑彩为主，也用红色。器型有碗、钵、杯、罐瓮、瓶、釜、甑、尖底瓶等。陶器常饰以线纹、绳纹、弦纹和附加堆文等。

（3）马家窑文化的陶器：1924 年发现于甘肃临洮县马家窑村，其范围较广，包括青海、宁夏、四川等省区。陶器器形以盆、钵、罐、壶为主，尖底器基本不见。其年代在公元前 3300～前 2900 年之间。纹饰比较简单，有人物纹和动物纹等。1973 年在青海大通县上孙家寨出土的舞蹈纹彩陶盆，绘有 15 人分 3 组手拉手跳舞的形象。最具时代特征的是旋涡纹和波浪纹，纹饰旋转、起伏，给人以强烈的运动感。

（4）马家窑文化半山类型彩陶：1924 年发现于甘肃和政县（今临夏回族自治州）半山地区，分布于甘肃及青海东北部。器形有短颈广肩鼓腹罐、单把壶、敛口钵、敞口平底小碗等。其年代在公元前2650～前2350 年之间。纹饰有锯齿纹、网纹及鱼、贝、人、蛙等，尤以锯齿螺旋纹、波浪纹、锯齿纹最为典型。

马家窑文化马厂类型彩陶，1924 年秋发现于青海民和县马厂塬。主要分布于青海、甘肃等省。器形基本沿袭半山类型的造型，相较于半山文化而言，这类彩陶显得高耸、秀美。出现了单耳筒形杯，耳、纽的造型富有变化。其年代为公元前2350～前2050年。纹饰有同心圆纹、菱形纹、人形蛙纹、平行线纹、回纹、钩连纹等。

(5) 龙山文化的陶器：年代约为公元前2310～前1810年。分两期，早期主要分布在关中、晋南、豫西一带；晚期主要分布于河南和河北的南部。陶质以灰陶为主，也有少量红陶，黑陶数量增多，出现少量蛋壳陶。烧成温度1000℃左右。陶器常见手制轮修，晚期有轮制陶器以及模制陶器。器型有杯、盘、碗、盆、罐、鼎、甗、鬲、鬶等。彩陶很少，常见纹饰有篮纹、绳纹、方格纹、附加堆纹等。

(6) 齐家文化的陶器：年代约为公元前1890～前1620年，主要分布在甘肃、青海、宁夏等地。它以泥质、加砂红陶为主，手制，烧成温度为800℃～1100℃。器型有杯、盘、碗、盆、罐、豆、盉、斝、鬲、甗等。纹饰有篮纹、绳纹、划纹、弦纹、篦纹、锥刺纹等。彩陶数量减少，以黑陶彩绘为主，红色较少用，图案整齐对称。

(7) 大汶口文化的陶器：年代约为公元前4040～前2240年，主要分布在山东、江苏北部、河南东部、安徽东北部。有泥质、加砂陶，早期红陶为主，晚期灰陶和黑陶的比例上升，并出现白陶进而蛋壳陶。手制为主，晚期发展为轮制陶器，烧成温度900℃～1000℃。器型有鼎、鬶、盉、豆、尊、单耳杯、觚形杯、高领罐、背水壶等。许多陶器表面膜光，纹饰有划纹、弦纹、篮纹、圆圈纹、三角印纹、镂孔等。彩陶较少但很有特点，色彩有红、黑、白三种，纹样有圈点、几何、花叶等。

(8) 屈家岭文化的陶器：年代约为公元前2550～前2195年，主要分布于长江中游江汉地区。早期以黑陶为主，晚期以灰陶为主，少量红陶。陶器以手制为主，少量轮修，烧成温度在900℃左右。器型有高圈足杯、三足杯、圈足碗、长颈圈足壶、折盘豆、盂、扁凿形足鼎、甑、釜、缸等，其中以蛋壳彩陶杯、碗最富代表性。陶器大部分素面，少量有纹饰，纹样以点、线状几何纹为主。

(9) 河姆渡文化的陶器：年代约为公元前4360～前3360年，主要分布于浙江宁绍平原。以夹炭黑陶为主，少量加砂、泥质灰陶，都是手制，烧成温度800℃～930℃。器型有釜、罐、杯、盘、钵、盆、缸、盂、灶、器盖、支座等。表面有纹饰。

由此可见，在新石器时代，不同地区的陶器是不一样的。

商周时期，出现了专门的制陶业，政府也很重视。随着生产力的发展，陶器质量也逐步提高。商代制陶工艺得到很大发展，殷墟遗址中挖出的陶片、陶罐包括很多样式。这个时期的陶器应用范围很广，大致可以分为日用品类、建筑类、殉葬类、祭祀礼器类。

战国时期，表面上的纹饰和花鸟都比较优雅。这个时期的陶器运用陶轮制作，硬度增加，同时开始使用绿色的釉料。铅釉使得陶器的表面更为光滑，有了一定色泽。

春秋战国时期，还出现了一种特殊的陶器——陶俑。自新石器时代后期以来，我国就形成了厚葬的风气。陶器可久藏不朽，是首选的陪葬品，有模型房舍、乐器、鸟兽以及人俑。陶俑弥补了同时期地面雕塑的不足，是古代雕塑艺术的珍贵实物资料。

2. 秦代以后的陶器

秦代陶器以关中地区为代表，种类繁多，其造型大多模仿青铜器，典型器物有茧形壶、盆、鬲、釜、盂、豆、罐、瓮、仓等。秦代陶器主要是泥质灰陶，有的泥料很精细，有的则掺有细砂，因为陶土中氧化铁含量和烧成气氛的差异，颜色也会不同，除灰陶外，还有红陶和黑陶。按质地来分，有硬陶和软陶，硬质陶是生活用具，软陶往往涂朱绘彩，装饰繁缛，大多作为随葬品使用。秦代陶器质地细腻，颜色多为浅灰色，原料经过加工，性能良好。一般用泥条盘筑法成型，也有的用陶轮成型，弦纹装饰在陶轮成型过程中作出。秦代还出现了陶砖、陶瓦和瓦当，描绘主题由动物转变为人。秦始皇穷奢极欲，建造大规模的阿房宫和陵园，大量烧造砖、瓦等建材和宫殿内所需陶瓷器皿、陶俑，这些器具制作工艺精美，因此有“秦砖汉瓦”的说法。这一时期，还出现了窑床前高后底的特殊设计。这是一项创造性的改革，使窑室内温度不均的问题得到改善。

陶俑在秦汉时达到高峰，最著名的首推秦始皇陵兵马俑，个个形体高大，大小与现实中的相仿，形象生动传神，被誉为世界奇观。

汉代是陶瓷历史上的一个重要转折点。在艺术风格上，汉代继承了秦代，其数量之多、种类之丰富，都属空前。汉代用泥土为坯胎经入窑烧制的器物，主要是各种饮食器、贮藏器等容器，也包括其他生活用具，还有专门的随葬品。汉代的陶瓷器造型浑厚饱满，器形同样模仿青铜器。汉代陪葬品大量使用陶制品。汉代陶器除了饮食所用的器皿外，大量摹拟生活场景，有陶制的楼阁、仓房、灶台、兽圈、车马、井台、奴仆等等。这些都用来陪葬。

因为年代和地区差异，器物的种类形态、制法、纹饰及烧成温度等都有所不同。大体上可分灰陶、硬陶、釉陶和青瓷四大类。

灰陶是汉代最主要的陶系，全国各地都有。汉代灰陶容器在继承商周传统的基础上进一步发展，制作技术更高。灰陶大多呈青灰色，火候均匀，烧成温度约在1000℃以上，质地坚实。只要是圆形的容器，其坯胎多是轮制，形状规整，表面光滑。除了随着陶轮的旋转而刻画的少许平行的弦纹及一些局部几何形画纹和印纹以外，汉代灰陶基本是素面的。西汉前期，少数容器如瓮、罐之类，偶尔还带有一些不甚明显的绳纹；西汉中期以后，绳纹基本绝迹。有些灰陶器绘有彩色的花纹，称“彩绘陶”，其花纹是在陶器烧成后才绘的，容易脱落。灰陶大多用来作为陪葬品。

硬陶烧成温度更高，陶质比灰陶坚硬，所以称为硬陶。硬陶流行于长江以南，包括广东、广西、湖南、江西、福建、浙江及江苏南部等地区，用当地一种密度较大、粘性较强的粘土制成。一般来说，多圆形的容器，主要也是轮制，器物表面往往拍印细密的方格纹，或刻画有波状纹、锯齿形纹，等等。器物的种类多属瓮、罐、壶、盒、碗等容器。

釉陶是汉代制陶业的一项新发明，代表了汉代陶艺的最高成就。我国带釉陶器早在商周时期就出现了，但生产数量很少，技术也不够成熟。西汉宣帝以后，在关中、河南等地较多出现，东汉时期则普及到全国，数量也大为增加，是汉代非常重要的一个陶器品种。当时有一种在釉料中加入助熔剂——铅的釉陶，又称“铅釉陶”。因为主要流行于黄河流域和北方地区，所以也称“北方釉陶”。釉料中加入铅，可以降低釉的熔点，还能让釉面增加亮度，平整光滑，使铁、铜着色剂呈现美丽的绿、黄、褐等色。棕黄色的釉陶出现较早，绿色的釉陶则出现得较晚。因为烧成温度低，胎体不结实，釉中铅含量高，所以很多都用来做装饰品或陪葬品。器物种类有鼎、钟等仿铜容器，也有仓、灶、井、楼阁等模型及鸡、狗等动物偶像。

汉代铅陶开创了我国低温釉陶大量生产的先河，对此后的陶器生产影响深远，如唐代的三彩陶、宋明的琉璃釉陶都是由此发展而来。此外，当时南方一些地区的硬陶上有时有一层薄釉，黄色或绿色，都很浅，烧成温度很高，釉质较硬，属于传统的青釉，也是后来发展青瓷的

开端。

西汉早期陶俑和秦代兵马俑相似，多是用军阵来送葬的模拟物，但在规格上要比秦俑小得多。在风格上沿袭秦代，造型呆板，主要是用整齐的阵列向人们展示为死者送葬的森严军阵。此外，还有彩绘女侍俑，模制烧成陶后敷涂色彩，轮廓线条优美流畅，其艺术价值极高，富有生活情趣。到了东汉时期，这种侍仆舞乐俑成为主流，兵马俑不再出现。

汉代的大型陶俑最具代表性的有陕西咸阳杨家湾汉墓出土的彩绘陶俑，其中骑兵俑583件，步兵俑、人俑等1900多件，鎏金车马饰1000多件。秦俑以车兵为主，而这批汉俑以骑兵为骨干。这说明，在西汉时期骑兵已经取代车兵，成为战场上主要的兵种。陶俑造型生动，姿态各异，色泽鲜艳，制作精细，气势威武雄壮，反映出当时宏伟的骑兵场面，以及陶塑、彩绘、烧制等方面的高度技艺水平。

汉代最有特色的独立俑要数东汉时的说唱俑。四川成都出土的说唱俑材质大多是泥质红陶，火候较低，胎较疏松，塑造的说书艺人眉飞色舞，造型生动活泼，手法简洁凝练，富有浓厚的生活气息和时代气息，反映了当时的政治、经济、文化、军事、民族关系等社会生活的方方面面。

汉代时期，我国北方使用的馒头窑已经比较完善，而在南方也出现了比较成熟的龙窑，窑室增大的同时还缩短了烧成时间。汉代烧制的砖也很有特色，上面雕饰丰富，包罗万象，繁复美观。无论是彩绘或是浮雕图像都生动活泼，线条灵活；其上面表现的故事都是当时社会的缩影。

魏晋南北朝是一个大分裂、大动荡的时期，同时也是各民族大融合时期。那个时期，因为民族融合，民族文化也空前繁荣。当时，南北处于对立状态，北方战乱较多，南方相对安静，社会经济比较发达。很多北方的手工业者和商人都纷纷南下。商业的繁荣为南方陶瓷业的发展创造了有利的条件，窑场遍地开花。

魏晋时代的陶器，大多仍然用作陪葬品。此外，瓦当也出现得较多。三国、两晋时期，北方的陶器制造发生严重倒退，武士俑千篇一律，工艺粗糙，形态古拙生硬。北魏孝文帝进行改革之后，社会生产得到恢复，陶塑艺术有了长足的进步，并风行铅釉俑。三国时期的铅釉陶器大都是制作粗糙的灰陶，质量很差。北方的陶器在器型上受到南方青瓷的影响，类似双耳罐、四耳罐盘口壶等。铅釉陶的生产量很少，直至北魏建国，因为大型建筑的需要，才出现复兴局面。这种低温铅釉陶在汉代传统的基础上有了新的发展，花色品种增加，釉色明亮，出现了黄底加绿彩，白底加绿彩，还有黄、褐、绿三彩并用。从汉代的单色釉到这一时期的多色釉，孕育了“唐三彩”的雏形，标志着北朝制陶艺术的新水平。

隋代陶器以白土陶胎敷青白色釉的作品为多，风格鲜明，彩绘陶比较普遍，男女乐俑像及驼马的造型非常生动。

最能表现盛唐气象的陶器无疑是唐三彩。唐三彩是唐代陶器中的精华，在初唐、盛唐时达到高峰。唐三彩是一种低温釉陶器，在色釉中加入不同的金属氧化物，经过焙烧，便形成浅黄、赭黄、浅绿、深绿、天蓝、褐红、茄紫等多种色彩，但多以黄、褐、绿三色为主，后来人们习惯地将这类陶器称为“唐三彩”。唐三彩不一定三色俱全，但可以利用三色交叉混合的上釉技术来制造美丽的花朵等图案，变化无穷，色彩斑斓，在色彩的交相辉映中，显示出富丽堂皇的艺术魅力。

唐三彩的出现，标志着陶器文化进入极盛时期。唐三彩的主要产地西安、洛阳、扬州是陆上和海上丝绸古道的联接点。在长安的称西窑，在洛阳的则称东窑。唐代盛行厚葬，不仅是达官贵族，百姓也如此，已是一股难以扭转的社会风气。唐三彩大多用于陪葬，因为它胎质松脆，防水性能差，并不如当时已经出现的青瓷和白瓷好用。

安史之乱后，随着唐王朝的逐步衰弱和瓷器的迅速发展，三彩器制作逐步衰退。在宋朝时期，北方产生了“辽三彩”和“金三彩”，但在数量、质量以及艺术性方面，都远远不如唐三彩。

宋代时期，瓷器生产迅猛发展起来，而制陶业趋于没落，陶器的辉煌被瓷器完全盖过。此后，我国的陶瓷器重点便落在瓷器上。不过，也有些特殊的陶器品种仍然具有独特的魅力，如宋、辽三彩器和明、清的紫砂壶、琉璃等。

紫砂是陶的一个特殊品种，盛产于宜兴丁蜀镇一带。紫砂矿土是一种特殊的矿土，含铁质粘土质粉砂岩，除紫泥外还有绿泥、红泥，这三种泥统称紫砂泥。紫砂陶种类很多，除了各式茶具，还有酒具、餐具、文具、花盆、雕刻和陈饰工艺品等。紫砂陶器的出现可能较早，但真正的紫砂壶出现于明代正德年间以后。紫砂壶的出现和当时人们的饮茶习惯是很有关系的。明朝时期，人们对茶具的要求很高，陶制紫砂壶泡茶时，茶味醇厚，而且砂质茶壶能吸收茶汁，一段时间之后，往空壶里注入沸水也有茶香。这样，紫砂壶就逐渐盛行起来。

紫砂陶器在清代进入发展的鼎盛时期。康熙皇帝和乾隆皇帝都很喜欢紫砂壶，曾直接向宜兴定制紫砂茶具，紫砂壶成为珍贵的御前用品。清朝时期的紫砂茶具式样繁多，紫砂壶上大多雕刻花鸟、山水和各体书法，不少著名的诗人、艺术家曾在紫砂壶上亲笔题诗刻字。陶艺名家制作的紫砂陶器精美绝伦，是传统工艺的典型代表。

三、瓷器

瓷器脱胎于陶器，它是我国古人在烧制白陶器和印纹硬陶器的经验中逐步摸索出来的。世界各地都有古老的陶器出土，但最先在我国出现，并流传到其他国家和地区。

瓷器的前身是原始青瓷，它是由陶器向瓷器的过渡。我国最早的原始青瓷发现于山西夏县东下冯龙山文化遗址中，距今约 4200 年，器形有罐和钵。原始青瓷在我国分布较广，黄河领域、长江中下游及南方地区都有发现。

原始青瓷在商周时期就开始出现。当时，人们在制陶的过程中发现了瓷石不同于粘土的特性。部分陶器用高岭土做原料，提高了烧制温度，胎质坚硬，不吸水，颜色由深变浅。器具表面是一层用草木灰和瓷石配合而成的高温釉，经过 1200℃以上高温烧制后，胎釉结合在一起，使器物具备了瓷器的条件。但因为制作工艺低下，铁含量和烧成气氛不能自如控制，釉色也不好掌握，透光性较差，具有一定的原始性。

两汉是我国陶瓷发展史上的重要时期，原始青瓷完成了向成熟青瓷的过渡。当时东南一带窑场密布，陶车拉坯成型替代了泥条盘筑法，使瓷坯制做更加精细。这一时期，釉料也有了较大的改进，釉层明显加厚，光泽强，胎釉结合紧密。考古学家对浙江绍兴上虞县出土的瓷器进行科学测试后，发现其胎体十分致密，呈完全烧结状态，吸水率较原始瓷器明显下降，抗弯曲强度很高，和现代瓷器的标准已经非常接近了。

三国时期，越窑的产品胎质坚硬细腻，呈浅灰色；釉汁纯净，以淡青色为主，黄色和青黄色都比较少见；器型大多是日用瓷。晚期装饰趋向繁复，出现斜方格纹，还出现了堆塑方法，器物可分为日用品和明器

两类。两晋时期，原始瓷被彻底淘汰。当时，南方开始生产青瓷，浙江越窑一直处于全国领先的地位，生产时间自东汉一直持续到宋代。浙江越窑主要生产青瓷与黑瓷，到西晋晚期也生产青釉褐斑瓷，即在器物的主要部位加上褐色点彩，打破青瓷的单色格调。东晋中期以后，越窑青瓷多为日常用具，造型趋向简朴，装饰简练，纹样以弦纹为主。

魏晋南北朝时期，青瓷系统的代表是缥色，与北方地区的白瓷交相辉映。缥原为一种淡青色的帛，所谓“缥色”，就是指青瓷的如缥的釉色。因为火候不一，釉色也不太一致，有深灰绿、青绿、黄绿，甚至还有灰色和带烟焖暗红色。此外，常用褐彩打破单一的青釉，甚至用褐彩在器物表面上书写文字。

这个时期，越窑一直是瓷器生产的代表，当时南方还有婺州窑、湘阴窑和丰城窑等著名窑址。受佛教盛行的影响，瓷器上多以莲瓣或莲花作为装饰。

北方地区长期战乱，工商业萧条，瓷器生产甚至还不如汉代，技术上的改进非常少。相对来说，南方比较安定，再加上中原地区的陶瓷业技工纷纷南下避乱，促进了南方的陶瓷业发展。南方烧制瓷器的窑炉有了很大改进，窑内烧成温度可达 1300℃左右，达到了现代瓷的质量水平。北魏建立后，北方生产得到恢复，生产了大量的青瓷，日常用品有碗、盘、杯、罐、壶、瓶、盒等，还有少量的陈设品。北朝的典型器物有莲瓣罐等。河北景县封氏墓曾经出土 4 件莲花尊，体积最大的高约 70 厘米，口至肩部有三周贴花，饰飞天纹、宝相花纹、兽面纹和蟠龙纹。这是北方青瓷的代表。

这一时期，北方瓷器的最大特点是烧制出了白瓷。白瓷在青瓷的基础上发展而来，两者的区别仅在于胎、釉中含铁量的不同。瓷土含铁量少则胎呈白色，含铁量多则胎色较暗，呈灰、浅灰或深灰色。在北齐武平六年范粹墓出土的 10 件白瓷器，是目前已知时代最早的白瓷器，有碗、杯、三系罐、四系罐、长颈瓶等。白瓷的产生对我国瓷器的发展有非常深远的影响。

隋唐时期，萌发于南北朝的白釉瓷器发展成熟。当时的瓷器烧成温度已经达到 1200℃，瓷的白度达到了 70%以上，接近现代高级细瓷的标准。在此基础上，我国瓷器进一步发展，出现了釉下彩和釉上彩瓷器。当时，生产瓷器的长沙窑又称铜官窑，是我国最早制作釉下彩瓷的地区之一。

唐代瓷器有很大的发展，瓷器制作十分成熟。唐代比较有代表性的瓷器是南方的青瓷、北方的白瓷、三彩瓷，以及湖南长沙窑的复彩瓷。青瓷在唐朝的时候已经相当成熟了，以越窑为代表。这个时期，白瓷也开始成熟，以邢窑为代表。邢窑白瓷与越窑青瓷分别代表了唐朝北方瓷业与南方瓷业的最高成就，史称“南青北白”。

唐代越窑在继承前代基础上，制瓷作坊集中在浙江上虞、余姚等地。初唐时期的越窑基本上保持前代风格，胎质灰白而松，釉色青黄，容易剥落。种类和造型的变化都不大。中晚唐时期越窑瓷器既有前代的形式，也有按照社会生活需要而新制的器形，如执壶、瓷罂、瓯、小盂等。越窑原料加工以及制作都很精细，瓷土经过很好的粉碎和淘洗，坯泥在成型前经过揉练，所以瓷胎细腻致密，不见分层现象，气孔少，呈灰、淡或淡紫等色，器形规整，釉层均匀，开细碎纹和剥釉现象少见，呈色黄或青中泛黄，滋润而不透明。

邢窑的白瓷在唐朝时成为风靡一时的名瓷，窑址在河北省的内丘县，产品作为地方特产向朝廷进贡。茶圣陆羽在《茶经》中用“类银”、“类雪”来形容邢窑白瓷的釉色，可见其胎和釉的白度都已经相当成熟。邢窑白瓷胎骨坚实、致密，叩击时有金石之声，甚至能与越窑瓷器一起，当作乐器奏出和谐的音乐。邢窑白瓷烧成技术高超，现存实物基本没有发现变型、歪塌等缺陷，制作工艺精细，造型端正。

唐代瓷器的种类增多，茶具、餐具、酒具、文具、玩具、乐器以及实用的瓶罐和各类陈设装饰品类，几乎无所不包。瓷制日用品形式新颖多样，造型美观大方，制作质量上乘。唐瓷在造型上总的倾向是浑圆饱满，大小都不例外。此外，在质量上要求更高，小中见大，精巧而有气魄，单纯而有变化，表现了唐代的风格特色。这一时期最具特点的器皿是执壶。据考证，这是由前代的鸡头壶演变而来，是一种酒具，在唐朝的时候被称为“注子”。其中，长沙窑的瓷器在亚非 13 个国家、73 个地点都有出土，说明其影响遍及海内外。从其产品中的胡人雕塑、椰枣、棕榈纹样及书写阿拉伯文等方面来看，可能是专门为外销而生产的瓷器。

唐代饮茶之风盛行，以及朝廷对青瓷的需求量增大，越窑青瓷质量不断提高。尤其是在晚唐时期，形成了以浙江余姚为中心的瓷区。唐代瓷器产业之所以能空前繁荣，和官方的介入是分不开的。官府设置“将作监”、“少府监”等政府机构，对陶瓷、金工、漆器、染织等进行管理。这时的越窑青瓷非常出名，很多文人骚客都吟诗作赋，对其倍加赞美。其中，陆羽的评价比较全面而得体，他形容越窑青瓷“类玉”、“类冰”，认为是当代最完美的瓷器。

五代十国时期，虽然政治动荡，社会矛盾尖锐，但瓷器制造业获得较大发展。这是因为当时的许多统治者都喜爱瓷器，直接促进了其发展。

在我国瓷器发展史上，宋代是一个非常重要的时代。我国陶瓷工艺发展到宋代，达到了炉火纯青地步。宋代瓷器在艺术上的成就也是空前绝后的。瓷器在胎质、釉料和制作技术等方面，都有了新的提高，在工艺技术上，有了明确的分工。宋代官窑辈出，私窑蜂起，闻名中外的名窑很多，耀州窑、磁州窑、景德镇窑、龙泉窑、越窑、建窑，还有被称为宋代五大名窑的汝、官、哥、钧、定窑。这些名窑生产的产品都有自己独特的风格，这样就形成了一些著名的窑系。当时，南北方各窑之间风格迥异，一些以州命名的瓷窑体系特点明显。耀州窑（陕西铜川）产品精美，胎骨很薄，釉层匀净；磁州窑（河北彭城）以磁石泥为坯，磁州窑多生产白瓷黑花的瓷器，瓷器因此又被称为磁器；景德镇窑的瓷器质薄色润，白度高，透光度好，是宋瓷中的精品；龙泉窑的瓷器多为粉青或翠青，釉色美丽光亮；越窑烧制的瓷器胎薄细致，光泽美观；建窑所生产的黑瓷是宋代名瓷，黑釉光亮如漆；汝窑为宋代五大名窑之冠，瓷器釉色以清润的淡青为主色；均窑烧造的胭脂红、葱绿、墨色等彩色瓷器较多；定窑瓷器胎细质薄，瓷色滋润，白釉似粉，称粉定或白定。至于官窑和哥窑在何处烧造，到了现在都还众说纷纭。

宋代是我国历史上商品经济最为发达的时代。因为社会经济和商业贸易都获得较大的发展，瓷器一时之间供不应求，因此，民间小型窑场如雨后春笋般涌现出来。官窑和民间窑场生产的瓷器不仅供本国人使用，还远销海外，影响巨大。

元朝时期的瓷器制造业不如宋朝，但也有所发展。随着青花和釉里红的兴起，彩瓷大量的流行，白瓷成为瓷器的主流，这影响了明清两代的瓷器发展。元代主要的瓷器产区是江西景德镇，那里原料丰富，工匠技术丰富，政府也比较重视。元世祖忽必烈在景德镇设立了“浮梁瓷局”，这是全国唯一的管理陶瓷产业的机构。元政府鼓励瓷器对外贸易，瓷器的外销数量、质量有了大幅度的增加和提高。这种政策促进了景德镇的瓷业生产，使它一下子成为全国的制瓷中心，为其在明清两代成为饮誉世界的“瓷都”打下了坚实基础。

元代景德镇在制瓷工艺上有了新突破，最突出的则是青花和釉里红的烧制。青花是在白瓷上用钴料画成图案烧制而成，只用一种蓝色，但颜料的浓淡、层次都呈现出极其丰富多样的艺术效果。据考古发现，早在唐代，含有钴的蓝釉彩就已经出现了。经过漫长的发展，元代最终烧制出了成熟的青花瓷。元代青花瓷形态较大，胎体较厚，青花料有进口与国产两种，使用进口料的青花瓷体积都比较大，颜色鲜蓝、艳丽，是当时浮梁瓷局的高档产品；国产青料多为普通民窑生产的小件产品、日用器皿，颜色较淡，构图疏朗，笔法淳朴。青花瓷充分体现了中国的民族特色，一经在景德镇出现，就迅速发展，流传达数百年之久，使中国瓷器进入了一个崭新的时代，并远销国内各地及亚、非诸国。

元代的瓷窑已经发展出了分室龙窑，依山而建，为以后的阶梯窑打下了基础。这种窑炉装窑容量大，适合于多种坯釉同时烧成，在窑室的前、中、后部不同的窑温下放置不同的产品，能够充分利用窑室内的热量。元末明初，在此基础上出现了葫芦型窑，之后演变为蛋形窑，延续使用至今。

明代是瓷器发展的高峰期，窑址集中在景德镇地区，产品占据了全国的主要市场。除开设了官窑——“御窑厂”烧制御用器外，民窑也有很大发展，出现了“官民竞市”这种欣欣向荣的局面。明代以前，瓷器以青瓷为主，从明代开始，瓷器以青花、五彩为主，釉下彩、釉上彩、斗彩、单色釉等都十分出色。这一时期，瓷器走入了彩绘的时代，无论官窑或民窑都偏向于彩绘瓷器，瓷胎也趋向薄、细、白，工匠开始在瓷坯上铭刻款式，许多瓷器的年代、堂号、人名俱全。

明代洪武时期，明太祖下旨仍沿用景德镇窑场为皇家御窑，承担官窑器的烧造，御器往往是“千里择一”，只生产精品。当时的青花瓷色泽偏于黑、暗，纹饰上改变了元代层次较多、花纹繁满的风格，趋向清淡、多留空白地。永宣时期，技术上有不少改进，青花以其胎釉精细，青色浓艳，造型多样和纹饰优美而颇负盛名，其所用青料为进口的苏麻离青。由于这种原料中含铁量较高，往往会在青花部分出现黑色斑点，

与浓艳的青蓝色相融一体，使后世极难仿制。永乐年间最著名的是“甜白釉”，这种半脱胎瓷器胎壁极薄，釉面莹净，也叫“填白”，是指在白瓷上可填绘彩饰，以薄胎而有暗花者最为杰出，以后烧制的都比不上永乐时期的产品。宣德年间，御窑厂扩增至 58 座之多，釉黑红鱼纹高足杯盛名天下。明中期的成化、弘治、正德时期，是另一个陶瓷史上的辉煌时期，宫廷和民间艺术匠师创造了一大批空前绝后的艺术珍品。这一时期青花胎薄釉白，青色淡雅，其青料为国产的平等青，为浙江、云南一带出产。正德朝后期，青花料使用进口“回青”，颜色纯正，价格十分昂贵。素三彩也是正德朝的著名品种。嘉靖一朝的官窑瓷器烧造量巨大，青花的青料为回青或回青与石子青混合使用，呈现出一种蓝中泛红紫的鲜艳色泽。当时的民窑制品已相当精细，出现了以仿宣德、成化窑器而著称的“崔公窑”。万历中期以后，进口回青料断绝，改用浙江出产的浙料。彩瓷以青花五彩为主，图案花纹布满全器，效果华丽浓艳。此时民间窑更加发达，其产品精细程度可与官窑相比美，并大量远销至欧洲。天启、崇祯时期，明朝走向衰落，官窑瓷器将近停产，民窑日益发达，以烧造青花瓷为主，装饰纹样丰富多彩，不再受官窑式样规格化的束缚。

明朝末年，社会连年战乱，景德镇受到严重的破坏，窑场凋零，工匠逃亡。清朝顺治年间，景德镇恢复生产，重新作为御窑瓷厂。这一时期的瓷器制作略显粗糙，器物沿口部分施酱黄釉，深浅不一，呈黄褐色。康熙时期，景德镇的御窑厂逐步恢复完善，产品质量好转。康熙十七年，内务府官员至景德镇驻厂督造，并开创了以督窑官姓氏称呼官窑的先例，比如具有代表当时制瓷水平的“臧窑”、“郎窑”等。康熙时期瓷器品种繁多，千姿百态，工艺精细。康熙五彩的主要颜色有红、黄、紫、绿、蓝、黑等，很少用青花。这时出现了不少模仿前代名瓷的瓷器，有的在造型上模仿古代铜器，有的模仿各大名窑的釉色纹饰。当时已经使用多种颜色釉，如蛇皮绿、鳝鱼黄、吉翠、浇黄、豇豆红、郎窑红、胭脂红、祭红、洒蓝、瓜皮绿、孔雀蓝、豆青、金银釉等，花色品种令人眼花缭乱。这一时期的重大发明是珐琅彩和粉彩，珐琅彩是国外传入的一种装饰技法，粉彩是受珐琅彩的影响而产生的新品种。到了雍正时期，瓷器生产达到了历史最高水平，制作之精冠绝于各代，许多颜色釉也在这一时期成熟起来。粉彩完全取代了康熙五彩的地位，成为釉

上彩的主流。

乾隆时期，烧瓷水平又有所进步，精工细作、不惜工本。乾隆瓷器保留了古代的精华，同时吸收了西方艺术的特点，出现了一些奇巧物件用于赏玩，制瓷艺人技术高超，高度准确地掌握了釉料的配制和火候的控制，制作工艺也极其精致。嘉庆时期，景德镇御窑厂已无督陶官，改由地方官员兼管，工艺日趋衰落，瓷器没有什么发展。道光时期，陶瓷业随着国势衰微，生产规模也大大下降，产品质量亦不如从前。咸丰之后，国力衰败，连年兵变，陶瓷业难逃厄运，瓷业败落，产品粗糙。同治、光绪年间，瓷业稍有复兴，但精品并不多见。宣统年间，瓷器的工艺水平有所提高，具有现代陶瓷工艺的特征，还成立了中国陶业学校，内设本科及艺徒二班，较为系统地培养专业陶瓷人才。清朝陶瓷有了理论上的提高，还出现了专门论述陶瓷、研究陶瓷的著作。

总之，明清两代是中国瓷器生产最鼎盛时期，瓷器生产的数量和质量都达到了高峰。瓷器的出现，为人类文化和物质文明树立了一座不朽的里程碑。而景德镇成为中国的“瓷都”，直到今日仍然发挥着不可替代的作用。

第二节　中华名窑考古

一、钧窑

钧窑是我国名窑，烧制出的钧瓷以独特的窑变艺术而闻名于世，素有“黄金有价钧无价”和“家有万贯，不如钧瓷一件”的美誉。钧窑位于河南省禹县，属北方青瓷系统，开始于唐，在北宋的时候达到鼎盛。

钧窑瓷极其珍贵，人称“钧瓷无对，窑变无双”，“入窑一色，出窑万彩”。当地民谚说：“进入西南山，七里长街现，七十七座窑，烟火遮住天，客商天下走，日进斗金钱。”从这些话中可以想见钧窑的兴盛。

窑变是钧瓷的一大特色，许多文献都有记载，并且赞誉有加。蚯蚓走泥纹，是钧窑的另一大特点，在古籍中有很多记载。蚯蚓走泥纹，就是在釉中呈现一条条逶迤延伸、长短不一、自上而下的釉痕，看上去就好像蚯蚓在泥土中游走一般。之所以产生这样的效果，是因为钧窑瓷胎在上釉前先经素烧，上釉又特别厚，釉层在干燥时或烧成初期发生干裂，后来在高温阶段又被粘度较低的釉流入空隙所造成。

与其他青瓷不同，钧窑因为釉色的相互交融而产生无数颜色。如，钧釉中的紫色是红釉与蓝釉互相融合的结果，而钧釉的紫斑则是将青蓝色的釉上有意涂上一层铜红釉所造成的。钧窑釉色大体上分蓝、红两类，具体的可呈现月白、天青、天蓝、葱翠青、玫瑰紫、海棠红、胭脂红、茄色紫、丁香紫、火焰红等颜色。其中，蓝色也不同于一般的青瓷，而是各种浓淡不一的蓝色乳光釉。蓝色较淡的称天青，较深的称天蓝，比天青更淡的称为月白，都具有莹光一般幽雅的蓝色光泽。钧瓷釉采用氧化铜为着色剂，在还原气氛中烧成铜红釉。这样，烧出的釉色青中带红，如蓝天中的晚霞，色调之美，妙不可言。

二、汝窑

著名诗人陆游在《老学庵笔记》中说："故都时定器不入禁中，惟用汝器，以定器有芒也。"盛赞了汝窑及其产品。除此之外，很多文献里面都有关于汝窑的记载。20 世纪 80 年代，关于汝窑的遗址终于有了结论：河南省宝丰县清凉寺是汝窑窑址。

汝窑青瓷传世品非常稀少，弥足珍贵。据文献记载，汝窑青瓷釉色仅有八种。汝窑青瓷釉色主要有天青、天蓝、淡粉、粉青、月白等，釉层薄而莹润，釉泡大而稀疏，有"寥若晨星"的美誉。釉面有细小的纹片，称为"蟹爪纹"。汝瓷造型古朴大方，其釉如"雨过天晴云破处"，"千峰碧波翠色来"，土质细润，坯体如侗体，其釉厚而声如磬，明亮而不刺目，具有"梨皮、蟹爪、芝麻花"之特点，被世人称为"似玉，非玉，而胜玉"。汝瓷装饰技法以下刻花为主，刻花较少，纹饰多为花鸟纹。主要器物有碗、碟、盘、瓶、樽、洗、盏托、水仙盆等。

三、北宋官窑

官窑是我国古代由朝廷直接控制的官办瓷窑，专烧宫廷、官府用瓷。官窑始于宋代，有北宋官窑和南宋官窑之分。前文已有章节详述，此处不再多说。

四、定窑

定窑遗址位于今河北省曲阳涧滋村及东西燕村，宋代属于定州，因此叫做定窑。定窑在唐代的时候就开始烧制瓷器，北宋时期达到鼎盛，在元朝时期没落。定窑以产白瓷著称，兼烧黑釉、酱釉和釉瓷，文献分别称其为“黑定”、“紫定”和“绿定”。

唐代时，定窑已经是非常出名的的瓷场，专烧白釉、黄釉瓷，到宋代发展迅速，大量烧制白瓷，其次有黑釉、酱釉、绿釉、白地褐花等品种。白瓷胎土细腻，胎质薄而有光，釉色纯白滋润，上有泪痕，釉为白玻璃质釉，略带粉质，因此称为粉定，也称为白定。其他瓷器胎质粗而釉色偏黄俗称土定；紫色者为紫定；黑色如漆的为黑定，传世的非常少。

定窑是继邢窑而起的白瓷窑场。其器型在唐代的时候以碗为主，到了宋代则以碗、盘、瓶、碟、盒和枕较为多见，也生产净瓶和海螺等佛前供器，胎薄而轻，质坚硬，色洁白，不太透明。由上迭压复烧，口沿大多都不施釉，史称“芒口”，这是定窑产品的特征之一。定窑产品早期较流行刻花，后兴起刻花与篦划纹结合，中期盛行印花装饰，到晚期更加成熟。北宋中晚期，其刻花装饰精美绝伦，独具一格。用单齿、双齿、梳篦状工具，刻画出由深、浅不一的主线与辅线相衬构成的物象，生动自然，立体感较强。

定窑虽原为民窑，但北宋后期曾一度烧造宫廷用瓷，因此影响较大，各地纷纷仿制，有各种仿器。

五、哥窑

宋代著名的陶瓷工匠很多，相传龙泉有章氏兄弟二人都是著名的工匠，他们各自开了一个窑厂，哥哥的瓷窑称哥窑，是宋代名窑之一。哥窑名称最早见于明初宣德年间的《宣德鼎彝谱》一书。哥窑釉面莹润多断纹，风格上和南宋官窑比较接近。

哥窑生产的瓷器种类很多，常见的有各式瓶、炉、洗、盘、碗、罐。遗憾的是，一直到了现在，哥窑窑址都还没得到确认，成为中国陶瓷史上的悬案。

六、越窑

越窑自东汉开始生产，此后一直延续到宋朝，历时一千多年。越窑在唐代的时候就已经非常出名了，陆羽在《茶经》中说：“越瓷类玉越瓷类冰”，说的就是越窑生产的瓷器好像美玉和寒冰一样，冰清玉洁，光彩润泽。唐代的时候，越窑的主要窑场座落在越州辖区（会稽、山阴、诸暨、余姚、剡县、萧山、上虞七县）内的窑场，以出产类玉似冰的青瓷而著称。在此范围之外，浙江地区也还有窑厂，其产品在风格上和越窑产品相似，但不能称为越窑，只能算是越窑系窑场。

唐和五代是越窑发展的鼎盛时期，代表了青瓷的最高水平，尤其是传说中的“秘色瓷”，更是引人注目的产品。

越窑青瓷在初唐时胎质灰白，釉色呈青黄色。晚唐时，胎质细腻致密，胎骨精细轻盈，釉质腴润匀净如玉，釉色为黄色或青中含黄，无纹片，普遍采用素地垂直花纹的装饰方法。还有一种在器物上堆贴花卉、人物、鱼兽等的方法，器物常见的有碗、盘、水盂、罐、盒等，特色器如瓷砚、执壶、瓷罂等，尤其是口唇不卷、底卷而浅腹的越瓷瓯，风靡一时，成为文人墨客的歌咏对象。

七、龙泉窑

龙泉窑遗址在浙江龙泉县，属南方青瓷系统。龙泉窑创始于北宋初期，在南宋中晚期进入鼎盛时期，明代以后渐渐衰落，到了清代康熙年间停产。其烧造历史达七八百年之久。

宋代龙泉青瓷是青瓷工艺的历史高峰，其青瓷的釉色与质地之美，就好像巧夺天工的人造美玉，令所有人倾倒。北宋时期的龙泉青瓷，胎骨较厚，胎土淡灰，底足露胎处能见到赭褐色窑红，胎微出烧，釉的玻化程度高，釉层透明，极富光泽。当时，装饰花纹较简练，常见纹样有鱼纹、蕉叶、金枝、荷花等。与以前的青瓷相比，装饰风格趋于奔放。南宋龙泉青瓷的造型也有自己的风格，稳重大方，浑厚淳朴而又不失秀美，器型丰富多样，装饰普遍采用刻花和堆塑法，颇具艺术匠心。

元代时期，龙泉青瓷产量很大，风格也发生了很大变化，还大量出现汉文和蒙文款铭。明代时期，龙泉青瓷开始衰弱，器物胎体厚重，制

作粗糙，胎色灰黄，釉层厚，透明度高，釉表光泽强；釉色有青灰、茶叶末、灰黄等几种；装饰以釉下刻花为主，也有模印人物故事的装饰方法。

八、德化窑

德化窑遗址在福建省德化县，境内的碗坪仑、屈斗宫、南窑岭等都是著名的烧造白瓷窑址。德化瓷也是在北宋时期开始出现的，到了明代，德化窑生产的白瓷在全国制瓷业中成为典范。清代时期有一定程度的发展。

德化白瓷，瓷质致密，透光度很好，釉面为纯白色，色泽光润明亮，乳白如脂，近光透视下，釉中隐现粉红或乳白色，因此有“猪油白”、“象牙白”、“鹅绒白”、“中国白”之称。德化窑种类繁多，有爵杯、梅花杯、香炉、瓶、壶、碗、洗及瓷塑等，尤其是瓷塑，非常出名。

清代德化白瓷在明代基础上进一步发展，改变了以仙佛和供器为主的局面，多产日常生活用品，如八枝四足酒杯、瓶、壶、碗、洗等等，釉由明代的象牙变为白中泛青。

九、建阳窑

建阳窑也称建窑，宋代著名瓷窑之一，窑址在建阳水吉镇，以生产黑瓷著称。始创于唐代，在宋代，尤其是南宋时期达到高峰。宋代时期，饮茶之风同样盛行，建阳窑烧制的黑釉茶盏非常精美，深得文人雅士的喜爱。北宋后期，建阳窑曾为宫廷烧制斗茶使用的黑釉盏，并于器底刻“进盏”、“供御”字样。

建阳窑所产瓷器的原料含铁量较高，因此胎色深黑坚硬，有“铁胎”之称，也叫做乌泥窑、黑建、乌泥建等。茶盏内外都施黑釉，外壁因为釉不到底的缘故，会露出黑色底胎。黑釉盏以铁结晶形成的斑纹为饰，呈条状晶纹的称兔毫，有黄、白两色，因此又有金、银兔毫、玉毫、兔斑等别称，也有呈油滴结晶状，宋朝时期称为鹧鸪斑。铁结晶呈油珠状的称为油滴，还有少数窑变花釉，在不规整的油滴周围出现窑变蓝色，尤为珍贵。

十、佛山石湾窑

佛山石湾窑在今广东佛山市，始于宋代，明清时极盛。石湾窑以擅长模仿钧窑而著称于世。其产品釉色以蓝色、玫瑰紫、翠毛釉等最好，在模仿中也有自己的创造。钧窑的窑变釉是一层釉色，而石湾窑变釉却有底釉与面釉之分。石湾窑不仅善于模仿钧窑，其他名窑生产的瓷器也能够模仿，大多仿得惟妙惟肖，有一定的创造性。

石湾陶塑是石湾窑的典型品类。“石湾陶，景德瓷”，可以想见其精美。不过，与景德镇陶瓷业不同，石湾窑是民窑，它主要为市场生产，其工艺不如景德瓷。

十一、宜兴窑

宜兴窑在江苏宜兴丁蜀镇，其陶瓷制造业从汉代开始，一直延续到今天，可以说是我国最古老的窑场了。汉朝和晋朝时期，宜兴窑已经生产青瓷，唐代生产陶瓷，宋代开始烧造紫砂器，明代则以紫砂器闻名于世，出现不少制壶名家，如供春、时大彬、李仲芳、陈仲美等。它也模仿宋代钧窑，因此有“宜钧”之称。

宜兴窑紫砂器以器型、泥色和典雅的风格取胜。紫砂是一种炻器，介于陶器与瓷器之间，结构致密，接近瓷化，强度较大，颗粒细小，断口为贝壳状或石状，不过不具有瓷胎的半透明性。宜兴紫砂器外表光滑，其下含有小颗粒状的变化，表现出一种砂质效果。

在宜兴紫砂器中，最著名的就是紫砂壶。明清时期，因为统治者和文人雅士的推崇，紫砂艺术达到高峰。

十二、邢窑

邢窑是唐代最著名的白瓷窑。邢窑的产地在河北内丘，唐代的时候归属邢州，因此称为邢窑。邢窑瓷器胎质细洁，色纯白，极为坚硬。邢窑所产白瓷，瓷化程度极高，扣之有金石声，因此一直是贡品之一。

邢瓷瓷器始于初唐，在中唐和盛唐时期已经饮誉海内外。目前，在不少唐代遗址中都发现了邢窑白瓷。

十三、磁州窑

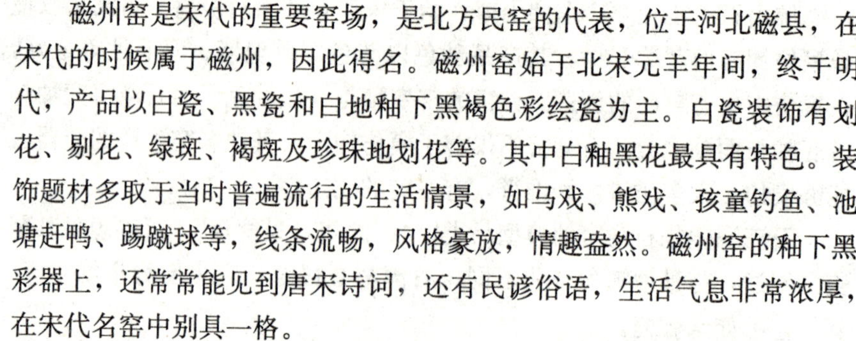

磁州窑是宋代的重要窑场，是北方民窑的代表，位于河北磁县，在宋代的时候属于磁州，因此得名。磁州窑始于北宋元丰年间，终于明代，产品以白瓷、黑瓷和白地釉下黑褐色彩绘瓷为主。白瓷装饰有划花、剔花、绿斑、褐斑及珍珠地划花等。其中白釉黑花最具有特色。装饰题材多取于当时普遍流行的生活情景，如马戏、熊戏、孩童钓鱼、池塘赶鸭、踢蹴球等，线条流畅，风格豪放，情趣盎然。磁州窑的釉下黑彩器上，还常常能见到唐宋诗词，还有民谚俗语，生活气息非常浓厚，在宋代名窑中别具一格。

磁州窑主要生产日常生活用品，如瓶、罐、碗、缸、枕等。磁州窑的瓷胎有两种：一种质地坚细呈灰白色；另一种质地粗松，呈红褐色，白釉呈奶白色，釉层均匀，无泪痕（所谓泪痕，是一个形象的说法，瓷器釉局部较厚，向下垂流形成的）。

十四、长沙窑

长沙窑始于唐代，窑址在湖南长沙。晚唐到五代时期非常兴盛，五代之后开始衰落。其产品以青瓷为主，多产日常用品，创烧了釉下彩绘装饰新工艺，成就突出。

早期釉下彩为彩斑装饰，即在瓷坯上用铁或铜料涂上斑块，烧成褐斑或绿斑。也有彩斑和模印贴花装饰相结合，即以人物、狮子等模印纹样贴在罐、壶等器物上，再在这一部分涂上褐色彩斑，经高温一次烧成。在此基础上，较为成熟的釉下彩绘工艺发展起来。其工艺以铁料或铜料在坯上直接绘成图案花纹，再施青釉，经高温烧成釉下褐、绿彩。也有的是先在坯上刻画出纹饰轮廓线，然后在线上填绘褐绿彩，再施青釉，经高温一次烧成。这种工艺对我国瓷器装饰艺术的影响非常大。

十五、耀州窑

耀州窑始于唐代，主要烧制黑、白、青瓷。宋代时期，青瓷获得较大发展，在北宋末年达到鼎盛。耀州窑窑址位于陕西省铜川市，宋代的时候属耀州，因此称为“耀州窑”。

宋代晚期，耀州窑主要生产青瓷，胎薄质坚，釉面光洁匀静，色泽青幽，呈半透明状，十分淡雅。装饰有刻花、印花，结构严谨丰满，线条自由流畅。纹饰多满布器内外，种类繁多，有牡丹、菊花、莲花、鱼、鸭、龙凤等，风格粗放健美，生动自然。器形有碗、盘、瓶、罐、壶、香炉、香熏、盏托、注子温碗、钵等。

第三节　陶瓷器精品赏析

一、半坡人面鱼纹彩陶盆

人面鱼纹彩陶盆于20世纪50年代在西安半坡村出土。当时，共发掘绘有人面纹的陶器7件，两件较完整，其中就有人面鱼纹陶盆。人面鱼纹彩陶盆高16.5厘米，口径39.8厘米，是原始美术、原始文字和原始艺术的结晶，现藏于中国国家博物馆。

彩陶工艺是我国新石器时代原始工艺艺术的主体之一。半坡人面鱼纹彩陶盆由细泥红陶制成，敞口卷唇，内壁用黑彩绘出两组对称的人面鱼纹，人面呈圆形，额的左半部涂成黑色，右半部为黑色半弧形。眼睛细而平直，鼻梁挺直，神态安详，嘴旁分置两个变形鱼纹，鱼头与人嘴外廓重合，加上两耳旁相对的两条小鱼，构成形象奇特的人鱼合体。可见，先人们的想象力是非常丰富的。

仰韶文化时期，我国的彩陶艺术达到了相当完美的境地，这件彩陶盆便是代表作。古代半坡人使用的许多陶盆上都画有鱼纹和网纹图案，据分析，这可能和他们当时的图腾崇拜和经济生活有关。半坡人在河谷地带居住，以农为生，闲暇时候还会去捕鱼和打猎，这种鱼纹装饰是他们生活的写照。人头上奇特的装束，应该是在进行某种宗教活动的化妆形象，而稍有变形的鱼纹可能是一种图腾崇拜。

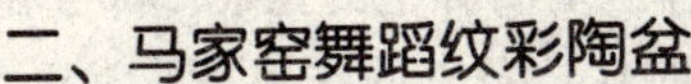

二、马家窑舞蹈纹彩陶盆

舞蹈纹彩陶盆于1973年在青海省大通县出土，高14厘米，口径29厘米，是马家窑文化的陶器珍品，现藏于中国国家博物馆。

1973年，当地人为了修建储物仓库开挖地基，无意中发现了很多彩陶残片。负责人马上报告了考古部门，考古工作者及时赶到，进行现场抢救性发掘，并将碎片清理妥当后送往北京。经过专家们复原鉴定后，就发现了这件舞蹈纹彩陶盆。这是首次发现的直接描绘原始先民生活场景的图画，其历史价值和艺术价值都非常高。

舞蹈纹彩陶盆用细泥红陶制成，底面直径 10 厘米，大口微敛，卷唇鼓腹，下腹内收成小平底，施黑彩。口沿及外壁上部采用了一些简单的线条装饰，作为主要装饰的舞蹈纹在内壁上部。陶盆的内壁上绘有 3 组内容相同的画面，表现了原始人集体舞蹈的情景。每组画面共 5 人，全都手拉手，面朝同一个方向，每人都梳有发辫，并在末端系有尾饰。从画面上看，这些舞蹈者动作协调，步调一致，表现的应该是他们在音乐的伴奏下翩翩起舞的场景。据《吕氏春秋·古乐篇》记载："昔葛天氏之乐，三人操牛尾，投足以歌八阙。"意思是说，在葛天氏统治的时候，人们拿着牛尾巴或者类似的东西，在一起载歌载舞。据分析，拿着兽尾跳舞的习俗，在许多原始民族中都存在过。这件舞蹈纹彩陶盆再现了原始人操兽尾舞蹈的场面，构图生动，线条洗练，艺术价值非常高。

彩陶盆的设计制作，还体现了当时制陶工艺的熟练和审美思想的进步。舞蹈者的形象以单色平涂的手法绘成，造型简练明快，三列舞人绕盆沿形成圆圈，下有四道平行道纹，代表地面。盆中有水的时候，舞人能够和水中的倒影相映成趣。可见其构思之巧妙。

三、鹳鱼石斧图彩陶缸

鹳鱼石斧图彩陶缸，1978 年在河南省汝州市阎村出土。器形为敞口、圆唇、深腹，器高 47 厘米，口径 32.7 厘米，底径 19.5 厘米，器沿下有四个对称的鼻钮，腹部绘有鹳鱼石斧图（也叫做鸟鱼石斧）。这件陶缸出土时，内盛一具成年人的骨骼。

鹳鱼石斧图分为两个部分。左边画有一只圆眼、长嘴、两腿直撑的水鸟，昂首，身躯微微后倾，嘴上衔着一条大鱼。右边，竖立着一把装有柄的石斧，从画面上可以看出，制作者对石斧上的孔眼、符号和紧缠的绳都进行了细致的描绘。在新石器时代，石斧的作用是非常巨大的。它跟鸟、兽、斧组合在一起并非偶然。画面中，鹳与鱼面对石斧，这表现了古代先民们对劳动生活的特殊审美气质，与对劳动工具的崇拜，并希望过上幸福安定生活的美好愿望。鹳直接用色彩平涂形体，而鱼、斧则根据不同的审美需求，用粗浓的线条勾勒轮廓，转折、起伏、刚柔互用的绘制，出色地表现出物的形态与神情，形神兼备。

一般来说，彩陶上的绘画以装饰纹样为主，像这样描绘物象的绘画罕见。鹳鱼石斧图的出现，标志着我国史前绘画艺术由纹饰绘画向物象绘画发展。纹饰绘画与器物密切结合，而物象绘画与器物形状基本脱节，这说明绘画的独立性增强了。迄今为止的考古发现中，我国史前绘画艺术遗存有彩陶画、岩画、壁画和地画，其中最主要的是彩陶画。而这幅彩陶画无疑是我国史前绘画艺术的杰出代表，代表了我国新石器时代美术创作上的最高成就。因为这幅画具备了中国画的一些基本画法，有学者认为它是中国画的雏形。

四、三国青瓷羊

在我国瓷器史上，浙江地区的青瓷工艺占有重要地位。1996 年，在安徽省马鞍山市东吴墓中出土了一件青瓷羊，现藏于中国国家博物馆。

青瓷羊使用的原料为石英、长石和高岭土，以高岭土为主，其中，二氧化硅的成分达到 77%以上，十分适合在还原焰条件下的烧制。青瓷羊使用的青釉是一种含有石灰石的釉质，其主要成分是二氧化钙，因为早期青瓷都是石灰釉，所以，在这种条件下烧成的青釉，匀净无瑕，是青釉的先驱。

青瓷羊造型取自汉代青铜器。羊在古代是吉祥的象征，因为它性情温顺，与“祥”谐音。六朝时期，羊是雕塑作品的重要题材。青瓷羊造型非常美观，长 30.5 厘米，高 25 厘米，整体作卧伏状，身躯肥壮，昂首张口，好像正在鸣叫，全身装饰划纹、圆点纹、卷曲纹。羊头上部有一个圆孔，可以插蜡烛。从实物形态看，青瓷羊很可能是一个烛台（蜡烛在东汉时期就出现了）。青瓷羊全身施青色釉，匀净无瑕，光采晶莹，造型优美，可谓是迄今可见的最佳青瓷珍品。因为年代久远，这样的文物大多出土在墓葬之中，因此很可能都被当做陪葬品。

五、唐三彩骆驼载乐俑

唐三彩骆驼载乐俑于 1959 年 6 月出土于陕西西安西郊中堡村一座

唐朝墓葬，高48.5厘米，昂首直立，现藏陕西历史博物馆，是唯一一件被评定为国宝级文物的唐三彩。

唐三彩骆驼载乐俑的驼身为白色彩釉，颈部上下和前腿上部的长毛及尾部都涂以赭黄色。背上垫一块椭圆形的蓝边毯子，上有驼架，架呈平台形。台上有一块长方形蓝边花格毯。平台上坐有男乐俑七人，乐俑高11.5厘米。前两个乐俑一人捧笙，一人拿萧，作吹奏状。右侧两个乐俑一人弹琵琶，一人弹竖琴。左侧两个乐俑一人持笛，一人手拿拍板，最后一人手拿排萧作吹奏状。七个男乐俑中间，还立有一个女舞俑，右手前举，左臂后扬，作歌舞状。骆驼造型雄健优美，舞俑、乐俑体态丰满，形象生动。虽然在地下埋藏了1300多年，出土的时候还是光彩夺目，令人叹为观止。

六、元青花萧何月下追韩信图梅瓶

元青花萧何月下追韩信图梅瓶出土于南京江宁县观音山明朝开国功臣沐英墓。1950年，沐英墓被盗，这件青花梅瓶就是被盗文物之一，并很快被卖掉。著名收藏家陈新民街头偶遇后，马上认定这是一只梅瓶。梅瓶是明代高等级墓葬随葬品，有镇墓辟邪的作用。梅瓶是身份地位的象征，倘若不是王公贵族，或者位高权重的大臣，不能使用这种随葬品。陈新民断定后，用10根金条买了下来。后经鉴定，这只梅瓶是一级国宝。

梅瓶高44.1厘米，底部直径13厘米，而口径仅仅5.5厘米，小口、丰肩、斜腹、敛胫、平底，造型优美，线条圆润、流畅，雍容华贵，给人以凝重的美感。肩腹部刻有“萧何月下追韩信”的故事，瓷瓶上所绘的青花纹饰层次多样，非常独特。

元青花萧何月下追韩信图梅瓶，通体绘有各种青花纹饰，纹饰层次多样，整个器物浑然一体，主题鲜明。瓷器的画面被放在了梅瓶的腹部，占据着主要位置，其人物的生动神情都非常精彩：萧何策马狂奔时的焦虑，韩信河边观望的踌躇不定，老艄公持浆而立的期待，都被表现得淋漓尽致。空白处衬以苍松、梅竹、山石，显得错落有致。

元代青花瓷存世的非常少，目前国内只有100多件，其价值难以估量。2005年，元“鬼谷下山图”瓷罐拍出了1568.8万英镑（大约相当于2.6亿元人民币）的天价，而“萧何月下追韩信”，瓷胎质地、青花

发色，都更胜一筹，其价值更是难以估量。据专家说，这样的青花梅瓶全世界只有三件，另两件流传到国外，尺寸较小，釉色、纹饰也不及这件精美。

七、万历五彩鸳鸯莲花纹瓶

万历五彩鸳鸯莲花纹瓶，是万历年间专门为宫廷烧造的一件青花五彩瓷器，工艺水平极高，现藏于故宫博物院。瓶口部微似蒜头，因此有“蒜头瓶”之称。蒜头口、细颈、溜肩、圆腹、圈足。器高 53.8 厘米，口径 8.8 厘米，足径 17.9 厘米。通体以白釉为底绘五彩洞石花卉和鸳鸯莲花等纹饰，口沿外，有青花书写“大明万历年制”六字款识。整个器形古朴端庄，画面生动自然，给人以美的享受。

瓶子的纹饰非常精美，是明代彩瓷发展到空前繁荣时期的产物。画面布局根据器形变化，突出颈与腹的纹饰。颈部绘洞石花卉及草菊两组，并在空白的地方点缀有欲跳状的螳螂、蚂蚱、多只飞舞的蜂蝶和蜻蜓，口部绘有寓意吉祥的如意头、莲花与缨络。腹部画面以鸳鸯莲池纹为主，三对鸳鸯嬉戏于莲塘中，莲塘中莲花片片、荷叶和莲蓬做陪衬，此外还绘有垂柳二株；雀鸟八只，有的展翅飞翔，有的停立枝头；另有三只鹭鸶，一只戏水，一只在树上，另一只在草地上。整个画面非常丰富，气氛活跃，既给人以“天然去雕饰”的感觉，又显示出装饰艺术的高超，令人叹为观止。颈与腹之间由如意头组成的一周缠枝花纹饰做间隔，口边饰以回纹，足边饰以变形回纹。通体纹饰除青花部分外，釉上彩绘用褐彩或黑彩勾出纹饰的轮廓线，施以矾红、绿、黄、褐、紫等色彩，交错使用，五彩纹饰层层密布于器体，色彩丰富艳丽。

第十三章

玉器，“黄金有价玉无价”

第一节　玉器出土的主要地点特征

我国是世界上最早开采和使用玉的国家。古书上关于玉的记载很多，玉的种类和名称都比较繁杂，如水玉、遗玉、佩玉、香玉、软玉等。在考古学上，玉器时代是我国特有的一个时代，介于石器时代和青铜时代之间。

我国玉器文化源远流长。相传，在远古时代，黄帝分封诸侯的时候，就将玉同时赐给他们，作为权力的标志。此后，很多帝王的“传国玺”都是玉做的。早在商代，人们就开始使用墨玉牙璋来传达国王的命令。到了周代，玉器文化进一步发展，当时，很多王公贵族都将制作精美的玉器佩戴在身上，作为身份和权力的象征。

我国古代的许多典籍都对玉进行过论述。其中，《周礼》中关于玉的规定就有数十条之多，涉及玉器理论、分类、使用规定等。玉的用途非常广泛，涉及政治、经济、军事、法律、外交等很多领域，遍及祭祀、庙制、朝聘、盟会、婚丧、车服、宫室、器物、音乐等方面。

周代设置了我国第一个专职管理玉器的机构——玉府，属于天官。对于其人员组成，《周礼》有明确规定：“玉府上士二人，中士四人，府二人，史二人，工八人，贾八人，胥四人，徒四十有八人”，达78人之多。据古籍记载，早在商周时期，一些中心城市的制玉业已经非常繁荣。玉府中各种职司的配备都有双重任务：一是对国家的玉器进行管理；二是为了加工给宫廷用的玉器。玉府所执掌的玉器品种繁多，首要的种类有礼器、瑞器、服饰器、符节器、丧葬器等。这些玉器品种有着浓厚的政治意味，象征着国家的政治礼仪、政治权力、政治等级、君主的威仪、列国的邦交、官阶的等级等。玉府除了掌管玉器外，还掌管其他的贵重物品。可见，玉器在当时的统治者心中占据了较高的地位。

除了玉府之外，还有一个等级稍小的专门管理玉器的机构——典瑞，隶属于六卿的春宫。玉府与典瑞的功能不尽相同：典瑞掌管法度之玉，负责各级官员的瑞信玉器和礼玉，而玉府则只负责天子一人享用的玉器。典瑞这个机构的设置体现了周王朝尊卑秩序的等级制度。周王朝对玉器有严格的规定。因为身份和等级地位的不同，所能佩戴的玉器的形制和尺寸也就不同。同时，在不同的政治活动和礼仪场所，人们佩戴的玉器也不相同。

根据用途，“三礼”（《礼记》、《仪礼》、《周礼》）将玉分成礼用器、祭用器、丧葬用器、佩用器、财货用、军用器、节用器、嵌用类、食用、乐用等类型。其中，六器和六瑞是古代中国最为重要的礼器，《周礼》上面也有明确的记载。《周礼》记载：“以玉作六器，以礼天地四方；以苍璧礼天，以黄琮礼地，以青圭礼东方，以赤璋礼南方，以白琥礼西方，以玄璜礼北方。皆有牲币，各放其器之色。”“以玉作六瑞，以等邦国，王执镇圭，公执恒圭，侯执信圭，伯执躬圭，子执谷璧，男执蒲璧。”这两段话的意思是说，将玉做成六器，礼天地四方，以期得到上天的庇佑；将玉做成六瑞，王、公、侯、伯、子、男因为等级的不同，而分别持有质料不同的玉器。这样一来，社会就有了等级秩序，尊卑有别，上下有序。“三礼”对玉的具体使用方式也有严格的规定。《礼记》记载：“大圭不琢，美其质也”，在雕刻制作玉器的时候，要做到朴素少纹，着重突出玉的美质；同时，执持用玉的时候，一定要严肃认真，不可马虎随便。《礼记·曲礼》这样说：“惟薄之外不趋，堂上不趋，执玉不趋，受珠玉者以鞠，受弓剑者以袂，饮玉爵者弗挥”、“凡执玉，执轻如不克”、“执主器，操币圭器，则尚左手，行不举足，车轮曳踵”；这就是说，贵族阶层在用玉的时候，一定要注意自己的言行举止，什么时候该用什么玉器，什么时候该怎么样佩戴玉器，都要符合礼仪。

从“三礼”对玉器的这些规定来看，玉在我国古代文明起源和发展

的过程中扮演着极为重要的角色。就目前的考古发现，早在旧石器晚期，玉器就已经出现了。在辽宁阜新市查海遗址中，出土的透闪石软玉玉块距现在大约8000年（旧石器时代晚期，新石器时代早期）。此外，在新乐文化、裴李岗文化、大汶口文化、仰韶文化、河姆渡文化和大溪文化等遗址中，都出土了玉器。从这些文化遗址的分布来看，几乎全国各地都有玉器出土。在浙江河姆渡新石器时代文化遗址中，发现了少量玉珠、玉管和玉玦。在新石器时代，生产力水平还比较低下，雕琢玉器的工具不够精美，制作工艺和经验也不够完善，因此，玉器器形大多比较简单，多数为圆形、弧形的小型器，做工粗糙，没有纹饰。

在新石器时代晚期（距今5000年至4000年左右），生产力获得一定程度的发展，与之相对应，社会生活也丰富起来，原始宗教观念也开始产生，并向前发展。在这一时代背景下，玉器制造业也获得较大的发展。这一时期，玉器在制造工艺、数量及分布区域上都远远超过前代。我国境内除了新疆之外，其余各省的新石器时代遗址中都出土了或多或少的玉器。其中，出土数量较多、制作比较精美的有红山文化、龙山文化、良诸文化、屈家岭文化、石峡文化、马家窑文化以及台湾的圆山文化和卑南文化等。这一时期的玉器造型多样，有象征权力、财富和宗教的器物，如琮、璧、钺等；也有造型各异的精美装饰品，如环、镯、坠，以及多种动物形玉饰等等；此外，还有具备实用价值的有玉斧、玉铲、玉刀、玉戈等生产工具和武器等。这一时期的玉器逐渐从石器中脱离出来，在技艺方面走上了独立发展的历程。新石器晚期的玉器种类繁多，而且技艺精湛，表面经过打磨之后变得平整光滑，其上面还雕刻有各种各样的精美纹饰，为后来玉器工艺的发展和提高奠定了社会基础。其中，圆形中空的玉璧是先民们用来祭祀神灵的；而外方内圆的玉琮则用来祭祀土地。这种玉器的构造和我国古代天圆地方的原始宇宙观相关，象征着天地、神灵、祖先的法力。红山文化中的玉龙、云形玉佩，则象征着部落的图腾和首领权利。

距今4000年左右，夏朝的二里头文化时期，玉器制造业进入一个新阶段。商代时期，因为青铜器的产生，玉器制造业也进入了一个新阶段。甲骨文中有“玉”字，而古文献上也记载了很多商代玉器。《汲冢周书·世浮解》中说，武王伐纣，纣王兵败，在鹿台自焚时携有玉器4000件。在已经考古出土的商代墓葬中，出土玉器多达数千件，这充分说明用玉在商代已经成为时尚。从出土的玉器来看，我们可以知道，商代玉器种类增加，玉材也变得多样。商代玉器的主要特征是：新出现簋、盘、勺、匕、矛、大刀、锯、镰、刻刀等20多种器物；以人和动物为题材的玉雕，主要刻画头部、眼睛、牙齿等主要器官，而细节则不被重视；浮雕、透雕、圆雕大量出现，并出现“俏色”作品（玉工们充分利用玉石的各种天然色彩和纹理特性来表现动物形象）。河南偃师二里头出土的玉戈、玉钺、玉璋、玉刀，则显示出当时精湛的技艺。

西周初期玉器数量相对减少，到了晚期才有所增加，但创新不多。西周玉器的主要特征是：纹饰更趋于图案化、抽象化，和青铜器的纹饰风格非常相似，其最常见的纹饰是鸟纹和夔纹；器物造型趋于写实，并且高度简化；在雕刻技法上，出现了“斜刻”法。

春秋时期，随着井田制的瓦解和私有制的进一步发展，奴隶制渐渐趋于崩溃。与此同时，周天子的地位下降，出现诸侯王“挟天子以令诸侯”的现象。春秋时期的纷争最终形成了几个大国。所以，这一时期的玉器制造地域性特点非常明显。孔子说，春秋是一个礼崩乐坏的时代，大家都不再重视“礼”，因此，玉器礼器大为减少，而玉佩则大量增加。玉器的纹饰也由平面向浮雕发展。春秋时期，还新出现了一种纹饰，叫做蟠虺纹，并迅速流传开来。

战国是我国封建君主专制社会的开端。这个时期，生产力得到快速的发展。冶铁业开始出现，而铁器也得到广泛应用。冶铁业的出现推进了玉器加工制造业的发展。在战国以前，我国的玉器制造都追求简单和古朴，冶铁业出现后，匠人们在加工玉器的时候注重精雕细刻，玉器的造型也因此而生动传神。战国是我国玉器发展史上的又一个高峰期。就目前出土的战国时期生产的玉器来看，战国玉器不仅数量种类多，而且其造型、工艺水平都远胜于前代。在湖北随县曾国早期的曾侯乙墓中，出土玉器约300多件，其中一件多节玉佩最为引人注目。这块玉佩由5块玉料雕琢而成，共26节，都由活环套接。其上面的纹饰主要采用镂空和浅浮雕工艺制成，主体是龙和鸟纹，身饰蚕纹，此外还杂以弦纹、云纹。这件多节玉佩可分为5组，插榫后就能联成一体，开合都可。这件玉器充分反映了当时技艺的高超。

战国时期的玉器生产已经有一定的规模，内部分工较细。这一时期，玉器出现了一些新品种，如玉带钩、玉剑饰、玉印等。造型上也有

一些新的变化，特别是龙的造型由传统的“C”形变成“弓”形，非常生动。纹饰繁缛而富于变化，并出现细线纹，刻线细而利，走势扭曲委婉，被称为“游丝描”。当时，人们在玉器制造中广泛使用镂空技术，并制造出大量雕琢精美、构思奇特的连锁玉器。春秋战国时期，玉已经远远超出其自然属性。人们赋予了玉很多美好的品格，并以之自比。

秦汉时期，文化思想比较发达，道家思想和儒家思想得到足够的重视。秦汉也是一个厚葬风气非常盛行的时代，将玉器作为葬具和随葬品是一种普遍的追求。身份地位比较尊贵的人，都会选择玉作为主要的陪葬品。比如，皇帝去世之后，其丰富的陪葬品中最引人注目的便是用金丝和美玉制成的金缕玉衣。汉代时期，人们为了祈求神灵的保佑，还将玉用来祛邪，如玉刚牟、玉翁仲等。

西汉时期，玉器雕刻手法开始向多样化发展，透雕在这一时期得到广泛应用。玉器的纹饰大多继承前代，但也有变化，常以青龙、白虎、朱雀、玄武四种辟邪灵神为纹饰，而且排列方向、位次与阴阳五行学说相合。

与西汉相比，东汉的玉器变化不大。不过，随着豪强地主和庄园经济发展起来之后，一些玉器开始出现了“长乐”、“宜子孙”等吉祥语。河北定县东汉刘畅墓中出土的玉座屏上，雕有神话人物东王公、西王母。神话故事人物渗入玉器雕琢中，也是东汉玉器的一个特征。

魏晋南北朝长期分裂动荡，经济发展缓慢。这个时期，因为政治的黑暗，玄学兴起，清谈之风盛行。佛教和道教的影响力都比儒家学说大，因此玉器不再受到重视。这个时期的玉器，目前出土的还比较少。在南方出土的少量玉器，往往和神仙祥瑞道教联系在一起，如玉制的天禄、辟邪、虎拔等。

唐代时期，儒教、道教和佛教受到同等的重视，因此，玉器制造仍是缓慢的。唐代玉器风格和六朝时期不大一样。唐代玉器的纹饰中出现了大量的花鸟、人物，还有一些佛教中的飞天形象。这个时期，玉器中实用物增加，如有使用价值的杯碗等。唐代新出现品种主要是表示官阶高下的玉带饰，这是镶钉有玉饰片的革带，由若干块小玉片组成带饰。大多数玉带饰上雕有人物和植物纹饰，其中以西域人或伎乐人居多。

唐代玉器的雕刻自成一家，借用绘画中的线描手法，在器表加阴线刻来表现细部，雕刻注重刻画人物的肌理、动态，给人以寓动于静的感

觉。其纹饰也摆脱汉代的影响，出现卷云文、如意云纹、水波纹、莲花纹、卷草纹、连珠纹。还有佛教人物、文臣武将、西域伎乐等人物造型玉器，以及写实的牛马羊等动物，植物主要有牡丹、莲花、宝相花等。

宋元时期，因为南北割据，玉器具有明显的地域特征。如辽，其建立者为契丹族，生活在我国东北地区，其制造的玉器常见春水玉与秋山玉雕。前者的图案是荷叶、莲花、水草等水生植物，一只大雁长颈伸入水草之下，全身埋在水草之中，天上一海东青向雁俯冲而来，正欲捕食；后者的图案是山石、树木、虎、鹿等，反映了契丹族游牧生活的特点。又如金朝的玉器，虽然受汉族文化的影响比较深，但也有鲜明的民族特色。如北京故宫博物院收藏有四件金代海东青天鹅的玉雕，反映了女真族“春水纳钵”的习俗。

宋代受唐影响，实用和装饰的玉器占据重要位置。不过，北宋时期金石学兴起，士大夫收藏古董成为时尚，因此仿古玉器大量出现。仿古玉器有玉杯、玉剑饰、玉璧、玉篋等，风格以汉代为主，雕琢水平非常高超。这一时期，在思想上道教盛行，理学发展，反映在玉器制造上就是雕刻题材出现了神龟、仙鹤、龙凤等。

元代制玉业比较发达，一件 3500 公斤的大玉器周身雕饰海浪、海龙、海马、海猪、海鹿、海犀等，以不同的线条表现动物的形体、毛发、鳞甲和汹涌波涛、湍急水流，充分反映出元代玉器的制造工艺水平与风格。

明代时期，经济继续向前发展，并出现了资本主义萌芽。这一时期，生产商品化更加突出，玉器产量大增。明朝时期，理学逐渐占据了思想上的统治地位，同时，道教以及民俗信仰深入民间，人们普遍希望社会安定，常常祈求神灵保护，期望得到今世的荣华富贵。这种社会思潮在玉器制造中得到充分反映。明代玉器多以吉祥图案为主，如八仙、三星等神仙，寿、喜等字样，还有桃、灵芝、梅、竹、兰、鹿、鹤、鸳鸯等动植物，以及龙、凤、螭虎、角瑞等瑞兽异禽。

明代玉器生产在初期的时候受宋元风格影响，但不久之后就显露自身独立的风格。比较明显的特点是：（1）造型粗犷浑厚，雕工刚劲有力。明代玉雕胎体较为厚重，人物、动物造型注重外型，不追求细部。（2）镂雕技术发展，出现“三层透雕法”，镂雕十分精细；（3）仿古作品日趋成熟，“如式琢成，伪乱古制”，达到以假乱真的程度；四、世俗化趋向明显，玉器的品种、造型、纹饰等方面大多与当时社会人们的追求相吻合，反映出时代的特征。

清代是我国玉器生产的最高峰。无论玉器的选材、数量、生产规模、品类、工艺水平、装饰纹饰都超过历史上的任何朝代，玉雕艺术也走向高峰。这一时期的玉器生产既继承和运用了历代琢玉的精湛技艺，又借鉴了绘画、雕刻工艺成就，并受外来文化的影响，出现了具有鲜明时代特征的玉器。清代玉器在造型、琢磨、风格上不再古朴，给人一种全新的感觉，做工非常精细。大型玉琢都是众多玉工通力合作完成的。在同一件作品上，生动地刻画人物、山水、草木、动物，有高浮雕、浅浮雕、线刻、刻款、多层工艺。即便是小件玉器也要经过许多工序，多人合作才能完成。清代的玉雕往往直接表现自然，构思极为奇妙，充分发挥了玉工的丰富想象力，打破了几千年来传统的陈规局限。

第二节　玉器的种类与纹饰

一、玉器的种类

我国玉器的历史非常悠久，《山海经》记载，我国产玉的地点有两百余处。经过几千年的开采，有的玉矿已经枯竭，但还有一部分著名玉矿到现在还在大量开采。按照色彩，玉可以分为：白玉、碧玉、青玉、墨玉、黄玉、黄岫玉、绿玉、京白玉等；按照地域，玉可以分为：新疆玉、河南玉、岫岩玉、澳洲玉、独山玉、南方玉、加拿大玉等。

1. 翡翠

翡翠，也称翡翠玉、翠玉、硬玉、缅甸玉，具有紫、红、灰、黄、白等色，以绿色为贵，颜色呈翠绿色的称为翠，红色的称为翡。翡翠原是一种鸟名，这种鸟羽毛鲜艳，雄鸟羽毛呈红色，叫做翡鸟，雌鸟羽毛呈绿色，叫做翠鸟，合起来称为翡翠。缅甸玉在明朝时期传入我国后，就被冠以“翡翠”之名。一般来说，白色泛绿的翡翠最为常见，翠绿色的翡翠是上上之品。

翡翠开采时间不长，到现在才六百多年。古代翡翠开采、运输、加工、销售历来都是云南人所为。云南腾冲也因在翡翠贸易和加工方面的重要地位，而获得翡翠城的美誉。

2. 新疆和阗玉（和田玉）

和阗玉在古代的时候叫做昆仑玉，是有名的软玉石品种，已经有一千多年的历史，是我国古玉的主要来源。和阗玉产于昆仑山麓及河床中，由角闪石族阳起石构成，其玉质坚硬细腻。和阗玉历史悠久，现已发现的用和田玉制作的时代最早的玉器，出自殷墟妇好墓。春秋战国以后，和田玉逐渐成为主要的玉石原料。《史记》和《汉书》都有记载。

按照色彩，和田玉可以分为：白玉、黄玉、碧玉、墨玉、青玉、糖玉等。上等白玉纯洁无瑕，称为羊脂玉。其他颜色纯正、没有瑕疵的，也很名贵。

3. 岫山玉

因产于辽宁省岫岩县而得名，是我国数量最多的玉材。岫山玉产量之大和用料之多，在“四大名玉”之中居于首位。岫山玉因为硬度低，在使用的过程中，光泽会逐渐变暗，远不如翡翠。

岫山玉历史悠久，到现在已经有七千多年了。我国新石器时代的文化遗址中发现了不少玉器，制作原料都是岫山玉。河北满城西汉墓中出土的中山靖王刘胜和王后窦绾的两件金缕玉衣轰动世界，分别用 2498 块和 2160 块玉片用金丝穿缀而成，大部分玉片都是岫玉雕制的。从古至今，我国将岫玉制品作为礼器、仪仗器、佩饰、工具、生活用具等，其应用范围很广。

岫山玉大体分两类，一类是老玉，也被称为河磨玉，其质地朴实、凝重、色泽深绿，是一种珍贵的璞玉；另一类是软玉，其质地坚实而温润，细腻而圆融，多呈绿色，其中，呈纯白和金黄两种颜色的是罕世之珍品。

岫玉的产地相当广泛，辽宁、甘肃、青海、北京等地都有分布。著名的“夜光杯”便是用岫山玉制作的。

4. 南阳玉

南阳玉又称南玉或独山玉，也有时简称为“独玉”，产于南阳市城区北边的独山，是我国四大名玉之一。独山玉质成分复杂，坚韧微密，细腻柔润，光泽透明，色泽斑驳陆离，主要成分为斜长石，以及黝帘石、绿帘石、闪角石、透辉石等，以绿、紫、白三色为基础，常呈多种颜色，玉工依其天然色雕琢不同的物品，适用于“俏色”工艺。

南阳玉开采和使用的历史比较悠久。早在 6000 多年前，古人已经开始发掘独山玉。在安阳殷墟妇好墓中，考古出土了不少玉器，其中有为数不少的独山玉制品。在历史上，南阳镇平曾经有“骑帝山上多金山下多玉”的记载。相传，著名的和氏璧就是独山玉。西汉时期，独山一度被称为“玉山”。1959年，在独山附近的黄山新石器时代遗址中，出土了几件玉铲，这说明早在5000多年前，人们就已经认识到独山玉的价值，并开始使用。独山脚下有“玉街寺”遗址，相传是汉代雕刻玉器的地方。清《新修南阳县志》载：“故县北居民，多治玉为生。”意思是说，南阳县的很多居民都以制作玉器为生。

独山玉的品种比较多，按照颜色可以分为八类：绿独山玉、红独山玉、白独山玉、紫独山玉、黄独山玉、黑独山玉、青独山玉、杂色独山玉。

独山玉以颜色纯正、透明度高、质地细腻和无杂质裂纹的为上品。其中，芙蓉石、透水白玉、绿玉的价值都非常高。高档独玉的翠绿色的品种与缅甸翡翠相似，因此有“南阳翡翠”的美誉。

5. 蓝田玉

蓝田玉产于陕西省西安市蓝田县，是我国开发利用最早的玉种之一，迄今已有4000多年的历史了。蓝田玉在我国很多古籍上都有记载。唐代诗人曾写诗赞叹道：“蓝田日暖玉生烟”，可见其色泽之好。

蓝田玉有翠玉、墨玉、彩玉、汉白玉、黄玉，多为色彩分明的多色玉，色泽好，花纹奇。历代皇室和显贵都视蓝田玉为珍宝，秦始皇曾用蓝田玉做玉玺，杨贵妃的玉带也是用蓝田玉做的。

6. 绿松石

绿松石产地较多，我国湖北、陕西、新疆、安徽、河南等省区都有发现。绿松石是我国古代四大名玉之一。从考古发现来看，我国传统的玉品种中，除了和田玉外，深受喜爱的首推绿松石。在新石器时代，绿松石已经被当做一种美玉广泛使用，同青玉、玛瑙等玉石一起用作装饰品。在新石器时代的很多文化遗址中，都出土了用绿松石制作的玉器。

春秋战国时期，绿松石作为饰品出现在宝剑上。在湖北江陵望山沙冢楚墓中，发掘了2400多年前越王勾践的宝剑，剑柄主要部位嵌着绿松石，剑格正面和反面也有用绿松石镶嵌成的纹饰。

7. 密县玉

密县玉是一种沉淀变质的石英岩，产于河南新密西助泉寺。密县玉硬度较低，颜色有绿、绛红、白、黄等。比较典型的密县玉在浓碧中透出黑色小点，琢磨后，表面会有闪烁的玻璃光泽。

8. 京白玉

京白玉产于北京门头沟，粒状结构，性脆。抛光后表面酷似羊脂玉。

9. 玛瑙

玛瑙是玉髓类矿物的一种，产地分布在我国东北、内蒙古、云南、广西等地区。玛瑙经常是混有蛋白石和隐晶质石英的纹带状块体，色彩极有层次。按照色彩，玛瑙可分为：白、灰、红、兰、绿、黄、羊肝、胆青、鸡血、黑玛瑙等，有半透明或不透明的。按照花纹，可分：灯草、藻草、缠丝、玳瑁玛瑙等。玛瑙经常用来当做装饰品，有时也被当做陪葬品。

10. 红山玉

因产地在内蒙古红山文化圈内而得名。红山玉块度大，细腻，润度好，色泽多样，其色泽和润性非常像和田玉，还有的像寿山石。综合比较，红山玉仅次于和田玉，要比中档的和田玉好。其成份接近玉髓但不是玻璃光泽，属玉质光泽，因此是种新玉料。这里的地质比较稳定，在开采的过程当中，极有可能出现巨大的玉王料。

二、玉器的分类

玉器使用范围较广，按照其使用性质，可分为以下几种：

1. 礼玉

礼玉是古代宗教祭祀、国家大典、交聘等仪礼上使用的玉器，是礼制的一种体现。古文献记载，礼玉有璧、琮、圭、璋、璜、琥六种，又称为“瑞玉”，用来礼天地四方。

（1）玉璧

玉璧是我国古代用于祭祀的玉质环状物。古人认为，玉璧能够和祖先的灵魂相通，因此用来祭天。玉璧除了作为礼器，还是权力的象征，用作佩戴和墓葬。

玉璧分为大璧、谷璧、蒲璧。大璧是天子礼天用的，天子在款待诸侯的时候也会用大璧。礼天的时候，一定要用苍色大璧，象征苍天。谷璧为子爵持有，饰有谷纹，有谷物养人的意思。蒲璧为男人持有，琢饰为蒲形，蒲是席子，含有使人安定的意思。因为都是用两手拱执，因此又统称为“拱璧”。玉璧主要作为礼器，也有的时候作为礼物、信物和装饰物。

据考古发现，在红山文化和良渚文化中都出土过玉璧。玉璧在商周时期非常兴盛，到了春秋战国时期，玉璧大多制作得非常精美。汉代之后，玉璧就很少见了。

玉璧通常呈圆形。新石器时期的玉璧多素面，器形较简单，商周时期的玉璧厚薄不均，形制也不规整；春秋战国时期，玉璧相当规整，并出现了纹饰，有蚕纹、谷纹、蒲纹、兽纹等。汉代时期，玉璧雕工大多比较精细。明清时期，玉璧再次兴盛起来，民间出现很多仿制品。玉璧的纹路主要有蟠螭纹、蟠虺纹、勾云纹、谷纹、蒲纹、龙凤纹、兽纹等。

（2）玉琮

玉琮是我国古代用于祭祀的玉质筒状物，多呈黄色，外型像笔筒，外方内圆，这是因为古人认为天圆地方。玉琮用来祭祀地神，是礼地之器。此外，也用来做祥瑞器，陪葬品。

最早的玉琮见于安徽潜山薛家岗第三期文化，距今五千多年。新石器时代，良渚文化出土有玉琮，其中有的还刻有兽面纹饰，是玉琮的辉煌时期。商代时期玉琮比较多见，但器形比较短矮。汉代以后，可能不再生产玉琮，因此非常少见。

（3）玉圭

玉圭由官位最高的人持有。玉圭上端为三角形或直平，身为长方形。在玉器中，玉圭用以祭方位神，主祭东方。战国时玉圭和玉璋都非常盛行，此后一直到宋都不多见，宋元明清时期再次兴盛起来。

（4）玉璋

玉璋，扁平，一端斜刃，形状如半个圭，因此有“半圭为璋”的说法。玉璋用来祭祀山川。玉璋在玉器中主祭南方。山东龙山文化遗址、二里头文化、二里岗等都有出土。玉璋始见于龙山文化，盛行于商周。璋与圭一样都是礼朝区分等级的器物（如祭祀大的山川就用大的玉璋，祭祀小的山川就用小玉璋），春秋以后比较少见。

（5）玉璜

玉璜，弧形，大小约为玉璧的三分之一。玉璜是古代贵族朝聘、祭礼、丧葬、征召的礼器，黑色玉料制成的玄璜是祭北方的礼玉。玉璜的弯弧两端有小孔，往往放置在墓主的衣领下面，可能用于佩带，因此有“佩璜”之称。

(6) 玉琥

玉琥，虎形，上面刻有虎纹或形似虎纹的玉器也叫玉琥，商周到汉代都比较常见。白色的琥用来祭祀西方。玉琥除了作为礼器，也用来作为装饰品，有的时候还是王侯用来调兵的信物。

(7) 玉珑

玉珑，用玉雕成的龙形玉器。玉珑在大旱的时候用来祈求降雨。

(8) 玉环

玉环，形状像玉璧，圆形，有孔，但孔径与边径相等。主要作为佩饰。

(9) 玉瑗

玉瑗是大孔的玉璧，其孔径大于边径 2 倍。《荀子》记载：“召人以瑗”，说明瑗的主要用途是作为请召的信物。具体说来，想请某个人来商量某些事情的时候，就会让使者拿着玉瑗前往。玉瑗也可作为佩饰。

(10) 玉磬

玉磬，形制标准，矩形，尺状。上古时期，玉磬是一种打击乐器。

(11) 玉册

由几块扁平长条形玉片组成，上面刻有文字，内容有祭祀、明誓、悼文、记史等，是古代上层统治者的专用物。

2. 葬玉

葬玉是专门用来陪葬的玉器。古人认为，用玉敛葬能够很好地保护尸体。葬玉主要有玉衣、玉琀、玉握、九窍玉塞等。

(1) 玉衣

玉衣分为金缕玉衣、银缕玉衣和铜缕玉衣。汉代对玉衣有严格的规定，一般来说，只有皇帝和皇后才能“享用”。

(2) 玉琀

玉琀又称“含玉”，装殓死者的时候含在其口中。最初，这样做是为了不让死者空口而去。后来，又附加上灵魂不灭尸体不腐的美好寄托。玉琀的形制各代不一，商周玉琀有玉蝉、玉蚕、玉鱼、玉管等，春秋战国时玉琀有玉猪、玉狗、玉牛、玉鱼等。一般说来，比较小的玉器都可以充当口含。

(3) 玉握

玉握，握在死者手中的葬玉。在西汉初期，死者手中握的是无孔的璜形玉器，东汉时多握玉豚。所谓豚，就是小猪，在农业社会是财富的象征，握玉为猪形，寓意死者拥有财富。

(4) 九窍玉塞

九窍玉塞是指填塞死者九窍的玉塞，其形状像棒，横截面或六角、八角、圆柱形，一端略细，一端略粗。玉塞一般为9件，包括双耳、双眼、双鼻孔、一口、前阴、后阴等，目的是为了保护尸体，以防精气外逸。古人认为用玉器堵住死者的九窍，尸体就可以不朽。

(5) 瞑目

瞑目，也称为缀玉面幕，覆盖在死者面部。一般说来，瞑目上面，要用玉石把眼鼻口部显示出来。

3. 装饰玉器

用来做装饰品的玉器品种非常繁多，大体上可以分为以下几种：

(1) 佩玉

佩玉是指用来佩戴的各种玉器，个体较小，大多有可穿线的孔洞。佩玉种类较多，如玉玦、玉镯、玉刚卯、玉牌、玉带钩等。有的成组佩带，有的单独悬挂。

(2) 玉玦

玉玦是耳饰，形状像较小的玉璧，但有一缺口。新石器时代、商周时期、春秋战国时期出土都较多。战国之后，玉玦不再流行。相传，古人佩玦还有两个含义：一是决断事物；二是表示断绝之意。

(3) 玉镯

玉镯自古以来都是人们最基本的的腕饰之一。新石器时代墓葬中出土了一些玉镯，外方内圆形。春秋时期，玉镯为扁圆形。唐代有镶金玉镯，发展至宋代玉镯呈圆环形，内平外圆，光素无纹，明清玉镯多见装饰，如联珠纹、绳索纹、竹节纹等。

(4) 玉冲牙

玉冲牙，牙是全佩下垂器物中两旁的两个玉器，多作片状；冲是全佩下垂器物当中的一个，有冲两旁之牙而发出声音的作用，其形制多为方形或璜形。冲与之两旁的牙合拢称“冲牙”，是佩带在人身较下部的玉器。

（5）玉觿

玉觿，微曲，锥形，随身携带，最初是用以解结的工具，后来成为佩饰，是成人的象征。自新石器时代至汉代，历代不衰，但汉代以后就非常少见。

（6）玉韘

俗称扳指，圆筒状，可套拇指，最初是射箭时钩弦的用具，后来专门用于佩带。出现于商周时期，在汉代逐渐变成一种佩饰，失去其实用功能。

（7）玉刚卯

玉刚卯又称玉严卯，长方体，中有孔，可穿绳佩挂，表面上刻有吉祥语句，用来驱邪，是古代的护身符。中间有一穿孔，一般是用白玉琢作，成双成对。严卯刻文曰："疾曰严卯，帝令夔化，慎玺固伏，化兹灵殳，既正既直，既觚既方，赤疫刚瘅，莫我敢当。"意思是说，希望它能保佑自己遇难呈祥，逢凶化吉。

（8）玉带

玉带由数块乃至十数块扁平玉板镶缀而成，是古代官品位的标志，俗称玉带板。唐朝以后，玉带作为官员们的腰带，是区分官阶高低的标志之一。

（9）玉牌

呈方形或长方形，表面浅浮雕或镂空雕刻各种图案与文字，有孔可穿绳佩系。玉牌在明代十分盛行，清代多有仿明之作，也有刻"子刚"款的伪作。

（10）玉带钩

玉带钩是用于勾束腰带的器物，一般由钩首、钩身、钩钮三部分组成，钩首用于钩连，钩钮则起固定作用。形制比较多，有龙首、鸭首、马首等，器身有琵琶形、螭形等，比较名贵的上面还镶嵌着宝石。

（11）玉龙

玉龙在不同的时代有不同的形象，新石器时代红山文化的玉龙身躯作"C"字形，简练优美，极富特色。此后，玉龙呈现多姿多彩的风貌。

（12）玉动物

玉动物一般作为佩饰，也有的作为陈设品。玉动物主要有玉虎、玉象、玉熊、玉马、玉鹿、玉牛、玉猪、玉鹰、玉鱼、玉龟等，历代玉器中最为多见。

(13) 玉人佩

玉人是直接反映人类自身形象的作品，有全身、半身、人首和人面等，一般为扁平状，除可用以佩系外，大型的可作为陈设品，具有祭祀、避邪的作用。

(14) 玉剑饰

玉剑饰是宝剑上的装饰品，常见的有剑首、剑格、剑鞘上带扣和鞘末玉饰四种。玉剑饰盛行于春秋战国至秦汉时代。

(15) 玉簪

玉簪一般为圆锥状，用来束发。

(16) 玉翁仲

玉翁仲是人形佩饰。关于玉翁仲有一个传说。据说翁仲姓阮，越南人，秦朝时来到中国，他体高魁梧，作战勇敢，攻无不克，为纪念他，人们将他的像制作成不同的雕塑和佩饰，并用来驱魔避邪，保平安。

(17) 玉斛

玉斛为角形圆柱体，除佩饰外，还有实用价值。

除了上述几种之外，用来装饰和佩戴的玉器还有如玉鱼、玉片饰、玉坠、玉牌、玉锁、玉发箍、玉笄、玉帽花、玉带钩、玉带扣、玉提携、朝珠、手串、朝带、顶圈、香囊、兽形器、飞天、方勒、生肖等等。

3. 陈设类玉器

陈设类玉器始见于商周时期，明清时期比较常见。主要品种有：

(1) 玉山子

玉山子是用玉雕成一座小山，上面有树木、房屋和人物，最有名的玉山子产自清代，如“大禹治水图”等。

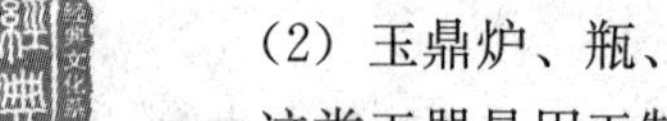

(2) 玉鼎炉、瓶、壶

这类玉器是用玉制成的鼎、瓶（花瓶）和壶。可以作陈设，也具有实用价值。

(3) 玉屏

玉屏是用玉雕琢成的方形或圆形片状玉器，上饰各种花纹，插于木座或玉座上。

（4）玉辟邪

玉辟邪是一种神兽，其形象在两汉时期由西域传入我国并流行开来，被视为吉祥之物。

（5）玉花插

玉花插是仿自然的仿生玉雕品，明清两代比较多见，作品有鸣凤在竹、鹿鹤同春、松竹梅三友、双鱼、白苹等。

（6）玉如意

玉如意形状为长柄钩，钩形扁圆。上饰有八仙过海、梅松竹图、鹤桃图、灵芝、万年青松等。

4. 其他玉器

此外还有盛行于先秦的仪仗玉器，如玉斧、玉戚、玉钺、玉戈、玉刀等，用于展示权力和增加权威，保持统治者的尊严。还有生活中实用的玉器，如玉杯、玉碗、玉玺、玉灯、玉羽觞、玉砚、玉笔、玉印盒、玉笔筒、玉笔架、玉酒具、玉璇玑等。

二、玉器的纹饰

玉器上的纹饰丰富多样，具有明显的时代特征。

折线纹：阴刻直线，顶端折回，主要作为动物身上的装饰。

重环纹：以两条阴线琢出环纹，饰于龙及其他动物之身。

对角方格纹：以双阴线琢刻方格，相邻两格对角线相连，等距连续排列，主要饰于龙及其他动物之身。

双连弦纹：以单阴线琢刻的人字形连弧短线，饰于龙身及兽角上。

三角纹：以阴线琢刻出三角，多见于龙身、玉璜及器物柄部。

兽角纹：主要是龙角、牛角和羊角三种。

臣字眼：似古文“臣”字，故名。饰于鸟兽之眼，动物装饰中常见。

蘑菇形角：先秦玉器的龙纹，龙角顶端有一圆球状装饰，似未开的蘑菇，故名。

兽面纹：玉器上的兽面纹有龙、牛、羊等，也有未知的动物、纹饰多采用阴刻线或挤压法琢出的直线及折线构成。

螭纹：螭是传说中的一种没有角的龙，卷尾，螭屈，螭纹流行于春秋战国的玉器上，至宋代头部结构变化，嘴部较方、细长，眼较大，细身，肥臀，明清仍见有。

龙纹：龙纹是历代玉器的主要纹饰之一，最早见于红山文化。一般为蛇身或素身，或饰有鳞纹，有的有足，有的无足。

鸟纹：一般羽毛多为阴刻细长线，鸟尾有孔雀尾或卷草式，眼部表现有臣子形、三角眼及单凤眼等。

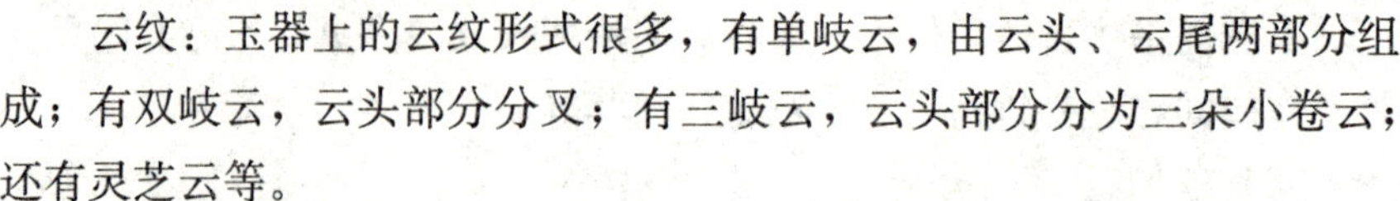

云纹：玉器上的云纹形式很多，有单岐云，由云头、云尾两部分组成；有双岐云，云头部分分叉；有三岐云，云头部分分为三朵小卷云；还有灵芝云等。

谷纹：为圆形凸起的小谷粒，有的呈螺旋状，是历代玉器的主要辅纹之一。

第三节　古代名玉器

一、和氏璧

和氏璧是我国古代最著名的玉器，相传为楚国人卞和所发现。关于和氏璧的故事，一直流传到现在。相传，和氏璧本身是纯白色的，但楚国地区不出产白玉，因此，史书上关于它的色彩并没有明确的记载。有学者推断，卞和是楚人，和氏璧可能是南阳独山玉。

和氏璧经过加工，一直是历代封建王朝秦、汉、魏、晋、隋、唐的传国玺。五代时期，天下动荡，和氏璧此后便下落不明。

二、红山文化玉龙

1971 年，考古工作者在内蒙古翁牛特旗三星他拉红山文化遗址中发现了一件精美的玉龙。这条玉龙比较特别，嘴呈猪首形，被誉为“中华第一龙”。

红山玉龙通体墨绿，呈勾曲形，口闭吻长，鼻端前突，上翘起棱，有并排两个鼻孔，颈上有长毛，尾部尖收而上卷，形体酷似甲骨文中的“龙”字。玉龙通体为墨绿色，体卷曲，平面形状如“C”字，龙体横截面为椭圆形，直径 2.3～2.9 厘米。龙首较短小，吻前伸，略上噘，嘴紧闭，鼻端截平，端面近椭圆形，以对称的两个圆洞作为鼻孔。龙眼突起呈棱形，前面圆而起棱，眼尾细长上翘。颈背有一长鬣，弯曲上卷，长21厘米，占龙体三分之一以上。

龙身大部分光素无纹，只在额及腭底刻以细密的方格网状纹，网格突起作规整的小菱形。玉龙以一整块玉料雕成，细部还运用了浮雕、浅浮雕等手法，通体琢磨，比较光洁，这说明当时的工艺水平已经非常高超了。红山玉龙造型独特，工艺精湛，圆润流利，生气勃勃。

龙体背部正中有一小穿孔，经试验，若穿绳悬起，龙骨尾恰在同一水平线上，显然，孔的位置是经过精密计算的。玉龙形体硕大，很可能和古代原始宗教崇拜有关。

红山玉龙还从一个侧面说明，我国将龙作为图腾的历史已经非常悠久了。

三、良渚玉琮

新石器时代中晚期，在江浙一带的良渚文化、广东的石峡文化、山西的陶寺文化中，玉琮大量出现。其中，良渚文化的玉琮最为发达，出土和传世的数量也最多。

新石器时代发现较多的良渚玉琮，玉材为产于江浙一带的透闪石质玉石，质地不纯，青色居多，有少部分黄色，土浸后呈雾状乳白色。除少数作圆筒状外，大多都是规整的内圆外方形。琮体切割规整，中孔为管钻对穿，中接处常留有两层。玉琮大小高低不一，早期矮，晚期高。琮身都饰有兽面纹，纹饰以四角线为中心，分成四组。部分玉琮在主体兽面纹外，还用细阴纹刻细“神人”图形和云雷纹，阴线用利石刻划而成，线条坚挺。浙江杭州反山遗址出土的神兽纹玉琮为现今所见良渚文化中最大的玉琮，被称为琮王。

良渚玉琮作为良渚文化的典型器物，因其具有精美绝伦的纹饰和重要的历史价值，以及巨大的艺术魅力，自古就被嗜玉者所追捧。

四、妇好墓玉凤

妇好墓玉凤，1976年河南省安阳殷墟妇好墓出土，现藏中国国家博物馆。

在妇好墓的大量玉器中，玉凤只有一件。这是迄今为止发现的最早的玉凤造型，也是妇好墓出土的装饰品中最精美的一件。

这件玉凤与商代甲骨文中的凤字极为相似，是研究商代人心目中凤的形象的极佳实物。玉凤身躯扁平，形体修长，引颈回首，好像振翅欲飞，弯弯的身躯，凤冠高耸，尖喙如鸡，长尾舒展，双翅微张，灵动有致。整件器物造型优美，线条流畅，玉质莹润。玉凤胸前有两孔，腰间有一突起的圆钮，上有小孔，可佩带。此件玉凤的表现手法带有典型的商代特点。玉凤身上的小孔反映出了商代以前的人们已比较熟练地掌握了镂空、钻孔、抛光技术。

五、镂空龙凤纹玉套环

镂空龙凤纹玉套环是装饰用玉，1983 年在广东省广州市南越王赵眜墓出土。玉套环构思巧妙，技法娴熟，充分表现了南越国高超的琢玉工艺。南越国玉器从数量质量上，比汉朝皇室还高一等，很可能已经僭越了。

镂空龙凤纹玉套环为内外两圆环相套造型，直径 10.6 厘米，比较薄，不到 0.5 厘米，呈扁平状，系采用上等青玉镂空透雕法精雕而成。外环比内环宽约一倍，内环刻着一“S”形龙，外环刻着一个回首鸣凤，也呈“S”形，内外环相互独立又浑然一体。内环上阴刻 8 形纹，外环饰弦纹及节纹。内环中心龙昂首挺胸，张口露齿，四足奋健欲飞，匠师打破规矩，使龙足、龙尾延伸至外环内，将双环巧妙地联结在一起。外环的凤纹头部稍写实，身体随形如多瓣云朵。

玉套环继承战国纹饰的特点，更加大胆地运用 S 形构图法则，使曲线的变化丰富多彩，美不胜收。龙形刚劲，凤形柔和，刚柔相济，绝不雷同。镂空、浮雕、线刻等技术炉火纯青，尤其是其构思，不拘程式，是南越国玉雕高手的杰作，反映了西汉精湛的制玉工艺以及西汉玉器的特点。

六、金缕玉衣

玉衣也叫“玉匣”、“玉押”，是汉代皇帝和高级贵族死时穿着的殓服，外观和人体形状相同，存在时间约为公元前 200 年至 200 年的四百年间。前面已有章节详述，这里不再多说。

七、渎山大玉海

渎山大玉海是一件巨型贮酒器，又名玉瓮、玉钵。器体呈椭圆形，高 0.7 米，口径 1.35～1.82 米，最大周长 4.93 米，约重 3500 公斤。

渎山大玉海制作于 1265 年，元世祖忽必烈亲自下令制作。这是我国现存的最早的特大型玉雕，意在表现元帝国的强盛。其雕琢装饰继承和发展了宋金以来的起凸手法，随形施艺；俏色处，也颇具匠心。渎山大玉海是一件里程碑式的作品，它代表了元代玉作工艺的最高水平，也预示了明清时代又一个玉作高峰的到来。

渎山大玉海由一整块黑质白章的椭圆形大玉石精雕而成，玉质斑驳变幻，玉瓮内部掏空，空膛深 55 厘米，体外周身饰有波涛汹涌的大海图案，下部以浮雕加阴线勾刻的手法表现旋卷的波浪，上部以阴刻曲线勾划漩涡作底纹。周身浮雕没于海浪波涛中的龙、鹿、猪、马、犀、螺等，相态各异，无不栩栩如生。渎山大玉海的腹内无纹饰，只刻有清代乾隆皇帝的御诗三首及序文，概括了这件巨型酒器的形状、渎山大玉海花纹和来历。经考证，渎山大玉海的玉质为南阳独山玉。

八、定陵金镶玉碗

定陵金镶玉碗，用优质和田白玉制作，盖及托盘都是用黄金制作的，通高 15 厘米，金盖高 8.5 厘米，重 148 克，金托盘直径 20.3 厘米，重 325 克，1956 年在北京西北郊定陵万历皇帝墓出土。从其质料及形制来看，应该不是一般的饮食器皿，据推测，很可能是万历皇帝生前饮参类水汁等滋补品的用具。

在我国玉器史上，“金镶玉”向来是重宝。而今天所见的金玉合制器却少之又少，这件玉碗被认为是其中最为精美绝伦的一件。

此器由玉碗、金碗盖、金托盘三部分组成。玉碗微呈青白色，壁薄如纸，圆形，敞口，圈足，内外光素，造型与常碗相同。金盖直口卷沿，与玉碗扣合无缝，盖顶饰一盛开莲花钮，花芯镶红宝石，盖身錾刻三排蛟龙纹并镂雕波涛纹及水草纹。金托盘圆形，撇口，盘中央突起一圆形碗座，并饰以如意云纹，盘底也錾以龙纹，边沿满饰祥云纹。金玉均为贵重材料，向来经济价值极高。加之玉碗出自帝陵，规格较高，工艺不凡，是研究明代宫廷生活和玉作工艺的第一手资料，其历史文化价值更不容忽视。

第四节　玉器鉴定

一、年代鉴定

考古发掘中出土的古代玉器，需要运用多种方法来确定其年代，从而认识其演化过程。此外，无法确定出土地点的古玉和传世古玉都需要进行年代鉴定。

玉器断代的具体方法，大致有以下几种：

第一，玉的质地鉴别。一般来说，新石器时代，玉质有青玉、黄玉、墨玉、灰白玉等，其中以淡黄色最为常见，也常见岫玉；商周时代，玉质多为青玉，也有白玉、墨玉、岫玉；春秋战国时期，玉质多为青玉和黄玉，白玉少见；汉代玉质除青玉、黄玉、墨玉外，白玉开始兴盛，是玉中的上上品；唐代玉质除青玉、黄玉外，白玉仍很多。由于与西域交往频繁，玉料大量从新疆输入，使软玉制品增多；宋元时代白玉和青玉制品较多；明清时代，玉质以新疆软玉为主，也常见青玉。

第二，从玉器的琢工等工艺细节上着眼。因为雕工与工具及工匠的师承习惯有关，非常容易在无意中透露出时代风格。

新石器时代的玉璧、玉琮，孔为两面钻，对接处微有偏移，形成台痕，这时期玉器上的钻孔，孔外径大，越往里边越小。同时，玉器表面留下绳锯加工时在两边下垂的弧线痕。新石器时代的玉器处于起始阶段，但那时有的玉器琢工，如北阴阳营出土的玛瑙杯，不仅光亮平整，而且磨工也很细腻。这说明，那个时代的技法也在不断进步，为商周玉器的制造打下了坚实的基础。

商代玉器刀工简洁有力，直道多，弯道少；粗线条多，细线条少；明纹多，阳纹少。穿孔外大里小，出现了所谓的“马蹄眼”。商代玉器上的“双钩线”（并列的阴刻双线条），在我国玉器工艺史上是一大成就，用双钩隐起的阳线装饰细部，线条顺随造形的曲度弯转。红山文化时期，玉器边缘都磨制得很薄。

周代琢工制作技巧的精细程度要超过以前。琢制线条虽然与商代大致相同，但弯线条增多了。造型设计、加工修整和抛光大有长进，器物日趋美观。

最迟到春秋战国时期，已经开始选用水沙，工具也进一步发展、定型，从开片、做花到上光已有一整套工序。技法比商周时更加细致复杂，规格也比较严整得体。战国时期，琢玉工具得到很大改进，玉器表面磨出玻璃光泽，看上去锋芒毕露，非常美观。

汉代小件玉器琢工细，大件玉器琢工粗，刀法洗炼，在历史上有“汉八刀”之称。汉玉纹饰中有细如发丝的阴刻线，叫做“游丝刻”，并在玉兽、玉鸟某些部位上饰有细阴刻短平线，这是汉玉中极有时代特征的制作技巧。

唐代常见缠枝花卉、葵花图案及人物飞天。尤其是狮兽制作比较精细，刀法不乱，布局均匀，细而厚重，是唐代玉琢技巧上的一大特点。

宋元时代，玉器细腻灵巧，小件多，大件少（元朝的大玉瓮除外）。花鸟类玉器不像唐代那样淳厚朴实，而且受到当时国画风格的影响，比较重视神态，其纹饰更加繁缛精致。宋元时期，玉器大多非常精致，没有粗制滥造的。宋、辽、金时期的玉雕，深层立体镂雕手法比较常见，用这种手法制作的玉器有玉佩、炉鼎等。

明代刀法粗犷，出现了双层镂雕和三层透雕法，镂雕十分精细，具有独特的时代风格。当时，北京、苏州、扬州是我国著名的三大玉琢中心。宋应星《天工开物》认为“良工虽集京师，工巧则推苏郡”。可见当时苏州的玉琢工艺在当时居于全国之首。到了明代中晚期，玉琢技艺发展更快，出现了不少玉琢大师，如陆子冈、刘谂、贺四、李文甫、王小溪等。不过，明代的玉琢也有缺点，即在最后一道碾磨细工的工序上，存在“求形不求工”的现象，对侧面、内膛、底足也不是很注意。

清代雕玉工艺与明代相比，平整规矩，做工考究，花纹的棱角规矩方正，精工细琢逼真，出现了巧做（利用巧色等）和镂空、半浮雕的多种琢法。富有立体感的玉件层出不穷。乾隆年间更是我国古代玉琢的鼎盛时期，玉琢水平达到了高峰。

第三，与同时代的其他工艺品进行艺术细节的对比。同时期的不同器物之间，可比较的地方很多。例如：商代玉器上的图案大多有象征性和装饰性的特点，和青铜器工艺基本一致。西周玉器上的鸟纹往往高冠、喙嘴，长尾上卷，与青铜器上的鸟纹如出一辙。在春秋黄君孟夫妇墓出土的兽面纹玉饰，上边所饰近似窃曲纹，与同墓所出蟠螭纹壶上的窃曲纹相似。淅川下寺一号墓出土的玉牌饰，制作于春秋时期，周身满蟠虺纹，与同出的荐鬲器身上的纹饰几乎一模一样。汉代游丝刻在同时期线刻画像石中可以找到相同之处。唐代玉器被人们称之为形神兼备，雕塑感增强，在一定程度受了雕塑和绘画的影响。同时，当时的玉器造形、纹饰和金银器也有密切关系。宋代玉器的生活气息比较浓厚，形体趋向图案化，和当时画院画风不无关系。元、明、清时期，玉器除了受文人画影响之外，还受到漆器工艺的影响。

第四，注意玉器风格的时代烙印和发展脉络。玉器在每个时代的风格和发展演变脉络都有章可循。辨明某种器物产生的上限和被取代的下限，鉴定年代的时候才会胸有成竹。例如，商代动物形玉雕运用写实和夸张等造型手法，并受到当时特定的意识形态制约，杰出的作品很多，一般商墓出土佩玉多为扁平状的平浮雕。但在妇好墓中出土的是造型比较复杂的圆雕。西周动物形佩玉，多雕出动物的外轮廓，宛如剪影。春秋战国时期，扁平状动物佩玉大为减少，代之兴起的是成组佩玉。佩玉不但相互连属，有一定组合，而且讲究形象和色泽的对称。战国时期，佩玉的纹饰日趋复杂，线条多卷曲相连，与商周前期纹饰迥然不同。汉代的玉器，玉材都经过严格挑选，质地温润，洁白无瑕。此外，在汉代的时候，统治者不再像前代一样重视礼器，而重视生活实用品和死后葬玉，以此来显示他们身份的尊贵。战国到两汉时期，盛行谷纹、蒲纹，东汉之后全部消失，一直到北宋后期仿古之风兴起时才重新出现。上述例证说明，随着时代风尚的变化，玉器制作都有鲜明的时代印记。

第五，从玉器的颜色着手。鉴定玉器年代的时候，还要特别注意有关玉器的五种颜色，即玉的旧色、本色、墨色、染色和玉器风化后产生的玉皮色。

玉器在土中埋藏时，受到土壤中其他元素的影响，颜色会发生变化，在古文献中称为沁色，比较常见的有铁锈色、铜绿色、暗黄色、黑色、白色。

古代玉器制成后长时间和人体触碰，表面会更有光泽，透明度会略强，尤其是在土壤中埋藏过的古玉器，经过盘摩，颜色还会产生变化，有意识的盘摩称为“盘玉”。盘玉是手或肌肤与玉器摩擦，一些有沁色的玉器和人体摩擦后，颜色会产生变化，这种变化被称为“盘色”。一般说来，旧玉久盘就会产生熟旧感。倘若旧玉上有沁色，长时间用手盘，颜色会发生变化；倘若没有沁色，久盘后会有细腻的光泽，尤其是新石器时代的玉器，一般不是入葬时临时赶制的，而是已经使用了很多年，因此上面会有很好的细光。这种细光虽然经过埋藏及沁色，依然能够存在，且在玉表面的皮壳中属下层，在浮色之下。这种现象在红山文化玉器上表现的尤为明显。

玉本色是玉材的颜色，古人称玉本色标准为“符”，并提出“赤如鸡寇”，“黄如青靛”的说法，也就是说在各种颜色的玉材中，这两种是最珍贵的。当然，在选择、评品玉料时，除了颜色深浅，还要看其分布的状态，是否有绺裂，颜色均匀和颜色变化如图画的都是上品。

玉皮色是玉材在自然风化中发生的颜色变化，其中暗黄色、赭褐色、白色最为常见，而且是风化深入的递进性变化，这些变化多发生在玉材的表面，因此成为玉皮色。

第六，参考古代文献。例如研究汉代从葬玉衣，其渊源可以追溯到春秋战国时期的缀玉面幕，到汉代的时候，金镂玉衣、银镂玉衣、铜镂玉衣出现，魏文帝禁止“珠襦玉匣”从葬，玉衣消亡，都可以在文献中找到依据。这样，对玉衣断代就能令人信服。汉代的玉具剑和玉刚卯，文献上也有记载。文献记载，唐代开始流行玉带板。史书记载，唐高祖李渊曾将于阗新进贡的十三銙玉带赐给李靖。总之，参考古代文献对玉器方面的记载有大致的了解，再结合其他方法，就能对一般的玉器断代了。

古玉的鉴定方法很多，鉴定的时候不能采用单一方法，而应多种方法综合使用。

二、真伪鉴定

因为古玉器的文物价值和经济价值都很高，玉工们就竞相仿制，以牟取暴利。

宋代兴起的金石学对仿古玉的产生有比较大的影响。一个时代的仿古玉制造，尤其是仿古效果的好坏，不仅取决于琢刻和作伪技术，还取决于当时社会对古玉的认识。宋代的仿制品在造型上与古器比较接近，但从整体来看，宋代对于古玉器与其名称对应关系研究得较少。宋代对于古玉的准确认识仅限于部分剑饰、饰玉，还有非常少的器皿、礼器，仿古玉器仿造的主要是青铜器，此外还有一定数量的仿古佩玉、剑饰、带钩及玉礼器。

宋以后，伪制古玉一直非常盛行，尤其是明代。明代的仿制品曾经大量在市面上流传，有的甚至达到了以假乱真的程度，连乾隆皇帝也曾经被骗。明代玉器遗存的仿古玉，大多借鉴古器物的造型和图集装饰，这是明代仿古玉器中惯用的重要方法。明代的仿古玉，常见的有玉触、玉明、玉爵、玉卣、玉壶、玉立、玉鼎等，都是以商周时代的青铜礼器为本，结合玉料自身的特点雕琢而成；形式上仿古，技法上却有创新的地方，不乏杰作。

明代的礼仪用玉较以前有很大变化。玉璧、玉圭等礼仪用玉仍承袭旧制，并以不同的形式和规格保留下来。目前遗存的实物中，玉圭占有较大的比重。

清朝时期，乾隆皇帝喜好古物，为搜集古器，可谓不择手段。这种癖好推动了仿古玉的风气。当时，从新石器时代的琮、璧、圭一直到明“子冈”款器物都是玉匠们模仿的对象。除了在雕琢技术上力图逼真地表现出古代玉器的艺术风格和加工特点外，为了乱真，还对大部分作品作了人工染色处理。宫廷“玉作”用和阗玉所作的仿古玉圭、玉人几乎达到彼此不分的地步，令人叹服。

到了清朝，人们对汉代玉器的认识比较全面、准确，因此，仿制汉代玉器的也很多。清代仿古玉器主要有仿汉玉佩饰和仿古青铜器。仿汉代玉佩饰以鸡心佩、系璧为多，仿制得非常相似。清宫生产的玉器很多都模仿汉代，在造型和工艺上竭力追求汉代特点，但不作旧。这种玉器在社会上也有流传，经验不是很丰富的鉴定专家甚至不敢贸然断定其生产年代。有一些玉佩风格和汉代非常相似，曾经被误认为是汉代作品。清宫遗存的玉剑饰，有部分作品雕琢风格接近汉代，但表面没有光泽，好像有水浸泡后留下的水锈，还带有成片红褐色腻子以充沁色。

清代仿唐代玉器，目前发现的仅有玉人及玉砚等几种，仿制十分巧妙。清代宫廷仿制的宋、元玉器数量和种类都较多，主要有仿宋代玉人、玉杯、玉佩，仿元代玉炉顶、玉带扣、带钩，这些仿制品的制作极下功夫，不仅追求形似，而且在工艺上和细微局部的加工上都具有宋元风格。

因为乾隆皇帝痴迷精致古朴的玉器，对古玉非常珍爱，而且还有研究，因此清代宫廷仿古玉器绝大多数都以传世精品作母本，在制作上精益求精，代表了仿古玉器史上的最高水平。因为有利可图，民间仿制古

玉的也很多，其技术登峰造极，出现了很多可以乱真的赝品。

20 世纪初，因为现代考古学的兴起，以及外国人对我国文物的疯狂掠夺，仿制古玉的也很多。那时的仿古玉，粗制滥造的很多，不过也有精品。

仿古玉器有的是完全仿制，以玉古器作标本，从器形、大小、花纹都完全模仿，并做出人工的伤残、染色作沁，使人真假难辨；有的是器形仿古，依托某些古玉器的形状，重新创作。仿造的方法很多，概括来说，可以分为“古玉后作”和“新玉仿古”。

古玉后作包括古玉改作和古玉后雕。古玉改作不易被识破，而且能以次充好，所以为仿制者常常使用。流传下来的古玉大件完整的比较少，仿制者尽量按原来器物的造型及纹饰改作成零星小件。比如，一块已经破碎的玉璧，根据其残破的情况来仿制，缺一半的改作璜，缺一小部分的改为玦，里口残缺的磨去一层改为瑗，外边残缺的磨去一层改为环。此外，补整的情况也有。

古玉后雕是利用未成器形或器形不规整、雕琢不精的古玉进行加工。将素面的或一面有纹饰一面素面的古玉器，重新切磋，雕琢纹饰。素面的玉斧、玉圭、玉璧、玉璜乃至玉琮等古玉器是被较多选用的器物。利用新发现的古玉，或加工粗糙的古玉仿造古玉器，是常见的伪制玉器。

古玉后作是利用古玉作为材料作假，新玉仿古则是利用新玉。宋代开仿古的先河，所仿古玉似古非古，不伦不类。这是因为当时的考古知识还不足。后代仿古者，包括宫廷仿制，往往采用宋元时代的考古图录如《考古图》、《古玉图谱》等摹绘的许多古玉形状、纹饰来仿制，但这些书都不够严谨，有的甚至是玉器工匠的个人发明，因此，其仿制品，只要稍有考古知识，就能明辨。不过，因为年代久远，这些仿古玉也有一定的收藏价值。明清时期，出现了完全根据出土玉器的形制、纹饰用新玉摹仿制作的仿古玉器，在这类仿品中尤以宫廷玉匠精心仿制的玉器最难识别。

此外，古玉器在流传过程中会受到意外伤害，因此大多带有伤痕。要制造伪古玉，首先要将玉器作人工伤残，使之古意盎然。这些仿古玉看上去遍体鳞伤，但只要用放大镜仔细观察，就能看到人为损坏的痕迹。仿制好的玉器还可以在抛光后用砂磋磨，使之失去新器的光泽，或部分抛光，部分留粗面，像是流传已久的旧玉器。

玉器颜色分为两类：一类是材质本身的颜色，常见的有白色、灰白色、绿色、天青色、黄色、黑色；一类是玉器制成后出现的颜色变化。玉材暴露在空气中会发生风化，主要的变化是氧化，如人们在相玉时，经常需要透过玉璞去猜测里面的玉色，而多数玉璞的外皮与内部玉料成色不一致。这就是风化造成的。不过，玉材在空气中被氧化而产生的色变是非常缓慢的，一些玉器在自然状态下放置数百年，表面色泽几乎没有变化。微小的色变往往发生在某些白玉、青玉制品上。

考古出土的古玉器，多数都带有颜色变化。古玉器被埋入土中后，会受到土壤中化学成份的侵蚀，特别是水银，会沁入玉质，其他的一些有色物质，如松香、石灰等也会随之浸淫到里面，因此，只要是考古出土的古玉，都会沾染上某种颜色，这就是所谓的“沁色”。制造假沁色是伪制古玉的关键环节，识别玉器的沁色是鉴别玉器年代及真伪的必要条件，因此了解和掌握玉器沁色的规律，对于鉴别玉器至关重要。

严格来说，沁色本身是一种瑕疵、缺陷。但这也是一种经历沧海桑田的外观标志，自然也成了辨别古玉器的重要依据。古人认为，玉的沁色是美妙的，各种沁色都有独特的名字。色如甘栗，叫做“对黄”；色如蜜蜡，称为“老对黄”；受水银沁而色黑的称为“纯漆黑”，受血沁深者叫做“酱紫斑”，颜色较浅的叫做“枣皮红”，其他如丹顶红、金韶颜、紫灵芝、梨花白、蛾眉篱、牛毛纹、鹏鸽斑、石榴子等，非常形象生动。此外还有“梅花数点”、“银湾浮萍”、“长虹贯日”、“太白经天”、“金星绕月”、“玉带缠绕”、“孤雁宿滩”、“苍龙浴海”等，无不诗意盎然。沁色的多寡也有专门的雅称：“受一色沁者，名曰纯一不杂；受二色沁者，名曰黑白分明；受三色沁者，名曰三光照耀，俗称三元及第，又曰桃园结义；受四色沁者，誉为四维生辉，又名福禄寿喜；受五色沁者，美称五星聚魁，又称五福呈祥；多至十色以上，名曰群仙上寿，又称万福攸同。”

为了方便仿制古玉，仿制者除利用玉皮鱼目混珠外，还炮制出一系列染色造假方法。

玉的人工染色非常古老，只要人们对古玉的颜色还有追求，人工染玉的可能就一直存在。最初的人工染玉仅是追求玉器美感，随着伪古玉的出现，玉染色便成为仿古做旧的重要手段。一般说来，玉的本色是很容易识别的，主要有青、白、黑、黄、绿等颜色，而人工染色与玉的色变却非常难以识别，在玉器鉴别时，要特别注意。

第十四章

古钱币，外圆内方有乾坤

第一节　古钱币概述

钱在我国出现得很早，是货币的统称。在上古时代，钱是一种农具，其构造和铲、铫相仿。东汉许慎的《说文解字》这样解释钱："钱，铫也，古农器。"春秋战国时期，商品经济得到一定程度的发展，开始物物相易。在这一时代背景之下，金属农具"钱"就被作为主要的媒介；不久之后，被称为"布"的原始大铲钱大量出现。秦始皇统一中国之后，将货币统一变成了"内方外圆"的形状。此后，历代货币的形状都有所变化，但"钱"的名称却一直流传下来。

考古学上所说的古钱币大多是指铸币。我国是世界上最早使用铸币的国家。在殷商晚期的墓葬遗址中，出土了不少的"无文铜贝"，是截至目前发现的最原始的金属货币。到了西周晚期，除贝币之外，市场上还流通一些形状不一的散铜块、铜锭等金属货币，这一类货币在西周的墓葬遗址中发现了不少。

在人类长达430万年的历史中，货币出现的时间比较晚，到现在也不过是五千年左右。当人学会独立行走，双手解放出来。开始出现逐水草而居的游牧民族。几乎与此同时，一些地方出现了农业。学会种植之后，人们的生活逐渐稳定下来。稳定下来之后，总会有所需求。自己有的东西别人没有，别人有的东西自己没有。当自己要用到这些东西的时候怎么办呢？通常的做法就是交换。后来，人们觉得这样做太麻烦了，就想到了交换媒介牲畜、兽皮、五谷、布帛、农具、陶器、海贝、珠玉等。这些媒介充当了最早实物货币。据考古发现，猪和陶器在原始社会后期都曾有过货币的职能，但流通最广的还是龟甲和贝壳。早期，实物货币很多都不容易分割、贮存，或过于笨重。龟贝容易存放、不易变质，便于携带与计数，生活中可以做装饰品，也是重要的祭祀和丧葬用品，所以在长期商品交换中成为使用最广泛的货币。

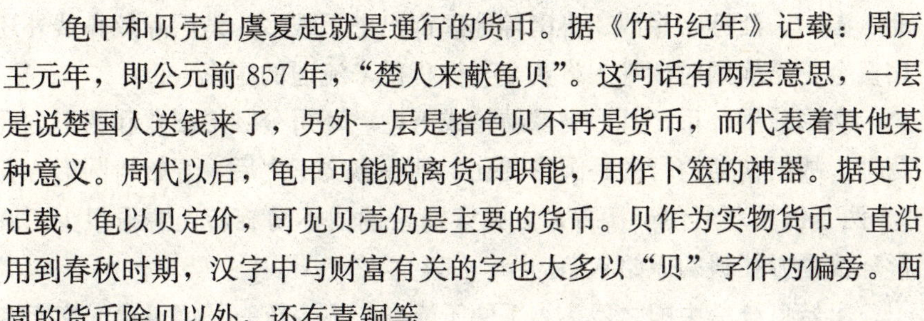

龟甲和贝壳自虞夏起就是通行的货币。据《竹书纪年》记载：周厉王元年，即公元前 857 年，“楚人来献龟贝”。这句话有两层意思，一层是说楚国人送钱来了，另外一层是指龟贝不再是货币，而代表着其他某种意义。周代以后，龟甲可能脱离货币职能，用作卜筮的神器。据史书记载，龟以贝定价，可见贝壳仍是主要的货币。贝作为实物货币一直沿用到春秋时期，汉字中与财富有关的字也大多以“贝”字作为偏旁。西周的货币除贝以外，还有青铜等。

海贝，顾名思义，生产于遥远的海边，北方和中原地区都很难获得。随着社会经济的发展，海贝逐渐出现供不应求的局面。于是，人们开始寻找各种替代品，以其他材料仿制贝形货币，制造了陶、石、骨、玉等仿制的贝币。商代后期，随着青铜冶炼技术的成熟，用青铜铸造的铜贝出现了，这是世界上发现最早的金属铸币。

春秋战国时期，青铜冶炼技术更加发达，金属铸币被大量生产制造出来，贝慢慢退出了历史舞台。当时，最常见的货币有布币、刀货、蚁鼻钱、环钱四种，分别由刀、铲、纺轮等劳动生产工具演化而来。由此可见，当时各地征战、渔猎、制陶，纺织与贸易往来等经济生活地区特色与社会风貌。

中原地区，包括赵、韩、魏三国和周王室的领地内，主要流行布币。布币脱胎于青铜铲形农具，和“布”同音假借。春秋的布币主要是空首布，即有装柄的空心銎，而战国的布币主要是平首布，即相对“空首布”而言，已无装柄中空的銎，形似铲状铜片，布币形制大致分平肩、耸肩、圆肩和方足、尖足、圆足等类别，一般由平肩平底布或平肩方足向耸肩尖足布，圆肩圆足布演化，后来逐渐扩展到楚国和燕国等地区。

东方的齐国和北方的燕国，主要使用刀币。刀币分“燕明刀”和

“齐刀化”两类。刀币形状像山戎、北狄等北方游牧民族渔猎用的刀类工具。因为齐刀面有“化”字文而称“刀化”，刀背分弧背、折背、直背，刀首有平首、尖首之分。

南方的楚国使用蚁鼻钱，由贝币演化而来，其形状为凸面椭圆形，看上去像蚂蚁的鼻子，因此叫做蚁鼻钱。正面有阴文，常见“贝”字；少数为“君”、“圻”等字，其意义到了现在也还不明确。蚁鼻钱是宋代发现之后才这样叫的，至于那个时候的名称，一时之间还无从考证。湖北、湖南、江苏、豫西、鲁南等地区都出土了很多。楚国除蚁鼻钱外还用黄金，是战国时期唯一将黄金当做货币来流通的国家。

秦国独用环币，其形制像纺轮或玉璧。环币分圆形圆孔和圆形方孔两种。战国初期铸行的是圆形圆孔，到秦惠文王之后，开始铸圆形方孔“半两”钱。环形便于携带，方孔穿绳索铜钱不易旋转，磨损很少。圆形环钱是方孔钱的原始状态。

秦始皇统一中国之后，为了便于流通，下令统一了度量衡、文字和货币。当时规定以“黄金”为上币，以镒（20 两）为单位，以圆形方孔铜钱为下币，以半两为单位。战国时期的“半两钱”，上面写的是大篆；秦朝时期的“半两”钱，所用文字是小篆，相传由丞相李斯所书。此后，圆形方孔钱成为我国钱币的主要形式，一直沿用到明清时期。

秦朝时，铜比较少，因此半两钱价值很高。到了汉代，铸币的时候因为铜非常昂贵，就改铸了许多小钱，所谓“半两”，已经是名不副实。当时，还允许郡国私铸货币，币制逐渐开始混乱。汉武帝时，鉴于币制混乱和铸币失控后引起了吴楚叛乱等严重后果，朝廷先后进行了六次币制改革，才使货币问题得到彻底的解决，最终确定了五铢钱的地位。元鼎二年，即公元前 115 年，汉武帝收回了各郡国的铸币权，由中央政府设上林三官，即钟官（掌铸钱）、辨铜（掌原料）、均输（掌制范），组成中央铸币机构负责铸造五铢钱，也称上林钱和三官钱。五铢钱质量高，制作精美，重量准确，钱文秀丽，迅速流传开来。五铢钱从汉武帝到隋唐的七百多年中，一直是政府法定货币。我国以“五铢”为主要形制的方孔圆钱还影响到日本、安南、朝鲜等国家和地区。

西汉后期，社会矛盾尖锐，币制也随之混乱，剪轮五铢开始出现。剪轮五铢又称“磨郭五铢”、“剪郭五铢”。汉武帝命令大臣铸造五铢钱的时候，在钱币的圆边及其方孔有凸起的轮廓，以防奸商从钱背面磨铜取熔。西汉末年，出现了严重的通货膨胀。政府在铸造钱币时，干脆剪掉了钱币周边的轮廓再铸造钱币，这样钱币所用的铜就减少了。剪轮五铢是币制混乱时代的产物，实际价值远远低于票面的价值，洛阳烧沟及洛阳西部发掘的西汉墓中都有出土。

公元9年，王莽代汉建新，托古改制，不切实际地废除了五铢钱，盲目推行各种新币制，导致民间物价非常不稳定，国家财政陷于瘫痪。王莽上台后铸行的大泉五十，重量只有五铢钱的两个半，却要当五十个五铢钱用，这引起人们的普遍不满。因此民间仍用五铢钱交易，王莽不得不下令禁止私藏五铢钱。还有一种大钱叫做“刀平五千”，一枚大钱可以当五千个五铢钱，这样的大额钱币常常有人冒死伪造。于是，王莽又创造了一种新币形，把古代刀币和圆钱结合，创造出世界上第一枚双色金属钱币。改来改去，币制越来越混乱，王莽的改革迅速失败了。东汉建立后，恢复了西汉的五铢钱制度。

东汉末年，通货膨胀依旧很严重，董卓进京之后，先后在洛阳、长安等地铸小钱代替五铢钱。董卓命令制造的小五铢质量低下，甚至能够浮在水面上，推广后迅速贬值，每斛米能够卖到百万的高价。当时，贸易一度倒退到了以布帛盐谷为一般等价物的原始阶段。

三国时期，群雄割据，经济十分脆弱，物贵钱贱，通货膨胀严重，流通钱币所标面值往往很大。割据政权忙于耕战，没有统一币制。当时因为战乱，货币改换频繁，因此三国钱币一般铸期较短，铸量较少。曹操初定北方后，废除小五铢钱，恢复铸造五铢钱。应该说，这种举措是正确的。但是，当时物资短缺，五铢钱废弛已久，作用不大。曹丕即位后恢复五铢钱，还是没有成效。直到曹睿当政的时候，五铢钱才开始大规模地铸造和使用。刘备攻取巴蜀后，在益州铸造面文“直百五铢”，背铭文“为”的铜钱。蜀的经济力量非常薄弱，直百五铢越铸越少。孙权建立吴国后，于冶城铸“大泉当千”，顾名思义，就是价值相当于一千枚汉代五铢钱，成为继王莽后最大的虚值钱。当然，这种钱很快就遭到大家的一致抵制，最后只好收回。有意思的是，民间觉得这样的钱价值很多，又私铸不绝，屡禁不止。

魏晋南北朝是一个大分裂大动荡的时代，战争频繁，物资紧缺，官府为了省铜，五铢钱越做越小，有鹅眼、鸡目之称，甚至公然剪凿边圈。那个时候的五铢钱面额虚高，百当千用，史称“钱法大坏”。这一时期的五铢钱统称为“六朝五铢”，铸造粗劣，质量低下，甚至笔画不全，倒是北方的北魏政权铸造的太和五铢和永安五铢重如其文，质量上乘。

公元581年，隋文帝杨坚建立隋朝，天下再次统一。当时因为刚刚统一，币制还比较混乱。隋文帝为了巩固自己地位，开始着手整顿货币，禁止各种旧钱流通，铸行了统一标准的开皇五铢。开皇五铢又称置样五铢。为推广新钱，政府规定每千钱重四两二斤，重量不足、质量不佳的一律销毁，重新铸造。开皇五年，混乱几百年的币制终于实现了统一，专行五铢钱。开皇五铢制作精美整齐，五铢面文为篆文，“五”交笔斜直（也有稍弯曲的），穿孔右边铸有一竖线，背面都有廓，而且比较阔。隋炀帝时期，铸行五铢白钱，这是因为铸造材料里面夹杂了锡、铅等其他金属，所以钱色发白，故称“白钱”。五铢白钱形制大小、轻重与开皇五铢相同。不过后来隋炀帝大肆挥霍财富，社会经济迅速恶化，迅速导致严重的通货膨胀，币制再次大乱。

唐代经济发达，国家强盛，钱币进入了一个新阶段。唐高祖初年，民间使用的是隋代的轻钱。后来唐高祖，下令铸行“开元通宝”。开元通宝的钱文由我国著名的书法大家欧阳询所书，有八分及篆隶三体，笔力遒劲，意态精密，端庄俊雅，凝重雄浑，这也是钱文书写人姓名的第一次正式纪录。所谓“开元”，便是首创之意，而“通宝”，则是指流通的货币。开元通宝在重量单位上有大突破。古代衡法二十四铢为一两，开元通宝开创十进位制，每十文钱重一两，即十钱一两，以钱代铢。唐代一斤比西汉一斤重一倍多，因此开元通宝比西汉五铢钱略重。开元通宝大小轻重适中、名称形制合宜，在唐代铸行二百多年，币制一直都比较稳定。

在我国币制史上，开元通宝与秦半两、汉五铢钱一样具有划时代意义。开元通宝结束了秦汉以来以重量铢两定名的钱币体系，从此以后，钱币的面值以“文”为单位。从这时开始，我国的衡法，两以下不再以铢为计算单位（唐以前是用铢，二十四铢为一两，是二十四进位），而是改用两、钱、分、厘的十进位法，其中一钱为3.73克，即指开元通宝一枚钱的重量，十钱开元通宝等于一两。这种以“文”计数，以钱两为重量单位的宝文钱体系，一直沿袭到清朝，历时一千多年。此外，开元通宝之后，铸币时广泛采用年号为标志。“年号钱”始于十六国时四

川成都李寿的“汉兴钱”，因铸有年号，标明铸造时间，人们在使用时一目了然。

安史之乱后，唐肃宗为解决财政困难，铸造大钱“乾元重宝”，这是最早称重宝的钱，一文重宝当开元钱十文，导致货币贬值，物价飞涨。晚唐时期，唐武宗废佛取铜，铸造“会昌开元”钱，财经状况有所缓解。

五代十国时期，军阀割据，政权林立，经济状况恶化，货币再次陷入混乱，大额钱币动辄当十当百，甚至当千当万。北方的梁、唐、晋、汉、周诸朝因铜资源缺乏，新钱铸量不多，但制作讲究，并明令禁止铁、铅钱的流通。后周世宗时，发起灭佛运动，将佛寺里面的铜都用来铸行“周元通宝”，质量是五代之冠。南方十国铸币量大，种类复杂，南唐、前蜀、后蜀尤其严重。这个时期，将国号铸造在钱币之上，成为一时风尚，比如南唐的唐国通宝钱、蜀的大蜀通宝钱和齐的大齐通宝钱。南唐还首创了钱文篆隶两种书体并行的钱币。

两宋钱币是中国钱币史上最复杂的，币材多样，钱币面额不一，名称各异，各地使用的钱币也不尽相同。宋朝经济发达，商业繁荣，促使货币的需要激增。在政治上，王安石变法推出的“免役法”以雇代役，实际上就是劳役的货币化，也在一定程度上促进了货币的流通。宋代有多种形制的货币使用，白银、铁钱、铜钱是当时重要的货币，其中又以铜钱最为主要；交子（纸币）也已经发明并在社会上流通。当时各大铜场冶炼的铜都用于铸钱，政府设有专门的铸钱机构，禁止民间私藏，同时规定，家里面贮藏铜 7 斤以上就要被处死。

宋真宗时，铸钱的机构主要是四监，即饶州永平监、江州广宁监、池州永丰监、建州丰国监。社会经济的发展越来越快，专门铸钱的钱监也逐渐多了起来，钱币数量也越来越多。宋仁宗时，每个钱监铸造的钱币上，其钱文的书法也不尽一致，包括楷体、草书、隶体、篆体等，颇有审美价值，还可以互相配成“对子钱”。对子钱的钱币面文采用两种书体，其文字结构、笔画肥瘦、轮廓、方穿、厚薄、重量及铜色都相近似。北宋钱币多相互对称，如天圣、治平有篆楷对钱，元丰、元佑、绍圣有篆行对钱，徽宗的政和、宣和年间是对钱集大成的时期，其品种之多、质量之精、书法之美都属空前绝后。

北宋铸造了大量的国号钱和年号钱。国号钱指钱面铸有国号的钱。

北宋第一个国号钱是宋太祖赵匡胤建隆元年铸造的“宋元通宝”钱。此后在宋仁宗宝元二年铸造了“皇宋通宝”钱和宋徽宗建中靖国元年铸造了“圣宋元宝”国号钱。年号钱是指钱面刊铸年号的钱币。多数情况下，年号更改后，朝廷就会用新的年号铸钱。宋太宗赵光义即位称帝后，建年号“太平兴国”，即铸年号钱“太平通宝”钱，这是北宋第一个年号钱。此后，北宋王朝所铸钱币除“皇宋、圣宋、宋元”外，其余都是年号钱。

宋神宗时期，苏东坡手书的隶书钱文沉着、豪迈，史称“东坡元丰”。宋哲宗年间，司马光和苏东坡用篆、行两种书法写过对文钱“元祐通宝”。宋朝还出现了由皇帝书写的“御书钱”。很多北宋皇帝都精通书画，擅长书法。淳化年间，宋太宗亲书“淳化元宝”钱文，首创了皇帝为钱币题字的先例。此后，又有不少钱文是皇帝御书，其中最使人叫绝的是宋徽宗赵佶独创的“瘦金体”，他书写的“崇宁通宝”、“大观通宝”等钱文，是我国钱币史上的精美之作。这种注重钱文书法的风气一直到了明朝才有所改变，明代中叶开始，钱文都出自匠人之手，书法字体不再讲究。

因为北宋经济繁荣，铜钱铁钱携带不便，就产生了纸币。纸币是一种信用货币，并无实用价值，是社会商品经济发展到一定阶段的产物。纸币在宋代产生，和造纸与印刷技术的进步有关。纸币容易携带，并且能够在较大范围内使用，利于商品流通，促进了经济的发展。北宋的纸币主要有交子，南宋有会子、关子。交子是世界最早使用的纸币，发行于北宋前期，时间为 1023 年，地点是成都。交子最初只是一种存款凭证。存款人把现金交付给铺户，铺户把存款数额填写在用楮纸制作的纸卷上，再交还存款人，并收取一定保管费。北宋景德年间，益州知州张泳对交子铺户进行整顿，专由 16 户富商经营。至此，“交子”的发行正式取得了政府认可。

辽、西夏、金等北方少数民族政权，除了使用中原地区的钱币外，也自行铸币。辽代最初使用中原地区的货币，后自行铸币，但仍以汉文为钱文。辽代铸钱早期受五代影响，后期受宋钱影响较大，多是小平钱，铸量较少，制作多而粗糙，质量很差。钱币的背面常常划范，文字也不规范，有的时候，一个钱上甚至有两种字体。西夏自行铸造的钱币主要以铜钱为主，兼用铁钱，少量白银。西夏钱币的铸造大都比较精美，而且书法俊逸、流畅，西夏文和汉字体的都有发现。不过，西夏自己铸造的钱比较少。金代早期使用宋、辽钱币，后来才开始自行铸币。金代铸造的钱币中，开始出现了银币。

元朝集中了大量的金银财物，强制流通纸币。元朝铸钱无论从数量、形制还是制作工艺上都不及两宋，数量上少，形制也不统一，制作工艺一般。早期钱币除蒙文大元、至大通宝外，铸造数量都比较少。白银被铸为一定标准的银锭从元朝开始。从元朝至元年间开始，以平准库（国家银库）的白银熔铸成“锭”，重量达50两者名曰：“元宝”，也就是“元朝之宝”的意思，这是我国称银锭为“元宝”的开始。

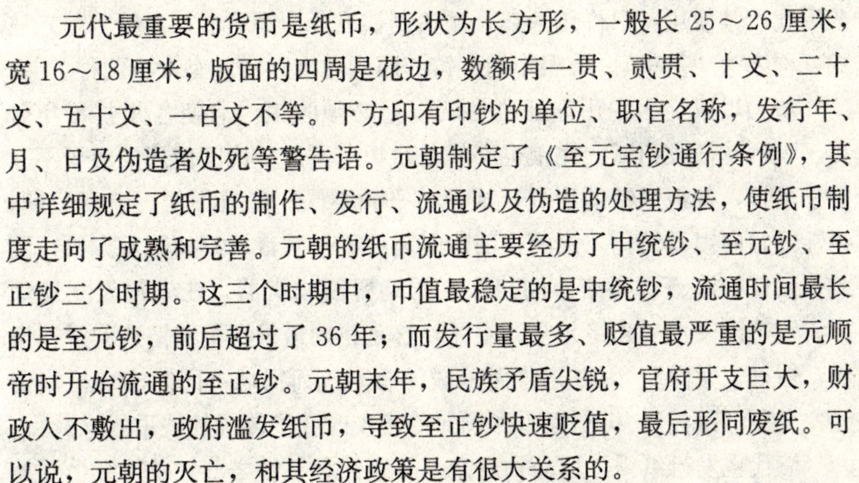

元代最重要的货币是纸币，形状为长方形，一般长25～26厘米，宽16～18厘米，版面的四周是花边，数额有一贯、贰贯、十文、二十文、五十文、一百文不等。下方印有印钞的单位、职官名称，发行年、月、日及伪造者处死等警告语。元朝制定了《至元宝钞通行条例》，其中详细规定了纸币的制作、发行、流通以及伪造的处理方法，使纸币制度走向了成熟和完善。元朝的纸币流通主要经历了中统钞、至元钞、至正钞三个时期。这三个时期中，币值最稳定的是中统钞，流通时间最长的是至元钞，前后超过了36年；而发行量最多、贬值最严重的是元顺帝时开始流通的至正钞。元朝末年，民族矛盾尖锐，官府开支巨大，财政入不敷出，政府滥发纸币，导致至正钞快速贬值，最后形同废纸。可以说，元朝的灭亡，和其经济政策是有很大关系的。

元朝末年，烽烟四起，各大起义军都铸有自己的钱币，如韩林儿龙凤政权的“龙凤通宝”，徐寿辉政权的“太平通宝”、“天启通宝”、“天定通宝”，陈友谅政权的“大义通宝”，张士诚政权的“天佑通宝”，以及朱元璋政权的“大中通宝”。有意思的是，这些钱币受到人们普遍欢迎。

明朝建立后，朱元璋推行纸币政策，发行“大明宝钞”与铜钱并用。不过，大明宝钞不定发行限额，很快又导致通货膨胀。到了明朝中叶，嘉靖年间，宝钞已不能通行，民间主要用白银和铜钱。同时，民间流行铜制钱，原材料由青铜转为黄铜，铸行以年号为号的通宝钱。白银一直是明代商品贸易中重要的价值尺度和流通手段，尤其是张居正改革后，白银的地位迅速上升，但一般只用银锭。明朝中叶起，在对外贸易中，外国商人用他们的银元购买中国丝、茶、瓷器等，因此，各种外国银元也开始在中国流行开来。

明朝末年的币制同样比较混乱，有福王朱由崧铸造的“弘光通宝”，鲁王朱以海铸造的“大明通宝”，唐王朱聿键铸造的“隆武通宝”，桂王朱由榔铸造的“永历通宝”等等。此外，农民起义军也自行铸造，李自成铸“永昌通宝”，张献忠铸“大顺通宝”。

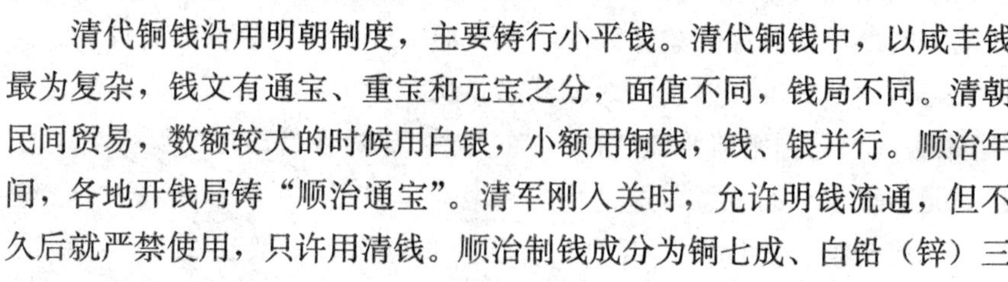

清代铜钱沿用明朝制度，主要铸行小平钱。清代铜钱中，以咸丰钱最为复杂，钱文有通宝、重宝和元宝之分，面值不同，钱局不同。清朝民间贸易，数额较大的时候用白银，小额用铜钱，钱、银并行。顺治年间，各地开钱局铸“顺治通宝”。清军刚入关时，允许明钱流通，但不久后就严禁使用，只许用清钱。顺治制钱成分为铜七成、白铅（锌）三成，称之为“黄铜”。康熙年间，铸“康熙通宝”钱，有大小两种。

清初以银锭为主币，征税一两以上必须收银。清朝各州县每年分夏、秋两季征收田赋，完粮也必须是足银。不过，民间使用的银子不一定是足银，各地银锭的形式、成色、平码不同，流通不便。清朝后期，银锭开始向银元转化。银两在使用时需要称量割裁，不如银元方便，因此银元开始流行。光绪年间，张之洞购置新式机器，在广州设立造币厂，铸造出一批“光绪元宝”银元，这是我国最早用机器铸造的洋式银元，俗称“龙洋”，因银元背面一般铸有龙纹而得名；同时出现机制铜元，又称“铜板”。机制银币和铜元的出现改变了传统的钱币概念。

清代也发行纸币，但品种复杂，有官钞和私钞之分。发行纸币开始有库银准备金、钞本来凭证，因此一直比较稳定。清朝末年，官府腐败，起义军此起彼伏，自行铸造钱币。太平天国时期，铸有“太平天国”、“太平通宝”等钱币，种类较多；天地会首领李文茂占领广西后铸“平靖胜宝”、“平靖通宝”等。

纵观钱币的发展史，从最早的以物换物到天然的贝壳货币，发展到人工铸造的铜钱、铁钱，以国家信用为基础的纸币，机制的银元、铜元，反映了社会的进步和经济的发展。除了以上所说的钱币，历史上还有众多的非流通钱币，如压邪用的压胜钱、避邪的镇墓钱等，俗称“花钱”，在考古中时有发现。

第二节　古钱币鉴定

一、古钱作伪的主要方法

1. 翻砂法

也叫翻铸法，就是以真钱原品做模翻砂铸成假钱。这样的伪钱很多，有的能达到以假乱真的地步。我国古代铸币，隋以前铸钱多采用钱范铸造，唐代开始采取母钱翻砂的技术，古代钱币由政府统一监督铸造，工艺质量还是比较讲究的，钱币批量生产，质地紧密，厚薄一致，而且流传日久，表面自然产生一层深褐色的包浆，色泽柔和；伪品的铸造工艺粗疏，质地不紧密，钱币厚薄不均匀，表面打磨不自然。古代铸钱时，大量从砂模中取出的钱币毛坯串在同一根方形的棒上，同时旋转打磨，钱币边上留下弧线形的锉痕，与钱边平行，现在见到的古钱由于年代久远，锉痕大多不可见。伪钱钱边光滑，但会有杂乱无章的锉痕。

作伪者制造假钱时，因为个人能力所限，质量往往不如真币，有的钱币厚薄不同，文字的高低也会有细微差别。此外，用铜水浇铸时，因为热涨冷缩的原因，以本钱翻钱要小于本钱，即翻铸小一匝。

此外，还要注意钱币的方孔。古代钱币在使用过程中，人们常常会用绳索串在一起，多年磨损后方孔大多被磨得光滑甚至变形。伪钱没有流通，中间的方孔自然棱角分明，甚至有新锉痕迹。

2. 改刻法

一般将价值不高的古钱币加字、减字、改字或增添花纹图案而改刻成不常见的珍稀品种，对作伪者的技术要求比较高。

改刻法最简单的是直接在钱币表面阴刻文字，多为半两和五株钱。作伪者在钱币表面刻上一些吉语或意义隐晦的符号、数字或文字，或加刻特殊的花纹、图案，但这些后刻的字符图纹与整个钱币往往不协调，给人一种狗尾续貂的感觉，不难识别。改刻法还可以利用流铜进行改刻，古代铸钱限于科技水平，铜钱表面有时会留下浇铸时遗留的铜液结晶，即流铜。作伪者刚好利用这些流铜，刻成星纹、月纹或文字。改刻法还可以对原有钱文进行改刻，或选择较厚的旧铜钱磨去原有文字，改刻另一种文字，甚至还有利用古铜镜等刻成钱币的。与真钱币相比，改

刻法大多刻工粗糙，文字呆滞，容易识破。

3. 嵌补法

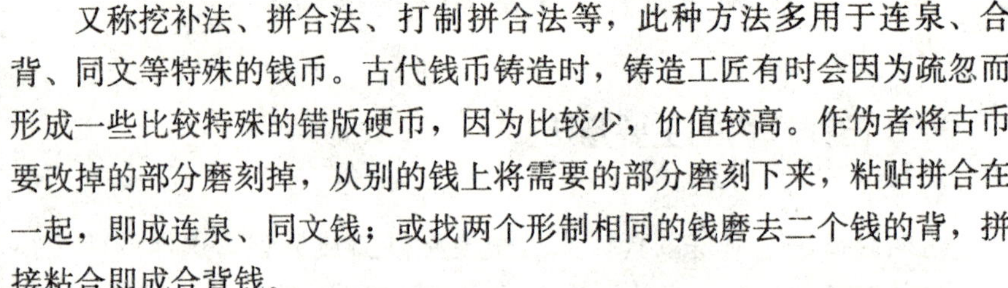

又称挖补法、拼合法、打制拼合法等，此种方法多用于连泉、合背、同文等特殊的钱币。古代钱币铸造时，铸造工匠有时会因为疏忽而形成一些比较特殊的错版硬币，因为比较少，价值较高。作伪者将古币要改掉的部分磨刻掉，从别的钱上将需要的部分磨刻下来，粘贴拼合在一起，即成连泉、同文钱；或找两个形制相同的钱磨去二个钱的背，拼接粘合即成合背钱。

嵌补法造假的钱币，从外表来看很难辨别，一般可听其声音鉴别，将钱掷地，真钱声音清脆浑然一体，没有残破感，嵌补过的则声音沉闷。此外，由于改变了钱币的内部结构，还可以用现代科技的探伤仪器进行识别。

4. 作旧法

考古出土的古钱币经过长久的腐蚀早已锈迹斑斑，作伪者不可避免地会留下人工痕迹，于是经常会用特殊的手段“做旧”，在钱币的色泽和锈斑上做文章。

最常见的古钱币做旧是伪造绿色。因为出土的古钱都有绿锈，所以伪造古钱施以绿锈才能以假乱真。伪造绿锈的方法有：将伪造的钱埋入土中，两三年后取出；将伪造的钱币浸以盐酸或醋酸，再埋入土中，一年后取出；用胶水或松香调以绿色铜锈样粉末涂在钱上；用绿色瓷漆涂上伪钱，经过一年半载，瓷漆干燥坚硬，看上去好像绿锈；用真的铜锈粘在伪品上，看上去更像铜锈；将钱浸在醋中，加入适量硫酸铜。

出土的古钱也有生红锈的，伪造红锈的方法有：将造成的伪钱用火烧煅通透，后浸入冷水，便带红色的锈；再浸以盐酸或醋酸，埋入土中，经过一年半载取出来，便有红锈色，就像出土古钱了；也有的用胶水或松香调以红色粉末，涂在钱上成红绿锈；或用红色瓷漆与绿色瓷漆调配，涂在钱上造成红绿锈。

现代人作伪不仅运用传统工艺，而且还会利用现代科技手段作旧造假，但只要掌握古钱币的知识，仔细辨别，就能判断真伪。

二、历代古钱常见伪品辨析

古钱币鉴定是一个十分精细的行业，针对不同的时代风格，作伪者会进行针对性造假。所以，必须掌握不同朝代钱币的时代特征，对历代古钱的伪品有一个大致的了解。

先秦时，大部分的刀、布币币身极薄，刀币的浇口在首端。刀、布的浇口及边缘常有浇铸时挤出范外的多铜，因未加磨琢而呈自然状态。有些伪造的刀、布币边缘被挫磨得过于光滑，暴露了伪造痕迹。大部分先秦时期的刀、布币的文字是用刀刻在泥模上铸成的，笔画一刀而成，书法流畅自然，伪品则笔画呆滞，毫无意境。先秦钱币的翻铸赝品较多，一般较笨重，铜质粗糙。

汉武帝时，普通半两、五铢钱存世较多，不值得伪造。但汉武帝时通行过三铢钱，存世稀少，伪造者取五铢改刻，冒充三铢钱。真正的三铢钱重量较轻，“铢”字的写法也不一样，容易识别。汉代其他常见的伪品是半两、五铢中的特殊错币，如“两两”、“五五”等，一般采用真钱改刻的方法，也有翻砂而成的，但比较粗糙。

新莽时期，铸钱工艺非常讲究，当时的钱文以悬针篆为主，笔画流畅，布局匀称得体。新莽铸造的“六泉十布”，流通时间不长，铸造量不大，是古钱伪造的重点。六泉十布除大、小泉及大布外，其他伪品都比较多。

魏晋南北朝时期，已经出现了一些国号钱、年号钱，后世伪造较多。“丰货”钱真品的铸工不佳，但文字苍劲古朴，伪品只能做到外表相似。“汉兴”、“永光”、“景和”很少见，“永光”尤为难得，伪造者常以六朝五铢改制，但形制、文字面目皆非，不熟悉古钱币，很容易被骗。“凉造新泉”文字瘦小，笔画间常残留流铜，钱文不甚清晰，假钱则通常清晰规整。

唐代货币以开元钱为主，又分为几个阶段，初唐开元大型精美，会昌开元铸工较为粗糙，其背文种比较多，其中背“永”字者最少，伪造者往往取背文模糊的会昌开元改刻成永字开元，只要“永”字周围有刀刻痕迹，就一定是假的。唐代的大历、建中钱也有伪造，但不及初唐开元。

五代时期，大钱多、铁钱多、铅钱多，制作工艺良莠不齐。一般说来，只要是“周元通宝”大钱及小平背有龙凤、佛像、公鸡等图案者，都属于后代仿制。“乾封泉宝”大铜钱传世极少，伪造钱文字造作，非常容易辨认。

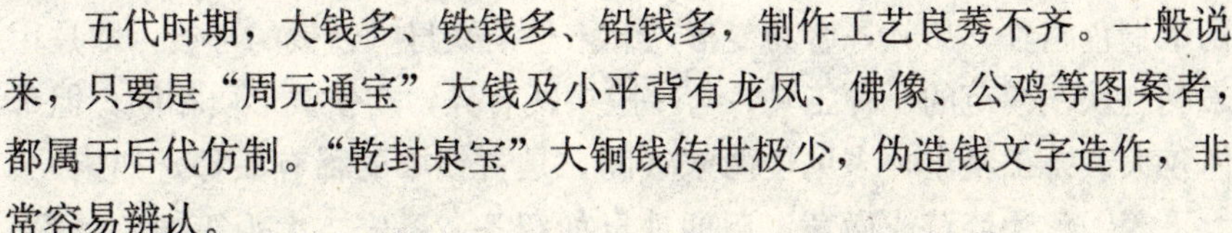

宋代钱币铸量、种类众多，铸工精细，钱文书法考究，相比之下，伪钱就做得非常粗糙，一望便知。因此，普通宋钱伪造很少。辽代钱币风格特殊，早期钱币存世极少，造假者无从仿照，伪钱也不多。金代钱币铸造精美，有的伪钱用真钱翻铸，但难掩新铸痕迹。

元代通行纸钞，元末的至正权钞因为面背错范没有对准，造成文字和轮廓都倾于一边，伪造者常用真钱翻铸，因此，背文要么过于模糊，要么过于清晰，失去原钱雄浑自然的风貌。元末农民起义军的钱币天启、天定、天佑、龙凤、大义通宝都有伪品，其中以天启和龙凤最多，多用改刻法制作，表面不协调。

明代钱币版别较多，钱文为避朱元璋的“元”字讳，一律称通宝。各地所铸的钱文自成系统，书体各不相同，伪造者取常见的浙、豫版刻改成稀少的京、济、鄂版，导致面背文字不协调。有一种伪钱“天顺通宝”，取明末的大顺通宝改铸而成，但天顺属明代的早中期，不应出现明末的钱币风格，明代实际上也没有铸过天顺通宝。

三、古钱辨伪的方法

古钱辨伪鉴定，需要根据钱币的材质、色泽、气味、锈蚀、振荡声音等来判断，此外，还要综合考察钱币上的文字结构、书法神态、纹饰特点，辨别出铸造工艺、形态、字画、边缘、穿口等是否有作假之处。

1. 古钱币的材质

古钱币中，最多的是铜钱，材质主要有紫铜、青铜、黄铜、白铜等数种。紫铜含铜量最高，一般在90%以上，颜色紫红；青铜属于铜锡铅合金，颜色有深红、淡红或水红、青白、微黄等多种；黄铜指铜锌合金，有淡黄、金黄两种颜色；白铜指铜镍合金，近代机制币采用较多。有一些铜色银白的方孔古钱，习惯上也称为白铜钱，事实上只是一种青铜，不过铅锡的成分较多而已。古钱因为成分不同，铜色差异也比较大。一般说来，先秦圆钱的铜色深红，接近紫铜；刀布币的铜色多呈淡红。先秦钱币较薄，伪造者常渗入过多的铅，以增加铜熔液的流动性。伪币铜色暗红，质软，容易变形。北宋早期铁母（铁钱的母钱，即是用来翻制铁钱模范的一种工具，与一般铜钱有异，与铁钱形质相同，但个体较大，铸工精湛，多见于两宋钱间，是古钱中的稀有品种）如宋元、太平等铜色为淡黄或微黄，后期铁母如绍圣、圣宋、大观等铜色较深，而宣和、靖康、建炎小平铁母多属白铜。南宋铁母的铜色多数偏黄。辽钱铜色深红或紫红，西复钱铜色水红，元钱铜色深红及浅红者多，而寺观供养钱也有偏黄者。明嘉靖之前铸钱用青铜，嘉靖之后掌握了锌的提炼技术，多用黄铜。明清雕母（祖钱）铜色以金黄为主，清代新疆铸钱用紫铜，故称新疆红钱。

2. 古钱币的文字与纹饰

古钱币的文字和纹饰是特定历史环境中的产物，伪币很难模仿。同一枚钱币上，其文字风格自然，完全一致，伪币其中某些文字变换，显得不协调。如，战国时的两周钱文应具三晋两周金文的基本写法。春秋战国时期，钱币上的文字特征是：纤细、流畅，布局随意得体。先秦铸币，文字是铸钱工匠用刀直接刻在钱范上铸就的，文字留有明显的刀刻笔意，而且一气呵成，文字虽然没有青铜器上的铭文严谨，布局也比较粗放，但笔画连贯自然。王莽钱币以悬针篆体自成一格，伪币主要有货布、大布黄千和一刀平五千三种，尽管文字与真品达到了形似一致，但缺乏生气，字口浅平。各时期的钱文还有特定的规律，如齐的刀币为保护钱文而把轮廓铸得较高，背中间有一高点；唐代的乾封泉宝、大历元宝、建中通宝、五代十国的保大元宝，钱文应旋读，如果钱文对读，肯定是伪币。

古钱纹饰包括星、月、决纹、出纹等，铸星始于秦半两钱，铸月形、四决纹从西汉五铢钱开始，铸四决纹从东汉五铢钱开始，星、月一直到明代崇祯钱上还有，四决纹则从东汉之后就没有了。

3. 古钱币的锈色

古钱的锈色，一般指铜锈。古钱币因为年代久远，表面会形成一层氧化物——铜锈，主要有绿、红、蓝三种颜色。铜锈呈质地坚硬牢固的小粒或块状铜锈，一般称为“自然锈”或“硬锈”、“硬绿”，大多已经与钱币融为一体，用刀削也难以剔除。人工制作的假锈质地松脆，用指甲就能剔除，所以又称“浮锈”或“粉状锈”。真锈自然形成，假锈往往刻意琢磨，不够自然。硬锈即使长时间在沸水中浸泡也不会脱落，而且没有吸水性。伪锈放在水中煮后容易脱落，吸水性大。

古钱币表面不一定都有铜锈，春秋战国时期，楚国除了流通常见的铜质蚁鼻钱，还有银质的铲状布币、金质的郢爰钱币。楚国的金币距今两千多年，色泽依旧，金光闪闪。

4. 古钱币的形制

钱币的形制包括钱径、钱穿的大小、钱体的轻重厚薄、内外廓的宽狭、钱背的深浅等多方面。我国钱币形制大体经历了三次变化：一是仿制生产工具和生活器具，二是圆形方孔钱，三是机制不带方孔的圆钱（银元、铜元等）。先秦时代的钱币有布币、刀货、蚁鼻钱、环钱四种，与其他历代货币风格迥异。秦朝开始采用圆形方孔的形制，一直延续到民国初年，历时两千多年。秦汉六朝时期，半两钱除四株半两中有的有廓外，一般都是平背，前期大而厚重，后期小而轻薄。宋代钱币一改前制，钱背平浅，外廓大多较宽。金代钱币与宋徽宗时铸造的钱币一样，钱背较深，显得轮廓分明，元明钱币也是如此，清代钱币则又恢复了宋代形制的某些特点，面背内外廓都比较浅显。光绪年间，开始出现机器银元和铜元。

5. 古钱币铸造方法

我国钱币铸造在唐以前采用范铸法，唐以后采取的则是母钱翻砂法。范铸法的钱范有几种质地：泥陶范、石范和铜范，最早出现的是泥陶范，战国时期开始使用石范和铜范。隋唐时期，钱币的铸造量大大提高，开始使用母钱翻砂法的铸造工艺，并直接影响到以后历代铸币技术。

6. 现代科技鉴别法

现代科技鉴别法，主要是分析钱币的化学成份。最直接的方法是将某一时代的钱币去除表面的铜锈，从显露出来的真铜中取出若干标本，进行铜、锡、铅等各种元素成份所占比例的化学分析，得出各种成分的百分比，鉴定钱币真伪。不过，这种方法会对古钱币造成一定程度的损伤。

鉴定是研究古钱币的基础，需要大量触摸实物，仔细观察，在实践中逐渐积累经验，掌握鉴定真伪的窍门。

第三节　古钱币精品

一、无文铜贝

贝币是我国最早的钱币，方便了商品的交换和流通。随着商品经济的发展，贝币因为产地遥远，供不应求。人们就开始寻找替代品。商代晚期，青铜冶炼技术逐步成熟，仿铜贝就出现了。

铜贝是人类最早的金属铸币，是迄今为止世界上发现的最早的硬币。铜仿贝的发明，是我国金属铸币的开始。截至目前为止的考古发现中，最早的铜贝于1953年在河南安阳大司空村的商代墓地中出土，贝面凸起，还模铸一道贝齿。因为没有文字，古钱学家称为“无文铜贝”。

铜贝的出现将我国货币发展往前推进了一大步。最初的铜贝摹仿原始贝币形态，大小、重量、价值都比较统一，而且能够大量铸造，优点突出，迅速进入流通领域。到春秋战国时北方地区的金属贝还有“金贝”、“银贝”、“鎏金铜贝”等，其中铜贝使用最广。

战国时期，人们更加注重货币的可识别性和便利性，于是，体积规整，质量衡定并铸有铭文的铜贝出现了。这种铜贝除形制仿照磨去背面的海贝外，面部铸有阴文，因为非常像人脸，所以又被称为“鬼脸钱”或“蚁鼻钱”。

二、楚国金钣

我国是世界上最早使用黄金的国家。战国时期，黄金成为重要货币之一。当时，黄金的主要产地是楚国。楚国有一种有铭文的金钣（版），大多呈方形，少数呈圆形，上面用铜印印为若干个小方块，外形像乌龟壳。完整的金钣重约一斤，含金量通常在90%以上，质量上好的能够达到99%。金钣上的铭文有郢爰、陈爰、专爰、颖、覃金、隔爰及卢金等等。这些带“爰”字的金钣，习惯上被称为“爰金”或“印子金”。“爰金”在今湖北、安徽、陕西、河南、江苏、山东等地都有发现，尤其以“郢爰”为多，通常又以郢爰代指爰金，也就是楚金。“郢”是楚国都城的名称，始建于公元前689年，位于湖北江陵，后来几经变迁。“爰”可能是重量单位，一爰即楚制一斤，约250克。

楚国金币选用高品位的天然金块熔铸而成，形制有两种，常见的是正方形或长方形的金钣，另一种是扁圆体的金饼。整版的“郢爰”每件约重250～260克，正面都刻有排列整齐的“郢爰”印记，数量不等。金饼上大多没有印记，有实心和空心两种，形状非常像乌龟。目前出土的楚国金币极少数在墓葬中，绝大部分来自于窖藏财富。当时黄金的流通限于上层社会，而且只在游说诸侯、国王赠赏、大宗交易时才使用，

根据需要将金版或金饼切割成零星小块，然后通过特定的等臂天平称量使用。目前出土的楚金币大都是零星碎块，大小轻重相差悬殊，能看出切割痕迹。

东汉以前，盛行黄金货币，金钣在交易中发挥了极大作用。东汉之后，白银产量逐渐增多，银饼或银锭使用得比较频繁，黄金的流通和使用也就相对减少了。

三、兹城布币

布币因为形状像铲，又被称为铲布，是我国古代货币，从青铜农具镈演变而来。

战国时期，币制混乱，布币、刀币与圆形方孔钱都进入流通市场。最初的布币空首削肩尖足，后在铲形基础上产生出不同变化，首由实首进而平首；足由尖足到圆足、平足；币面也开始铸刻铭文。兹城布币是赵国货币，平首平肩平足，造型呈规整削铲形；没有圆空，通首底有一阳线；线两侧铸有铭文“兹城”字样，字体圆润有力，一气呵成。

战国布币大多是铜锡合金铸造，露铜部呈青黄色。浇铸时，浇口在首端，边缘有浇铸时挤出的余铜。现在的兹城布币赝品边缘圆润，钱文粗糙模糊，字体纤细而乏力，容易识别。

四、国宝金匮直万

西汉末年，王莽建立新朝，在位的 16 年中，因为国库空虚，共进行过 4 次货币改革，“国宝金匮直万”是王莽最后一次货币改革铸造的，形制特殊，形状像葫芦，由上下两部分组成，上部为圆形方孔形式，直径 3 厘米，面文写有篆书“国宝金匮”四字，旋读，悬针篆。下面是短颈联方形泉身，边长为 2.8 厘米，面和背有直纹两道，纹内直书悬针篆“直万”两字，背面无字，中部系一短颈，连接上下两部。

国宝金匮直万是我国历史上面值最大的铜币，值一万枚五铢钱，相当于黄金一市斤。因为面值过高，发行时间很短。新朝灭亡后，就不再出现，一直到了清朝。清朝末年，西安农民在种地时发现两枚，一枚被古币收藏家张叔驯购去，现下落不明；另一枚被英国人纽曼购去，后被上海集币家张晋购回，引起很大轰动，后来又归陈仁涛收藏，解放后，政府花重金购回，现藏于中国国家博物馆。这枚古钱币珍品，是国内仅存的孤品。

五、大齐通宝

“大齐通宝”是南唐开国皇帝李昪铸造的钱币。李昪登基前被封为齐王，因此称帝后就定国号为“大齐”。不久之后，他就改国号为唐。因此大齐通宝数量很少，流传下来的十分珍贵。迄今为止，大齐通宝仅发现两枚，分别为“四眼大齐”和“缺角大齐”。

李昪铸造的“大齐通宝”，钱文纤细清晰，工整有力。宽缘，平背，色泽浅黄，重约3克。“四眼大齐”是20世纪20年代泉学家戴保庭和朱克壮在江西鄱阳农村孩童踢的毽子上发现的，这枚大齐通宝虽然不缺角，但因为做毽子，被钻出四个小孔。后被著名收藏张叔驯重金购得，藏之密室，从不示人，并且因此自号“齐斋”，他对“大齐通宝”的珍爱，由此可见一斑。大齐通宝非常罕见，弥足珍贵是中国古钱“五十名珍”之一。

六、大观通宝

大观通宝是北宋徽宗赵佶在大观年间所铸造的年号钱，有小平、折二、折三、当十等多种版式。宋朝建立以后，朝廷铸造了“宋通元宝”钱，因为币面上有国号“宋”，也称为“国号钱”。大观通宝最明显的特点是，面文“大观通宝”四个字中的“大”字，最后一捺最长的也仅略超过方穿的右上角。

大观通宝有铜钱和铁钱之分。北宋末年，战争频繁，官府和民间都大量铸造钱币，导致铜货短缺，因此政府开铸铁钱。御书铁钱有“崇宁通宝”折二钱，“大观通宝”小平、折二及行书小平钱。而御书铜钱“崇宁通宝”有小平和折十。折十版制很多，并且由徽宗亲自指导工匠精心制作。“大观通宝”铜货很多，有小平、折二、折三、折五、折十及特大型钱。其中又以折十钱钱文最好，非常美观，小平钱中有些版别质量上乘。现在存世的特大型铜制“大观通宝”多为传世古币，出土的很少。

七、靖康通宝

“靖康通宝”、“靖康元宝”是北宋宋钦宗时期铸造的，宋钦宗在位16个月就被金朝掳往北方，因此“靖康”钱产量很少，“靖康通宝”更为罕见，属国家一级文物。

靖康通宝有小平、折二、折三钱，钱文有“靖康元宝”、“靖康通宝”两种，书体有篆、隶、楷三个版本。北宋时期的钱币几乎每年都有出土，而靖康钱则非常罕见。

靖康通宝早年出土于河南信阳一带，原来是钱谱未载之物，或者是当时要铸造，但政府尚未允许铸造的钱。1979年此版式大钱首见于黑龙江阿城县阿什河白城子窖藏古钱币中，后归藏黑龙江省博物馆，其钱文直读，字体细挺瘦长，以“宝”字长冠为主要特征；1967年湖北黄石市发现窑藏古钱达22万斤，经挑选，其中有珍贵的“靖康元宝”、“靖康通宝”楷篆书体的小平对钱；1974年在西沙群岛环礁发现明代沉船，内有汉代至明代古钱共四百余公斤，其中有一枚靖康元宝折二钱。

八、至正通宝

元代货币至正通宝是元朝顺帝至正年间铸行的钱币，大小都有，部分钱币背面铸有八思巴文。元代纸钞是主要货币，铸币不多。此外，除了八思巴文货币外，其他汉文铸币量也很少。有些年号仅有寺观钱传世，这种寺观小钱当时不作货币流通，只作信徒对寺观的香火钱，因此也叫做“供养钱”。元钱铜色以深红及浅红的居多，供养钱也有偏黄色的。

“至正通宝”四汉文为直读，笔法浑厚有力。至正通宝种类很多，面文“至正”的钱币，有部分背面上分别铸有寅、卯、辰、巳、午五种八思巴文地支纪年；有的背面上、下分别为八思巴文和汉文记值数字。钱币的大小也不均等。

至正通宝品类繁多，但规制统一，钱文都是端庄秀丽的汉字楷书，背面上记年或记数用蒙文。元代伪古币破绽多在背文，造伪者照字描摹，八思巴文似是而非，因而成为鉴别的一个关键。

九、中统元宝交钞

纸币早在北宋末年就已经出现，当时称为“交子”。之后，历代都使用纸币，纸币在流通领域的地位不断上升。纸币虽然在宋代就开始使用，但宋代纸币到了现在都还没发现实物。“中统元宝交钞”是我国现存的最早由官方正式印刷发行的纸币实物，刻版印制时间为元代忽必烈中统元年，即公元1260年。中统元宝交钞在元代有极重要的地位，一直使用到元朝末年，和现代的钞票别无二致。

“中统元宝交钞”为树皮纸印造，钞纸长16.4厘米，宽9.4厘米，正面上下方及背面上方均盖有红色官印，正背左上方盖黑色长条形合同印，纸质柔软，颜色青黑。中统钞不受区域和时间限制，国家收税、俸饷、商品交易、借贷等都可使用，并允许用旧钞换新钞，使中统钞迅速通行全国。

十、光绪元宝

清代货币，纸钞、铜币并行。嘉庆年间，朝廷开始发行新式银元，光绪年间铸行的金币和银币就更多。洋务运动也影响到铸币业，张之洞曾经委托朋友在英国订购全套造币机器，并在广东钱局首铸机制银元和铜元。此后，各省纷纷仿效，购制国外机械铸造银、铜元。

银币“光绪元宝”在1898年发行，成色为91%，正面铸有铭文，顶部铸楷体“××省造”或“造币总厂”，底部铸“库平七千二分”，中心直读“光绪元宝”四字，币中心为满文“光绪元宝”。银币背面外圈顶部用小号英文标准字体铭“×省造”或“造币总厂”字样，下面为英文“库平七千二分”，内圈铸有中心为蟠龙图，品相精致。

清朝末年，民间毁钱为铜，市面制钱减少，小额流通非常不便。为了解决钱荒问题，同时受香港铜元及外币影响，广东仿香港铜币铸造机制铜元，继而福建、江苏、四川等省相继仿铸铜元。铜元光绪元宝成分为红铜95%、白铅4%、锡1%，每枚重二钱，当原制钱十文。正面中央为“光绪元宝”及满文“宝广”，外环珠圈，上缘纪地文字为“××省造”，下缘纪值文字为“当十”；背面中央铸“飞龙”图及珠圈，上缘英文纪地“KWANGTUNG”，下缘英文纪值“ONECENT”。另有当二

十的光绪元宝，正面为“光绪元宝”，外缘上为满文及户部（或省名），下为当制钱二十文。铜元与历代的方孔铜钱不同，中间无孔，它标志着我国金属货币铸造工艺从传统的手工翻砂铸造进入了先进的机器化生产的新阶段。此后，铜元大量制造，总数约有上百亿枚。

第十五章

漆器，美丽的中国创造

第一节　古漆器概述

我国是世界上最早用漆的国家，历史非常悠久。在古代，漆是一种从漆树上割取出来的，呈灰乳色的液汁，现在通常叫做生漆，或称天然漆。漆树在我国分布比较广泛，贵州、四川、云南、湖南、湖北、江西、安徽、陕西、河南等省份都有，产量非常丰富。野生的漆树通称大木漆，而人工种植的则称为小木漆。在古代，人们将割取下来的生漆放在木桶中，并在阳光下用木棒搅动，等到水分慢慢蒸发之后，其颜色就会由灰乳白色变成淡棕色，变成熟漆。漆器在人们的日常生活应用中非常广泛。用漆漆过的器物，通常坚固耐用，具有防腐、抗热、耐酸的性能，所以很受欢迎。器物在上漆之后，即便埋藏在水土中，也不会轻易被腐蚀，打磨推光之后，还能发出美丽的光泽。在漆的表面，还可以进行纹饰，以增加器物的美感。熟漆在混合矿物质后，可以调配出多种颜色。譬如，白漆加铅粉；朱漆加朱砂；绿漆加蓝靛及雄黄，等等。根据一定比例，可以调制成各种颜色的彩漆。

漆原作“桼”，后来“漆”、“桼”通用。许慎在《说文解字》中这样解释“桼”：“桼，木汁也，可以髹物，从木象形。桼如水滴而下也。”清代文字学家段玉裁注解说：“木汁名桼，因名其木曰桼。今字作漆而桼废矣。漆，水名也，在今陕西省的邠县。非木汁也。”意思是说，漆

是一种木汁，可以用来纹饰。在古代，被漆过的器物称之为“髹”，而用漆绘制图案纹样则称之为“饰”。在先秦文献《周礼》中，就已经有关于“髹饰”的记载了。

早在7000多年前的新石器时代，人们就有意识地用漆，创造出漆绘的工具和工艺品。1978年，考古学者在浙江余姚的河姆渡文化遗址中出土了一件朱漆木碗，呈椭圆瓜棱形，造型美观，光滑平整，形制规整。据推测，在制作这只木碗的时候，可能先用砾石和砂子对木碗进行打磨，使其表面变得光滑之后再用漆，使其变得更加美观，而且起到保护和装饰的作用。这只木碗表面上的漆剥落得比较严重，但还有一定的光泽。考古学家在研究之后，确认木碗上的涂料为生漆。这一发现证明，最迟在河姆渡文化时期，漆器制作工艺就已经开始出现了。我国在那时就认识到了漆的性能，并且还能调配颜色。在浙江瑶山新石器时代文化遗址中，还出土了一个镶玉的朱漆觚。这件工艺品朱漆和白玉交相辉映，漆器的工艺水平非常高超，已经相当成熟。在良渚文化的大型墓葬遗址中，也出土了一些漆器，如盘、觯和杯等，此外一些棺木上也有用漆的痕迹。在同时代的龙山文化遗址中，也出土了一些原始漆器，这说明生活在新石器时代的人们已经很好地掌握了用漆的技术。

关于史前漆工艺的发展，先秦文献有所记载。《韩非子·十过篇》记载：“尧禅天下，虞舜受之，作为食器，斩山木而财之，削锯修之迹，流漆墨其上，输之于宫以为食器，诸侯以为益侈，国之不服者十三。舜禅天下而传之于禹，禹作为祭器，墨染其外，而朱画其内。”这段话的意思是说，当年尧将天下禅让给舜的时候，舜作了一件食器，经过打磨之后，在上面用漆，诸侯们觉得很奢侈，因此心怀不满的人有十分之三。后来，舜将王位禅让给禹，禹将漆器作为祭品。这段记载说明，在尧舜禹生活的时代，漆器是非常珍贵的，主要用作食器和祭器，颜色主要是黑色和红色，并且出现了纹饰，增加了器物的美感。《左传》有云：“国之大事，在祀与戎”，意思是说，对于一个国家来讲，真正的大事是祭祀和战争。禹将漆器作为祭祀品，说明它的珍贵。相传，当时的漆器产业已经具备相当的规模，并出现了分工。

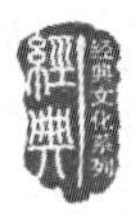

最迟到夏朝，我国已经有了专门种植的漆林。官府的漆园中，还设置了专门管理漆园的官吏。《尚书·禹贡》中有“兖州、豫州贡漆”的记载。相传，战国时期伟大的思想家庄周就曾经做过“漆园吏”，《史记·庄周列传》载：“庄子者，蒙人也，名周。尝为漆园吏。”庄子是蒙人，名周，曾经做过管理漆园的小吏。根据相关的文献记载，种植漆树的利润是非常可观的，对于私人种植的漆林官府有权征税。

商周时期，人们学会用色漆和雕刻来装饰器物，并且以松石、螺钿、蚌片等进行纹饰。早在商代，人们开始在木胎上雕刻花纹，之后再上漆。在河北藁城台西村遗址中，曾经出土一些漆器，近一步研究确认制作时间为商代。这些漆器虽然已经残破，但有的还能辨别出器形，如盘、盒等，部分漆器上面的纹饰也比较明显，有饕餮纹、夔纹、雷纹、圆点纹、蕉叶纹等。在饕餮纹的眼睛和眼角，还镶嵌有磨制成圆形、方圆形或者三角形的绿松石。

到了西周时期，制漆业已经相当成熟，漆器的种类很多，日常用品、交通工具、礼乐、葬具等，都有用到漆的地方。兵器和车马器也开始用漆作为装饰，结实、美观。这一时期出土的漆器，工艺已经非常成熟，用蚌片作装饰也很常见。在河南洛阳庞家沟的西周墓遗址中，发现了一件瓷豆，其外面镶嵌有蚌泡的漆器托残片。在北京琉璃河的西周墓地中，考古出土了一批精美的漆器，有豆、觚、罍、壶、簋、盘、杯、俎等多种，都是木胎，颜色有朱漆、褐漆等。这些漆器纹饰多样，有蚌泡花纹、雷纹、弦纹等，此外还有饕餮图案。截至目前为止的考古发现中，这批漆器是西周漆器中工艺成就最高的。在河南浚县辛村的西周晚期墓葬中，考古出土了镶嵌的“蚌组花纹”，这是最早应用螺钿镶嵌工艺的漆器。

春秋时期，漆器工艺获得飞速发展。漆器的品种和数量都大为增加，并开始在贵族阶层中流行开来，大有逐步取代青铜器的趋势。楚国位于南方，国力雄厚，漆木资源丰富，为漆器制作提供了优越的条件。春秋早期的漆器大多模仿青铜礼器的造型。在春秋时期的墓葬遗址中，出土了大量的漆俎、漆豆和漆鼎，这说明漆器和礼仪活动之间的密切关系。“鼎”、“俎”和“豆”这些器物，在先秦时期都作为宴会时盛载肉食的器具，同时也会在各种祭祀活动中配套使用。在河南光山宝相寺的黄君夫妇墓中出土了漆斗、漆豆、漆盖及黑漆棺，此外还有彩绘纹饰。在山西长治长子县，一处春秋晚期的坟墓中出土了一件漆箱残片，其上面的朱漆绘有黑漆蟠龙，设计巧妙，富于变化，跟同时代的青铜器纹饰非常相似。

战国时期，奴隶社会进一步瓦解，生产力向前发展，社会经济也日渐繁荣。在这一时代背景下，各种工艺都有了飞速发展，漆工艺也不例外。战国时期，漆器的造型风格发生了变化，逐渐走出青铜造型及装饰风格的窠臼，在胎骨做法、造型及装饰技法上都有所创新。与此同时，漆器的种类也大为增加，制作工艺也得到很大的提升和发展。其中，生活用品漆器大量增加，饮器、食器、日用器皿及家具、笔、乐器、兵器、车、船、丧葬用具等都有了漆器。漆器胎骨也比以前完备，有木胎、皮胎、竹胎等。以前的漆器大多在木胎上直接刷漆，战国时期，新的技法发明了：先在木胎上刷灰，填木胎的缝隙，漆物表面变得光滑、平整，之后再稳定造型，防止木胎开裂。这种方法一直沿用到今天。在战国时期，还出现了夹纤胎，也就是今天说的脱胎漆器，纯用漆与编织物构成胎骨。这种漆器的体质比木胎还轻，可以随意制造出各种形状的器物。漆器的装饰水平也得到很大提高，用色比过去丰富得多，纹饰更加精美生动。在河南信阳长台关楚墓出土的彩绘神怪龙蛇，还有狩猎乐舞的小瑟，湖北随州曾侯乙墓出土的鸳鸯盒，江陵楚墓出土的由蛇蚌鸟兽盘结而成的采绘透雕小座屏，都是战国时期漆器的代表作。在截至目前为止的考古发现中，共出土战国漆器数千件，这说明在战国时期，漆器生产数量庞大，生产地区也很普遍。在一些小型墓中，也普遍随葬漆器，这说明当时已经有私营手工业作坊从事漆器生产。

在漆器工艺史上，秦朝是一个继往开来的时段。秦朝的漆器工艺基本上承袭战国风格，不过也有器物独具特点。秦朝漆器装饰多样，纹饰丰富，设色富丽、庄重，其工艺成就是惊人的。不过，考古发现的秦代漆器并不多，湖北云梦出土的漆器是其中的代表。考古研究所一共对云梦睡虎地古墓进行过三次发掘，出土漆器 560 多件，品种繁多，做工精细。出土的大部分漆器上面，都绘有精美的图案纹样，多为写实。战国时期，雕刻动物形象的漆器很多，到了秦朝时便不多见。秦朝时期，彩绘动物纹样的漆器也增多了。

汉代制漆业非常发达，漆树被当作重要的经济作物，官府还专门设了“漆园司马”的官职。据史籍记载，种植千亩漆园，其收入相当于千户侯。贵族阶层为了满足奢侈的生活，不惜花费大量的人力和财力来制作漆器。当时，漆器生产分工细致，质量很高，许多漆器在制作的时候还采用了旋制等新工艺。新工艺的发明不但提高了生产效率，还让产品更加规整、美观。汉代漆器在器皿造型和装饰艺术方面更加成熟。汉代漆器的装饰题材也比以前各代丰富，新出现了描绘孝子义士、圣君贤相、羽人烈女的内容。在制作的过程中，充分利用线描、针刻、錾金、镶嵌等多种新技艺，线条曲折萦回，非常流畅。在技法上，除继承前代彩绘和锥画装饰方法外，还盛行用金银箔贴花与镶嵌。

汉代出土漆器的墓葬遍及国内外很多地区，其中，以长沙马王堆汉墓出土的漆器数量最多、最精美，保存也最完整。这是汉代漆工艺的最高水平。在一号、三号墓中，随葬漆器多达500余件。在广西贵县罗泊湾一号汉墓中，出土漆器多达700余件，这样规模巨大的随葬，在我国历史上绝无仅有。

汉代时期，我国的漆器开始对周边国家产生影响。据史籍记载，当时漆器和髹漆技术先后流传到日本、朝鲜、蒙古、印度、泰国、柬埔寨等亚洲国家。后来，经过中亚地区的商人，漆器被传到欧洲，从而形成了各国独特的漆业技术。因此，几乎所有制造漆器的国家都或多或少受到中国漆器工艺的影响。

东汉以后，中央集权受到削弱，官营手工业日渐减少，漆器制造业也出现了衰颓的趋势。从考古发现来看，东汉后期出土的漆器变少了，工艺水平也明显下降。三国两晋南北朝时期，战乱频繁，漆器制造业更加衰落，再加上当时已经出现价格低廉的青瓷制品，漆器的生产规模远不及汉代。这一时期，漆器工艺比较突出的有夹纻造像、斑绿漆和绿沉漆几种。

在湖北鄂城吴墓、江西南昌吴高荣墓、安徽南陵等地都发现了三国时期的漆器。这些漆器在风格上与汉代非常接近。其中，安徽马鞍山市雨山东吴朱然墓中出土的漆器，代表了三国漆器工艺最高水平。这批漆器种类繁多，有大型彩绘的案、中分多格的槅、三足的凭几、罕见的犀皮羽觞（耳杯）等。其中，凭几和槅这两种漆器在历史上属于首次出现。彩绘漆器的图案内容更加丰富，其中大多是人物故事，也有象征祥瑞的神禽、神兽。犀皮黄口羽觞漆器将我国的犀皮工艺向上推了几百年。汉代时期，在丰厚的随葬品中，漆器随处可见。在三国两晋南北朝时期，随葬的漆器大为减少。

工艺美术在唐代获得极大发展，漆工艺更是达到了空前水平。到了唐代，青瓷制造技术成熟，在日常生活中，漆器逐渐被取代。唐代漆器

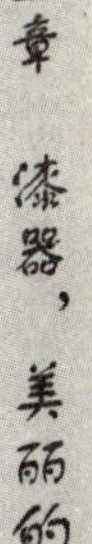

朝着工艺品方向发展，制作上精益求精，水平非常高超。唐代漆器，技艺有所提高，品种和技法也有所创新，末金镂和雕漆等新的髹饰品种开始出现。西安唐墓出土的银平脱宝相花镜，河南洛阳出土的高士抚琴镜，四川前蜀王建墓出土的五代平脱器等都代表了唐代漆器的较高水平。文献记载，唐代漆器盛况空前，诗人王维的别墅内就设有“漆园”。

宋代社会经济高度繁荣，漆器工艺发展很快，官府设置了专门机构生产漆器，民间漆器制造业也兴盛起来。漆器作为商品，大量出现在市场上，还有专门的漆器制造行，从事漆器买卖。南宋迁都后，南方漆工业发展迅速，杭州和温州是两大漆器生产地区。宋代漆器主要有两大类：一类为朴实无华的光素漆器，胎体轻薄，以实用器皿为主，比如碗、盘、杯、盏等，制作精细；另一类为精工细作漆器，如雕漆、戗金、螺钿镶嵌等。在江苏武进南宋墓中，出土了三件戗金漆器，代表了宋代戗金漆器的高超水平。

元代时期，南方经济继续繁荣，手工业得到很大发展。元代漆器，成就最高的是雕漆。雕漆堆漆肥厚，用藏锋的刀法刻出丰硕圆润的花纹，别具魅力。当时，嘉兴是最主要的漆器生产区，这里名家辈出，雕漆巨匠张成、杨茂，戗金银漆器名匠彭宝君等人，都是嘉兴人。张成、杨茂的雕漆作品，在国内外都有分布。他们两人的作品传到日本后，对当地木漆品工艺产生巨大影响。

明代是漆工艺发展的黄金时期。明朝初期，社会安定，经济繁荣，漆器工艺达到新的高潮，髹饰品种更加完备，工艺上的成就非常高。当时，漆器制造业遍布全国各地，非常兴盛。朱棣迁都北京后，在皇城内设立了专门生产制造漆器的机构“果园厂”，其产品代表了明代漆器的最高成就。民间漆器工艺的发展也很迅速，呈现出新的繁荣景象，并有鲜明的地域特色。隆庆年间，著名漆工黄大成写成《髹饰录》。他依据漆器的制造方法和工艺特点，将其分为 14 大类，101 种。这是我国保存下来的最早的一部漆工专著。

明末清初，紫檀、黄花梨等不上漆的木器日渐流行，漆器生产量渐渐减少，但工艺水平仍在稳步提高。清代漆器制造业非常繁荣，漆制品以繁缛、精巧为主，一件器物上，通常会综合运用多种髹漆手法。乾隆时期，漆器技法更加丰富，用漆之多和使用范围之广，前所未有。乾隆皇帝嗜好雕漆，因此，雕漆的制作范围进一步扩大，技艺精湛，变化多端。在乾隆时代，还出现了大型的雕漆器，与玉石镶嵌、珐琅镶嵌、鎏金铜饰件相结合。清代宫廷漆器富丽堂皇，很多御用物品都用金漆髹饰，凸显出皇家气派。

第二节　古漆器的分类与鉴定

一、漆器的分类

黄成的《髹饰录》是我国留存下来的第一部漆工专著。这本书对漆器的分类为：

质色门：单色漆器。

纹门：表面有不平细纹的漆器。

罩明门：在各色漆底上罩透明漆的漆器。

描饰门：用漆或油描绘花纹的漆器。

填嵌门：包括填漆、嵌螺钿、嵌金银等的漆器。

阳识门：用漆堆出花纹的漆器。

堆起门：用漆灰堆出花纹，上面再加雕琢、描绘的漆器。

雕镂门：包括剔红、剔黄、剔绿、剔黑、剔彩、剔犀、假雕漆、雕螺钿、款彩等加以雕刻的漆器。

戗划门：加以刻画花纹，纹内填金、填银或填色的漆器。

斒斓门：两种或两种以上纹饰相结合的漆器。

复饰门：某种漆底与一种或多种纹饰相结合的漆器。

纹间门：填嵌门中的某种做法与戗划门中的某种做法相结合的漆器。

裹衣门：在胎骨上裹贴皮革、罗、纸的漆器。

单素门：一髹而成的各种简易做法的漆器。

从上面的分类我们可以看出《髹饰录》的专业性。不过，它的分类过于繁细。实际上，有的漆器实物很少，甚至到了现在都还没发现。现在，一般将古代漆器归纳为一色漆器、罩漆、彩绘、描金、堆漆、填漆、雕填、螺钿、犀皮、雕漆（剔红、剔黑、剔黄、剔绿、剔彩等）、剔犀、款彩、戗金、百宝嵌等。

一色漆器是指通体都是一种颜色，不加纹饰的漆器。一色漆器在各

个时代都有发现，朱、黑、紫三色比较常见。明清的漆器多加纹饰，一色漆器大多是小件用具或案头文玩。

罩漆是用透明的罩漆漆在不同漆底的器物上。罩了一层透明漆之后，器物表面就更加光亮润泽了。

洒金：在漆底上贴金片或洒金屑再罩透明漆的工艺，盛行于清代。

描漆：在素色的漆底上，用各色漆画花纹。荆门包山大冢墓出土的彩绘漆棺、漆奁；曾侯乙墓出土的漆内棺，彩绘二十八宿图像等，都是彩绘漆器的代表作。

描金：又叫泥金画漆，即在漆底上加描金花纹，最为常见的是黑漆底，其次是朱漆底。描金原料有时只用金箔，有时用两种或三种不同颜色的金箔，色泽变化明显。

堆漆：用漆或者漆灰在器物上堆出花纹的装饰技法，最早出现于汉代，明清时期趋于成熟。

填漆：在漆器上阴刻花纹之后，用不同的色漆填入花纹，晒干后磨平。填漆有磨显和镂嵌两种做法，

雕填：先用填漆的方法做好花纹，之后再沿着花纹轮廓勾画出阴文线，并细勾出花纹上的纹理，在线内填金。

螺钿：用贝壳作材料，裁切成薄片，镶嵌在漆器表面。镶嵌在漆器上的螺钿有厚螺钿（硬螺钿）与薄螺钿（软螺钿）两种。这种工艺方法在周代的时候就已经流行。从现存唐代螺钿实物看来，当时已有很高的水平。唐代用较厚的螺钿片镶嵌漆器，元明清的时候，则出现了厚与薄两种螺钿漆器。

点螺：用贝壳、夜光螺等为原料，精制成薄如蝉翼的螺片，再将薄螺片“点”在漆坯上，作为装饰，因此叫做“点螺”。点螺漆器是我国传统工艺品，1966年北京元代遗址出土一件漆盘残片用螺片镶嵌广寒宫。明代时期，点螺漆器非常盛行，其工艺水平非常精湛。

金银平脱：将金银薄片刻制成各种人物、鸟兽、花卉等纹样，用胶粘贴在打磨光滑的漆胎上，等干燥后，全面髹漆两三层再经研磨显出金银花纹，使花纹与漆底一样平整，再加推光则成为精美的平脱漆器。金银平脱制作精细，代价高昂，是十分贵重华丽的漆器。

犀皮：又称“虎皮漆”或“波罗漆”，作法是先用石黄加入生漆调成粘稠的漆，然后涂抹到器胎上，做成一个高低不平的表面，再用右手

拇指轻轻将漆推出一个个突起的小尖。稠漆在阴凉处干透后，上面再一层一层地涂上多层不同颜色的漆，各种颜色相间，没有定制，最后通体磨平。犀皮漆表面光滑，花纹由不同颜色的漆层构成，有的像行云流水，有的像松树干上的皱纹，乍一看很匀称，再看又富于变化，图案天然流动，非常美观。

雕漆：在堆起的平面漆上剔刻花纹的技法，始于唐代。雕漆常以木灰、金属为胎用漆堆上，等半干时描上画稿，加以雕刻。雕漆大多用鲜明的朱漆，因此又叫做“剔红”，即雕红漆，常与其他颜色的雕漆相结合，如剔黑、剔黄、剔绿、剔彩等。剔红漆器的做法，是在器胎上髹红漆至一定厚度，之后才开始在上面刻花纹。剔彩是多种色漆的运用，需要在器胎上分层髹涂不同颜色的漆层，各色漆层都要达到一定厚度。这种漆器技法高超，绚丽悦目。剔红以元代嘉兴西塘产品最为著名。

剔犀属于雕漆类，用两种或三种色漆逐层积累到一定的厚度，之后用刀斜剔出不同的图案花纹，在刀口的断面可以清晰地显露出不同的色层。

斑漆：魏晋时期漆饰的一种技法，一般用它作为车乘的装饰。这种方法因为需要用两种以上色漆，互相交错，呈现各种花纹，就好像动植物上面的斑纹一样，所以叫做斑漆。

款彩：在木板上用漆灰打底子，按花纹图案剔去轮廓内的漆灰，然后把色漆或色油填入花纹轮廓内，又称“大雕填”。款彩在明代已经开始流行。因为花纹轮廓高起，看上去很像印线装书的木板。款彩工艺简单，花纹较粗，大多用于各式大小插屏或屏风，装饰大面积空间，适宜于远观。

戗金：在漆器底上用针或刀尖划出纤细的花纹，花纹内打金胶，将金箔粘上去，做成金色的花纹。也有用银箔“戗银”的。这种技法历史非常悠久，战国时就出现了。

百宝嵌：顾名思义，就是用各种“珍宝”镶嵌在漆器表面组成图案。用来镶嵌的珍宝不拘一格，金、银、宝石、珊瑚、碧玉、翡翠、水晶、玛瑙、青金、绿松、螺钿、象牙、密蜡、沉香等都可以。这种技法在明代的时候开始出现，清朝时期非常盛行。

漆器虽然种类繁多，工艺复杂，但质地不外乎金、银、锡、木等。如宋代，制作雕红漆器，特别是宫中用盒，一般都用金、银制作，用红颜色的漆进行髹涂，涂一层干一次，干后再涂，如此重复，然后在厚厚的漆层上雕镂。

二、漆器的鉴定

对于漆器的考古鉴定，主要是依据其时代风格特征。每个时代的漆器，其风格特点都是不一样的。

漆器上的图案纹饰是断代、辨伪的主要依据。新石器时代，漆器制造处于原始阶段，只是简单地使用生漆髹涂在生活用具上。江苏吴江出土的新石器时代末期漆绘黑陶杯和漆绘黑陶罐，器身呈黑灰色，上面描绘的线条比较粗壮，并在杯口缘大面积涂饰，线条上下交错，很有层次。

据记载，在原始社会末期，朱黑两色漆器就出现了，大禹用作祭祀。目前出土的商代以前漆器，有朱色髹涂的漆木碗，以及表面涂朱、黑色漆的陶器等。商代漆器装饰更加多样化，有玉石、蚌壳镶嵌，纹饰与同期的青铜器相似，有饕餮纹、夔龙纹和云雷纹等，有的花纹间镶有经过琢磨的蚌壳、蚌泡和玉的装饰。

西周时期，漆器装饰色彩有朱黑两色和褐色。西周墓中曾发现几处镶嵌有蚌壳的漆器。

春秋时期，漆器的纹饰增多，有波纹、蟠螭纹及几何纹等，与西周的青铜器非常相似。战国时期，漆器图案继承了商周时代的艺术传统，但形式更加生动灵活、变化多端。漆器色彩突破了红黑两色，还有黄、蓝、褐、金、银等颜色。漆器花纹的内容除了几何纹和龙凤云鸟纹，还有写实的绘画类纹样，描绘宴乐、射猎等精彩画面。长沙南郊黄土岭战国墓中曾经出土了彩画人物漆奁，一群女子舞蹈嬉戏，人物神态生动有趣。最早的漆器文字及符号发现于战国楚漆器上，用刀刻、针划、漆书和烙印文字几种，铭文为隶书，也有带金文风格的字体。

秦汉时期，漆器纹饰有几何纹、动物纹样和表现现实生活的题材画面等。秦代漆器上大量使用了变形鸟纹和鸟头纹，这是前所未有的创新图案，也成为鉴别秦代漆器的重要标志。汉代漆器的鸟纹已经有所变化，更接近真实。秦汉漆器有大量的云龙纹、云气纹、云兽纹、卷云纹等，但不再使用云雷纹、绳纹及涡纹。动物纹样很多是彩绘的，形象写实逼真，和以前的漆器已经有所不同。云梦睡虎地四十四号秦墓曾经出土了一件漆扁壶，一面绘一头雄壮的犀牛，另一面在奔马上绘一只飞鸟。反应现实生活的人物画和历史、神话故事，也是秦汉漆器图案题材的特征。长沙马王堆一号汉墓出土的黑地彩绘棺上，在云雾飞腾的背景中，有大量的奇神怪兽和神怪仙人。汉代已经可以调制出油彩，使漆器的色彩更加丰富，这是汉代漆工艺的一大进步。马王堆汉墓出土的双层九子奁等漆器，上面均施有油彩，这是汉以后色彩的基础。汉代漆器款识有很大的发展，漆器款文已发现有纪年的，而且所记的年代及制造地点、工匠名姓比较详细。此外，私人作坊漆器的款识一般为戳记，只作简单标记。

三国和六朝时期，漆器装饰纹样多沿袭汉代，彩绘内容以人物故事画为主，生活气息非常浓厚，比汉代漆器更加生动、逼真。图案化的装饰减少，而注意写实的纹样增多。三国朱然墓中曾出土了一件童子对棍图盘，山前空地上有两个活泼的儿童，光着屁股戴着肚兜，舞棍对打嬉戏，童趣十足。北魏司马金龙墓出土的木板屏风及固原漆棺纹饰，都是人物故事、贵族生活、狩猎等现实生活题材。三国漆器铭文款识并不多见，铭文、符号都在器物的外底，且多为朱漆书写，也有的为刻铭。

唐代漆器特点比较明显。唐代时期，漆器制造工艺有了很大的进步，装饰题材和方法变化很大，花鸟图案开始成为主要内容，风格丰满活泼，形式布局非常灵活。五代漆器与唐代的纹饰相似。唐朝和五代时期的漆器，目前考古发现的不多，最具特色的是“平脱”漆器，即将金、银纹饰用胶漆平粘于素胎上，空白处填漆，再细磨，使粘上的花纹与漆面平齐。有的在平脱花纹空间填以黑漆衬托，运用的色彩不多。唐代平脱器非常精美，五代之后逐渐衰落。唐代漆器很少发现有铭文款识；五代漆器铭文款识也不多，目前发现的铭文款识多为朱书，字体为隶中兼楷，多为直行或双行。

到了宋代，漆器的风格从唐代的富丽堂皇变得清新淡雅，色泽大多朴素大方。宋代出现了不少纯色漆器，通体黑色或紫色，不加任何纹饰；高级的漆器有雕漆、螺钿、戗金等，图案写实，是上层阶级的专用品。漆器的图案多表现人物楼阁、山水景色等，也有不少写意的风俗画，髹漆工艺与绘画很好地结合，形成了新特点。元代漆器的特点和宋代相类似，图案主要是花卉鸟禽和山水人物题材，不过，花卉不再只是衬托，而是装饰纹样的主题。宋代漆器带铭文款识的较多，其内容主要

为记载漆器的制作年代、产地、匠名、店行名等，铭记多为朱书或黑书置于器外底及外口边，字体有楷书、隶书，也有楷书兼草。

元代漆器主要品种变成了雕漆、戗金、螺钿和光素漆器，色彩的使用比以前减少。与宋代不同的是，元代漆工艺风格厚重粗犷，充满着强烈的动势和生命力。以山水人物为题材的作品，用不同锦底（锦底指用漆填或描绘出华美的纹样作衬底，其上再饰各种图案）象征性地表现天、地、水等背景，以衬托各种景物，画面层次非常清晰。元代漆器款识有雕漆作品中的针刻名谓款，如“张成造”、“杨茂造”等；也有漆书年号款，多书写在器物底部，如“延祐二年栋梁神正杭州油局桥金家造”。

明代漆器，装饰题材异常广泛，早期的漆器图案简练大方、饱满朴实，大量漆器以花卉为题材，构图饱满富丽，多以黄漆为底色，取材于现实中的自然景物。有的以盛开的花卉作底，上面是成双成对的雉鸡、孔雀、龙凤等。这一时期流行的龙戏火珠，龙或者在云里雾里翻腾，或者在花草丛中嬉戏，别具特色。还有大量的漆器图案表现了典故、故事及文人生活等，如游归图、南山观瀑图、五老图、携琴访友图、东篱采菊以及竹林七贤等。明代中期，漆器纹饰的风格变得纤巧细腻。明代晚期，漆器艺术风格崇尚繁缛、华丽，寓意吉祥如意的图案纹样比较多，有的以自然界中的景象和动物寓意吉祥，如祥云、灵芝草、蟠桃、松鹤、麒麟、鹿等；有的直接以神话故事为题材，如群仙献寿、仙山楼阁、阴阳八卦、万寿长生等。从这些纹饰中，可以看出道教对漆器艺术所产生的影响。当时，为皇帝歌功颂德的贡品漆器也不少，文字与龙凤图案巧妙结合在一起，立意鲜明。万历时期，漆器大多是龙纹与文字相结合，显得小心谨慎。从色彩上来说，明代早期的剔红漆器为朱红含紫，呈暗红色，显得深沉稳重；嘉靖、万历以后的剔红器，漆色变得鲜艳。明代漆器除了以上纹饰上的特征之外，还可以从龙纹的特点上鉴定。明代漆器以龙纹作为装饰较以前明显增多。在明代，龙的形象是威严、凝重，为了渲染龙的祥瑞，很多部位都向吉祥纹饰变形，鼻子多为如意形且保持着正视，爪为轮状，龙头扁瘦。

明代漆器的款识大多为年号款，早期在器底针划“大明永乐年制”等，字体近似行楷，风格纤细。宣德漆器的款识改用刀刻填金制造年号款，字体为隶楷，工整大方，没有固定的位置和格式。明朝中期，带有款识的漆器发现的很少，而且都是工匠名款，大多刻在画面上。嘉靖漆器款识是在外底部正中刀刻填金楷书“大明嘉靖年制”年号款，而万历漆器多加干支字样，如“大明万历乙未年制”。

到了清代，漆器纹饰更加丰富，明代的山水、人物、龙凤、花卉、鸟虫等题材都有了进一步发展。乾隆时期有复古之风，有的漆器也开始仿青铜器的造型和纹饰。清代新出现一种表现手法，在满刻的锦纹底上加刻诗文词句，多用于笔筒造型器上。在宗教题材上和明代不同，清代漆器中多有佛前供器、杂宝、佛像等。清代漆器各种色彩具备，漆油彩兼施并用。清代龙纹比明朝苍老笨拙，毫无艺术魅力。

清代早期的漆器大多没有款识，有的在器底正中刻楷书填金年号款如“大清康熙年制”。乾隆时期，漆器刻款较多，多在足内上方或正中刻楷书填金“大清乾隆年制”和“乾隆年制”年号款，许多漆器的年号款下还刻有吉言器名，如“八仙长盒”、“双喜方盒”、“万福圆盘”等。如果是民间制漆名匠，多刻名款如“卢葵生制”、“葵生制”，格调雅致。

漆器的鉴定需要丰富的实物经验，不能用简短的语言完全描述出来，特别是对漆器颜色的改变和段纹的细致观察，更是鉴定的重要手段。宋代的漆器黑而无光，颜色与木炭混为一体，木纹也深深印入漆里，器物上有细碎段纹，好像人手上的纹路，又称之为牛毛纹。如果漆器上有这种纹路，可以断定其年代久远。明代的漆器表面略有光亮，段纹有蛇腹、手皴两种。清代康熙时的漆器颜色光亮得多，木纹大致与明代相同，还有的毫无段纹，而明代的漆器全部有段纹。

第三节　古漆器精品

一、战国彩漆五弦琴

1978年，湖北随县曾侯乙墓出土了一件战国彩漆五弦琴，长115厘米，高4厘米，首宽7厘米，尾宽5.5厘米，通体以木胎斫制，加以雕刻。现藏湖北省博物馆。细长条形，首段中空为共鸣箱，近似长方体，尾段悬空，近似半圆体。琴面平直狭长，首端立一蘑菇状栓弦柄，有首岳、尾岳各一，两岳外侧并列五个弦孔。通体髹黑漆，底板、两侧板还用红、黄色彩绘花纹：琴首端绘鳞纹，周围有绹纹。琴面在网纹上

绘两排、共24只凤鸟，两端饰菱形纹。琴身两侧在网纹的上下菱形纹中，分别绘有11只、12只引颈振翅的凤鸟，鸟首均朝琴首。琴底前部也在网纹上绘相同的凤鸟两排，共12只；后部绘菱形纹、绹纹、三角形雷纹、变形凤纹、龙纹以及两组长发跨双龙的人形纹等图案。

二、战国彩漆笙

笙是我国古老的簧管乐器，历史悠久，能奏和声。它以簧、管配合振动发音，簧片能在簧框中自由振动，是世界上最早使用自由簧的乐器。1978年，湖北随县曾侯乙墓出土了一件战国彩漆笙，形状像现在的葫芦笙，由斗、笙管、簧组成。斗高20.8厘米，腹部周长29厘米，口径2.7～3厘米，壁厚0.35厘米，吹管长13.8厘米。斗用匏范制成，圆腹中空，两排共18对孔，上下对穿。斗尾收成管状，开口作吹管。笙管由细芦竹制成，上下开口齐平，中空，上部多开有音窗，下部都有圆或近方的按孔，下端开长方形嵌簧孔，底端经刮削略呈锥形。簧用芦竹秆切刻而成，簧框与簧舌间隙细如发丝，工艺精湛。

这件彩漆笙外表以黑漆为底，线描朱、黄相间的绳纹、云纹、涡纹、三角雷纹、夔形菱纹和卷草纹。这是我国目前发现的最早的笙之一，是研究中国民族乐器的珍贵实物资料。

三、秦彩绘铜扣漆盒

彩绘铜扣漆盒，高20厘米，径17厘米，制作时间为秦代，反映了秦代漆器工艺的情况。漆盒的器身及器盖各饰凹弦纹三周，都用镀银的红铜镶边，以子母口扣合。盖顶及器底的圈足也用镀银的红铜制作。器内髹褐漆，略有金黄色漆，器表髹黑漆。黑漆的底子上有红、褐、金黄色的彩绘云气纹、龙纹、旋涡纹和鸟纹，整体风格是典型的秦代风格。

不少文献都提到，秦代崇尚玄色（即黑色），从此件盒子上再次得到印证。在铜扣部位刻有“平安侯”三字。在器盖和圈足内用红漆书一“工”字，并用针尖浅刻“壶口匠□士川”，盒底圈足内以褐漆书“平安侯”，并浅刻“卅七年工左匠造”。由此可知，这件器物制造时间应为秦始皇三十七年，即公元前210年。这些铭文为我们研究秦代漆器生产制造与管理提供了宝贵资料。

四、北魏彩绘人物故事漆屏

屏风是我国古代出现较早的家具式样之一。山西省大同城东南 7.5 公里处的石家寨村西南的北魏时期司马金龙墓，曾经出土了一件彩绘人物故事漆屏，根据同时出土的“司空琅琊康王墓表”记载，这座墓建造的时间是公元 484 年。当时社会动荡，这样的漆器非常少见。

这件漆屏风用木板制成，出土时较完整的有五块，每块长约 80 厘米，宽约 20 厘米，厚约 2.5 厘米。北魏时，人们仍然习惯席地而坐，因此，屏风要比现代的矮得多。这件漆屏是遍髹朱漆然后作画，有黄色墨书榜题和题记。屏风两面原来都有画，朝下的一面因为腐蚀严重难以辨别，向上一面保存较完好。画面上的内容，与汉代历史人物故事喻世教民的传统相承袭，画风和东晋名画家顾恺之非常相似，以漆或油彩作画比在纸、帛上作画更为不易，可见当时漆工技艺的水平非常高超。

目前，能够勉强拼合的第一、第二块向上的一面，用栏界分为四层，第一层六个人物，是舜恪守孝道的故事；第二层有三个人物，分别为周太王妃太姜、周武王母大姐、周文王母太任的立像；第三层有两个人物，是鲁师春姜及春姜女像；第四层六个人物，讲述了汉成帝邀请班婕妤一同乘车，而她推辞了的故事。上面的故事大多出自西汉刘向所著《列女传》，舜的事迹则出自《史记·五帝本纪》。与屏风同出的还有四个石雕屏趺，是插立屏风用的，雕刻精致。

五、唐金银平脱漆背铜镜

铜镜早在商周时期就出现了，《周礼·考工记》上已有相关记载。随着工艺水平的发展，唐代时期开始流行在铜镜背面施以其他材料的装饰，如螺钿和漆绘以及金银平脱等。现藏于我国国家博物馆的唐金银平脱漆背铜镜是其中的典型代表，代表了唐代金属工艺和漆工艺的高超水平。

铜镜呈八瓣葵花形，镜面平坦，背面髹有褐色的漆，而且嵌满了金银片镂雕的展翅羽人、飞凤、花鸟、蝴蝶等。镜纽的周围饰有金银片的八瓣莲花座。整件器物纹饰繁密华丽，雕刻精湛，集漆艺和金属工艺为一体，是难得的古代珍品。

六、南宋园林仕女图戗金朱漆奁

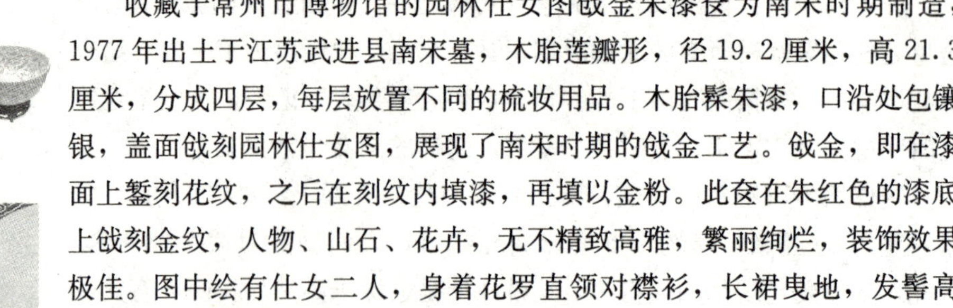

收藏于常州市博物馆的园林仕女图戗金朱漆奁为南宋时期制造，1977 年出土于江苏武进县南宋墓，木胎莲瓣形，径 19.2 厘米，高 21.3 厘米，分成四层，每层放置不同的梳妆用品。木胎髹朱漆，口沿处包镶银，盖面戗刻园林仕女图，展现了南宋时期的戗金工艺。戗金，即在漆面上錾刻花纹，之后在刻纹内填漆，再填以金粉。此奁在朱红色的漆底上戗刻金纹，人物、山石、花卉，无不精致高雅，繁丽绚烂，装饰效果极佳。图中绘有仕女二人，身着花罗直领对襟衫，长裙曳地，发髻高耸，手执团扇、折扇，两手相挽，款款而行。

七、元张成造剔犀盒

剔犀是漆器的一种工艺，一般情况下都是两种色漆（多为红黑两色），在胎骨上先用一种颜色漆刷若干道，积成一定厚度，再换另一种颜色漆刷若干道，有规律地使两种色层达到一定厚度，然后用刀以 45 度角雕刻出回纹、云钩、剑环、卷草等不同的图案。因为在刀口的断面显露出不同颜色的漆层，与犀牛角横断面层层环绕的肌理效果非常相似，因此叫做“剔犀”，比纯色雕漆更富于变化。元代的剔犀非常发达，涌现出一批著名的匠师。

张成生活在元朝末年，是一位著名的漆工，现藏安徽省博物馆署名“张成造”的如意纹剔犀盒，就是他的代表作之一。这件剔犀盒通高 6.5 厘米，径 14.5 厘米，盒圆形，木胎，盒盖及底各雕云纹三组，黑漆堆积肥厚，刀口深近 1 厘米，中露朱漆三线。形制古朴，质地坚实，润滑莹澈，光可照人，底有“张成造”针划款，是元代雕漆的精品。

八、龙凤纹银锭形雕填漆盒

故宫博物院收藏的龙凤纹银锭形雕填漆盒制造于明代，长 25.2 厘米，高 11.7 厘米，从大小和纹样上来看，可能是在婚礼上使用的。盒子是椭圆形束腰，呈银锭形，美观、吉祥又很适合手持。

龙凤纹银锭形雕填漆盒通体髹朱红色漆，并填彩漆细钩戗金纹饰。盖面雕填龙凤、山海纹样，篆书“卍”字。盖四周和口沿分别饰以花朵、八宝和水波纹。足内髹黑光漆，刀刻填金“大明嘉靖年制”。传统纹样中的龙凤纹寓意百年好合，龙跃凤鸣，象征着才华出众。这件漆盒装饰艳丽而不俗，繁密而又拥挤，所使用的朱红色是后人所称的“枣皮红”，这种颜色是断定明代漆器的标准之一。雕填彩漆的工艺由于费时费工，清代以后制作的比较少，乾隆以后几乎失传。这件珍贵的漆盒反映了明代漆器工艺的状况和流行式样，很有研究价值。

九、清脱胎菊瓣形朱漆盘

收藏于故宫博物院的脱胎菊瓣形朱漆盘是清代中期漆器工艺的代表作品。此盘菊瓣边、菊瓣足，径 14.2 厘米，高 3 厘米，壁薄如纸，厚约半毫米，人手极轻。整盘光素无纹，唯盘心以刀刻填金隶书乾隆题七言律诗一首，款署“乾隆甲午年御题”。足内髹黑漆，刀刻填金楷书“大清乾隆仿古”双行直款。此盘漆色似红珊瑚，光亮娇润，宫廷气息极浓。

十、清识文描金瓜盒

金漆是漆器中的贵族，价格昂贵，富丽堂皇，如果保存湿度适宜，能使其历久常新。识文描金，意为在纹饰凸起来的地方描金，这是漆器中比较奢侈的工艺。瓜形盒子在乾隆时期一度非常流行，故宫博物院收藏的识文描金瓜盒，从造型和装饰手段来看，是典型的乾隆器物。这个盒子呈瓜形，下部略扁平，盒子外部通体为金漆，瓜、蔓、叶、花和蝴蝶纹饰，都是以漆灰堆叠而成，再贴金或描金于其上。旧时认为瓜寓多子、长寿；叶者，业也，有瓜有叶的图案，都是吉祥的纹饰。盒子内部为黑漆洒金，是典型的宫廷风格漆器，精致华丽。

附 录

附录一

1990—2009 年度全国十大考古新发现

从 1990 年开始，国家文物局委托中国文物报社和中国考古学会举行每个年度的全国十大考古新发现评选。评选全国十大考古新发现的标准要遵照《中华人民共和国文物保护法》和《中华人民共和国文物保护法实施条例》，每项考古发掘必须履行报批手续，取得国家文物局批准。在发掘过程中，必须依照国家文物局颁布的《田野考古工作规程》进行考古发掘，保证考古发掘的科学质量；考古新发现的内容评选标准是《中华人民共和国文物保护法》第二条所规定的，要具有历史、艺术、科学价值；所谓新发现，是指这项考古发现除具有历史、艺术、科学价值之外，还要在中国考古学学科发展上具有新的内容信息和新的认识。这项评选虽然系民间性评选，但由于主办单位中国考古学会代表考古学界最高水平，因此该奖项具有很大的权威性。

2009 年

1. 河南新密李家沟旧石器至新石器过渡阶段遗址
2. 安徽固镇垓下大汶口文化城遗址
3. 江苏张家港东山村遗址
4. 内蒙古赤峰二道井子夏家店下层文化聚落遗址
5. 山东高青陈庄西周城遗址
6. 陕西富县秦直道遗址

7. 陕西西汉帝陵考古调查及发掘
8. 河南安阳西高穴曹操高陵
9. 河北曲阳涧磁村定窑遗址
10. 江西高安华林造纸作坊遗址

2008 年

1. 陕西高陵杨官寨遗址
2. 甘肃临潭磨沟齐家文化墓地
3. 山东寿光双王城盐业遗址群
4. 陕西岐山周公庙遗址
5. 云南剑川海门口遗址
6. 河南荥阳娘娘寨遗址
7. 江苏无锡阖闾城遗址
8. 安徽蚌埠双墩一号春秋墓
9. 河南新郑胡庄墓地
10. 四川成都江南馆街唐宋街坊遗址

2007 年

1. 河南许昌灵井旧石器遗址
2. 河南新郑唐户遗址
3. 浙江余杭良渚文化古城遗址
4. 湖北郧县辽瓦店子遗址
5. 河南荥阳关帝庙遗址
6. 江西靖安李洲坳东周墓葬
7. 新疆巴里坤东黑沟遗址
8. 河南洛阳偃师东汉帝陵与洛阳邙山墓群
9. 新疆库车友谊路晋十六国时期砖室墓
10. 河北磁县元祜墓与河南安阳固岸墓地

2006 年

1. 云南富源大河旧石器洞穴遗址
2. 广东深圳咸头岭新石器时代遗址
3. 河南灵宝西坡新石器时代大型墓地
4. 广东高明古椰贝丘遗址
5. 山西柳林高红商代遗址

6. 福建浦城管九村土墩墓

7. 甘肃张家川马家塬战国墓地

8. 甘肃礼县大堡子山遗址

9. 安徽六安双墩墓地

10. 上海志丹苑元代水闸遗址

2005 年

1. 浙江嵊州小黄山遗址

2. 湖南洪江高庙遗址

3. 河南鹤壁刘庄遗址

4. 福建浦城猫耳弄山商代窑群

5. 贵州威宁中水遗址

6. 山西绛县横水西周墓地

7. 江苏句容、金坛周代土墩墓群

8. 河南内黄三杨庄汉代聚落遗址

9. 陕西韩城梁带村两周遗址

10. 山西大同沙岭北魏壁画墓

2004 年

1. 广东广州大学城南汉二陵

2. 河北易县北福地遗址

3. 河南偃师二里头遗址宫殿区

4. 湖南宁乡炭河里西周城遗址

5. 江苏无锡鸿山越国贵族墓

6. 辽宁朝阳十六国三燕龙城宫城南门遗址

7. 山西芮城清凉寺墓地

8. 四川绵竹城关镇剑南春酒坊遗址

9. 新疆罗布泊小河墓地

10. 浙江杭州严官巷南宋御街遗址

2003 年

1. 辽宁凌源牛河梁新石器时代遗址

2. 河南郑州大师姑夏代城遗址

3. 陕西眉县杨家村西周青铜器窖藏

4. 陕西扶风周原李家西周铸铜作坊遗址

5. 山东章丘危山汉代墓葬与陪葬坑及陶窑
6. 山东临沂洗砚池晋墓
7. 陕西唐昭陵北司马门遗址
8. 内蒙古通辽吐尔基山辽墓
9. 内蒙古集宁路古城遗址
10. 江西景德镇珠山明、清御窑遗址

2002 年

1. 广西百色革新桥石器时代石器加工场遗址
2. 湖南里耶古城及出土秦简牍
3. 山东日照海曲汉代墓地
4. 河北临漳邺城遗址
5. 山西太原王家峰北齐徐显秀墓
6. 湖北巴东旧县坪遗址
7. 吉林延边西古城城址（唐渤海）
8. 黑龙江阿城刘秀屯金代大型宫殿基址
9. 江西李渡元代烧酒作坊遗址
10. 浙江宁波元代庆元路永丰库遗址

2001 年

1. 山西吉县柿子滩旧石器时代遗址
2. 浙江萧山跨湖桥新石器时代遗址
3. 青海民和喇家齐家文化遗址
4. 广东深圳屋背岭商代遗址
5. 四川成都金沙商周遗址
6. 贵州赫章可乐遗址墓葬
7. 浙江杭州雷峰塔遗址
8. 河南禹州神镇钧窑遗址
9. 浙江杭州老虎洞南宋窑址
10. 浙江杭州南宋恭圣仁烈皇后宅遗址

2000 年

1. 福建三明万寿岩旧石器遗址
2. 河南新密古城寨龙山时代古城
3. 湖北潜江龙湾宫殿遗址

4. 南京钟山六朝坛类建筑遗址
5. 河南宝丰清凉寺汝官窑遗址
6. 江苏连云港藤花落龙山时代遗址
7. 广东博罗横岭山先秦墓地
8. 四川成都古蜀国大型船棺独木棺墓葬遗址
9. 浙江杭州南宋临安府治遗址
10. 山东章丘洛庄汉墓陪葬坑和祭祀坑遗址

1999 年

1. 江苏江阴高城墩新石器时代遗址
2. 吉林通化万发拨子遗址
3. 云南羊甫头墓地
4. 安徽淮北隋唐大运河考古
5. 辽宁桓仁五女山山城
6. 山西太原市晋源区隋代虞弘墓
7. 河北元中都遗址
8. 四川成都水井街酒坊遗址
9. 河南焦作府城商代早期遗址
10. 湖南虎溪山一号汉墓

1998 年

1. 河北泥河湾盆地于家沟旧石器遗址
2. 安徽含山凌家滩新石器时代祭坛和墓地
3. 江苏金坛三星村新石器时代遗址
4. 重庆忠县中坝遗址
5. 辽宁北票康家屯夏家店下层文化石城遗址
6. 浙江绍兴印山越国王陵
7. 重庆三峡库区云阳李家坝遗址
8. 河南小浪底水库东汉漕运建筑基址
9. 江苏南京六朝家族墓地
10. 浙江林湖寺龙口越窑窑址

1997 年

1. 陕西洛南盆地旧石器地点群
2. 山东章丘西河遗址

3. 广西邕宁顶蛳山遗址

4. 香港东湾仔北遗址

5. 河南偃师商城小城

6. 河南新郑郑韩故城郑国祭祀遗址

7. 湖南澧县城头山大溪文化城墙及汤加港文化稻田

8. 辽宁绥中县石碑地秦汉遗址

9. 广东广州市南越国御苑遗迹

10. 新疆尉犁县营盘汉晋墓地

1996 年

1. 重庆丰都烟墩堡遗址

2. 河南洛阳妯娌新石器时代聚落遗址

3. 四川成都平原史前古城址群

4. 河南平顶山应国墓地

5. 四川南宋安丙家族墓地安丙墓

6. 湖南长沙走马楼三国吴纪年简牍

7. 辽宁北票喇嘛洞墓地

8. 山东青州龙兴寺佛教造像窖藏

9. 山东长清双乳山西汉济北王陵

10. 青海都兰吐蕃墓群的发现

1995 年

1. 江西万年县大源乡仙人洞和吊桶环遗址

2. 湖南省道县寿雁镇玉蟾洞遗址

3. 河南郑州市北郊西山仰韶文化城遗址

4. 郑州西北石佛乡小双桥商代遗址

5. 山东长清县仙人台国贵族墓地

6. 广州中山四路南越国宫署遗址

7. 江苏徐州狮子山西汉楚王陵

8. 新疆民丰县尼雅遗址

9. 黑龙江省宁安市渤海镇渤海国遗址

10. 杭州市中山南路南宋太庙遗址

1994 年

1. 重庆三峡工程淹没区考古调查

2. 江苏南京市江宁县汤山旧石器时代遗址
3. 河南邓州市白庄村八里岗新石器时代聚落遗址
4. 安徽蒙城县毕集村尉迟寺新石器时代聚落遗
5. 河南辉县孟庄遗址
6. 山东滕州前掌大商周贵族墓地
7. 河南永城汉梁孝王寝园
8. 西安隋灞桥遗址
9. 陕西麟游隋仁寿宫·唐九成宫 37 号殿址
10. 内蒙古阿鲁科尔沁旗宝山辽贵族墓

1993 年

1. 贵州盘县大洞遗址
2. 江苏高邮龙虬庄遗址
3. 浙江余杭莫角山良渚遗址大型建筑基址
4. 山西大同晋侯邦父及夫人墓
5. 湖南长沙国王后“渔阳”墓
6. 山西大同云冈石窟第三窟遗址
7. 江苏扬州唐城遗址
8. 江西丰城洪州窑窑址
9. 河北宣化下八里辽代壁画墓群
10. 辽宁绥中元代沉船水下考古调查

1992 年

1. 湖北鸡公山遗址
2. 内蒙古兴隆洼原始聚落遗址
3. 湖南澧县城头山屈家岭文化古城址
4. 江苏赵陵山良渚文化遗址
5. 山西晋侯墓地的发现与研究
6. 河南丹江口水库楚国贵族墓
7. 安徽天长三角圩汉墓群
8. 云南江川李家山古墓群
9. 内蒙古辽代耶律羽之墓
10. 河南洛阳北宋衙署庭园遗址

1991 年

1. 山东邹平丁公龙山文化城址
2. 浙江余杭汇观山良渚文化祭坛和大墓遗址
3. 西藏拉萨曲贡遗址
4. 河南殷墟花园庄商代甲骨窖藏
5. 河北定州商代方国贵族墓葬
6. 江西瑞昌铜岭商周铜矿矿冶遗址
7. 河南三门峡上村岭西周虢仲墓
8. 甘肃敦煌汉悬泉置遗址
9. 河南永城芒砀山汉梁孝王王后墓
10. 黑龙江渤海国王陵区大型石室壁画墓

1990 年

1. 湖北郧县人头骨化石
2. 山东城子崖龙山与岳石文化遗址
3. 河南殷墟郭家庄 160 号墓
4. 河南三门峡上村岭周代虢季墓
5. 山东后李春秋车马坑和淄河店 2 号战国大墓
6. 陕西汉景帝阳陵从葬坑及其彩绘陶俑
7. 陕西汉长安城陶俑官窑窑址
8. 河南隋唐洛阳城应天门东阙遗址
9. 宁夏宏佛塔天宫西夏文物
10. 北京金中都水关遗址

附录二

考古文化中的常见名词

考古学：从字面上理解，就是研究古代人的科学。一般认为，雅各布斯波在1674年最早使用了这个名词。他是17世纪的一位德国物理学家、旅行家和学者。

人类学：即对人类进行研究的科学。有时候它会与考古学、古生物学（研究动物和植物的化石）交叉，特别在研究早期人类遗存时。

人工制品：人类制造的、使用过的或对人类有用的物品，如石制工具，几个世纪以来，人们随意拿走遗物而不进行记录，这给考古学造成了巨大的损失。

土冢：特指青铜时代地面上的土墩，通常用来覆盖埋葬物。

BP：距今年代，代替传统的BC（公元前）和AD（公元后）。它的好处是使得所有文化和宗教的年代变得更加直观。为了将日期标准化，1950年被定为考古学上的“现在”。

放射性碳素断代法：一种测量放射性同位素的衰变比率的技术，能测定五万年以内有机材料的年代。热释光断代技术能用于陶器的断代，将物件重新加热，然后测量发出光线以断定黏土器物最初的加热时间。

稻作遗存：埋藏的特征从地面上看是无形的，如墙，只有在高空中俯视，才能发现在稻谷中的不同颜色的斑纹。1586年威廉康德在消失了的肯特罗马港口发现了这种现象，并对其进行了描述，如今这种现象仍被广泛利用。现在一般用玉米代替稻谷，当玉米长成时，就会发现交错、相通的道路（道路经过的地方，玉米更稀一些），他们把这种交叉

口称为南奥古斯丁交叉口。

楔形文字：最古老的书写形式之一，因其字母外形很像楔形而得名，通常是用刺在湿的陶土上刻写而成。

树木年轮断代：根据计算树木年轮（每年增加一轮）对树木断代。它还可以提供气候方面的证据，因为气候能影响年轮的宽窄。这种技术最早是在20世纪20年代用于考古学上，当时是用于测定美国印第安村庄的年代。

发掘：通常表示的是遗址物质的发现，全面移开表面并记录地层或开探沟揭示堆积的情况，全面发掘而不留下任何东西。惠勒曾说："我是考古学家，一个对过去的破坏者。"

田野考古学：从字面上理解，包括在田野里工作的考古学，尽管新的科学技术应用使考古学家们不需参与发掘，不必让自己的手沾半点泥土。其相对应的概念是室内考古学（主要用于审定申请计划）和电脑考古学。这种对遗址的研究，主要依靠现有的文件、地图、人口普查资料、课税清册、教会资料、测量数据和以前的发掘报告。历史考古学是研究有文字记录的那段历史。

象形文字：文字的象征符号。象形文字使用图画代表思想或言语，如古代埃及所使用的文字。

陪葬品：与人的尸体一起埋葬的物品。对考古学家来说，是一种相当有价值的习俗现象。

葬式：埋葬尸体的方式。如火葬，用火焚烧尸体，这常见于多种文化中。

巨石文化：照字面理解，是使用巨大的石头筑成的纪念碑形式的物件，如环状列石。

史前：通常是指"非常古老"的意思。精确地说，是指文字发明以前。

陶瓷碎片或瓷片：破碎陶瓷的一部分，看起来好像没有什么意义，其实它对于确定年代序列有十分重要的作用。

抢救性考古学：一个遗址因为开发的需要，在它被破坏前，为获得尽可能多的信息所进行的抢救性的发掘。

相对年代：一个事物通过与另一个事物相对照而得出年代，不用给出确切的年代，绝对年代则要有确切的年代。

地层学： 堆积物层次的研究。一般认为，埋得越深的年代越久远。远在 1859 年，即达尔文的《物种起源》出版之前，已有学者根据地层学推算出，许多堆积物的年代要比传统《圣经》所说的上帝创世纪的年代——公元前 4004 年早得多。

三期说： 把历史分为石器时代、青铜时代和铁器时代的学说，这种分法用在欧洲是可行的，但是用于世界的其他一些地区则有问题，因为有的地区现在还处于石器时代文化中。三分法的最初提出者是克雷斯蒂安·J. 汤姆森，1819 年，他在哥本哈根博物馆整理展品时提出此概念。